入門 NATURAL RESOURCE
ECONOMICS
An Introduction

自然資源経済学

バリー・C・フィールド［著］

庄子康・柘植隆宏・栗山浩一［訳］

日本評論社

To Martha

NATURAL RESOURCE ECONOMICS: An Introduction
Second Edition by Barry C. Field
Copyright©2008 by Waveland Press, Inc.
The English language edition of this book is published
by Waveland Press, Inc.
4180 IL Route 83, Suite 101, Long Grove, IL. 60047-9580
United States of America

Japanese translation published by arrangement with
Waveland Press, Inc. through The English Agency
(Japan) Ltd.

まえがき

　新しい世紀への門出を迎え，人々が関心を持つ大きなテーマの一つに，自然と人間との関係をどのように形成し，どう維持していくべきなのかがある．この問題に対しては，我々が人間社会の将来の繁栄を脅かすほどに自然資源資産を使い果たし，悪化させていると信じている人々がいる一方，自然資源の不足に対する技術的あるいは制度的な課題は，人間の努力と創意工夫によって克服し得ると信じている人々もいる．おそらくほとんどの人々はこの中間のどこかに位置しており，懸念をしながらも希望を持っている．

　どの生態学的なスケールを考えてみても，将来の結末は自然資源の利用に対する人間の意志決定に大きく影響されている．自然資源経済学はこれらの意志決定を把握し，分析する一つの方法を示している．我々は「分析」を通じて，自然資源に関する意志決定がどうしてそうなっているのか，どう改善しうるのかについて理解を図りたいのである．自然資源経済学は資源評価や経済的なインセンティブ，そして保護と利用に意志決定をもたらす制度設計にも焦点を当てている．

　本書の基本構成であるが，まずいくつかの導入の章から始めている．次に経済学の基本的な考え方について紹介し，これらの考え方を自然資源の利用に関する一般的な問題にどう適用するのかを議論する．その後，具体的な自然資源を扱ったトピックごとの内容に移っていく．一つの学期内にすべてを扱うには章が多すぎる場合には，基本的な考え方を簡単におさらいし，応用の章の中から教員や学生が興味を持っている章，あるいは関連が深い章を選んで扱えば良いだろう．

　本書は筆者が執筆した *Environmental Economics: An Introduction*（McGraw-Hill, 2nd edition, 1997）の姉妹本である．この本では環境汚染や環境質の管理に関する問題を本書と同じような形で扱っており，幅広い読者に読んで頂いている．基本的には初級コースの教科書として使われているが，場合によってはより進んだコースでも使われている．私としては本書が同じような役回りを担うことを望んでいる．

　多くの教科書がそうであるように，本書は授業での長年の講義内容がもとになっている．最も感謝すべき人々は，毎年の私の授業に出席してくれていた数多くの学生たちである．その面々，反応，フィードバックがなければ，この書籍を書き上げることができなかったであろう．もし将来の学生たちが「包括的で役に立つ」と評

価してくれるものを送り出すことができているとするならば，これらのすべての受講生たちが最も賞賛されるべき人々ということになる．

また原稿をすべてあるいは一部を読み，コメントを寄せてくださった経済学者の方々，Anne E. Bresnock 氏（California State Polytechnic University），Richard Bryant 氏（University of Missouri），Nick Gomersall 氏（Luther College），Douglas Parker 氏（University of Maryland），そして Keith Willet 氏（Oklahoma State University）には心から感謝を申し上げたい．皆さんの洞察力と対応によって本書をより良くすることができた．

本書を刊行するにあたり支援を頂いた方々，編集作業で驚くべき仕事ぶりを発揮するとともに，プロジェクトの企画運営を行ってくださった Darleen Slysz 氏，図表作成に関する洗練された仕事ぶりを発揮してくださった Eileen Keegan 氏には特段の感謝を申し上げたい．本書の完成に至るまで本書を見てくださった Lucille Sutton 氏，Joanna Honikman 氏，David Sutton 氏にも感謝を申し上げる．

最後に本書の一語一語を繰り返し読み，私を励まし，そしてどうしてお父さんがこれだけたくさんの文字を書かなければならなかったのか，子供たちに説明しようとし続けてくれた Martha に深い感謝と愛を捧げたい．

バリー・C・フィールド

原書第2版へのまえがき

　第2版も第1版の基本構成を踏襲している．ただ，説明をスムーズに行うために様々な点で変更を行っている．また題材として，エネルギー需要と効率性，枯渇性資源の概念，譲渡性個別割当方式，農業耕作地における問題，絶滅危惧種法などを追加している．本書を読みあるいは使用してコメントを寄せて頂いた方々，特にCatherine Elliot 氏，Dean Lueck 氏，John Stranlund 氏，Tom Stevens 氏にお礼を申し上げたい．またWaveland社の皆様，特にDon Rosso 氏とLaurie Prossnitz 氏には本書第2版の刊行を提案頂くとともに，第2版刊行に向けた作業にお付き合い頂いたことについて特段の感謝を申し上げたい．

バリー・C・フィールド

目　次

まえがき　iii
原書第2版へのまえがき　v

第Ⅰ部　はじめに　1

第1章　自然資源経済学の重要課題 ――――――― 3

自然資源の充足性　3
　　長期の価格変化　6／自然資源の代替　6
社会的に最適な自然資源の利用水準　7
最適を目指した自然資源に対する政策　9
自然資源勘定　12
自然資源経済学における費用便益分析　15
要約　17

第2章　自然資源と経済 ――――――――――――― 19

自然と経済　19
自然資源サービスの範囲　22
自然資源サービスのモデル化　25
　　枯渇性資源　26／リサイクル可能資源　27／再生可能資源　27
経済学について　29
政策と政治　31
要約　32

第Ⅱ部　基本的考え方　35

第3章　支払意志額／需要 ――――――――――― 37

支払意志額　37

支払意志額の図解　38／限界支払意志額と需要　40／私的財に対する集計支払意志額または需要　42／公共財に対する集計支払意志額または需要　44／支払意志額と便益　46／異時点にわたる支払意志額　49

割引　50

要約　52

第4章　費用／供給 ──────────────── 55

機会費用　55

費用曲線　56

費用曲線の形状　58

社会的費用　61

費用の現在価値　62

費用と技術変化　62

費用と供給　63

要約　63

第5章　効率性と持続可能性 ────────────── 65

静学的効率性　66

動学的（異時点間の）効率性　68
　自然資源のレント　71

割り引くことは適切か？　73

効率性と世代間公平性：持続可能性の問題　77
　広く考えられた場合の持続可能性　79

要約　80

第Ⅲ部　一般的な自然資源問題　83

第6章　市場と効率性 ────────────────── 85

市場における需要と供給　85
　市場の数量と価格　87

市場と静学的な社会的効率性　87
　外部費用　89／外部便益　91／オープン・アクセスの資源　93／オープン・アクセスと資源レントの消失　95

市場と異時点間の効率性　96
　市場と割引　97／土地の保有条件　98

要約　99

第7章　自然資源に対する公共政策 ——————————— 101

公共政策の目的　101
　　経済的効率性　102／公平性　103／柔軟性　104／実施可能性　105
公共政策の種類　106
私的所有権　109
政府によるインセンティブ政策　115
　　税金　115／補助金　116
直接規制　117
公的機関による直接生産　119
市場の失敗・政府の失敗　120
政策の集権化と分権化　123
要約　125

第Ⅳ部　自然資源の分析　127

第8章　分析の基本原則 ——————————————— 129

影響評価　129
　　環境影響評価　129／経済影響分析　131
費用効果分析　133
費用便益分析　134
　　基本的枠組み　136／事業の規模や範囲　140／ありせば・なかりせばの原則
　　140／割引　141／割引の影響　142／割引と将来世代　143／割引率の選択　143
　　／配分の問題　145／不確実性の取り扱い　147
要約　149

第9章　自然資源の評価 ——————————————— 151

便益の評価　152
　　便益の種類　152
能動的（利用）便益　153
　　直接的な市場価格による分析　153／間接的な市場価格による分析　156／非市
　　場的な財やサービスの分析　159
非利用（受動的）便益　161
費用の計測　163
　　全般的な問題　165／施設整備の費用　166／公的規制の費用　166
要約　170

第Ⅴ部　自然資源の問題への適用　171

第10章　鉱物経済学 ─ 173

　地質学的要因と採掘費用　174
　既知の鉱物資源に関する採掘の経済学　176
　　資本価値　180／ユーザーコスト　180
　鉱物価格の実際　182
　鉱物資源の探査と開発　184
　枯渇性資源と持続可能性　186
　　代替財への切り替え　186／資源レントの投資　188
　米国における鉱物資源の国外依存　189
　リサイクルの経済学　191
　要約　195

第11章　エネルギー ─ 199

　米国でのエネルギー使用：消費と価格　200
　エネルギー市場の政治経済学　202
　　エネルギーに対する補助金　204
　エネルギーの豊富さに関する疑問　205
　クリーンエネルギー　206
　エネルギー自給の経済学　208
　エネルギー効率性　211
　CAFE基準の経済学　215
　電力自由化の経済問題　217
　　電力市場における代替的な構造　220／経済的な問題　221
　要約　222

第12章　森林の経済学 ─ 225

　森林伐採の意志決定　226
　　分散投資の選択　232／効率的な輪伐期に影響を与える要因　233／木材以外の
　　森林の価値がもたらす影響　234／最適な皆伐方法　239
　林業の所有形態　240
　国有林からの木材伐採　242
　要約　243

目 次

第13章　海洋資源 ——————————————————— 245

海面漁業における現在の問題　246
米国の漁場管理制度　247
漁業のモデル化　249
　生物学的な成長曲線　249／努力量−漁獲量曲線　252／最大持続生産量　253
効率的な努力水準　253
オープン・アクセスの問題　255
漁業管理へのアプローチ　256
　アクセスの制限―最初のステップ　257／漁業活動の制限　258／漁獲制限　259／譲渡性個別割当方式　261／漁業管理における不確実性　264
要約　265

第14章　農業の経済学 ——————————————————— 267

需要と供給の歴史的変化　268
農業の所得支援政策　272
　作付の制限と増強　273
湿地の保全　274
薬剤抵抗性に関する経済学　277
単一栽培に関する経済学　280
土壌生産性に関する経済学　282
　効率的な定常状態　283
要約　284

第15章　野外レクリエーションの経済学 ——————————— 287

野外レクリエーションの需要　289
　効率的な利用水準　291
利用制限　293
　価格による利用制限　295／価格設定と総収入　295
　多段階の価格設定　300／固定的な運営費用を賄うための費用負担　303
エコツーリズム　304
　需要の推定と管理　304／生物学的インパクト　305／制度上の問題　306
要約　306

第16章　野生生物管理の経済学 ───── 309

野生生物の生態学と人間社会　310
　　個体数の成長曲線　310／人間社会と価値　312／公的な土地所有と管理　316
スポーツハンティングの経済学　318
　　個人所有　322
郊外での野生生物　325
個体群の再生と捕食者のコントロールに関わる配分問題　327
公共政策と野生生物の市場　330
要約　334

第17章　生物多様性の保護の経済学 ───── 337

絶滅危惧種法　338
ノアの方舟問題　343
　　生存確率への影響　344／生存することの便益：個別の種について　345／生存することの便益の多様性　347
生物多様性の保護の費用対効果　347
　　ホットスポット　348
生物多様性の保護の費用　353
経済的なインセンティブと生息地保護　354
要約　358

あとがき　361
索引　367
訳者紹介　375

● コラム

1-1	連邦政府のエネルギーに対する補助金	11
1-2	マダラフクロウ保護の経済学	16
2-1	カスピ海	32
3-1	交通のためのエネルギー需要	43
5-1	低い割引率とダム建設	76
7-1	メイン州のロブスターギャング：非公式の私有化	111
7-2	米国政府が公有地の自然資源を販売する事業	121
8-1	ホリコン国立野生生物保護区の経済的影響	132
9-1	仮想評価法による調査での質問例	160
9-2	オレゴン・ウォーター・トラスト	162
12-1	林業の世界的な動向	227

- 12-2　森林管理と炭素固定　238
- 13-1　アメリカウバガイ漁におけるITQ　263
- 14-1　将来の農業生産量と食料供給に関する対照的な意見　271
- 15-1　コスタリカにおける国立公園の利用料金　298
- 16-1　野生生物の成長関係を把握することの難しさ：野生のシチメンチョウの場合　313
- 17-1　生物多様性の保護の費用対効果　351
- 17-2　多様性の保護を目的とした土地所有者の活動に対する補償事業の例　356

NATURAL RESOURCE ECONOMICS
An Introduction

Section I
INTRODUCTION

【第Ⅰ部】
はじめに

　最初のセクションは導入のための二つの章から成っている．第1章では，我々が今日直面している自然資源に関する重要課題について簡単に見ていきたい．その目的は，後の章で分析を始めるに際して，これらの重要課題について共通の理解を得ておくためである．第2章では，本書を通じて用いる専門用語について紹介したい．

第 1 章
自然資源経済学の重要課題

　本書では，シンプルだが説得力のある経済原理を用いて，自然資源の保護と利用について考えていく．自然資源はなぜ現在のような形で利用されているのか．自然資源の利用水準を社会的に好ましい水準にするためにはどのような手順を取り得るのか．本書ではこのような問題の**分析**を重視していきたい．時には分析手法を有効に使うことよりも，分析手法そのものを洗練することに重きが置かれているように見えるかもしれない．しかし，分析手法そのものは関心の対象ではなく，単に現実世界の問題を，より適切に理解できるようにする道具にすぎない．この点を強調するため，本章では自然資源に関する重要かつ今日的な課題について簡単に展望することから始めたい．言い換えれば，**自然資源経済学**[訳注1]で扱われる様々な問題の概要をまず示し，その後でこれらの問題に関する分析手法の説明に入ることにする．

自然資源の充足性

　自然資源経済学で最も長きにわたる議論は，間違いなく**自然資源の充足性**に関するものである．現代の経済活動が，様々な種類の自然資源を大量に「投入物」として使用することで生産と消費を行うものであることを考えると，以下のような深刻な疑問を自らに問いかけなければならない．自然資源は私たちの子供や孫，そして無限に続く将来世代の経済的要求を満たすことができるほど十分に供給されるのだろうか．あるいは，自然資源が不足することで将来の生活水準が最終的に維持でき

訳注1）本書では「自然資源経済学（natural resource economics）」と「資源経済学（resource economics）」という二つの用語を使っている．これら二つは基本的に同じものである．ただ資源経済学という言葉は鉱物やエネルギー開発を強く連想させるため，自然環境も含む自然資源全般に目を向けているという意味合いから，本書ではできる限り自然資源経済学という言葉を用いている．もちろん，慣用として資源経済学という用語も広く用いられているので，状況に応じてこの用語も用いている．

なくなり，もしかすると生活そのものが崩壊してしまうほど深刻な事態になるのではないだろうか．

こうした懸念は新しいものではない．産業革命以前では，経済は地域に存在する自然資源と密接に結びついており，木材や水などが地域的に不足することは極めて日常的に懸念されていた．石炭に過度に依存する産業革命が到来した時，石炭は再生不可能であるため，人々の懸念は石炭が不足し，経済全体が崩壊する可能性へと移っていった．

さらに近年では，1970年代の**エネルギー危機**が，自然資源の不足と経済の崩壊について多くの自己批判と悲観的な議論を巻き起こした．現代の経済活動が生産量1単位あたりに膨大なエネルギーを使用していることは事実である．つまり，現代の経済活動は極めてエネルギー集約的である．しかし，1970年代初頭におけるエネルギー価格の高騰は実際には政治的な理由によって生じた現象であり，現実に自然資源が不足したことに起因するものではなかった．さらに価格上昇は省エネルギーに大きな効果をもたらし，人々はエネルギー消費量を削減する方法を模索するようになった．ただ残念ながら，1990年代までにはガソリンなどの重要項目の実質価格は1970年代以前の水準に戻ったため，省エネルギーを考える人々は少数派になってしまった．

しかし，このジレンマ的状況は依然として残っている．西欧諸国のエネルギー・システムの大部分は，石油や石炭，天然ガスなど枯渇性資源に基づいている．エネルギー供給の危機やその他の自然資源の危機が，単に将来に先延ばしになっただけではないのだろうか．この問いに対して，すべての人々が完全に満足できる回答はおそらく存在しないだろう．自然資源の不足によって引き起こされる経済崩壊の可能性を考える時，人々の考えは極端な**悲観主義**から極端な**楽観主義**までの広い立場を取る傾向がある．

悲観主義者側については，少なくともトマス・マルサスまで遡ることができるだろう．マルサスの人口に関する有名な論文は，人口増加により必要とされる食料が増え続け，自然の供給能力を上回ることは避けられないという考えに基づいていた[1]．1970年代初頭には，悲観主義者側の影響力のある著作が『成長の限界』というタイトルで出版された[2]．この本では，複雑なフィードバック・メカニズムを組み込んだ大規模なコンピュータ・シミュレーションモデルによって分析した結果，自然資源の不足や汚染の増加などの要因によって，現代の経済活動が21世紀初頭には急激に衰退するという結論を導き出した．悲観主義者による研究は現在も続いている[3]．

悲観主義者は歴史が自らの見解を裏付けていると指摘している．ジョージ・パー

キンス・マーシュは，人間と自然環境との関係について書いた歴史研究書をローマ帝国への言及から始めている[4]．

　ローマ帝国はその最大の拡張期において，幸運にも物質的な優位性の点で地球上最も優れた領域に存在した……．豊富な土地と水のおかげで，あらゆる物質的な要求は十分に満たされ，人々は心地よい満足感を有り余るほど享受できた……．現在の状況を過去と比べると，ローマ帝国全体の半分以上の土地では文明人が去り，救いようのない荒廃地として捨て去られていたり，そうではなかったとしても，少なくとも人口と生産性の両方が大幅に減少したりしていることが分かる．

　対極に位置するのは極端な楽観主義者である．楽観主義者側も自然資源の不足が将来には確実に発生することを認めている．しかし，人類はこの課題を克服する能力を持っており，希少資源の代替財を発見し，人口増加をコントロールすることが可能であると考えている[5]．
　楽観主義者もまた，歴史が自らの見解を支持していると指摘している．イギリスで深刻な木材不足が発生し始めた時，産業革命の基盤となる石炭技術が登場した．石炭が不足し始めた時，石油技術が開発された．深刻な食料不足がアジアの人口の急成長を脅かした時，緑の革命が始まり食料生産の潜在能力が高まった．1970年代に米国国内のエネルギー価格が高騰した時，米国の生産者と消費者は，省エネルギーのための技術や行動に適応するため驚異的な能力を発揮した．言い換えれば，自然資源の不足に直面した時に技術転換や省資源化が起きることを歴史が示しているのである．このため将来に自然資源の不足が生じても，人類は致命的な結果に陥ることなく適切に対応できる能力を持っていると楽観的に考える人も多い．もちろん，そのためには多くの調整が必要であり，とりわけ希少資源の供給と生活が密接に関係している人々にとっては，短期的には負担が生じることになる．
　おそらくほとんどの人々は，この問題に対して両極端の立場のどこかに位置するだろう．自然資源の不足に対して私たちは確かに不安を感じているが，適切な手段が実施されるならば，大幅な改善が不可能な状況ではないとも感じている．このことは以下のさらなる問題につながることになる．すなわち，自然資源の不足が現実化して，経済的な厚生が深刻な打撃を受けるようになる時期を知るにはどうすればよいのかという問題である．そのためには，人口増加や技術革新の速度，自然資源を新しく発見する可能性などの予測を組み込んだ複雑なモデルが必要である．ただ，これらすべての要因を明確に考慮した経済モデルを構築することは極めて困難である．

長期の価格変化

しかし，それを知る別の方法が存在する．自然資源の多くは組織立った市場で取引されている．そのほとんどは，市場の需要と供給の両面において世界中のたくさんの人々と関係している．自然資源の現在と将来の需要および供給に関して人々が持っているあらゆる考えは，市場の一つの要素，すなわち資源価格に記録されることになる．言い換えれば，資源価格は現在および将来の自然資源の希少性に関して大多数の人々の意見が反映されたものとなる傾向がある[6]．したがって，自然資源の希少性を研究する資源経済学者の主な焦点は，資源価格の歴史的な推移を調べることであった．価格上昇は希少性の上昇を示すのに対して，価格の安定または低下は希少性が発生していないことを示している．

実際には，自然資源の価格の長期的な傾向は，少なくとも伝統的な自然資源の商品価格に関する限りは上昇しているようには思えない．ここ数世紀において人口が爆発的に増加したにもかかわらず，歴史的に見ると価格が低下してきたことはほぼ確実である．いくつかの価格は一時的に上昇したものの，長期的には価格が低下する傾向であった[訳注2]．その主な原因は採掘や輸送，精製における大規模な技術革新にあるが，私たちが享受してきた技術革新を無限に継続できるか否かは盛んに議論されている問題である．

自然資源の代替

長期的な自然資源の希少化によって生じる関係は，ありふれた言葉であるが**自然資源の代替**と呼ばれている．長期的に見ると社会情勢は大きく変化する可能性があるが，今の社会情勢が永続すると思い込むのは現代人の特徴かもしれない．現代技術を知れば知るほど，将来において社会情勢が全く異なるものとなるという可能性を無視しがちである．しかし，長い歴史において自然資源の利用形態は，少なくとも先進国では劇的に変化してきた．歴史が示しているように，希少性と価格の状況が変化することに応じて，多かれ少なかれ自然資源の代替が続いている．将来の代替によって，将来の資源不足が緩和されると信じるに足る十分な根拠も存在している．一つの例が**図1-1**で示されている．これは過去半世紀にわたり米国で生じたエネルギーの代替の状況である．エネルギーの代替，特に**枯渇性のエネルギー**から

訳注2）2000年以降，中国をはじめとする新興国の経済発展により資源価格は急激に上昇した．特に2005年以降の上昇はこれまでにないものであった．たとえば銅の2000年の年平均価格は1トンあたり2,000ドル弱であったが，2011年の年平均価格は9,000ドル弱にまで高騰している．その後は一時下落したが，それでも2014年における価格は7,000ドル弱である．今回の価格上昇がこれまでのトレンドを変えるものなのかどうかを判断するにはもう少し時間を要するであろう．

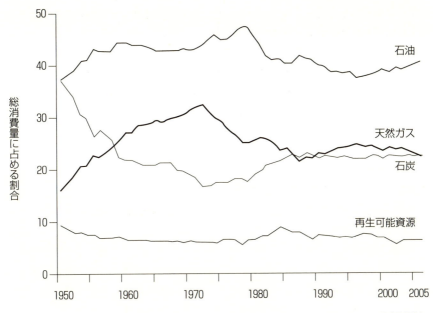

出典：U.S. Energy Information Administration, Annual Energy Reviews, 2005. Report DOE/EIA-0384（2005），(www.eia.doe.gov/emeuare/overview.html)．

図1-1　米国の供給源別エネルギー消費量（1949～2005年）

再生可能エネルギーへの代替は，地球温暖化や化石燃料の不足への対応として近年注目されている．この図は当該期間にエネルギー代替がいかに進行したかを示している．

　代替は自然資源間だけでなく，自然資源とその他の種類の投入物の間でも発生する．実際，**省資源**は特殊な形の代替と考えることができる．1970年代のエネルギー価格の高騰により，エネルギー投入から資本型投入（たとえば，新しい省エネルギー機器）への代替が強く推進されたが，これによりかなりの量の**省エネルギー**が行われた．自然資源経済学の主要な役割の一つは，希少性を緩和するために自然資源の代替が持つ将来の潜在的可能性を研究することにある．

社会的に最適な自然資源の利用水準

　社会が自然資源を賢く利用しているかどうかを判断するための一つの手段として，資源価格の長期的傾向を見るのは少々遠回りだと思えるかもしれない．より満足のいく方法は，個別の自然資源が利用される**水準**に着目し，これが社会的観点から最

適なものかどうかを解明することであろう．**社会的に最適な自然資源の利用水準**に関する研究も自然資源経済学の中心部分の一つである．「最適」とは，いくつかの判断基準から見た時の「ベスト」を意味する．最適な利用水準は様々な要因に依存するが，その中には，別の用途に自然資源を利用した時の価値や自然の再生速度，環境要因，予想される人口および技術開発の傾向などが含まれる．この問題に取り組む研究者の課題は，理論やモデルを用いて現実世界の重要かつ複雑な問題を把握するとともに，一般の人々にとって理解可能な結果を導き出すことである[7]．

どんな場合においても，何が最適であるかを特定するためにはいくつかの判断基準が必要とされる．その一つが**社会的効率性**であり，社会を構成する人々に生じる**純便益**（＝総便益−総費用）の最大化として定義されるものである．これは本書の後の章で論じられる重要な概念である．もう一つの基準は**持続可能性**であり，これには複数の定義が存在するが，一般には人間や生態系の厚生に関するいくつかの重要な指標を維持するか，あるいは増大するものとして定義できる．また**不可逆性**という基準もあり，これは他にはない固有の自然資源を破壊するなど，貴重な将来の自然資源を元に戻せなくする行動を避けるということである．さらに**公正性**，すなわち行動が人々に及ぼす影響が平等であるということも基準として存在している．

一つの例として，シカなどの郊外に生息する野生動物を考えてみよう．多くの地域でシカの個体数が爆発的に増加しているが，この原因には人間社会における開発の拡大，優れた食料源の存在，実質的な捕食者の不在などが考えられる．多くの場合，このような野生動物の個体数を維持することに対する**便益**と**費用**には賛否両論があり，一定の状況下で最適な群集サイズと呼ばれるものを特定するにはさらなる努力が必要であろう．

多くの地域で見られるように，この問題は簡単に解決できることではない．自然資源の最適戦略を特定することが困難であることを示すもう一つの例としては，漁業の**年間漁獲割当**の設定がある．漁業生物学者や漁業管理者が用いる一つの概念として最大持続生産量があるが，これは長年にわたって漁獲量を持続できる条件の下で最大となる漁獲可能量である．しかし，漁業資源は様々な理由で毎年変動する可能性があるため，比較的漁業資源が豊富な年には合理的な漁獲可能量も，漁業資源が少ない年には合理的とはいえないかもしれない．また，行政的あるいは政治的な観点から見ると，毎年漁獲可能量を変化させることは不可能かもしれず，そうなれば毎年同じ水準に漁獲割当を設定することになる．よって漁業管理者にとっての問題は，変動する生態系において長期的な漁獲割当をいかにして設定するかということになる．

繰り返すが，自然資源の利用水準を評価するための適切な基準は社会的な最適性

である．しかし，社会は多数の人々やグループで構成されており，ある人にとって最適なものが別の人にとっては最適ではないかもしれない．社会の観点から最適とみなされるべきものは，意志決定や行動によって生じると予想される結果や影響をすべて考慮した上でおそらくベストと考えられるものであろう．本書の後の章ではこの少々抽象的な概念を具体化することを試みたい．

最適を目指した自然資源に対する政策

　もちろん最適な利用水準を見つけることは問題の一部にすぎない．次の大きな課題は，実際の利用水準を観測し，ベストと思われる水準と乖離していた場合，その水準に向かって移行する方法を見つけることである．これは**政策問題**と呼ぶことができるが，この政策という言葉には，政府による規制という意味での政策よりもはるかに多くのことが含まれている．またこれには，潜在的な**制度改革**により，社会の基本となる経済協定や組織，インセンティブを変更することも含まれている．

　おそらく最も重要なことは自然資源管理を失敗した原因を特定することである．これを知ることで，利用水準が高すぎたり低すぎたりする状況を是正するために取るべき手段を提案できるようになる．市場経済においては自然資源管理を失敗する原因は二つに大別することができる．(1)ある状況下で私的市場[訳注3]が効果的に機能するのが阻害される問題と，(2)誤った公共政策や公的規制である．

　私的市場では適切に構築された規則の下，市場の参加者が自身の利益を追求し，相互に作用することで，財[訳注4]やサービスの生産および分配を極めて効果的に達成することができる．これこそが世界の大半の国々が市場経済の構築へと向かう理由である．しかし，多くの状況下では私的市場は効果的に機能せず，このような状況を是正する手段が必要である．**図1-2**には，エネルギー資源に関する例が示されている．これは，1975年から2006年に米国で生産された自家用車（新車）の馬力と燃費の関係を示している．この期間の初期には馬力が減少し，燃費が向上している．これは間違いなく1970年代から1980年代初頭の燃料価格の上昇に対応していた．しかし，1987年以降は燃料供給の不足と化石燃料の使用による環境への影響に対する関心が増大していたにもかかわらず，その傾向は逆向きであった．それはなぜだろうか．考えられる一つの答えは，自動車市場が単にエネルギー価格の変化に反応し

訳注3）ここでは「公的」に対応する言葉として「私的」という言葉を使っている．民間と言い換えても構わない．

訳注4）財は商品と言い換えても構わないが，商品となっていない財も存在していることには注意が必要である．物々交換される農産物は財であるが商品ではない．

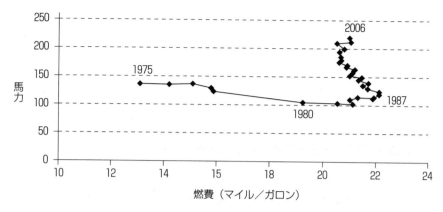

出典：EPA, Light-Duty Automotive Technology and Fuel Economy Trends: 1975-2006 (2006), www.epa.gov/otaq/fetrends.htm (accessed September 6, 2007).

図1-2　米国における軽量自動車[訳注5]の燃費（1975〜2006年）

ていたというものである．

　この種の問題の原因の一つは**所有権**制度に関係している．人々が自然資源をどれだけ使用し，またどれほど浪費するかは，単なる技術の問題ではない．より重要なのは，この問題の背景には人々の意志決定や行動を導く経済制度が存在することである．この点で特に重要なものが**所有権制度**である．それはすなわち，人々が様々な種類の自然資源にアクセスし，そして利用するための権利を規定する法律や慣習，規制である．すべての人間社会は所有権制度を持っているが，必ずしも同一の制度とは限らない．所有権制度の違いが人間の自然資源利用にどのように影響を与えるかを把握することも，自然資源経済学の主要な課題の一つとなっている．

　所有権に関する重要なトピックの一つ目は，公的と私的，個人的と集合的のような所有権の違いが，自然資源の利用形態にどのように影響を及ぼすのか，そしてその結果，自然資源の利用水準にどのように影響するのかである．二つ目の重要なトピックは，自然資源の物質的特徴の違いが，その自然資源に最も適した所有権とどのような関係にあるのかについてである．三つ目の重要なトピックは，自然資源に関する困難な問題を解決するために，新たな所有権をどのように発展させるのかである．

　三つ目のトピックの例として漁業における所有権の移行がある．これは，漁業管

訳注5）普通乗用車の他に，ワゴン車，スポーツ用多目的車（SUV）などが含まれる．日本における軽自動車ではない．

理においてオープン・アクセス・システムから私的所有権へ移行するというものである．海面漁業は歴史的にオープン・アクセスな資源として扱われてきた．つまり最初に漁場に到着し，最も漁獲に力を注いだ漁業者が魚の所有者となる．これが乱獲と漁業資源の減少を繰り返し発生させてきた．譲渡性個別割当方式のシステムは，市場での取引が可能である所有権を魚類に対して構築するための本質的な取り組みである．これが機能すると，所有者は自分の資産の価値を保持しなければならないというインセンティブが働くため，漁業資源への圧力を緩和できる可能性がある．これについては第13章で詳しく議論する．

　自然資源を間違った形で利用することは他の理由で発生することもある．一般的なものは自然資源の利用者に対する公的な補助金である．これには自然資源の利用水準を高めてしまう効果がある．コラム1-1に示した米国のエネルギー補助金はその一例である．

コラム1-1　連邦政府のエネルギーに対する補助金

　自然資源への補助金は，政府が生産に伴う費用や，商品や関連するサービスを消費する費用の一部で埋め合わせるための財源上の仕組みである．補助金は給付金の支給から，自然資源を利用する際の財政状況に影響を与える規制まで，様々な形で実施される．世界的に見ても，エネルギーやエネルギー市場は公的な補助金によってかなり影響を受けてきた．これは米国においても当てはまることであり，どのエネルギーもある程度（たいていはかなり）影響を受けてきた．

　たとえば，原子力エネルギーを考えてみたい．2005年のエネルギー政策法には原子力エネルギーに対する様々な補助金が含まれていた．

- 税額控除：新しい原子力発電所からの電力に対し，操業開始から8年までの間，6,000メガワットを上限とし，1キロワットアワーあたり1.8セントの税金を控除する．
- 融資保証：新しい原子力発電所を建設する費用の80％について融資保証する．
- 費用補償：原子力規制委員会からの許認可の遅れによって発生する費用について，5億ドルを上限として公的支出として補償を行う．
- 保険に対する補助：原子力発電所の事故に起因する損害費用を補償する保険の加入に対し補助を行う．

> エネルギー省によれば，これらの補助金は，原子力エネルギーが，世界中のすべての人々に信頼できるエネルギーを供給する，安全で，進歩的で，低価格で，環境にやさしいアプローチであるという，自身の約束を全うすることを可能とする[1]ために支出されている．しかし反対論者は，エネルギー省の事業を，原子力産業が許容できないほど危険で経済的に競争力がなく，段階的に廃止すべき産業であるにもかかわらず，無駄な補助金を支出していると批判している．一方，原子力やその他の枯渇性エネルギーに対する補助金があったことで，再生可能エネルギーの支持者は，風力や太陽光，バイオ燃料の開発を促進する補助金の主張に成功してきた．結果として，風力や太陽光エネルギーの導入，バイオエタノールの生産，水力発電施設の建設に対する補助金につながっている．これらの補助金は連邦政府によって行われているものもあるが，多くのものは各州で実施されている．エネルギーに対する補助金はこれらの分野に対する投資を引き寄せる効果を持つ一方，エネルギー部門のあらゆる場所で全面的に補助金が拡大することで残念な影響も生じている．エネルギー価格が人為的に低く抑えられ，そのことが高いエネルギー利用水準を導いていることである．
>
> 1) Mark Holt, *Nuclear Energy Policy*, Congress Research Report for Congress, RL33558, December 26, 2006. より引用している．

本書ではこれと類似する多数の事例を扱うが，こうした事例では，ある一時点において特定の目的を達成するために制定された自然資源に対する公共政策が，非効率性や不公正の原因となっている．同様に，私的市場に任せると自然資源管理が失敗する事例についても取り扱う．これは明らかにジレンマを引き起こしている．自然資源の私的市場が効率的に機能せず，一方で効果的な公共政策を構築するのは困難であるとするならば，いったい何を頼ればいいのだろうか．明らかなことは，私たちは不完全な選択肢の中での意志決定に頼らざるを得ないことである．これは本書全体を通じて扱う考え方である．

自然資源勘定

米国の国内総生産（GDP）は2006年には13兆1,950億ドルであった．この数値は，経済で生産された「最終」の財とサービス（世帯やその他の消費者に対して供給された財とサービス）の価値の総額を推定したものである．通常，世界のどの国でもGDPの増加は成長と発展に関連している．GDPの増加は人口の成長を支え，一人あたりの富や厚生の増大を享受することを可能にするものである．

しかし，従来のGDPという尺度は多くの点で不十分である．重要な問題点の一つは，市場を経由した財とサービスの価値しか測定されていないことである．したがって，たとえば国内で行われたボランティア活動の価値は含まれないし，世帯内の家族に対して行われた活動の価値も含まれない．もう一つの問題点は**自然資源の枯渇**を考慮していないことである．建物や設備などの人々によって生産された資本財に対しては減価償却による調整が行われる．正常に機能する経済では，これらの資本財はある程度で使い切ってしまうことになる．経済の総生産から資本を控除すると純生産という尺度が導かれる．

しかし，社会の**自然資源資本**においても減価償却が発生する可能性がある．通常の財やサービスの生産には自然環境からの投入物が必要であるが，それには鉱物や木材，水，農地のように伝統的なものと，生物多様性や炭素固定，栄養塩の再循環のように，あまり広くは認識されていない非伝統的なものの両方が含まれる．自然資源によって供給される貴重な景観資源も，巨大な野外レクリエーション産業の基礎となっている．こうした財やサービスを提供する自然資源の基盤も，それを使用した結果として明らかに減価償却されることになる．定量的な観点から見れば，例えば鉱物などの自然資源が今日使用されると，将来世代の利用可能なストックを減らすことになるし，定性的な観点から見れば，例えば土壌侵食が発生すると，生産性を失うほどに生態系が強く影響を受けることになる．

このことから，人々は**自然資源勘定**と呼ばれるものを考えるようになった．これには，ある国において自然資源から提供される生態系サービスの価値を推定し，標準的な国民経済計算の結果に組み入れることが含まれている．この価値の推定の例としては，多くの森林地域で提供されている洪水防止の価値の推定や，国立公園やその他の野生生物保護区によって生産される野生生物の保護価値の推定がある．

大昔には，自然資源は単に原料を採取し，物理的に変換されるものと見なされ，経済成長や物質的な厚生を向上するために使われるものにすぎなかった．自然資源は消費者が要望するあらゆる財やサービスの生産を行い，経済を加速化させるための投入物として見なされていた．こうした役割は今日でも残っているが，ここ数十年で別の役割が広く認識され，尊重されるようになった．それは自然資源の**非採取的**サービスの価値，すなわち野外レクリエーションや生物多様性の保護，そして重要な自然遺産の保存そのものによって得られる価値である．

採取と保護の対立は20世紀にいくつかの歴史的な論争を引き起こした．こうした論争の中で初期の最もよく知られたものの一つは，ヨセミテ国立公園内のヘッチ・ヘッチー渓谷での論争であった．素晴らしい自然景観を有したこの地では，今世紀初頭，サンフランシスコへ水を供給するため渓谷を大規模なダムへと開発すること

をめぐる争いがあった．1960年代と1970年代にユタ州のグレンキャニオンにダムが建設され，素晴らしい自然景観を有した場所が広大な静水域のレクリエーション・エリアに変わってしまった時も，同様に激しい論争が発生した．こうした論争は今日も続いている．たとえば，原生林の伐採と絶滅危惧種の保護，原生自然地域における原油の採掘，スキー場の拡大と森林環境の保護，オフロード車の増加と自然の安らぎや静けさの喪失などである．

採取と保護の論争において，資源経済学者はいくつかの重要な課題をかかえている．その一つは，これらの事例で社会が直面する**選択の基本的性質**を調べることである．保護されている自然資源は，通常は他には存在しない唯一のものであるが，採取された自然資源は通常は唯一ではない．採取は自然資源資産に対してしばしば不可逆的な変化をもたらすが，保護では通常はそうした変化は生じない．こうした要因を考慮すると，自然資源の選択を将来に延期するという保守的な意志決定戦略を採用することが合理的な選択かもしれない．本書では後ほど多くの分量を費やしてこのトピックについて議論する．

資源評価を重要とするのは発展途上国，とりわけ国の経済が自然資源に大きく依存している国々である．これらの国々で必要となるのは**持続可能な発展**であり，すなわち自然資源資本の価値の減少分が他の形態の生産的資本の増加によって相殺されることである．自然資源ストックの価値を推定することは**エコロジー経済学**の重要な課題の一つである．エコロジー経済学とは，経済学と生態学の原理を結合することで，自然資源の役割や経済活動が自然資源システムに及ぼす影響を調査することを試みる新しい学問分野である．

これらの事例における経済学のもう一つの重要な役割は，**保護という選択がもたらす価値を評価すること**である．採取された自然資源は通常は（全てではないが）市場で販売される．油田や樹木，農地の場合を考えてみよう．こうした自然資源に対して社会が持っている価値は，石油，木材，土地などの商品の市場価格に反映されている．これらには多くの場合，適切に組織化された競争的市場が存在し，消費者の要求と自然の希少性の間の駆け引きが価格に反映されている．これに対して，保護を選択すると通常の経済市場を経由しなくなる．多くの場合，これは是正されるべき問題である．私たちの課題の一つは，市場を用いた自然資源に対する政策の新たな可能性を探ることにある．さらに市場を経由しない生態系サービスなどの非市場資源の価値を計測するため，分析手法を開発して適用することも重要な課題の一つである．後で見るように，自然資源経済学ではこのための特別の手法がいくつか開発されている．

経済学がこの論争に対して提供できる第三の重要な貢献は，自然資源を採取から

保護にシフトした時，特に費用の分配という観点から経済的影響を評価することにある．ある自然資源において採取水準の低下や変更を計画すると，通常は自然資源の採取を目的として形成された産業に重大な影響が生じる．たとえば，ある地域で伐採を減らす提案が行われると，この地域で運輸業や製材工場で働く人々に影響が生じる．漁業で漁獲量を削減する計画が実施されると，漁船で働く人々の人員削減が必要となる．保護計画の費用負担は比較的小規模な集団の人々に偏ることが極めて多い．このような場合に現状を把握し，補償の立案に必要なデータや分析の提供を支援することも経済分析者の重要な役割である[8]．

自然資源経済学における費用便益分析

資源評価の問題に関連したもう一つの重要なトピックは，自然資源に対する政策の意志決定において**費用便益分析**を使用することである．たとえば，米国議会は1966年に絶滅危惧種の保護を目的とした法律を制定した[9]．これは絶滅危惧種を保全し，必要な生息地を保護するため，「できる限り早急に」連邦政府が土地を購入する権限を与えるものである．この法令施行時の内容によると，関係する行政機関は種の保存の意志決定がもたらす便益と費用を考慮し，自らが種の保存に対して「バランス」がとれていると見なす決定を行うことができた．

その後，1973年に絶滅危惧種法が議会を通過した．この時期は連邦政府の環境政策や自然資源政策において極めて活発に議論が行われた時期でもあった．新しい法律を提案したり，より包括的な構想を提案したりする時は，それにより得られる便益に大きく重きが置かれ，逆に費用に関しては相対的に少ししか注目されないようになった．つまり絶滅危惧種法は，それ以前の法律とは全く異なるものであり，行政機関に対してどれほど費用がかかっても絶滅危惧種の保護を命じるものであった．1978年の法改正ではある程度の柔軟性が認められ，法律の厳格な要求を免除できるような仕組みが導入された．しかし，絶滅危惧種法のもともとの条項は残されており，内務長官が絶滅危惧種の指定を行う際に費用を考慮することは認められていない．ひとたびある種が絶滅危惧種または絶滅危急種として指定されると，いくら費用がかかっても保護することになっている．

しかし，政治的用語が明確かつ妥協を許さないものに見えても，現実はより複雑である．矛盾した目標や予算制約，不完全な知識のため，妥協やトレードオフなしに意志決定を行うことなどできない．それは，いわば官僚プロセスの深奥の見えないところで決められるものである．一方でこれらのことは，明示的に費用便益分析を行うことでより公然に決めることもできる．費用便益分析は，ある特定の行動に

よって生じるすべての便益と費用を考慮し，比較するという単純な試みである．これはダムのような連邦政府の水資源開発事業を評価するため，数十年も前に開発されたものである．近年では，公共部門で行われる自然資源や環境資源に関するすべての意志決定に際して，より広く適用されるべきであると考える人が多い．ただ言うまでもなく，費用便益分析の幅広い適用は論争の的となっている．

絶滅危惧種法に関して費用便益分析を行うためには，特定の種を保護することの費用と便益の両方を経済学者が推定する必要がある．費用は絶滅危惧種を守るために自然資源を保護することで失われる価値であり，便益は市民がその種を保護することに対して持っている価値である．費用便益分析の一例として，資源経済学者がマダラフクロウの保護計画を対象に実施した研究がある（**コラム 1-2**）．

第8章では，費用便益分析の原理と自然資源の問題に適用するために経済学者が開発した様々な手法について検討する．公共政策における費用便益分析の適切な役割についての政治的論争が今後も続くのは確実ではあるが，重要なことは費用便益分析の改良を続け，適用可能性をさらに広げるとともに，分析結果の精度をさらに改善することである．

コラム 1-2　マダラフクロウ保護の経済学

マダラフクロウは北カリフォルニアとオレゴンの森林に生息する絶滅危惧種である．森林で伐採を行うとマダラフクロウの生息地として機能しなくなるため，この野鳥の生存を確実にするためには生息地の森林の伐採量を制限する必要がある．つまり，マダラフクロウの生存は伐採によって影響を受けることを意味する．自然保護主義者と林業団体との間での合意形成の試みは困難と論争の連続であった．

資源経済学者はマダラフクロウの保護計画に対して費用便益分析を適用することで，対立点を浮き彫りにさせようとしてきた．費用と便益の枠組みでは二つの考慮すべき関係が存在する．すなわち，マダラフクロウの生存確率を高めるために必要な費用と，マダラフクロウを保護することの社会的価値という意味での便益である．

クレア・モンゴメリーとガードナー・ブラウンは費用面について調査を行った[1]．彼らは野生動物を専門とする生物学者との共同研究により，マダラフクロウの生存確率（マダラフクロウが今後150年間に絶滅しない確率が50%あるいは90%などと設定）が生息域の森林面積とどのような関係にあるかを調査し

た．すべてではないものの，マダラフクロウの生息域はオレゴン州の原生林に存在している．次にマダラフクロウの生息域で伐採可能な森林面積を推定し，ある生存確率を達成するために伐採を制限する必要のある森林面積を推定した．さらにこの制限面積から失われる木材生産の価値を推定した．

　便益の面については，ダニエル・ハーゲン，ジェームズ・ヴィンセント，パトリック・ウェーレが，マダラフクロウの個体数を保護することの社会的価値を推定した[2]．彼らは「仮想評価法」を調査に用いたが，これはマダラフクロウの絶滅を回避するために税金が上昇したり，木質の建築材料のコストが上昇したりするとした時に，いくらまで支払っても構わないかを多数の人々にたずねるものである．その結果は，マダラフクロウを保護することの便益が，1年あたり一世帯につき平均で約50ドル〜150ドルであるというものであった．

1) Claire Montgomery and Gardner M. Brown, Jr., "Economics of Species Preservation: The Spotted Owl Case," *Contemporary Policy Issues*, X(2), April 1992, pp. 1-12.
2) Daniel A. Hagen, James W. Vincent, and Patrick G. Welle, "Benefits of Preserving Old-Growth Forests and the Spotted Owl," *Contemporary Policy Issues*, X(2), April 1992, pp. 13-26.

要約

　長期的な自然資源の充足性は自然資源の利用に関する伝統的な課題であった．多くの人々が自然資源の不足によって経済成長が弱まると予測してきたが，まだ現実のものとはなっていない．将来，いつそれが発生するのかについては，楽観主義者，悲観主義者，そして両者の中間的な人々の間で意見が分かれていた．自然資源の充足性に関する自然資源経済学の主要な課題は，自然資源の長期的な価格上昇が差し迫っているかどうかであった．その他の自然資源に関する課題としては，自然資源の利用形態の採取型から非採取型への転換，自然資源の最適な利用水準の決定，最適水準を実現する政策の研究，そして所有権制度のような基本的な経済制度が自然資源の利用水準に及ぼす影響などがあった．

注
1) T. R. Malthus, *An Essay on Population*, London, 1798.
2) Donella H. Meadows et al., *The Limits to Growth: A Report for the Club of Rome's Project on the Predicament of Mankind*, Universe Books, New York, 1972.
3) 最近のものとしては，Mark Hertsgaard, *Earth Odyssey: Around the World in Search of*

Our Environmental Future, Broadway BDD, New York, 1999. がある．

4) George Perkins Marsh, *Man and Nature,* Belknap Press of Harvard University Press, Cambridge, MA, 1965, pp. 7-9.

5) 楽観主義の初期の好例としては，将来の傾向を予測することに特化したシンクタンクであるハドソン研究所の報告書がある．Herman Kahn, William Brown, and Leon Martel, *The Next 200 Years,* William Morrow, New York, 1976. を参照されたい．より近年の楽観主義者の著作としては，Julian Simon, *The Ultimate Resource* 2, Princeton University Press, Princeton, NJ, 1996. がある．

6) もちろんその他の要因も価格に影響するため，現実世界のすべてのノイズから希少性のシグナルを注意深く識別する必要がある．また，資源価格には自然資源採取時の環境費用が通常は反映されていないが，この要因は年月とともに次第に重要性が高まることを忘れてはならない．

7) 経済学において「モデル」とは，重要な要因（自然資源の利用水準や技術革新，人口成長など）がどのように関係し，一つの要因が変化すると他の要因がどのように影響を受けるかを記述するための単純化された方法である．

8) これは経済学者が何らかの立場を擁護することを排除するものではないが，それは基本的に政治的役割であって分析的な役割ではない．

9) 公法89-669, 1966年10月15日に署名．

第2章
自然資源と経済

　経済とは，ある集団の人々に対して十分な水準の物質と社会的福祉を提供し，可能ならばその水準をさらに改善するための手段である．経済は一般的に，国境によって定義される社会と関連付けられており，たとえば，米国経済や日本経済，南アフリカ経済といった形で使われている．しかし，時には**グローバル経済**について語られることもあるし，あるいは個別の地域やコミュニティに対する地域経済が語られることもある．

　経済においてはすべての個人は二つの役割を持っている．すなわち生産者と消費者である．経済を運営する際，社会は財やサービスに対して重要な決定を行うが，そこには，いつ，どこで，どれだけの財やサービスが提供され，どのような手段で達成されるのかということが含まれている．また財やサービスがどのように分配され，誰がどの期間にだけアクセスできるのかという基本的な決定も行うことになる．こうした決定は，市場型の経済においては**市場機構**を経由して，生産者と消費者が自発的に相互作用を行った結果として生じることになる．通常このような決定は，様々な**政府機関**による一定の公的監視と規制の下で行われる．

自然と経済

　社会は自然界に取り囲まれている．自然システムはどのような場合でも，その**量的状態**および**質的状態**を示す一連の変数によって表現することが可能である．量的変数はストック変数（森林面積，海洋バイオマス重量など）とフロー変数（地表のエネルギーや風速など）から構成されており，一方の質的変数は，ある時点における自然資源の重要となる特徴（たとえば大気汚染，海水の塩分や水温の状態など）から構成されている．これらの変数がある時点から次の時点にどのように変化するかは，生物学的および物理学的な法則によって表現される．

　自然資源システムと**人々の福祉**との関係を考える際に効果的な方法は，自然資源

システムを**自然資本のストック**として考えることである．つまり，他の投入物と組み合わせることで有用な財やサービスを生み出すものとして見るのである．「資本」という言葉は，経済学では歴史的に人間によって生産された人工物に対して使われてきており，たとえば道具や機械，建築物などが該当する[1]．「**自然資本**」という概念が有益なのは，その言葉が自然から供給される投入物という考え方と，自然の量と質は人間の行動から影響を受けているという考え方を統合しているからである．

自然資本は他の投入物とともに広範囲の財やサービスを生産する．これは**図2-1**で示されるように二つの流れに分けて議論することができる．矢印(a)は**自然資源の製品とサービス**の経済への流れを示している．**自然資源経済学**は経済学という分析手法を利用してこの流れについて研究している．この流れは，伝統的な採取的利用と自然資源の保全によって得られるサービスの両方を含むものとして，幅広く捉える必要がある．矢印(b)は自然界に戻される物質およびエネルギーの**残留物**を意味している．この流れは**環境経済学**の主な研究対象である．

自然界のどの部分が価値を持つかは該当する社会や経済の特性に依存している．どのような時点においても，経済システムには**技術的要因**（様々な生産や流通，通信手段など），**経済・法・規制制度**（民間企業や裁判制度，商法，公的機関など），および主要な**人口動態に関する要因**（嗜好や選好，人口規模，技能水準，教育機関）が含まれている．これらの技術的，制度的，人口動態の要因こそが，自然の要素にすぎなかったものを自然資源へと変貌させているのである．100年前には石油は自然資源ではなかったし，ボーキサイトやウランも自然資源ではなかった．60年前，水資源がレクリエーション・サービスの供給源として理解されることはほとんどなかった．そして近年，**生物多様性**は重要な自然資源となっている．現在はまだ知られていない自然界の機能の中には，これから100年後に大きな社会的価値を持

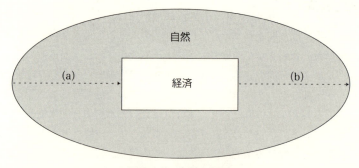

図2-1　自然と経済

つものもあるだろう．言い換えれば，貴重な自然資源となるものがあるかもしれないのである．

したがって，自然資源の概念を自然界のうち価値を有する部分として考える際には，その概念は最も広い意味で理解する必要がある．将来の人間社会が今日とは大きく異なる場合，自然の中には今日より高い価値を持つ可能性のあるものが存在することを認識する必要がある．このように，社会的価値には単に今日に利用されている自然資源だけではなく，自然界の将来の潜在的可能性も含まれるのである．

図2-1の(b)で示されている流れは，自然により提供される，廃棄物を受け入れる「吸収源」としてのサービスを強調している．これらの廃棄物の中には，環境の**同化能力**によって変化し，より無害なものとなるものもあるだろう．また別の廃棄物の中には，蓄積して人間の福祉や自然界を構成する生態系の健全性に対して様々な悪影響をもたらすものもあるだろう．

自然資源経済学と環境経済学の間には明らかに密接な関係が存在する．物理学の法則によれば，物質やエネルギーの形で経済に取り込まれたものは，最終的に必ず排出されなければならない．このため図2-1(a)の流れにおいて行われた決定は，(b)の流れにおいて対処しなければならない問題に大きく関係していることになる．しかし本書では，(a)で示されたシステムの自然資源に焦点を絞ることにする[2]．それはこれまでの学問分野の慣例に従うためであり，問題全体を扱いやすいいくつかの部分に分割することには利点が存在するからである．

このような方法で物事を概念化することに対しては，自然界の価値を人類にとっての重要性という観点からしか見ていないと批判する人もいるだろう[3]．しばしば指摘されるように，自然は人々の願望とは独立してそれ自体が価値を持っている．だが，人間以外の生物や自然界を構成する要素が世界の様々な状態に対して価値を示すか否かについては，哲学者に委ねることにしたい．本書では人間の価値に基づいて，自然資源に関する意志決定をどのように行うべきかを考える．この意志決定の中には，自然界を構成する要素が可能な限り攪乱されない状態で保存されることも含まれるだろう．その理由としては，単純に人間は自然を適切に管理する責任があるという考えもあれば，自然がどれほど人々の福祉に影響を及ぼすのか明らかにされていないため，簡単には手を付けることができないという考えもあるだろう．これらの理由は住宅のために樹木を伐採するのと同様，人間の価値観を明確に表しているものである．

言うまでもなく，自然資源管理における主要な概念は**保全（conservation）**である．この言葉の持つ意味と使用方法をめぐっては論争が交わされてきた[4]．この言葉には何か無駄を減らすという意味が含まれているが，歴史的には幅広い意味に

使われてきた．たとえば，ダムを建設して水の流出という無駄を省くことから，あらゆる経済的な無駄を生み出す元凶に対して政治的な攻撃をしようとする倫理観にまで使われてきた．今日では，保全という言葉は，ある意味で**社会的**に最適な水準で自然資源を使用する概念として使われていると言える．もちろん，ある個人またはあるグループに対する最適と，他の人にとっての最適は同一ではない．しかしこの用語は，異なる要求に対して適切にバランスを取り，無駄や過度の損失を回避する行動を意味している．

　公的な議論の場において今日も続いている対立の一つは，**資源の開発**（development）と**資源の保護**（preservation）をめぐる対立である．開発とは，程度の差はあるものの，人類の幸福を向上させる目的で自然資源を改変する行動を指している．これに対して保護とは，自然資源を使用しないで残しておくか，あるいは自然資源を基本的に元の状態に維持できる範囲内で使用することを意味している．今日では重要な用語として**科学的な保護**が使われているが，これは開発と保護をめぐる紛争に対して，単なる感情的な政治闘争として捉えるのではなく，特に自然科学に基づく科学的な分析手法によって分析し，説明しようとするものである．この概念を具体化した最新のものが**エコシステム・マネジメント**である．これは生態学に基づいて自然資源管理の決定を行おうというものである[訳注1]．

自然資源サービスの範囲

　自然資源の分類で最も簡潔なものは，土地資源，水資源，大気資源といった分類であろう．しかし，自然が提供する財やサービスの数と種類をより完全に理解するためには，このような簡潔な説明では不十分である．そのための最初のステップは，**利用価値**と**非利用価値**を区別することである．利用価値とは自然の特性が何らかの意味で利用されていることを意味する．たとえば，水が灌漑によって作物のために利用され，その後，作物が収穫されて消費されるといったように古典的な意味で使われることもある．しかし，利用という言葉は標準的な消費形態を伴わないこともある．急流下りやバードウォッチングは違った意味で自然資源を利用している．景観価値の利用には，自然資源が単に存在していることを感じるという意味が含まれている．

訳注1）この段落の記述からも明らかであるが，保全（conservation）と保護（preservation）は同じものではない。保全は人間の手を加えながら管理することであり，そこには自然資源の採取的な利用も含意されている。一方，保護はもともとあるものを保存することであり，少なくともそこには持続可能でない採取的な利用は含意されていない。

一方，非利用価値はただ自然資源が**存在**すること自体に対して人間が持つ価値のことである．これには将来の利用に関連するもの（**オプション価値**），そして将来世代に健全な生態系を残したいという要求に関連するもの（**遺産価値**）が含まれる．現時点では利用しない自然資源であっても，現在世代あるいは将来世代が後でこの自然資源の利用を希望するかもしれないため，将来において自然資源を利用できるよう保証してほしいと考える人々もいるかもしれない．言い換えるならば，将来の選択肢を残すこと自体が何らかの価値を持つのである．しかし，現在の利用とは関係なく，さらに将来の利用可能性とも関係しない真の存在価値もまた存在する．もちろん，このような価値を個々の事例において評価し，計測することは容易ではない．しかしこうした価値は現実に存在するものであり，人間の意思決定を動機付けるインセンティブに関係している．

表2-1は利用価値の一覧を示している．これらの価値は**採取的資源**に基づくものと**非採取的資源**に基づくものとに分類される．採取的資源は自然資源を利用する際に，自然環境からの物理的な採取とともに，おそらくは物理的に転換するプロセスも伴っている．典型的な例として，様々な種類の鉱石の採掘と樹木の伐採，そして建築資材への転換などがある．商業的漁業だけでなく，多くのレクリエーション目的の釣りやハンティングも採取的である．自然から取り出され，利用可能となった自然資源は，一般に**自然資源製品**（または**自然資源商品**）と呼ばれる．

非採取的資源は自然環境から取り出されなくても価値あるサービスがもたらされるものである．非採取的資源の典型的な例としては，ハイキングや登山，川下りなどの自然資源を利用したレクリエーションがある．

多くの自然資源は採取的製品と非採取的製品の両方を生み出している．たとえば森林からは木材とハイキングの機会の両方が得られるだろう．水は都市用水や工業用水の供給にも使われるが，ボート利用にも使うことができる．

非採取的資源のサービスでもう一方の重要なものは生態系の維持である．自然資源システムのある部分は他の部分を維持したり，保護したりしている．たとえば湿地は，一般に水循環の大きな枠組みの不可欠な部分を構成しており，水資源を保護するためには湿地の保存が重要である．森林は，多くの場合，治水や水質維持に関する重要なサービスを提供している．沿岸地域の土地や水資源は，暴風雨の被害を軽減するという点で重要なサービスを提供している．

最も新しい自然資源である「**生物多様性**」は，おそらく特別なタイプの採取的資源であろう．生物多様性とは生態系や種，遺伝子のいずれかの特性ではなく，これらの集合体としての特性である．しかし，生物多様性の保護を正当化する際には，採取的な側面が強調される傾向にある．つまり，医薬品など生物多様性に由来する

表2-1 自然資源の分類

自然資源	自然資源製品とサービス	
	採取的	非採取的
鉱物	非燃料（ボーキサイト） 燃料（石炭）	地質学的サービス（風化）訳注2)
森林	林産物（木材）	レクリエーション（ハイキングや登山） 生態系の維持（治水，CO_2吸収）
土地	肥沃度（生産力）	空間，景観的価値
植物	食料および繊維 （農作物，野生の食用作物） 生物多様性に起因する製品 （薬用植物）	
陸生動物	食料と繊維（家畜，野生の獲物） 生物多様性に起因する製品 （遺伝的多様性）訳注3)	レクリエーション・サービス （バードウォッチング，エコツーリズム）
漁業	食料（海水魚と淡水魚）	レクリエーション・サービス （商業目的ではない釣り，ホエール・ウォッチング）
水	都市用水，工業用水，灌漑	レクリエーション・サービス（ボート）
気象サービス	エネルギー源（地熱）	エネルギー源（太陽光） 地球規模の放射収支 電磁波の周波数帯域，自然災害

製品の供給源といった形である．また，生物多様性は全般的な生態系の維持においても重要である．生物多様性を保護することは，一般的には伝統的な採取活動から転換することを意味している．

　私たちは通常，自然を便利な財やサービスの貯蔵庫として考えているが，自然は負のサービス，つまり，少なくとも人類にとって負の価値を持つサービスを提供することもある．地震や洪水，噴火などの自然災害は，世界中で毎年のように甚大な被害をもたらしている．こうした被害の中には，たとえば森林破壊のように人間の自然資源に対する影響によって被害が悪化しているものもある．いかなる場合でも，こうした影響を許容可能な水準に収めるには，知識に基づいた調整作業が必要とな

訳注2) たとえば，岩石が風化し，そこに有機物が加わって最終的に土壌が生み出される．
訳注3) 品種改良あるいは育種改良には遺伝子の変異（遺伝的変異）が不可欠であるため，遺伝的多様性は自然資源製品ということになる．陸生動物の例としては種牛を挙げることができるだろう．

る．

　採取的資源と非採取的資源の境界線が不明確なこともある．つまり採取的資源の中には，必ずしも使用中に別のものに転換されたり，完全に失われたりするとは限らないものもある．帯水層や河川から採取された灌漑用水は別の場所で水循環に戻される．もちろん，その過程で水量はおそらく減少し，また水質の面でも劣化するかもしれない．動物園の動物は自然生息地から取り除かれるという意味で採取されるが，動物自体に物理的な転換は行われていない．土壌の肥沃度は，農業生産によって一時的または永続的に減少する可能性があり，したがって採取型資源と考えることができる．しかし，適切な手順を行うことで肥沃度を維持することができるので，非採取型資源と考えることも可能である．

自然資源サービスのモデル化

　自然資源の財やサービスの種類を区別する方法は他にもいくつか存在する．しかし，議論を深めるため，ここでは少し形式的なアプローチを採用したい．後の章では，自然資源の問題について検討するために簡単な分析モデルを使っている．本節の内容は，いくぶん形式的で抽象的な方法ではあるが，私たちが学ぶべき自然資源の状態について，本質を捉えながら考える方法を提供するものである．

　自然資源管理の意志決定は，現在と将来をつなぐものであり，しかも現在と将来のトレードオフを伴うため複雑なものとなる．この現在と将来のつながりには，自然資源自体の特性に由来し，生物学や化学の法則に基づくものと，人間が自然資源を使用することの影響に基づくものとがある．たとえば，第0期と第1期の二期間のみの状況について考えてみよう．単純化のため第0期は今年で，第1期は来年と考えることにしよう[5]．

　ここで，自然資源の利用と補充に関する一般的な問題の基本構造は，以下のように設定することができる．第0期の開始時に利用可能な自然資源が一定量あるとする．この期間中に自然資源のある量が「利用」される．この場合の「利用」は，伝統的な意味での自然資源採取と考えるのが最も簡単である．しかし，これとは別のことも起こるかもしれない．つまり，第0期において自然資源が補充され，増えることも起こり得る．ただし，この増加量は自然資源の種類によって異なる．これらのすべての要因によって第1期で利用可能な資源量が決まることになる．

　この基本的な関係は次のように表現することができる．

第Ⅰ部　はじめに

第1期に利用		第0期に利用		第0期に利用		第0期の
可能な資源量	=	可能な資源量	−	された資源量	+	資源増加量
(S_1)		(S_0)		(Q_0)		(ΔS)

それぞれの項目の下側の括弧の中にある記号を用いると，以下のように簡単に表現できる．

$$S_1 = S_0 - Q_0 + \Delta S$$

ここで重要な項目であるΔSは，第0期において利用可能となる自然資源の増加量を示している[6]．ΔSを様々な形に解釈することで，この基本的な関係式を用いて多くの異なる種類の自然資源を表現することが可能となる．

枯渇性資源

　この一般式の最も単純な適用例は**枯渇性資源**である．こうした自然資源の**確認埋蔵量**[訳注4]に対しては，$\Delta S = 0$とすることができる．自然資源は補充されず，成長することもない．この場合，基本式は$S_1 = S_0 - Q_0$となる．つまり，開始時点の資源量からその期間中に利用された資源量を差し引いたものが，次の期間に利用可能な資源量となる．典型的な例はある一定量の原料を含んだ鉱床である．非常に長期的な地質学的プロセスから見れば，新たに埋蔵量が増えることはあるが，人類が関与する時間スケールでは埋蔵量はほぼ一定である．

　ある状況においては再生可能であり，別の状況では枯渇する自然資源も存在する．地下水は地下の地層や帯水層に保持されている．この場合ΔSは**再補充量**であり，1年間に地層に流入する量に相当する．ΔSが実質的にゼロの場合，帯水層は枯渇性資源となる．一方，$\Delta S > 0$の場合，再生可能資源となる．

　単一の確認埋蔵量を考えるのではなく，**あらゆる想定での確認埋蔵量**を考えると，枯渇性資源の基本特性は異なったものとなる．時間をかけて**探査**や**開発**を行うことで，既知のストックの量を拡大することが可能となる．この場合，ΔSは探査や開発によって既知のストックに追加された量に相当する．「新しい」埋蔵量は様々な形で得られるので，実際には状況は極めて複雑である．たとえば，最近になって地質学的に発見されたという意味での「新しい」埋蔵量のこともある．一方，地質学的には既知であったが，昨年までの技術では手が届かなかったものが，新しい技術

訳注4）埋蔵量は探査や開発によって変化し得るものである．確認埋蔵量は埋蔵量の中で，その時点で確定している分量を意味している．

によって利用可能になったという意味での「新しい」埋蔵量ということもある．

このことは，再生可能資源と枯渇性資源を区別する時には，物質的な観点だけでは説明できず，経済的な観点も必要となることを示している．資源探査にさらに力を入れるという決定は経済的なものである．それは資金を投じることになるものの，利益が得られる潜在的な可能性を持っている．枯渇性資源と見られていた自然資源も，人間活動によって行われる資源開発によって再生可能資源へと変貌するのである．

リサイクル可能資源

枯渇性資源の中には**リサイクル可能**なものもあるだろう．第0期で利用された自然資源の一部はリサイクル可能であり，期間1で利用可能な供給量に組み入れられる．この時，基本的な関係式は以下のように書き換えることができる．

$$S_1 = S_0 - Q_0 + \alpha Q_0$$

ここでαは，最初の年に利用された自然資源のうち，リサイクルによって再利用可能となった割合を示している．ここでは利用量Q_0とリサイクル率αという二つの基本的な決定が行われている[訳注5]．

再生可能資源

再生可能資源とは何らかの形で自分自身を再生する自然資源である．この場合$\Delta S > 0$であり，第1期に利用可能な資源量は自然資源の再生プロセスから影響を受けることになる．たとえば，漁業や森林資源の場合，これは生物的なプロセスとなる．森林の場合，（第1期の木材の量）＝（開始時点に存在していた量）－（第0期に伐採した量）＋（伐採されなかった森林の生物学的な成長量）によって示される．成長量は個体群の大きさと生態系のその他の特性に関連している．

ほとんどの生物学的な成長プロセスにはある程度の**蓄積**が伴っている．つまり，自然資源の成長が資源ストックに追加される．ある種の再生可能資源には蓄積のないものもある．たとえば，自由に流れる河川を考えてみよう．毎年，変動は確実にあるものの，ある一定量の水が河川を流れている．これは気象学的あるいは地理学

訳注5）2011年に発表された環境白書によると，日本では廃棄物などとして排出されたもののうち42%がリサイクルされている。バイオマス系循環資源（生ごみや木くずなど）は廃棄物などの発生量全体の55%を占め，循環利用率は17%，非金属鉱物系循環資源（土石など）は発生量全体の34%を占め，循環利用率は70%，金属系循環資源は発生量全体の8%を占め，循環利用率は98%，化石系循環資源（プラスチックなど）は発生量全体の3%を占め，循環利用率は39%である。

的に紛れのない事実である．しかし，それはある特定の地点において流入した後，同じ水量が下流に流出しているので，1年間に補充される水量は既存の水量に加算されない．この場合，基本式は以下の通りとなる．

$$S_1 = \Delta S$$

つまり，第1期に利用可能な資源量は第0期の利用率とは独立である．

　もちろん河川にダムを建設した場合，状況は変化するだろう．流入する水量によってダムの水量が増加することで，少なくともある程度は蓄積のない自然資源から蓄積のある自然資源へと変化することになる．蓄積のない再生可能資源のもう一つの例は，毎年地球に降り注ぐ太陽エネルギーであろう．もちろん，地球上では太陽エネルギーのおかげですべての生物学的プロセスが実現可能となっており，そして生物学的プロセスには蓄積という現象が存在するが，地球に到達する太陽エネルギーの流れそのものは蓄積されない．

　この基本式は土地資源にも適用できるが，土地資源の定義方法によって異なった表現となる．「ある町」といったもののように，特定の地理的領域内の総面積を示す計算式の場合，この式は単純に $S_1 = S_0$ となる．言い換えれば，町の境界が政治的に変更されない限り総面積は固定であり，変化しない．しかし，たとえば住宅開発や湿地，あるいは農地など特定の目的に使用する土地資源を定義する場合は以下のようになる．

$$S_1 = S_0 - Q_0 + \Delta S$$

　ただし，Q_0 は開始年において使用できなくなった土地の面積（たとえば新規に住宅開発に使用された面積），ΔS は使用できるように戻された土地の面積（たとえば S が湿地の面積の場合，回復された湿地面積）である．

　自然資源の重要な特徴として，量または質のいずれかにおける**可逆性**がある．$S_1 > S_0$ であるならば自然資源の利用は可逆的である．定義によれば，枯渇性資源は少なくとも現存する埋蔵量に限定すれば不可逆的である．一方，ほとんどの再生可能資源は可逆的である．採取量が十分に低ければ，自然の再生能力により資源ストックが増大し，少なくとも生物学的に到達可能な最大量までは増加する．しかし，多くの再生可能資源，とりわけ生物資源には**しきい値**があり，これを超えると自然資源が不可逆的なものに変化する．典型的な例は，野生動物の個体数である．親の個体数がある水準を下回ると，死亡数が繁殖数を上回り，不可逆的に絶滅への道を進むことになる．より複雑な例としては，ある生態系において生物種の多様性がある水準まで変化した場合，その生態系の構造的特性や機能的特性の多くが永久的に

変化してしまうことがある.

経済学について

　本書は**経済分析**に関する書籍である.何かを分析することとは,基本的な構造を調べ,その構造の背後にある因果関係を調べることを意味する.たとえば,海面漁業の問題を分析するには,基本的な**生物経済学的**な働きを理解することになる.この働きは漁業資源の成長と減少,そして人間の漁獲努力などが相互に関連したシステムである.経済発展と経済成長における自然資源の役割を考える場合には,自然資源ストックと輸入,輸出,**国内総生産(GDP)**の成長率などとの主要な関係を理解する必要がある.

　これらの分析を実行するには,(1)特定の自然資源において,歴史的に何が起こり,現在の状態がどのようになっているのかを示す**データ**を見ること,(2)個々の状況において,重要な要素が相互にどのように関連しているのかを調べるためシンプルな**分析モデル**を開発することが必要である.経済学の「モデル」は,いくつかの基本的な原則と概念から構築されており,経済全体またはその一部の挙動を調べるために使用される.たとえば,市場モデルは需要と供給の原理から構築されている.野生生物管理の問題に使用するモデルは,経済学と生物学の両者の概念が含まれている.経済モデルの主な特徴は**抽象的である**ことである.これまでの節では,様々な種類の自然資源について異なる点を述べてきた.一方,抽象的なモデルが必要となるのは,背後にある関係に焦点を当てる時や,基本的な関係を理解するために関係のない多数の要因を除外する時である.無論,除外された要因が全く重要ではないというわけではなく,現在の想定されている状況下では重要とは見なされなかったというだけである.要因が省略されるのは,多くの場合,モデルを単純化し,理解しやすくするためである.

　自然資源の問題は,比較的小規模で地域的な問題から(自然資源は地域社会にとって依然として非常に重要な問題である),より大きな地方の問題,さらには国全体やグローバルな問題にまで連続的に広がっている.経済学者がこれらの問題を研究する際には,対象の範囲や適用可能性の点から適切なモデルを用いる必要がある.一般に経済学は**ミクロ経済学**と**マクロ経済学**に分割される.ミクロ経済学(しばしば単に「ミクロ」と呼ばれる)は,消費者,生産者,政策立案者などの個人の行動を詳細にモデル化したものに基づいている.このモデルは通常「集計」されて,人々の集団の挙動について結論を導き出すことができる.個々の世帯が住宅内や住宅周辺の水の使用についてどのように選択するかを研究すること,そしてたとえば,

水の使用に課税した時の影響を予測することはミクロ経済学の対象である．またたとえば，オレゴン州の木材産業が生息地保護のための新しい規制に対してどのように対応するかを研究することもミクロ経済学の対象である．

一方，マクロ経済学は分析の基本単位として経済全体を扱う．米国経済がエネルギー価格の上昇に対してどのように反応するかという研究は，通常はマクロ経済モデルによって行われる．このモデルでは，失業率，経済成長率，主要産業の成長パターンの変化などのマクロ変数間の関係を直接扱うことになる．マクロ経済学の別の種類の研究例としては，自然資源の賦存量がある国における経済成長の歴史に対してどのような役割を持っていたのかを明らかにするものもある．

自然資源問題の多くは，マクロ経済学とミクロ経済学の2種類の領域の間にあり，この両者を用いる必要がある．極めて日常的に発生している自然資源の問題の一つとして，地域経済または地方経済の景気動向がある．これらは森林伐採や採鉱などの自然資源の利用を基盤として成り立っている．一方，自然資源を自然の状態で保護することを希望する人々も存在する．このような場合，最善の方法を決める際の主要な決定要因は，自然資源の利用可能性の変化によって地域経済が実際にどれだけ影響を受けるかを理解することである．この問題の真相に迫るためには，ミクロ経済学（自然資源利用が変化した時，企業，労働者，消費者がどのように行動するか），およびマクロ経済学（国民経済の発展が自然資源の需要にどのように影響するか）の両方が必要となる．ここから導き出される結論は，多くの自然資源問題にはいくつかの異なる種類の分析が必要であり，そうした分析を実行するためには，すべての分析手法を学ぶ必要があるということである．

もう一つの重要な点は，**事実を記述すること**と**価値判断**との区別を行う必要があることである．経済学では，通常はそれぞれ**実証経済学**（事実）と**規範経済学**（価値基準）と呼ばれている．過去一世紀にわたる鉱物の採掘水準の増加を分析したり，過去数十年の木材価格の推移を分析したりする場合は実証経済学が適用され，この期間に自然資源に対して何が実際に発生したのかを分析する．同様に，ある地域において木材価格や利子率が森林破壊の程度にどのように影響するのかを分析したり，漁業者が漁獲規制に対してどのように対応するかを分析したりする場合も実証経済学が用いられる．つまり，経済変数がどのように相互に関連し，その結果として産出量や価格などがどのように変化するのかを見ることで，世界が実際にどのようにふるまうのかを分析するのである．

これに対して，人々が何を**すべきか**に関する意見は規範経済学の対象領域である．経済学者がある魚種に対して漁獲量の制限を勧告したり，土壌浸食の速度を低下させるために政策変更を勧告したりする場合には規範経済学が用いられる．それは，

これらの勧告を行うため，様々な行動から生じる異なる結果に対して価値判断が必要となるからである．

世界の自然資源をより適切に管理するためには，実証経済学と規範経済学の両方が必要である．政策を策定し，実施するためには，明示的にせよ暗黙的にせよ価値判断が必要である．しかしこうした政策は，経済システムや自然システムがどのように働くかを可能な限り理解した上で決定すべきである．何かを進めたいと考える活動家は，厳密に実証分析を行う分析者に対して苛立ちを感じることが多い．これに対して，実証分析者が持っている主な動機は物事が実際にどのように動作するのかを理解することで，より良い政策を立案することが可能となるというものである．

政策と政治

この後の章では，いくつかの基準を用いることで，自然資源を使用する個人や企業の業績，また様々な種類の自然資源管理の政策を実行する公的機関の実績を評価する．そこでは，自然資源利用における**持続可能性**の概念に加えて，**経済効率性**と**公平性**という論点を取り上げる．これらの基準は社会の視点から用いられている．つまり，あらゆる利害や価値が含まれており，特定の個人または団体の利害や価値観だけに依存するものではない．しかし，当然ながら人々は異なる価値観を持っており，置かれている状況も人によって異なる．そのため，ある特定の事例に対し，自然資源の価値を評価することや政策を実行することをめぐって，容易に論争や紛争が生じることになる．分析は特定の視点に立って行う必要があるが，どの視点で分析すべきかについては判断が難しいことがある．たとえば，米国は他の国々と同様に，独自の沿岸海域での漁業規制の設定と執行の責任を負っている．この政策を評価する時，誰の利益の観点から評価すべきだろうか．米国市民か，北米全体か，それともその他の人々の利益だろうか．その答えは評価する視点によって異なるだろう．**コラム2-1**では，この種の問題について，中央アジアにおける特に興味深い事例を紹介している．

この問題は地域レベルの問題としても存在している．ある地域の湿地保護規制の経済性を評価する場合を考えてみたい．湿地のある地域社会の観点から厳密に評価すべきだろうか，それとも地方，州，国の観点から評価すべきだろうか．よく「Think globally, act locally（地球規模で考え，足元から行動せよ）」というメッセージを目にするが，これはすべての地域的な計画もグローバルな観点から評価すべきであることを意味している．この議論の結論をまとめると，**社会的な観点**から効率性や公平性の基準を使用する時には，そこで議論されている「社会」とは何かを

第Ⅰ部　はじめに

コラム 2-1　カスピ海

　カスピ海は中央アジアにある塩湖で，その大きさはカリフォルニア州と同じくらいである．北半分は非常に浅く，カスピ海のチョウザメ漁の拠点となっている．カスピ海は世界のキャビアの主要な産地である．一方，カスピ海ではその周辺や湖底下に埋蔵されている石油の採掘が行われてきた．近年ではこの地域における石油関連開発が激化し，中東の油田開発と，輸出市場に石油を送り出すパイプラインの建設状況によっては，今後数十年は石油探査と開発のブームが続くだろうと多くの人々が感じている．

　陸上および沖合における油田開発や石油生産が大幅に増加したことで，地域の環境の質に大きな影響が生じたが，その中でも特にカスピ海の水環境への影響が深刻であった．地域の人々は経済成長と環境保護に対し，適切なバランスを確保するという重要かつ困難な問題に直面することとなった．環境の不確実性や政治情勢，地域の人々の経済的要求を考えると，このバランスを取ることは難しいだろう．しかも，カスピ海は五つの異なる国（アゼルバイジャン，イラン，カザフスタン，ロシア，トルクメニスタン）に隣接している．このうちの一つ，たとえば，カザフスタンの立場からカスピ海の自然資源利用，特にカスピ海盆地の石油資源の開発に関して政策評価を行う場合を考えてみよう．そして石油探査活動に関して，カザフスタンがカスピ海の水質保護を目的とした計画の費用対効果を評価する場合を考えてみよう．この一国の視点から評価した場合とすべてのカスピ海関係国の立場から評価した場合とでは，異なる結果が得られる可能性がある．それでは，カスピ海に関係する社会全般の観点から評価するならば，いったいどの集団の人々を対象とすべきなのだろうか．

明確にする必要があるということである．

要約

　自然資源経済学は，自然資源を由来とする財やサービスの流れが，今日の世界においてどのように管理されているか，そしてどのように管理されるべきかを研究する．自然資源管理の問題は，経済を特徴づける基本的な技術的要因や制度的要因，そして人口動態に関する要因から生じていた．**環境経済学**が経済から自然への流れを研究しているのに対して，**自然資源経済学**は自然から経済への流れに注目してい

た．自然資源の財やサービスには極めて多様な種類が存在している．この相違点を考えるための一つの方法は，自然資源利用の基本式 $S_1 = S_0 - Q_0 + \Delta S$ を用いて，この式のいくつかの項を変更することで，自然資源の個々の特徴を表現することであった．自然資源における最も基本的な区別は**再生可能資源**と**枯渇性資源**の区別である．**リサイクル可能性**や**可逆性**などの特性も非常に重要である．自然資源管理の問題を「社会」の観点から考える場合は，全体の中のグループ間において対立があり得ることを認識することが重要であった．

注

1) これ以外に知られている資本には，**運転資本**と**人的資本**がある．運転資本は生産や消費の継続性を保つための金融資産である．人的資本は人間の能力や潜在能力である．
2) 環境経済学については *Environmental Economics: An Introduction*, by Barry C. Field and Martha K. Field, 4th ed., McGraw-Hill, New York, 2006. を参照されたい．
3) これは「人間中心主義」と呼ばれている．
4) 著名な文献 Samuel P. Hays, *Conservation and the Gospel of Efficiency: The Progressive Conservation Movement, 1890-1920*, Harvard University Press, Cambridge, MA, 1959. を参照されたい．
5) 自然資源経済学は時間を扱うため，異なる時点のイベントに対して時間を示す添え字が必要である．本書では今日または現時点は 0（たとえば q_0）とし，その後の時期は順次添え字が定められる．来年は 1（たとえば q_1），再来年は 2，以下同様である．
6) Δ の記号は，多くの場合目的の変数の変化を示す．

NATURAL RESOURCE ECONOMICS
An Introduction

Section II
BUILDING BLOCKS

【第Ⅱ部】
基本的考え方

　自然資源をどう利用するのか，その利用水準を望ましい方向に導く政策をどう構成するのか．これらを理解するには，自然システムがどう機能するのか，人々がどうふるまうのかという二つの絡み合った知識を一つにまとめる作業が必要となる．前者の知識は生物学者や生態学者，気象学者，地球科学者などの科学者から提供される．後者の知識は経済学者や政治学者，社会学者のような科学者から提供される．この本では経済学に重きを置いている．経済学は価値やインセンティブ，生産資源[1],[訳注1]の配分を行うための制度，財やサービスの生産活動を取り扱う学問である．そこでこのセクションでは，経済学におけるいくつかの基本概

訳注1）原注にもあるように，経済学における「資源(resources)」には二つの意味が存在する．一つは自然資源の省略した言い方であり，もう一つは財やサービスを生産するために使われる，自然資源やその他のものを含むすべての投入量という意味である．本書では前者の意味での使い方はできる限り避けて「自然資源」と表現することにしている．ただし，自然資源という言葉を使うことが一般的でなかったり，冗長になったりする場合はこの限りではない．たとえば，資源量や資源価格，資源経済学者などである．

念について学習したい．経済学は積み重ねの学問である．現実社会の複雑な問題を把握するために用いられる複雑な理論やモデルも，常に核となる概念から構築されている．そのためこのセクションで学ぶ考え方は，確かに単純でどちらかと言えば抽象的なものであるが，個別の自然資源に関する問題を把握する様々なモデルを構築するためには必要不可欠なものである．

　自然資源の利用に影響を与える人間活動は，実際には二つの結果をもたらしている．第一に価値のある財やサービスを生み出しており，第二にそのための費用を必要としている．これらは，自然資源の採取もしくは何らかの形での利用が，民間企業によるものであっても公営企業によるものであっても当てはまることである．政府機関が行う明確に保護を目的とするような計画であっても同じである．どちらにしても，議論はこの二つの側面について行われる．そこでこのセクションでは，はじめに産出（output）の側面である支払意志額と需要について議論し，その後，投入（input）の側面である機会費用と供給について議論したい．

第3章

支払意志額／需要

　経済学に関する議論を始めるにあたり，**価値**に関する考え方を明確にしておかなければならない．価値は様々な解釈が可能な言葉であるが，経済学では個人やグループが財やサービス，あるいは世の中の情勢といった何らかのものに認める値打ちを意味している．そして基本的な仮定として，個人がこれらの相対的な価値を決める基礎となる**嗜好や選好**を持っているとする．

支払意志額

　この価値の概念を可視化するため（観察したり，計測したりすることができるようにするため），ここでは**犠牲にしても構わないもの**という考え方を用いることにする．ある人が何かにおいている価値は，その何かを得るために犠牲にしても構わないものの分量ということになる．手に入れるものはある財かもしれないし，サービスかもしれない．あるいは状態かもしれない．では何を犠牲にするのか．あらゆるものが犠牲になり得るであろう．ただ貨幣経済においては，購買力をどれだけ犠牲にする意志があるかという点で計測するのが最も分かりやすい．したがって，我々は**支払意志額**を基本的な概念として用いることにする．すなわち，ある人がある財やサービスに認める価値は，その人がその財やサービスを手に入れるために支払っても構わないと思う金額である．

　ある人が何かを手に入れるためにいくら支払っても構わないと思うかは，何によって決まるのだろうか．個人の嗜好や選好は間違いなく最も重要な決定要因である．グランドキャニオンを訪れるために高い金額を支払っても構わないと思う人もいれば，そうでない人もいる．急流を下るレクリエーションに対して高い金額を支払っても構わないと思う人もいれば，そうでない人もいる．固有種である動植物の生息地を保全することに対して高い価値を認める人もいれば，そうでない人もいる．また，**財産**も犠牲にしても構わないものの量に明らかに影響している．すなわち，財

産が多いほど様々な財やサービスに対してたくさん支払うことができる．言い換えると，支払意志額は**支払能力**も反映している．さらに支払意志額はその人の知識や経験にも依存している．バックパッキングの経験は，たとえば，都市を離れたこともなかった人を新しい世界へと導き，選好を根本的に変えてしまうかもしれない．

　多くの人々は人間の価値観を必ずしも自然に適用すべきではなく，自然のものや自然の現象は人工物よりも特別に扱うべきだと感じている．このような人々は，我々が適用している評価概念を自然のものに適用することには反対かもしれない．このような反対には二つの意味が考えられる．一つは人間が無知であるために自然の価値を過小評価，あるいは無視してしまっているという意味，もう一つは人間の価値観で自然について意志決定すべきでないという意味である．しかしながら，すべての人間の行動には価値判断が含まれている．明示された価値判断であろうが，暗黙の価値判断であろうが避けることはできない．そうであるとすれば，根本的な問題は誰の価値判断を考慮すべきなのかということになる．本書で扱う分析の目的から考えると，この問いに対する答えは「すべての人々の価値判断を等しい尺度で取り扱う」ということになる．

支払意志額の図解

　ある個人と何らかの財あるいはサービスについて考えてみたい．ここでは，その財に対するその個人の支払意志額を図で表現することを考えている．説明のために簡単な数値例を用いたい．

　はじめにその個人は財を全く持っていないと仮定する．我々はその個人にたずねることによって，あるいはどれだけお金を支払うかを観察することによって，1単位の財を手に入れることに対していくら支払っても構わないかを把握する．たとえば，それが38ドルであったと仮定しよう（**図3-1**を参照）．次にその個人がすでにこの財を1単位持っていると仮定して，その個人が2単位目に対していくら支払っても構わないかをたずねる．図3-1によると答えは26ドルである．このような形で，それぞれの追加的な1単位に対するその個人の支払意志額は，その単位の上に描かれた長方形の高さで示されることになる．すなわち3単位目に対する支払意志額は17ドル，4単位目に対する支払意志額は12ドル…といった具合である．これらの値は経済学の基本法則である**支払意志額逓減**の法則を表している．消費量が増えるにしたがって，その財の追加的な1単位に対する支払意志額は低下する．

　たとえば，消費量や生産量といった数量データは，「1カ月あるいは1年に消費されるポンド数」とか「1年間に生産されるトン数」といったように，しばしば**時間次元**を持っている．このことを思い出すため変数に時間表示を付けることもでき

第 3 章 支払意志額／需要

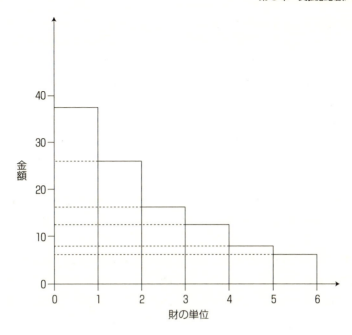

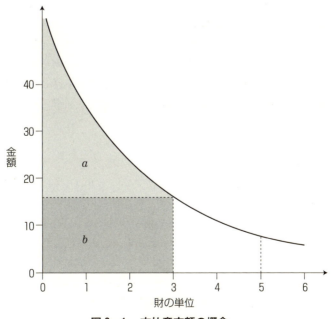

図 3-1 支払意志額の概念

る．表記を簡単にするため時間表示の記号を省略することも多いが，背景に時間次元があることを忘れないでもらいたい．

図3-1の上方の図のように階段状の図を使うのはあまり便利ではない．そこで整数値だけでなく，財を分数値でも消費できると仮定しよう（たとえば，1週間に消費されるじゃがいものポンド数）．これにより，図3-1の下方の図のような滑らかな**支払意志額曲線**を得ることができる．実際には，支払意志額曲線の階段が小さすぎて見えなくなることで滑らかな曲線が得られている．説明のためにこの滑らかな曲線上のある量に注目したい．この曲線によると3単位目に対する支払意志額は17ドルである．

ここで用いられている概念は，より正確には**限界支払意志額（MWTP; Marginal Willingness To Pay）**と呼ばれるものである．ある個人がすでにこの財を2単位消費していると仮定しよう．図3-1によると，その個人は3単位目に対して17ドル支払う意志がある．これが限界支払意志額であり，この例では3単位目に対するものである．このように，「**限界**」とは追加的な1単位に対する追加的な支払意志額を意味する．したがって，図3-1の上方の図の長方形の高さと下方の図の曲線の高さは，この財に対する限界支払意志額を示している．

所与の消費水準における**総支払意志額**は，その消費水準を獲得するために支払っても構わない総額を意味している．個人が3単位消費していると仮定しよう．この量を消費することに対するその個人の支払意志額の総和は81ドルであり，それは原点からその消費水準までの区間の長方形の高さの合計である（1単位目に対する38ドルと2単位目に対する26ドル，3単位目に対する17ドルの合計）．滑らかな方のMWTP曲線では，原点からその量までのMWTP曲線の下側の面積がこれに相当する．3単位の消費に対する支払意志額の総和は面積 a と面積 b の合計で表される金額に相当する．

限界支払意志額と需要

このような限界支払意志額には別の見方がある．それは限界支払意志額よりも良く知られた**需要曲線**としての見方である[2]．ある個人の需要曲線とは，その個人がある価格において需要（購入や消費）する財やサービスの量を示している．たとえば，図3-1の下側の図に示されたMWTP曲線（あるいは需要曲線）を持つ個人が，この財やサービスを1単位17ドルで購入できると仮定したい．この個人がこの価格で需要する量は3単位である．その理由は，最初の3単位のそれぞれに対するこの個人の限界支払意志額は，購入価格を超えているためである．この個人はこれ以上消費量を増やさないが，それはこれ以上の追加的な分量に対するこの個人の限

第3章　支払意志額／需要

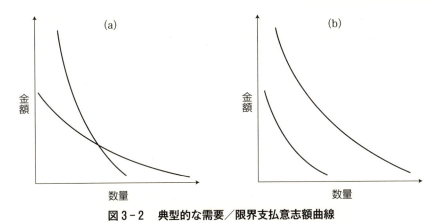

図3-2　典型的な需要／限界支払意志額曲線

界支払意志額が購入価格よりも低いためである.
　ある個人の何らかの財やサービスに対する需要曲線（あるいはMWTP曲線）には, その個人の財に対する個人的な消費態度と消費能力が要約されている. したがって, 需要曲線の形状は個人によってある程度異なったものになると想定される. **図3-2**にはいくつかの異なる需要曲線を示している. パネル(a)は二つの需要曲線を示しており, 一方はもう一方よりも傾きが急である. 傾きが急な曲線は, 消費量が増えると限界支払意志額が急速に低下することを示している. もう一方の需要曲線は最初から限界支払意志額が低く, 消費量の増加に伴った限界支払意志額の低下もよりゆっくりしている. これら二つの需要曲線は, 1人の消費者の異なる二つの財やサービスに対する需要を表しているとも言えるし, 2人の異なる消費者の同じ財やサービスに対する需要を表しているとも言える.
　図3-2のパネル(b)にも二つの需要曲線が示されている. これらは同じ形状をしているが, 一方はもう一方よりもかなり右側に位置している. 右上方にある需要曲線は, 同じ量で比較した場合, かなり高い限界支払意志額を持っていることを表している. 二つの需要曲線の差はどう説明できるだろうか. これらは同じ財に対する異なる2人の需要曲線を表すとも言える. 他の可能性もある. ある人が何かにいくら支払っても構わないと思うかは, その人がいくらお金を持っているかにも明らかに関係している. すなわち所得が高いほどより多く支払っても構わないと思うであろう. したがって, パネル(b)の二つの需要曲線は, 同じ個人の同じ財に対するものであるが, 異なる二つの時点での需要曲線であり, 右側のものは所得が相当増加したあとの支払意志額を表しているとも言える.
　パネル(b)の二つの需要曲線についてはもう一つの見方がある. この見方の自然

資源資産への適用は非常に重要なものである．人々の嗜好は明確に説明することは難しいが，実在する様々な心理的要因や通時的要因に依存している．そしてこれらの要因は，人々の持っている経験，時間をかけて把握されてきた様々な財の質に関する情報，そしてそれらをどのように感じているのかに，すべてではないにしても関係している．したがって右側の需要曲線は，たとえば，ある財に対する同じ消費者の時間が経って評価が高まった後の需要曲線であるとも言える．これらが原生自然でのレクリエーション体験に対する需要曲線で，左側の需要曲線はこの種の活動についてあまりよく知らない状況に相当し，右側の需要曲線はレクリエーション体験を経験し，その活動の楽しみ方を学んだあとの状況に相当するのかもしれない．情報と心理的要因が関係している場合もある．右側は残留農薬の存在が発表される前の需要曲線であり，左側は発表後の需要曲線であるかもしれない．

需要曲線は，実際は直線ではなく曲線であることに注意したい．直線で示される需要曲線は，価格変化に対して数量が均一に変化することを示している．しかしながら，ほとんどの財についてこれはあり得ないことである．価格が低くて消費量が多い状況では，相対的に小さな価格上昇でも大きな需要量の減少を招くことが研究により明らかにされている．逆に価格が高くて消費量が少ない状況では価格上昇はより小さな影響しか及ぼさない（つまり，消費量のより小さな減少しか招かない）．これは需要関係が原点に対して凸であること，つまり，価格が低い状況では相対的に平坦であり，高い状況では傾きが急であることを示している．**コラム3-1**はガソリン需要に対するこの関係について議論している．

経済学は，人々が自分自身の幸福のためだけに行動している，つまり完全な利己主義者を仮定していると誤解を受けることがある．これらは個人の需要曲線なので，確かに一個人の態度を要約したものではある．しかし，このことは，個人が自分のことだけを考えて意志決定を行っていることを意味するわけではない．自分自身のことだけに関心がある人もいるが，ほとんどの人は様々な財に対する需要に影響する他の強い動機からも影響を受けている．そこには，友人や親類に対する利他的精神，地域社会に対する公衆道徳，同朋市民に対する社会的責任感などが含まれている．個人の嗜好や選好は個人的な好き嫌いといった限られた範囲内での判断だけでなく，これらの要因からも生み出されている．

私的財に対する集計支払意志額または需要

現実の自然資源の問題を考える際には，通常一個人ではなく，人々のグループ行動に注目する．それは一つの地域の人々や地方のすべての人々の行動かもしれないし，その国のすべての人々の行動かもしれない．世界中のすべての人々の行動のこ

コラム3-1　交通のためのエネルギー需要

　人々は自分たちの需要がライフスタイルに基づいて，ある程度固定的であると考えがちである．たとえば，ガソリンに対する需要がそうである．実際には，ガソリン価格と需要との関係はかなり柔軟であることが研究者によって明らかにされている．一般にガソリン価格が上昇するとガソリンに対する需要は低下する．取り巻く環境や選好によって個々人の反応は異なるが，全体としては低下することになる．

　相対的に低いガソリン価格では需要量は増加する．運転費用が低いため，人々はそれほど我慢せずに車を使うためである．もう少し高いガソリン価格では，多くの人々がスーパーマーケットには週に2回とか3回ではなく1回だけ行くとか，週末の映画に誰かと車を乗り合わせて出かけるといったように，緊要でない運転を減らすことを考え始める（必ずしも全員ではない）．もっと高いガソリン価格では，不要な運転を減らす方法をさらに考えるし，極めて高いガソリン価格では，相乗り通勤をしたり，交通手段を公共交通機関に変更したり，より燃費のよい車を購入したり，あるいは長期的には勤務地の近くに引っ越したりするインセンティブを持つことになる．

　このことはガソリンに対する需要が図に示したような形状であることを意味する．逆説的に思えるかもしれないが，需要量が多いほど需要を減らす方法を見つけるのが容易なので，低いガソリン価格から中程度のガソリン価格では，価格が上がると総消費量は大きく低下する．したがって，この範囲では需要曲線は相対的に平坦である．しかし，より高いガソリン価格ではほとんどの運転が不可欠な目的のためとなるため，さらにガソリン価格が上昇しても消費はほとんど減少しない．つまり需要曲線の傾きは急である．

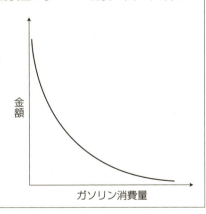

第Ⅱ部　基本的考え方

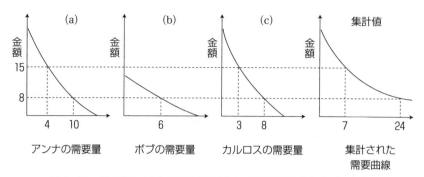

図3-3　私的財に対する集計需要または集計限界支払意志額曲線

とさえある．**集計限界支払意志額曲線**は，その集団のすべての個人のMWTP曲線を合計したものである[3]．たとえば，カリフォルニア州の人々の水に対する集計限界支払意志額は，カリフォルニア州すべての住民の水に対するMWTP曲線を（たとえば，1カ月に使用されるガロン数の観点で）足し合わせることで得られる．

図3-3は，集計限界支払意志額曲線の導出方法を描いている．このケースでは，グループの3人それぞれのMWTP曲線を水平方向（横）に足し合わせることで，集計限界支払意志額曲線を導出している．この財のように，グループの各個人によって別々に，おそらくは個人の選好や裕福さに応じて異なる量を消費される財は，**私的財**と呼ばれている．この場合の総消費量は，それぞれの個人の消費量の単純な合計である．メロンや車，釣り，住宅などがよい例である．限界支払意志額が8ドルの時，アンナ，ボブ，カルロスの消費量は，それぞれ10単位，6単位，8単位である．したがって，8ドルの時の総消費量は24単位である．限界支払意志額が15ドルの時，総消費量は7単位である（アンナは4，ボブは0，カルロスは3単位である）．

公共財に対する集計支払意志額または需要

自然資源によって生み出される財やサービスの多くは私的財とは異なっている．私的財は総消費量を求めるため異なる個人の消費量を合計するが，これらはそうではない．これらはむしろ**公共財**と呼ばれるものである．公共財とは，ある個人にとって利用可能になると，自動的に他の個人にとっても利用可能になるような財である．ラジオ局によって放送される放送信号が良い例である．信号が発信されると，エリア内で受信機を持つ誰もが利用可能となる．さらにこの種の公共財は，すべての個人が同じ分量だけ利用することが可能である．つまり別の言い方をすれば，ある人がラジオを聞く分量が，他の潜在的な聴取者の利用可能な分量を減少させない

表3-1　ハクトウワシの再生に対する集計限界支払意志額

再生水準	限界支払意志額（MWTP）			集計
	アンナ	ボブ	カルロス	
小規模	50	10	25	85
中程度	30	5	10	45
広範囲	10	0	5	15

のである．

　ミクロ経済学の分野では，公共財か私的財かの定義は，サービスが公的機関によって提供されるか，民間企業によって提供されるかによってではなく，**技術的な特徴**によってなされている．もしラジオ局が放送信号にスクランブルをかけて（信号を暗号化して），加入者にスクランブル解除装置を貸し出したならば，その放送信号は私的財となる．公的機関も私的財を提供することがあり得るし（たとえば，公的に提供される洪水保険），民間企業が公共財を提供することもあり得る（ラジオ局の例）．また公共財と私的財の違いは，前者の方が後者よりも何らかの意味で社会的により重要ということではない．それは厳密にその財の技術的な特徴に基づいて区別されているだけである．

　公共財に対する集計限界支払意志額を求めるためには，私的財の場合とは少し違ったやり方をしなければならない．たとえば，ニューイングランド州におけるハクトウワシの再生のような，地域でのある野生動物種の再生計画を考えてみたい．上記で言及した同じ3人からなるグループを考えよう．それぞれの限界支払意志額は**表3-1**に示されている．3つの異なった再生水準が定義されており，「小規模」「中程度」「広範囲」という表現は，たとえば，各シナリオのもとで生き残ると期待される成鳥の数に対応している．

　アンナ，ボブ，カルロスの限界支払意志額は表3-1に示された通りである．たとえば，アンナは小規模な再生計画には50ドル支払っても構わないと考えており，再生水準が中程度まで上昇するならば，さらに30ドル支払っても構わないと考えている，といった具合である．ボブの限界支払意志額はアンナよりも低く，カルロスの限界支払意志額は他の2人の限界支払意志額の間にある．上記で述べた意味において，ハクトウワシの再生計画は公共財である．ある個人のためにそれが実施された場合，他の個人もその恩恵を被ることになる．この事例において集計限界支払意志額を得るには，所与の「生産」水準（この事例では異なる再生水準）に対応する個人の限界支払意志額を足しあわせることになる．これは表3-1の最後の列で行

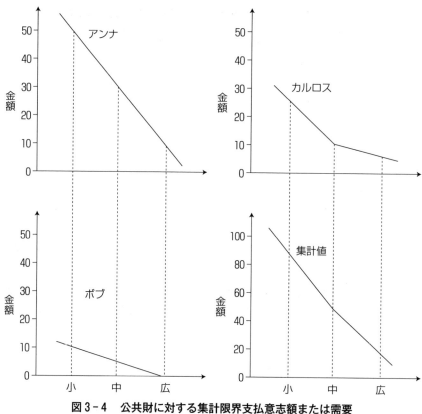

図3-4　公共財に対する集計限界支払意志額または需要

われている．

図3-4は集計限界支払意志額の導出方法を示している．個人の需要曲線を水平に足しあわせることで，つまり，同じ限界支払意志額に対応する三個人の消費量を合計することで得られる．私的財とは異なり，個々の需要曲線は垂直に足し合わされている（つまり，横軸上の同じ消費量に対応する三個人の限界支払意志額を合計している）．

支払意志額と便益

ここでは**便益**という概念を考えてみたい．経済学者は便益という一般的な言葉にある専門的な意味を与えている．「便益」という言葉は明らかに状況が良くなることを意味している．誰かが何らかの便益を得るのであれば，その個人の状況は改善

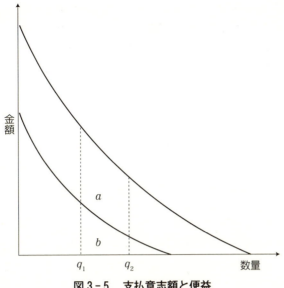

図3-5　支払意志額と便益

されることになる．逆にその個人から便益が取り去られたとしたら，その個人の状況は悪化することになる．では，我々はどのようにして誰かに便益を与えることができるのだろうか．それは，その人が価値があると考える何かを与えることで行うことができる．では，その個人が何に価値を置いているのか，どのようにして知ることができるのであろうか．それは，その個人がそれを得るために犠牲にしようと思っていること，あるいは支払っても構わないと思っている金額から知ることができる．このように人々が何かから得る便益は，その個人がそれに対して支払っても構わないと思う金額と等しい．

このような定義に基づいた「便益」の論理はかなり強固なものである．この論理は，人々が所与の数量の財やサービスから得る便益を計測するために，通常の需要曲線を使うことができることを意味している．たとえば，図3-5は二つの需要曲線を表しており，横軸上に二つの数量が示されている．この財やサービスの利用可能な量を q_1 から q_2 に増やすことの総便益を計測したいとしよう．便益は支払意志額で計測されるので，総支払意志額は需要曲線の下の面積，このケースでは数量 q_1 から数量 q_2 の間の需要曲線の下の面積で計測されることがわかる．したがって，下方にある需要曲線に関しては，そのような利用可能性の上昇による便益は面積 b で示される金額に等しく，上方にある需要曲線の場合は $a+b$ の合計面積に等しくなる．

この論理は理にかなったものである．上方にある需要曲線を持つ人々の方が，この財やサービスに対してより大きな価値を認めていなければならない．すなわち，下方にある需要曲線を持つ人々よりもより大きな支払意志額を有していなければならない．何かに価値を認めるほど，それが数多く入手可能となることで便益を得ることになる．同じことを別の言い方をすれば，価値を認めていないものを取り去られても，その人々は影響を受けないことになる．

これは自然資源経済学の基礎をなす考え方である．たとえばそれは，自然資源を保全した場合の便益と，自然資源を生産に用いた場合の便益とを比較する際に根底を成す考え方である．また地方や州，連邦政府によって実施される環境政策の影響を評価するといった問題の根底にも存在している．人々が様々なものに認める価値の概念に基づいていることが便益の利点である．

ただ，この考え方には欠点もある．一つは，後の章で見るように自然資源が問題となる場合には，需要そして便益の計測が多くの場合非常に難しいことである．そしてもう一つ，需要曲線は選好だけでなく，**支払能力**からも決定的な影響を受けることを忘れてはならない．たとえば，図3-5における下方にある需要曲線は，所得の低い人々の需要曲線を表しているかもしれない．その場合，数量が q_2-q_1 増加した場合の便益は，所得の低い人々よりも所得の高い人により大きく生じていることになる．状況にもよるが，これはあまり公平な結果とは言えないだろう．したがって，概念は明快であるが，それを適用する際，特に多様な所得水準のグループを扱う際には注意する必要がある．そのためには，様々な自然資源政策が所得水準の異なる人々にどのような影響を与えているのかを可能な限り明らかにする必要がある．この問題については後の章でしっかり議論したい．

便益を計測するために通常の需要曲線を用いることには，もう一つ別の問題が存在する．何らかの財に対する個人の需要は，明らかにその個人がその財についてどれだけ知っているかに影響されている．たとえば，もしその財の存在を知らなければ，その人はその財に対して支払意志額を有しないことになる．たとえば，図3-5がある生物多様性に関わる製品に対する需要を示したものであるとする．上方にある需要曲線は，将来有望な医薬品となる成分が含まれていることが明らかになった後の需要，下方にある需要曲線は，この事実が明らかになる前の需要を示していると考えることができる．これは特に驚くべきことではない．結局のところ人々は，教育や経験，情報の獲得によって，時間をかけて物事について理解を深めているのである．しかし，ある自然資源の重要性や自らの生活における自然環境の位置付けに対する人々の考え方は，メディアや出版物などの影響によってほとんど毎日揺れ動いているものである．人々のある瞬間の需要曲線を用いる際には注意が

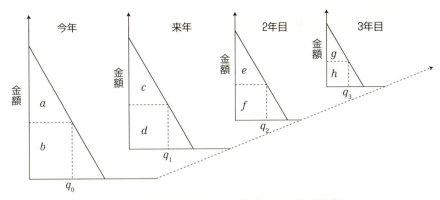

図 3-6 異時点にわたって発生する支払意志額

必要となる.

「便益」という言葉は，受益者つまり便益を獲得する人々が存在することを意味している．問題をどう見るかによって，どのような人々も受益者となり得る．たとえば，ワイオミング州のオオカミ再生計画から，同州に住む人々にどのような便益が生じるかという枠組みを設定できる．しかし，さらに幅広い文脈から捉えて，一国の（あるいは世界中の）すべての人々にどのような便益が生じるかという枠組みも設定できる．このようなケースにおいて，これらの便益は一般的に**社会的便益**と呼ばれており，便益は例外なく全員に生じるものとされている．

異時点にわたる支払意志額

自然資源経済学における問題が特に複雑となるのは，**時間的要因**が重要な役割を果たしているためである．今日または今年行われた決定が将来に影響を及ぼすことを考慮する必要がある．つまり，現在と将来の支払意志額，および現在と将来の費用が考慮に含まれるので，現在と将来の支払意志額あるいは費用の間のトレードオフを避けることができないのである．上記では一定量の財やサービスの消費に対する支払意志額について議論してきた．そこでは現在の出来事を扱っていることを仮定していた．しかし，消費者はたいてい一連の期間にわたる一連の消費に関与している．たとえば，車を購入したとすると，その車によって提供されるサービスは，今日だけでなく車の寿命が来るまでもたらされることになる．当然，衣食住のような必需品の消費はある1年だけでなく数年にわたって発生する．そのため消費者は，**図3-6**で描かれるように，現在の消費だけでなく，将来にわたっての一連の消費量に対して支払意志額を持つと考えられる．この図は，現在の消費量 q_0 および一

連の将来の消費量 $q_1, q_2, q_3 \cdots$ に対する一連の支払意志額を示している．

当然真っ先に問題となるのは，全期間を通しての総支払意志額を得るために，どうやって一連の支払意志額を足し合わせるのかということである．どのようにして異時点にわたって発生する支払意志額の（あるいは，次章で見るように費用の）値を合計することができるのだろうか．この問いに対する模範回答は将来の価値を割り引くというものである．

割引

割引とは，**現在価値**に変換するために将来価値に**割引因子**[訳注1]を適用することである．ほとんどの読者はすでに**複利計算**を理解しているであろう．もしMドルのお金が利子率rの預金口座に入れられたとすると，1期間の複利計算の後の価値は以下の式で与えられる．

$$FV \text{ドル} = M(1+r) \text{ドル}$$

この式は現在価値（Mドル）を複利計算で将来価値（FV; Future Value）に変換するものである．もしrの利子率でt期間，Mを銀行口座に置いたならば，将来価値は現在価値に対してt回複利計算を行うことによって以下のように求められる．

$$FV_t = M(1+r)^t$$

例として，$M = 1,000$，$r = 0.04$そして$t = 6$だとすると，将来価値は以下のようになる．

$$FV_6 = 1,000(1+0.04)^6 \text{ドル} = 1,265 \text{ドル}$$

割引は複利計算の逆であり，将来価値に対応した現在価値を見つける手続きである．割引は，将来時点で価値ある何かを受け取るとするならば，それは現在時点でどれだけの価値に相当するだろうかという問いに答えるものである．あるいは，たとえば，誰かがあなたにある金額のお金を来年あげると約束するのと，少ない金額ではあるが今年あげると約束するのとでは，どちらがよい取引なのかという問いに答えるものである．代数的には現在価値の数式は上記に示した式と同じであるが，左辺に現在価値（PV; Present Value）がくる書き方に修正したものである（Mの

訳注1）以下で詳しく説明するが，t年後の将来価値に適用される割引因子は$\dfrac{1}{(1+r)^t}$である．

代わりに PV を用いて表現している).したがって,たとえば割引率 r で,1期後に FV ドルとなる現在の金額は以下のようになる.

$$PV \text{ドル} = \frac{FV \text{ドル}}{(1+r)}$$

誰かがあなたに「1年後に100ドルを支払う」と書かれた借用証書を渡して,かつ割引率が4％であるとしよう.その借用証書の価値は将来の100ドルの現在価値なので,以下の式で求められる.

$$PV \text{ドル} = \frac{100 \text{ドル}}{(1+0.04)} = 96.15 \text{ドル}$$

これは割引率4％の下では,1年後の100ドルは現在の96.15ドルと同じであることを意味している.

借用証書は100ドルであるが,1年後ではなく5年後に支払いが行われるとしよう.この時,その借用証書の現在価値は以下のようになる.

$$PV \text{ドル} = \frac{100 \text{ドル}}{(1+0.04)^5} = 82.19 \text{ドル}$$

割引は将来価値を一つの単位,すなわちその金額の現在価値に変換している.したがって,たとえば,将来の様々に異なる時点で発生するたくさんの将来価値があったとしても,それらのすべてを現在価値に換算し,現在価値で集計することができる.たとえば,あなたに渡された借用証書に以下の支払スケジュールが明記されていたとしよう.

	年[4)					
	0	1	2	3	4	5
支払い	100ドル	100ドル	150ドル	150ドル	50ドル	50ドル

この一連の支払いの現在価値[5)は以下のとおりである.

$$PV = 100\text{ドル} + \frac{100\text{ドル}}{(1+r)^1} + \frac{150\text{ドル}}{(1+r)^2} + \frac{150\text{ドル}}{(1+r)^3} + \frac{50\text{ドル}}{(1+r)^4} + \frac{50\text{ドル}}{(1+r)^5}$$

割引率が4パーセントならこの現在価値の合計は552.02ドルとなる.

このようにして図3-6に示された支払意志額は集計することができる.一連の支払意志額の現在価値の合計は以下のようになる.

$$PV_{(WTP)} = (a+b) + \frac{(c+d)}{1+r} + \frac{(e+f)}{(1+r)^2} + \frac{(g+h)}{(1+r)^3} + \ldots$$

それぞれの年のそれぞれの数量における曲線の下の面積はその年のFVの値である．一連の費用の現在価値の合計を求める場合にも同じ方法が用いられることになる．割引率が0に設定されている場合，すべての割引因子は1となるので，毎年の値を足し合わせるだけで構わないことになる．割引率が高いほど現在価値を求める公式の分母がしだいに大きくなるので，現在価値の合計はどんどん小さくなる．非常に高い割引率のもとでは，割り引かれた将来価値は額面の値と比較して非常に小さくなる．

要約

経済学で価値を表現する最も主要な方法は**支払意志額**を用いる方法である．これは「お金だけが価値あるもの」という意味ではない．犠牲にしても構わない量が根底となる概念としてあり，それを可視化する最も便利な指標がお金であるという意味であった．次に個人とグループについて，**限界支払意志額**と**総支払意志額**を紹介した（グループについてのものを**集計値**と呼ぶ）．支払意志額曲線は需要曲線という名前でよく知られているものである．また財の二つの基本的な種類についても区別を行った．すなわち**私的財**と**公共財**である．違いはその財の技術的な性質にあり，財を供給するために選択された制度的手段にあるわけではない．個人の支払意志額曲線から集計支払意志額曲線を導出する手順は2種類の財で異なっていた．財やサービスに対する人々の支払意志額は異時点に渡るため，異なる時点で発生する支払意志額を集計する際には問題を引き起こす．この問題は実際には複利計算の逆の操作である割引によって対処された．

注

1) 経済学では「資源」に二つの意味が存在する．一つは自然資源の省略した言い方として使われており，もう一つは財やサービスを生産するために使われる自然資源や，その他のものを含むすべての投入量という意味で使われている．使われている意味がどちらであるかは，ほとんどの場合文脈から判断することができる．

2) ここでは多少注意深く考えてみる必要がある．ある特定グループに対しては，MWTP曲線は需要曲線となる．しかし第5章では，ある財の**市場の需要曲線**が，その財の取引から影響を受けるすべての人々の限界支払意志額を含んでいない状況について検討する．

3) 支払意志額は個々の消費者のMWTP曲線の下側の面積であり，集計支払意志額は多数の

個人について支払意志額を合計したものである．
4）それぞれの年の初めに支払いが行われることを仮定している．現時点は0と表示されて割引はされず，次の期は1と表示されて1期分割り引く方法が一般的である．
5）一般化した表記は以下のとおりである．

$$PV = \sum_{t=0}^{5} \frac{FV_t}{(1+r)^t}$$

第4章

費用／供給

　今度は需要と対を成すもう一つの側面である生産費用について考えていきたい．生活する中で確かに無料のものもあるが（思いつくのがますます難しい時代になってきているが），通常は何かを生産するために，経済的価値を持つものを支出するあるいは費やすことが必要である．つまり，生産物を得るためには投入物が必要である．これは従来の採取的プロセスの場合には明確に当てはまることである．すなわち，自然資源を採取するためには投入物が必要である．それは非採取的資源の場合にも同じように当てはまるものである．自然資源の保護とは単に「使用しない」ことではない．生産的な自然資源への支出をより効果あるものとするための積極的な活動である．一方で，保護のために厳しい法制度が適用されれば，保護された自然資源が提供し得る代替的な価値をあきらめざるを得ない．

　この章では費用の基本的事項について取り扱いたい．具体的には，一般的な費用の概念，費用と生産水準との関係，そして自然資源の問題を考える上で特に役立つ，費用に関する重要な考え方について見ていきたい．自然資源の利用あるいは保全を考える場合，話はそこから得られる便益に集中しがちで，費用の話はどちらかというと見落とされがちである．しかし，社会にとって「最適な」あるいは「効率的な」行動を考えるためには両面を考慮することが必要である．

機会費用

　ミクロ経済学における費用の最も基本的な考え方は**機会費用**である．生産プロセスにおいては「生産物」を得るための「投入物」に対する支出が必要である．ある生産物を得るために使われる投入物の費用は，それらの投入物が次善の生産機会に使われていたとしたら作り出していたと考えられる価値である．

　ある人が漁業活動に従事していると仮定しよう．操業には機材や燃料，様々な道具，漁船を操作する乗組員などが必要である．これらすべての投入物は他の目的に

も使うことができたはずである．乗組員は他のどこかで働くこともできたし，様々な消耗品は他の誰かが使うこともできたはずである．燃料は他の事業で使うこともできたし，漁船それ自体も他の何らかの資本財[訳注1)]として使われていたかもしれないといった具合である．

これらの投入物の機会費用は，それらが次善の選択肢に使われていたとしたら，生み出していたと考えられる価値である．機会費用は「財布から出ていく」現金の費用だけでなく，それよりもより幅広いものを含んでいる．この漁業者には，帳簿をつけ，操業の会計処理をする配偶者がいるとする．この配偶者は仕事に対する金銭的な報酬を受け取っていないとしよう．この投入サービスに現金の費用は発生していないが，次善の選択肢で働いていたとしたら稼ぐことができたと考えられる金額で表される機会費用は発生していることになる．

金銭的な費用として通常現れることがないもう一つの重要な機会費用は，生産プロセスにおける**環境費用**である．ある企業が資本や労働，エネルギー，原材料を投入物として使用して紙を生産しており，同時に紙を製造する際に様々な汚染物質を近くの川に排出していると仮定しよう．これらの汚染費用はその企業の損益計算書において費用項目として表示されることはないが，紙を製造することの真の機会費用の一部である．

機会費用の考え方は様々な状況に関係するものである．上記の例は，何らかの物理的な生産について触れたものである．公的機関にとっては，ある計画に自然資源を費やすことの機会費用は，別の計画にそれらを費やしたとしたら得られていたと考えられる，手に入れられなかった逸失便益ということになる．学生にとって，ある一つの期末試験のためにもっと勉強することの機会費用は，勉強時間が短くなる別の試験での点数の低下分である．

費用曲線

費用についても図で表現することを試みたい．最も重要な関係は何らかの財が生産される量とその生産費用との関係である．前の章と同様に，限界の概念と総量の概念を区別することは有用である．ここでは生産の限界費用と総費用を区別することにしたい．

限界費用（MC; Marginal Cost）は生産量の一単位の変化によって引き起こさ

訳注1) 将来の便益を生み出す生産の資本となるような財である．漁船は他の用途に転用することができるかもしれない．

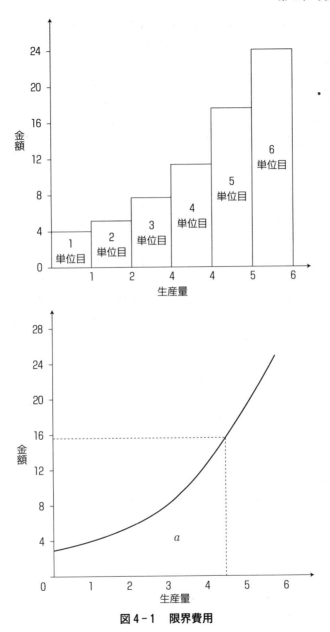

図4-1　限界費用

れる総費用の変化として定義される。**図4-1**の上方にある図を考えてみたい。これは階段状の限界費用を示している。このグラフは以前のものと同様、横軸に数量、縦軸に貨幣単位をとって描かれている。また、この数量に関する変数は1年あたりの生産量といったように、**時間次元**を持っていることを思い出してもらいたい。図4-1は1単位目を生産するために4ドルの費用がかかることを示している。次に、生産が1単位から2単位に増加するならば、総費用は5ドル増加することを示している。もう1単位追加して3単位目を生産するならば、総費用は8ドル増加する。以下同様である。言い換えると、長方形の高さは追加的な1単位の生産にかかる費用である限界費用を示している。それは生産を1単位追加した時の総費用の増加額、すなわち追加的費用であり、また生産が1単位減少した場合の総費用の削減額である。したがって、4単位から3単位への生産の減少は、4単位目の限界費用である12ドルだけ総費用を削減する。

階段状の曲線を使うのは不便なので、この企業は整数値だけでなく、その間の量も生産できると仮定しよう。これにより、図4-1の下方にある図に示されるような、なめらかなMC曲線が得られる。この曲線はあらゆる生産水準に対応した限界費用を示している。たとえば、4.5単位の生産水準における限界費用は16ドルよりわずかに小さい金額である。

MC曲線は、**総生産費用**を決定するために用いることができる。図4-1の上方の図において、5単位を生産する総費用は最初の1単位目の費用（4ドル）に、2単位目の費用（5ドル）、3単位目の費用（8ドル）、4単位目の費用（11ドル）、5単位目の費用（18ドル）を合計したものである。合計は46ドルである。図形的には、最初から5単位目までの生産量に対応する長方形の総面積に等しい。同様になめらかな形のMC曲線では、所与の量を生産する総費用は、原点とその量との間のMC曲線の下側の面積に等しい金額である。したがって、たとえば、4.5単位の生産量を生産する総費用は図中のaの印がついた面積になる。

費用曲線の形状

MC曲線は生産プロセスの技術的および経済的に重要な特徴を要約したものである。高さや形状、傾きなどは、様々な生産水準で生産するために必要となる投入量を示している。**図4-2**ではいくつかのMC曲線を示している。パネル(a)はごく一般的な状況を示している。すなわち、最初は生産量が増加するにしたがって限界費用は低下するが、その後、より大きな生産水準においては増加する。ここでの生産プロセスが発電であると仮定しよう。生産量は1年間に何キロワット時生産され

第4章 費用／供給

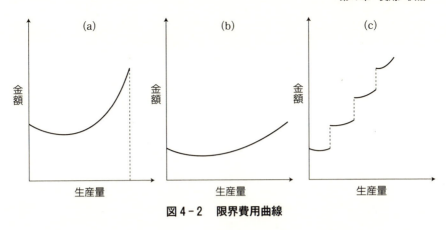

図4-2　限界費用曲線

るかを意味している．生産量が低い水準では発電所の設備使用率は100％ではない．したがって，生産量が増えるにつれて実際に限界費用は低下する．ただ，ここでは発電所の大きさを容易に拡張することができないくらいの**短期**における話を扱っているとしよう．その場合，より高い生産水準では発電所の生産能力は限界に近づいてくる．機械はより長時間動かさなければならないし，追加的に作業員を雇用しなければならないといった具合である．したがって，限界費用は上昇し始めることになる．操業の限界が近づいてくるにつれて，これらの問題はより深刻になる．生産量を増加し続けるためには，高い費用をかけなければ実施できない異例の対応策が必要となる．したがって，限界費用はさらに上昇することになる．それでもいずれ，それ以上生産量を増やすことがほとんど不可能になる点に到達することになる．それは，その点での生産の限界費用が際限なく増加するというのと同じことである．この上限は図4-2のパネル(a)において，垂直の破線で示されている．

このMC曲線はすべてのMC曲線の重要な一般的特性，いわゆる**限界費用逓増**の法則を示している．限界費用は最初は低下するかもしれないが，生産量が十分に多くなると最終的にそれは必ず増加する．これらの増加は，工場の設備使用率の増加，原材料を手に入れるためより遠くまで行く必要性，より大規模な操業に必然的に伴うより高い管理費用などの潜在的な要因に関係している．個々の操業や産業に関するほとんどすべての経済学的研究は，限界費用の増加を実証しており，この事実は，特に自然資源の利用に関連した後の議論において，話を構成する重要な要素となる．

図4-2のパネル(b)はパネル(a)と全体的な形状は似ているが，それほど曲率が顕著ではないMC曲線を示している．特にこのMC曲線は，最終的には上昇するが，

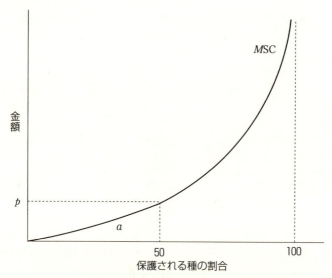

図4-3 種の保存に関する想像上の限界費用曲線

それは最初のものよりもずっと傾きがゆるやかである．これは事業者が生産量の増加に十分に適応するために，十分な時間がある**長期の限界費用曲線**の特徴を表している．例に挙げた発電所は，短期的には基本的には固定された一定の発電容量を持っている．しかし長期的には，発電容量を追加することで発電所の規模を拡大する時間がある．より大きな生産量においては，大規模な発電所の限界費用は小規模な発電所の限界費用よりも低くなる．しかし，これらの長期の状況においても，パネル(b)に示されるように限界費用はいずれ増加する．特に断らない限り，これ以降の議論では長期のMC曲線を仮定する．

図4-2のパネル(c)はより複雑な場合を示している．ここでは限界費用曲線が不連続にまたはジャンプするように増加している．これらのジャンプは，たとえば，企業の生産量が増加するにしたがって，より新しいあるいはより大きな機械に移行する必要性や，より多くの職員を雇う必要性と関係している．

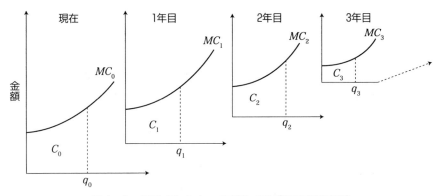

図4-4　異時点にわたって発生する費用の現在価値

社会的費用

　この章での関心はできるだけ幅広い文脈での費用にある．描かれた限界費用曲線には，自然資源に関連する財やサービスを生産する上でのすべての費用が含まれると想定している．我々はこの包括的な概念を**社会的費用**と呼ぶこととする．

　図4-3を考えてみたい．これはある地理的範囲における野生生物の種の多様性の保護に関するすべての限界費用を示している．この計画を実行するための**限界社会的費用**を示しているので，MSC（Marginal Social Cost）と表示されている．これらには現金で支払う費用だけでなく，たとえば，使用される土地の機会費用や種の保存によって発生するかもしれない損害費用も含まれることになる．図中の数量は保護される種の割合である．種の保存に関係した他の指標でも構わない（たとえば，種の絶滅確率を用いた場合には，原点を100%として右に行くほど低下することになる）．したがって，50%の保護水準における追加的な保護の限界費用はpドルであり，この保護水準の総費用は面積aに等しい金額である．多くの場合，社会的費用という用語は費用が誰に発生するかにかかわらず，ある一定水準の成果を達成するためのすべての費用を指している．この考え方は前の章で説明した社会的便益と同様である．社会的費用は一連の行動によって社会にもたらされるすべての費用を意味している．

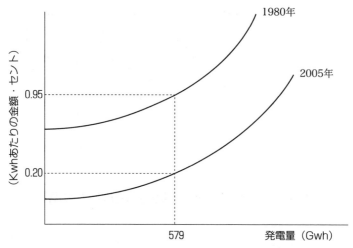

図4-5　太陽電池を用いた発電の限界費用

費用の現在価値

第3章では異なる時期にわたって発生する便益を現在価値に変換した．同じ手順が異時点にわたる将来の費用を評価することに対しても有効である．資源開発や保護計画は，通常長期間にわたるため，費用はその期間中に毎年発生する．このことは**図4-4**に描かれている．

当期における費用 (C_0) は，現在の生産量 (q_0) までの，現在のMC曲線 (MC_0) の下側の面積に等しい．同様に，将来の期間で発生が予想される限界費用曲線が，予想される生産量および各期に発生する総費用とともに示されている．この異時点にわたって発生する費用の現在価値を決定するための式は以下のとおりである．

$$\text{費用の現在価値} = C_0 + \frac{C_1}{1+r} + \frac{C_2}{(1+r)^2} + \frac{C_3}{(1+r)^3} + \cdots$$

ここで r は割引率である．

費用と技術変化

自然資源の市場に影響を与える大きな要因の一つは，自然資源に関連した財やサービスが生産され，流通されるプロセスにおける技術革新である．技術革新は通常，生産費用を低下させる．**図4-5**に示されるように，このことはMC曲線の下方へのシフトで表される．これは太陽電池によって太陽エネルギーから発電することの

MC 曲線である．実際には，これらの費用は場所や天候に応じて大きく変動するので，示された数字はおおよその数である．しかし，それらは過去数十年間に起こった大きな変化を示している．すなわち，この技術に対して行われた研究開発の成果として大幅に費用が削減されている．現在，579Gwh の発電量で発電することの限界費用は25年前の約5分の1となっている．

しかし，太陽光発電の費用がそれほど下落しているなら，なぜ従来の発電方法からシェアが大幅にシフトしてきていないのであろうか．その答えは，従来の化石燃料に依存した産業においても大きな技術変化があったということである．同様の変化が石炭の生産と輸送，および化石燃料による発電施設の費用においても発生している．もちろん，これらの変化が今後も続くかどうかは誰にもわからない[訳注2]．

費用と供給

太陽光発電の費用変化について考えてきたが，これらの費用の多くは太陽光発電を行う民間企業が負っていることを忘れてはならない．これは自然資源に密接に関連しているかどうかにかかわらず，すべての企業や産業に当てはまるものである．個々の**供給曲線**は，様々な価格の下で，ある企業が生産する財やサービスの量を示している．企業が純利益の最大化を目標にしているという仮定の下では，これらの供給曲線は企業の MC 曲線に他ならない．これはある産業における集計された供給曲線でも同様である．集計された供給曲線は産業内のすべての個々の企業の限界費用曲線あるいは供給曲線を集計したものである．

要約

本章の主なテーマは経済的な**費用**である．最も重要な費用の考え方は**機会費用**であった．何かを生産することの機会費用は，その財やサービスが生産されていなかった場合に，何か他のものが生産されていたことで得られたであろう価値の最大の

訳注2）近年，化石燃料に関しては重要な変化が生じている．一つはオイルサンドの生産拡大である．2000年代前半に技術的・経済的に生産の目処が立ったことで生産量が増加している．カナダは石油生産量の半数以上をオイルサンドに依存している．もう一つはシェールガスの生産拡大である．こちらも2000年前後に技術が確立し，生産量が急激に増加している．特に米国ではシェールガスの登場によりエネルギー構造が大きく変化している．これらの変化は従来の石油生産システムに影響を与えているだけでなく，太陽光発電をはじめとする自然エネルギーの普及にも影響を与えている．

ものであった．また本章では，**限界費用**，**総費用**および**集計された費用**を区別し，費用を決定する上での**技術革新**の重要性についても議論した．さらに限界費用と供給曲線についての関連付けも行った．この場合に重要になるのは，民間企業が利潤最大化のインセンティブを持っていることである．また，**費用の現在価値**を求めるため，将来の費用の割引の問題についても議論した．

第5章
効率性と持続可能性

　この章では，先に紹介した二つの主要な概念である**限界支払意志額**と**限界費用**とを結びつけてみたい．これらの二つの概念を組み合わせることで，経済学全体で使用される主要な概念である**経済効率性**が導かれることになる[訳注1]．効率性の考え方は，**実証経済学**の分野において，人々が現実世界で実際にどのように行動するのかを説明するものとして使用されている．さらに**規範経済学**のツールとして，人々の自然資源を使用する水準が，社会全体の観点から最適なものであるかどうかを判断する基準としても用いられている．

　ここでは経済効率性について，**静学的効率性**と**動学的効率性（または異時点間の効率性）**という二つの角度から見ていくことにする．静学的な意味で効率的である状況は，厳密に言えばある一つの期間，特に現在という観点から効率的である状況である．農業従事者が春に作物を植え，その後それらを収穫して市場に出荷する．今年，伐採業者が一定の樹木を伐採して市場に出荷する．今年，公的機関が一定数の訪問者の公園への入場を許可する．これらの意志決定が，今年生じる結果だけを考慮して行われている場合は，これらの意志決定は静学的な意味で効率的である．

　動学的効率性（または異時点間の効率性）とは，今年だけでなく，将来すべても考慮した場合に効率的であるような状況を意味する．今年発生する結果も将来発生する結果も，それらすべての結果を考慮しているならば，その意志決定は異時点間で効率的である．現在の意志決定が将来において何の結果も生じさせないのであれば，静学的な視点から考えるだけで動学的効率性も達成することになる．農業従事者を考えてみよう．メロンを何エーカー植え付けるかという今年の意志決定と，将来起きることの間には基本的に関係は存在していない．将来の結果に関係なく，植

訳注1）限界支払意志額とは追加的な1単位の消費に対する支払意志額の変化を，限界費用とは追加的な1単位の生産に対する費用の変化を示すことを再度確認しておきたい．この章を理解するためには，限界支払意志額と(総)支払意志額の違い，限界費用と(総)費用との違いを意識することが重要である．

え付け面積を決定してメロンは生産されている[1]．この例では静学的な根拠に基づいた判断だけで意志決定が行われている．

しかし，これは伐採業者には当てはまらない．今年，樹木を伐採して植林することは，新しい樹木が十分に成長するまで，この区画には伐採できる樹木がないことを意味する．将来の結果には，明らかに今日の意志決定に由来するものが存在する．地下に存在する石油鉱床から原油をくみ上げることもこの種の意志決定になる．現在，より多くの量をくみ上げることは，将来くみ上げられる量を減少させることを意味する．このようなケースでは，静学的な根拠に基づく意志決定は（現在の結果だけを考慮する意志決定は），動学的な根拠に基づく意志決定（現在と将来の両方の結果を考慮する意志決定）と大きく異なるものになる．

ここからの二つの節では，それぞれ静学的および動学的な経済効率性について取り扱いたい．その後，**持続可能性**の概念に目を向けることにしたい．これは自然資源に関する意志決定の長期的な影響を評価する上で，経済効率性に代わり得る基準あるいは追加される基準として，近年広く普及している考え方である．

静学的効率性

静学的効率性の概念を理解するために，前の章で示した二つの主要な概念である限界支払意志額と限界費用を結びつけてみたい（**図 5-1**を参照）．横軸はある財またはサービスの生産量を示し，縦軸は価値を示している．MSC は**限界社会的費用**（MSC; Marginal Social Cost）つまり，この財やサービスを生産することの社会全体に対する限界費用を表している．MSB はこの財やサービスに対する，社会の全構成員の限界支払意志額によって測定される**限界社会的便益**（MSB; Marginal Social Benefit）を表す．MSB と MSC のどちらも集計されたものである．つまり，「社会」の全構成員の限界支払意志額の合計と限界費用の合計を表している．「社会的」と呼んでいるのは何も，そして誰も抜け落ちていないからである．社会的に効率的な生産量とは，**社会にとっての純便益**[2]を最大にする生産量である．純便益とは，生産されたものの総便益からそれを生産するために使用された資源の価値を差し引いたものである．先に見たように，ある生産量の総便益は MSB の下の面積で表される．図 5-1 の q^* の量では生産の総社会的便益は $a+b$ と表示された面積に等しい．

総費用は MSC の下側の面積に等しい．図 5-1 の q^* の場合，これは面積 b で表される．したがって，生産量 q^* の**社会的純便益**は $(a+b)-b=a$ となる．言い換えると，純便益は MSB と MSC の下の面積の差に等しい．

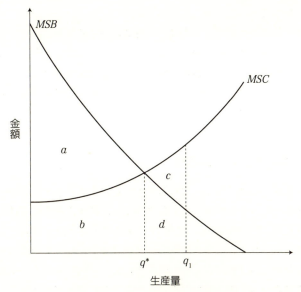

図5-1 社会的な静学的効率性

q^*がこの財またはサービスの社会的純便益を最大化する生産量であることを示すことは簡単である．これを行うために，図5-1のq_1のような他の生産量を考えてみたい．この生産量の純便益は以下のように導出される．

総便益：$a + b + d$
総費用：$b + c + d$
総便益 − 総費用：$a - c$

言い換えれば，社会的純便益は生産量がq^*の場合の社会的純便益からcを差し引いたものになる．そのため社会的純便益はq^*における社会的純便益よりも，q_1における社会的純便益の方が間違いなく低いと結論付けることができる．実際，同じ結論はq^*とは異なる任意の生産量においても導出できる．

もちろん生産量q^*を識別する条件は，その生産量において$MSB = MSC$であることである．効率性の概念は，支払意志額と生産費用とのトレードオフを伴っている．q^*の左側では，追加の生産量は生産費用よりも社会的便益をさらに追加することになり（つまり，限界支払意志額が限界費用を超えている），q^*の右側ではその反対である．そのため，これらの二つの量が釣り合っているq^*が社会的に効率

的な生産量となっている[3]．

これが静学的効率性と呼ばれるのは，同時期に生じる数量，あるいは今期に生じる数量の間でのバランスに基づいているためである．生産量，限界便益および限界費用はすべて今期の値である．他の期間に関連する要素が存在していないこの単純なモデルには，たとえば，今期の生産量によって影響を受ける将来の限界費用のようなものは存在していない．

動学的（異時点間の）効率性

今期の便益や費用だけでなく，現在の意志決定により発生する将来の結果まで含めて純便益を最大化させる状況では，**動学的**または**異時点間の効率性**を用いることになる．図5-2を考えてみたい．これは一連の限界支払意志額曲線と限界費用曲線を表しており，それぞれの年の組み合わせが今年から将来に向かって並べられている．動学的（あるいは異時点間の）効率性では，今度は一時点の生産量の選択ではなく，**生産量の時系列的な**選択が必要となる．そして時間が関与してくるため，その決定のための基準として，今度は**純便益の現在価値の最大値**をもたらす時系列的な生産量を選択することになる．

どのような生産量が時系列的に生じる一連の純便益の現在価値を最大化するのか．それは個々の q が関連を持っているのかどうかに依存する．まず関連がない場合を考えよう．たとえば図5-2は，上述した農業従事者のケースを指すと仮定する．この場合，期間の間に関連は存在しない．異時点間の効率性は図に $q_0, q_1, q_2 \cdots$ と示されるような，各期において静学的に効率的な生産量を選択することで達成される．しかし，今度は期間の間に関連が存在するとしよう．たとえば，小さな鉱床からの採取を考えた場合，ある年の生産量を変化させることは他の年（将来のある1年またはある数年）の生産量を変更させることになる．異時点間において効率的である時系列的な生産量は $q'_0, q'_1, q'_2 \cdots$ といったものとなる．

異時点間の効率性を見つける際に最大化されることになる基準を見てみたい．それは次のように表すことができる．

純便益の現在価値
　＝ 0年目の純便益＋1年目の純便益 $\dfrac{1}{1+r}$ ＋2年目の純便益 $\dfrac{1}{(1+r)^2}$ ＋⋯

あるいは

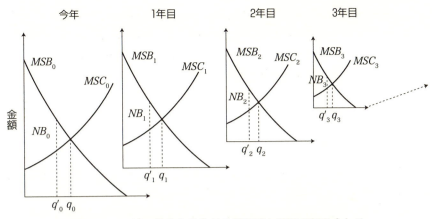

図5-2　一連の生産から生じる純便益と時間の組み合わせ

純便益の現在価値
　＝０年目の純便益＋すべての割り引かれた将来の純便益の合計

　純便益の現在価値は合計値として表されるものである．二つめの式の右辺の一項目は，今期の純便益を示しており，一方で二項目は，各期について適切な因子で**割り引かれた**すべての将来期間の純便益の合計を示している．動学的効率性は，現在および将来の利用水準が可能な限りこの合計が大きくなるよう選択されることにより達成されるものである．このことは，一般的には**トレードオフ**が存在していることを意味している．自然資源を使用することで今期の純便益を増加させる意志決定は，多くの場合，自然資源から得られる将来の純便益を減少させる効果がある．現在と将来の間の適切なバランスを見つけ出すというこの問題は，動学的効率性の概念を特徴付けるものである．

　異時点間の効率性において，割引率は間違いなく重要な役割を果たすことになる．第３章において割引の仕組みを取り扱ったが，ここでは将来の純便益を現在価値に変換するためにそれを用いている．ただ，社会的効率性を把握するために，将来の純便益を割り引くことは論争の的になっている．特にこの論争では，割引率を実際にどう設定すべきかという点で激しい意見対立が生じている．この章の後半ではこれらの問題についても取り上げたい．

　二つめの式については限界条件に変換することも可能である．「限界」とは何かが変化する程度を意味していることを思い出してもらいたい．したがって，現在の自然資源利用に１単位の変化がある場合には以下のように表現できる．

純便益の現在価値の変化（MNB; Marginal Net Benefit）
　　　　　　＝今期の便益の変化（MCB; Marginal Current Benefit）
　　　　　　－今期の費用の変化（MCC; Marginal Current Cost）
　　　　　　＋将来の純便益の割引価値の変化（UC; User Cost）

これは上記で示された記号で，以下のように書き換えることができる．

$$MNB = MCB - MCC + UC$$

　記号 MCC は「限界現在費用」と考えることができる．つまり，今期に発生した限界費用である．UC は**ユーザーコスト**の略である．ユーザーコストは将来の純便益の割引価値の変化である．別の言い方をすると，将来の純便益に影響するあらゆることがユーザーコストと呼ぶものによって表現されている．

　今日の生産量の選択が実際に将来の結果に影響しないならば，ユーザーコストはゼロになる．事実上，静学的な状況ということになる．今年，100エーカーの農場において何エーカーでメロンを植え付けるかは，厳密には静学的な意思決定である．この決定から生じる将来への影響はなく，今期に影響するだけである．したがって，この場合のユーザーコストはゼロである[4]．何らかの作物を灌漑するため，近くを流れる川からどれだけ取水するかについても考えてみたい．取水量を増加または減少させることが，その川における将来の水の利用可能性に影響する可能性は低い．したがって，灌漑用水のユーザーコストはゼロである．

　しかし，ユーザーコストがゼロでない場合，異時点間で効率的になるためには，今日の限界支払意志額が今日の限界費用とユーザーコストの合計に等しくなるように，今日の生産量を設定する必要がある．これは**図5-3**に示されている．この図は自然資源に関連する財またはサービスの現在の市場を表しており，たとえば，収穫または採掘された自然資源の単位数（トンやバレル），あるいは公園や野生生物保護区のために使用する土地のエーカー数などが横軸となっている．MCB（限界現在便益）は，この自然資源に基づく財やサービスに対する今期の社会の評価を示しており，一方で MCC は，今年それを収穫する，採掘するあるいは利用可能とすることの社会的費用を示している．繰り返しになるが，これが静学的な問題ならばこの二つだけが重要であり，効率的な生産量は q_0 となる．しかし，ユーザーコストがあると仮定すると，これは現在の収穫費用に追加しなければならない．これにより，MTC（$= MCC + UC$）と表示される総限界費用曲線（MTC; Marginal Total Cost）が得られることになる．そしてこの曲線と MCB との交点が，今期における異時点間の最適な生産量 q_0^* を与えている．

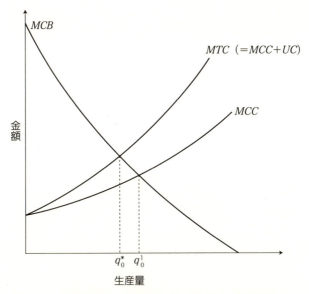

図 5-3　異時点間で（動学的に）効率的な自然資源に基づく財やサービスの生産量

ユーザーコストは，実際には今日の意志決定が将来の自然資源にもたらす帰結について説明している．ユーザーコストが高いほど MTC は明らかに MCC から乖離する．言い換えると，動学的効率性と静学的効率性の差が大きくなる．ユーザーコストの正確な形態は，対象としている問題に依存している．たとえば，厳密に再生不可能な自然資源について，二つの期間のみを対象として考える場合のように，問題が単純な場合にはユーザーコストも単純になる．ユーザーコストは，翌年1単位少なく採掘することの割引価値と等しくなる．しかし，複雑な状況ではユーザーコストも複雑である．たとえば，現在の生産量の決定が，次世紀にわたる将来の種の多様性にどのような影響を与えるのかということが問題であるとする．これは生物学的に複雑で，計測が困難な長期的問題である．この場合，ユーザーコストを推定することは非常に難しいだろう．もちろん，概念的には明確であり，現在の自然資源の利用の決定から生じる，将来のすべての結果の現在価値ということに変わりはない．

自然資源のレント

自然資源の**現地価格**とは，**自然界の中に存在している状態での価格である**．木材の立木価格，つまり切り株の上に乗った状態で売られる場合の価格は現地価格であ

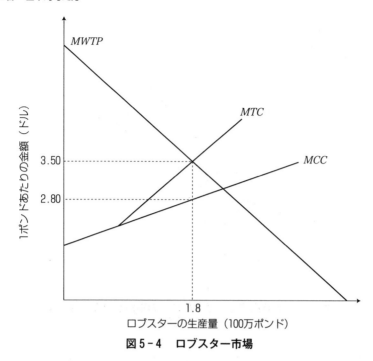

図5-4　ロブスター市場

る．しかし，製材工場に送られた木材の価格には，立木価格に収穫費用が加算されているため現地価格ではない．水揚げされた魚の価格には，自然資源の現地価格とそれを捕獲し市場まで届けるための費用の両方が反映されているため現地価格ではない．銅鉱石の現地価格は，採掘され精錬所に送られる前の地中での1トンの銅の価格である．農業をするための農地の価格，あるいは住宅を建設するための宅地の価格は現地価格である．

自然資源経済学において，自然資源の現地価格は一般的に**資源レント**と呼ばれている．ある意味，自然の働きがそのまま利用できる状態になっているものに対する価値である．図5-4を考えてみよう．これは近年のニューイングランド地方で休暇を過ごしている人々の，ロブスターに対する限界支払意志額曲線を示している[訳注2]．

異時点間で効率的なロブスターの生産量は180万ポンドであり，効率的な価格は

訳注2）ニューイングランド地方は米国北東部に位置しており，メイン州，ニューハンプシャー州，バーモント州，マサチューセッツ州，コネチカット州，ロードアイランド州の6州からなっている．本書でも何度か登場するが，ロブスターはメイン州の名物となっている．

1ポンド当たり3.50ドルである．この漁獲量における限界漁獲費用は1ポンド当たり2.80ドルである．180万ポンドの漁獲量において，ロブスターの限界レントは市場価格から限界漁獲費用を差し引いたもの，すなわち3.50ドル－2.80ドル＝0.70ドルとなる．これが**限界価値**であることに注意が必要である．この値は総漁獲量が180万ポンドである時の，ロブスターの限界的な生産量に適用されるものである．**限界的なロブスターのレント**が0.70ドルの場合，180万ポンドをかけることで**ロブスターのレントの総額**は126万ドルとなる．言い換えると，資源レントは自然資源の限界的な1単位についてのレントである，いわゆる**限界レント**か，総漁獲量あるいは自然資源全体におけるレントである，いわゆる**総レント**のいずれかである．限界レントは状況によって名称が異なっている．林業経済学では，通常**立木価格**と呼ばれており，鉱物経済学では，多くの場合**ロイヤルティレート**と呼ばれている．

再び図5-4を見て，図5-3と比較してみよう．ロブスターの生産量が180万ポンドの時，MTC は3.50ドルで，限界漁獲費用（MCC）は2.80ドルであるので，ユーザーコストは3.50ドル－2.80ドル＝0.70ドルである．言い換えると，少なくとも異時点間の効率性を扱う状況では，限界条件において資源レントとユーザーコストはまったく同じものである．しかし，なぜ同じことを表すために二つの用語を用いるのであろうか．その答えは，それぞれの用語がわずかに異なった二つの視点をそれぞれ強調しているためである．ユーザーコストは現在の決定がもたらす将来の結果の価値を表し，資源レントは本質的には価格を表している．しかし全く同じことに対して，異なる二つの見方をしているということを認識することは非常に有益である．

資源レントの概念を議論する際には注意が必要である．ユーザーコストは価格を表し，必ずしも社会的な価値を表すわけではない．価格は市場における現象である．市場が存在しない場合には資源レントも存在し得ない．自然資源が市場を経由しないサービスを生産する場合，自然資源に対するレントはそのサービスを反映していないことになる．後の章で，このことについて考える機会が数多く登場する．

割り引くことは適切か？

現在世代の厚生を最大化する異時点間の効率性では，便益と費用の将来価値を割り引く操作が必要となる．これが論争となっている．割引を行うと，近い時期に発生する純便益よりも，将来の純便益により小さな価値を与えることになる．加えて，割引は現代世代の視点を反映したものである．これは将来世代に対して公平であろうか．割引を行うことで将来世代の利益を軽視していないだろうか．割引は基本的

に反環境保護主義的であると感じている人も多い．これは将来の生産よりも現在の生産により高い価値を置くことで，現在に近いところでよりたくさんの生産を行うことになるからである．このような反対意見はどの程度妥当なのだろうか．この疑問にはいくつかの異なる内容が含まれるので順番に取り上げよう．

第一に考えるべき問題は，人々が日常生活の中で実際に割引を行っているかどうかである．ここでの答えはYESである．世の中に正の利子率があるという事実は，同じものであったとしても，将来得るより現在得る方に人々がより高い価値を与えているという事実を，それがすべてではないにしても反映している．人々によって用いられている割引率を直接的に計測する研究も行われている．最近のある研究では，現在一定数の生命を救う対策と将来多くの生命を救う対策（その期間と助けられる人数が様々に設定されている）とのトレードオフについて，多くの人々を対象とした調査が行われている．十分な回答者と十分な選択肢の組み合わせに基づいて，二つの対策に違いが見出せなくなる値，すなわち人々が持っている暗黙の割引率を見出すことができる．たとえば，ある人が現在10人を救う対策と50年後に500人を救う対策が無差別である（両者に違いを見出せない）と回答するならば，その人がこれらの結果に対して適用している暗黙の割引率は約8％である[5]．この研究の結果は以下に表されている[6]．これらの結果は，考慮されている出来事がより遠い将来であるほど，人々がそれに適用する割引率はより低いことを示している．ほんの10年先の出来事の平均的な割引率は12％であるが，50年後に起こる出来事に対する割引率は5％となり，100年後の場合には割引率は3.8％となる．

期間（年）	暗黙の割引率（％）
10	12.0
20	9.0
30	7.0
40	6.0
50	5.0
60	4.8
80	4.2
100	3.8

人々（消費者としても生産者としても）は総じて日常生活において割引を行っているので，自然資源の利用水準に関する社会的望ましさを評価する際に，同様に割引を行っても良いのではないだろうか．ただ，人々が将来の便益と費用を評価する

際に正の割引率を使用するのは，自分たちの行動がもたらす将来の結果に重み付けをするための能力が欠けているだけだと考える人もいる．つまり正の割引率は，人々が近視眼的であることを証明しているというものである．ただそう考えるには，割引を行う人々は行わない人々よりも，自分たちに影響を及ぼす便益や費用について良く知らないという想定を置かなければならない．これは偉そうなだけでなく，科学的にも怪しげな話である．財産が大きく異なる人々の行動を考えると分かりやすい．財産が少ない人々は，間違いなく将来の利益より目先の利益にウェイトを置くインセンティブを持っている．しかし，彼らに将来の価値へよりウェイトを置き，生計を立てたり家族を養ったりするため今すぐ必要となるものに，よりウェイトを小さく置くようにしてもらうことができるだろうか．

したがって，**現在世代**の観点からは，将来の便益と費用を割り引くための主張は合理的であり，説得力がある．ただ，我々が**将来世代**の厚生を考慮しようとすると問題が発生するのである．割引は現在生きている人たちと比較して，将来世代をより不利な立場に置くのだろうか．あるいは，逆の言い方をすると，割引は将来世代を犠牲にして現在世代の厚生を改善する傾向があるのだろうか．我々の祖父母が彼らの意志決定により低い割引率を使用していたならば，私たちは現在，もっと良い生活ができていたのだろうか．将来世代が何らかの方法で現在のテーブルに着くことができたとしたら，彼らは現在の意志決定者の割引に同意するのだろうか．もし我々が，現在生きている人々が将来を割り引くことで，逆に将来世代の生活がより良くなることを示すことができたとしたら，割引は将来に対して効率的でもあり，公平でもあると主張することも可能になる．ただ，それを示すことはできるだろうか．

指摘しなければならないことは，高い割引率が常に反環境保護主義的ではないということである．実際に低い割引率が保全に反対するように働いたと思われる状況が存在している．1960年代，政府中央の自然資源に関する政策担当者は，水資源開発事業（たとえば，治水と灌漑を目的として建設される大規模ダム）に適用する割引率の選択をめぐる論争に頭を悩ませていた．主にダム建設を行う公的機関である陸軍工兵隊（国防総省），土地管理局（内務省），土壌保全局（農務省）は，すべて比較的低い割引率を採用して自身の提案を評価していた[7]．低い割引率を適用することで，これらの機関は先に大きな建設費用が発生し，一方で，将来の年間便益が比較的小さいと予想されるこれら多くの水資源開発事業を正当化したのである．将来の利益が大幅に割引されなかったので，低い割引率を採用することが比較的高い集計便益につながったのである．この場合，低い割引率はより大きなダム建設を誘導することになるため，野生動植物の自然生息地を保全するという目的に対しては反対に機能していたことになる（**コラム5-1**を参照）．

コラム5-1　低い割引率とダム建設

　1950年代および1960年代には，三つの大きな連邦政府機関が極めて活発にダム開発事業を実施していた．陸軍工兵隊（国防総省）は主に治水や水運の目的のために大規模ダムを建設した．土地管理局（内務省）は灌漑用の水供給を主な目的とする西部の大規模ダムの建設に特化し，土壌保全局（農務省）は上流におけるより小さな治水ダムの建設を行った．これらは河川の機能を大幅に改変し，以前は自由に流れる流水としての水資源を静水としての水資源に変化させた．そのためこれらのダムの多くに対しては論争が起こることとなった．これらのダムのほとんどの費用と便益は，非常に高い初期費用とそれに続く比較的低い年間便益で特徴付けられるものであった．ダム建設の全盛期，その建設を行う政府機関は事業に対する議会の承認を得るために心血を注いでいた．承認を得るためには，便益の現在価値が費用の現在価値を上回ることを示さなければならない．しかし，ほとんどの費用はすぐに発生したが，ほとんどの便益は将来にのみ発生した．予想される将来の便益の現在価値が費用を確実に上回るようにするにはどうすればよいか．低い割引率を用いればよいということになる．

　たとえば，計画されているダムが以下の一連の費用と便益を発生させるとしよう（単位は100万ドル）．

	年					
	0	1	2	3	…	50
費用	10					
便益	0.5	0.5	0.5	0.5	…	0.5

　5％の割引率を適用すると，現在価値で1,000万ドルの費用と910万ドルの便益を得ることになる．したがって，現在価値で比較すると便益は費用より低いことになる．しかし，3％の割引率を適用するだけで便益の現在価値は1,290万ドルとなる．したがって，その事業は3％では承認され，5％では承認されないことになる．このことが政府機関が提案するダムの評価に比較的低い割引率を適用した理由である．

　低い割引率は必ずしもより大きな保全を意味するものではない．

マクロ経済レベルでの割引率の役割も認識する必要がある．一般的には，より低い割引率は，より高い経済成長率に関連している．低い割引率は成長率を高める投資を促進するためである．しかし，より高い経済成長率は将来のより大きな経済活動（生産と消費）につながることで，自然資源のより大きな需要を発生させることになる．つまり，より低い割引率は自然資源に対する将来のより大きな需要につながることになる[8]．

現在世代は，自然資源の長期的な生産性を減少させる**自然資源の利用水準**を採用することで，自らの生活をより良くすることができるのだろうか．60歳で引退して，世界旅行をしようと計画を立てている独身の52歳の農業従事者の例を考えてみたい[9]．この農業従事者は退職までの8年間，農地を酷使する誘惑に駆られるかもしれない．それは退職後の生活資金を増やすためにより高い収入を得たいからである．重要な問題は，この農業従事者が8年後に農地をどう処分するかである．すぐに考え付く一つの代替案は，農地市場が存在するので農地を売却し，退職金にその収入を加えることである．しかし，短期的な生産性の向上のために地力を消耗させてしまうと，その農地の販売価格を下げてしまうことになる．地力が減退することで，長期的に価値が低い農地を販売することになってしまうからである．言い換えると，この農業従事者は一時的に収入を増やすことと，8年後に高い価格で売却することとのトレードオフに直面している．農地の販売は基本的に次世代にそれを譲渡しているため，これは基本的に世代間のトレードオフであることにも注意が必要である．農業従事者の立場からこの問題を解決する手順は，8年間にわたる所得の合計と期間終了時の販売価格の合計の現在価値を計算することである．資産（この場合は農地）の価値が将来世代に移転される限りにおいて，正の割引率の場合には，割引には将来世代に対する配慮が実質的に組み込まれていることを理解することが重要である．もちろんこれは市場が行っていることである．

ただ，たとえ「割引には将来世代に対する配慮が実質的に組み込まれている」という主張を認めるにしても，現在の自然資源の利用による負の影響が遠い将来に現れるため，人々が負の影響を考慮することに単に思い至らないケースもあるのではないだろうか．非常に低い割引率を用いた場合でさえ，非常に遠い将来に生じる結果の現在価値はとても低いので，その場合は，現在世代の人々は将来発生する負の影響を気に掛けないかもしれない．

効率性と世代間公平性：持続可能性の問題

この遠い将来世代の利益と現在世代の利益のバランス問題にはもう一つの考え方

がある．ここ20〜30年の間，この問題に対処するため**持続可能性**の概念がますます頻繁に用いられるようになってきた．持続可能性は国連に設置された委員会が示した報告書の中で強調された概念である．この委員会は，持続可能な開発を達成するための長期的環境戦略を提案するためのもので，それは1987年に示された報告書に記されている[10]．ここでの「持続可能な」が「開発」の形容詞として使用されていることは注目に値するものである．言い換えると，この委員会は，特に一人あたりの富の水準が現時点で非常に低い地域にとっては，今後の経済発展が望ましいことを認識していたのである．もちろん目的は開発を「持続可能な」ものとすることであり，そのためには必要なことは何でもするという立場であった．

　持続可能性はスローガンとなり，その後の自然資源や環境政策に関する国際的な議論において中心的な考え方となっている．これらの議論の場において，政策に関する議論や決定を行う際，持続可能性はより長期的なものの見方を後押しすることには明らかに役立っている．ただその考え方は，自然資源利用の意志決定を評価するのに有用な基準なのだろうか．この問いに答えるためには，持続可能性をより明確に定義する必要がある．委員会の報告書によると，持続的な発展は「将来の世代が彼ら自身のニーズを満たすための能力を損なうことなく，現在世代のニーズを満たす開発」である[11]．「損なうこと」や「ニーズ」などの単語の意味に関する難しい議論に立ち入らず，これを現実的に解釈すると，「将来世代の状況を現在の我々の状況よりも悪くするような，現在世代の一部が行っているすべての行為は持続可能ではない」と考えればよいだろう．つまり，持続可能性は将来世代の状況が現在世代の状況よりも悪くならないようにすることを意味している．

　しかし，どのような点で悪くなるのだろうか．持続可能性が物理的な意味での供給，あるいは自然資源の利用可能性という意味において主張されていると仮定しよう．持続可能性のための条件は，将来世代が現在存在する数量以上の供給量を持つべきであるということになる．対象が**再生可能資源**である時，持続可能性と異時点間の効率性の間に特に矛盾はない．この場合，異時点間の効率性は通時的な自然資源の定常性を意味することになるので，それは上記のような解釈の持続可能性と考え方は一致している．しかしながら**枯渇性資源**の場合，持続可能性が物理的な意味での利用可能性の観点から定義されるのであれば明らかに問題が存在する．この場合，現在のどのような正の採掘量も必ず将来のある時点での利用可能性を減少させるからである．

　それでも，持続可能性が単一の自然資源に注目するのではなく，自然資源の総量が減少しないことと解釈するならば，物理量の観点で定義された持続可能性は実行可能な考え方かもしれない．この場合，枯渇性の自然資源の減少が，再生可能な自

然資源の供給を増大させることで補われることになる．たとえば，どこかで採掘された石炭あるいは何らかの鉱物の量に見合うものとして，ある地域における生態系の保護地域面積を増加させるような形である．

一方，このような手順の実用性には疑問がある．根本的な問題は自然資源間での「交換」の比率を知る必要があることである．たとえば，1トンの石炭に見合うものとして，どれだけの湿地を保護すればよいのかという話である．そのためこのアプローチを実行可能なものとするには，物理的な単位に基づく持続可能性という考え方から，価値に基づく考え方に切り替える必要がある．こうすることで，比較や集計を可能とする共通尺度で異なる自然資源を評価することが可能となる．もし自然資源が価値に変換されるならば，その合計価値を維持するために開発を差し止めることが，少なくとも実行可能なものとはなる．もちろん，人々の厚生を維持あるいは拡大させるという観点から，このルールに意味があるかどうかはまた別の話である．

国や州，地域，あるいは市町村などのあらゆる行政区に適用できる持続可能性の概念は存在するのであろうか．様々な自然資源に恵まれている地域もあるが，多くはそうではない．米国全体の持続可能性のためには，国の自然資源価値が減少しないことが必要であると言うのは妥当かもしれない．ただ，すべての地域あるいは市町村に同じことを求めるのはおそらく妥当ではないだろう．

何らかの枯渇性資源にわずかに恵まれた市町村あるいは地域があるとしよう．上記の意味での持続可能性は，市町村に枯渇性資源の利用を縮小させるため，他の自然資源への転換を要求することになる．しかし，これを行うための自然資源が存在しない場合がある．そのような自然資源が存在しない場合，この持続可能性はあまり役立つ目標にはなり得ない．存在する自然資源のほとんどが枯渇性資源で占められているような市町村にとっても，同様に役立つものにはならないだろう．

広く考えられた場合の持続可能性

ここでの問題点は持続可能性があまりにも狭く定義されていることである．より良いアプローチは，人間の厚生が自然資源の資本と他の形態の生産資本，特に**人的資本**と**人工資本**の両方に基づいていることを認識することである．人的資本は通常，経験，訓練，教育の結果である人間の能力や可能性を指す．人的資本はまた，**知的資本**を含むように広く定義されるべきである．つまり，人的資本には，基本的な着想や操作手順といった，その進歩が人類の厚生の向上にとって重要となるものも含めるべきである．人工資本は機械や建物のようなものだけを意味するのでなく，あらゆる経済システムの生産性向上のために重要なインフラ（道路や港湾など）も含

まれている.

こうなるとより広い意味での持続可能性は次のようになる. 枯渇性資源の利用は, 使い切った自然資源の価値と同じ価値の資本投資が, 他の自然資源あるいは自然資源以外の生産資本に対して行われるならば持続可能である. 持続可能性のこの概念は, 小さな市町村から国家や世界経済まで, あらゆる大きさの政治的単位における意志決定を評価するために使用することができる.

持続可能性のこの定義を適用可能にするためには, 現在の採掘に応じて減少する枯渇性資源の価値を測るための尺度を持つ必要がある. これを考えるためには, **ユーザーコスト**の概念に戻ることになる. ユーザーコストは現在の採掘の結果として犠牲となった将来の純便益を現在価値の尺度で測ったものである. もし補償される投資額が枯渇性資源を採掘するユーザーコストを相殺するのに十分なものであるならば, たとえ自然資源が緩やかに減少したとしても, 持続可能性は達成されることになる.

ここでは枯渇性資源のケースに持続可能性の概念を適用させようとしていることに注意してほしい. 再生可能資源の場合, 問題はこれほど深刻でない. この場合の持続可能性は将来世代にとっての自然資源の持続的な利用可能性を意味し, これが一般的な経済効率性の基準と大きく矛盾する可能性は低い.

要約

この章では二つの主要な評価基準である**効率性**と**持続可能性**を扱った. 経済的な効率性は社会にとっての純便益が最大になる状況である. ここでは**静学的効率性**と**動学的効率性**(あるいは異時点間の効率性)を区別した. 静学的な意味で効率的な生産量とは, 当期の純便益のみを最大化させる生産量である. 異時点間の効率性は, 現在から将来へと続く, 一連の純便益の現在価値の最大化を必要とする. また, 現在の生産水準の小さな変化が生じさせる, 将来のすべての結果を現在価値化した**ユーザーコスト**の概念も定義した. 将来の結果が存在しない場合, ユーザーコストがゼロであるため, 静学的に効率的な生産量と動学的に効率的な生産量は同じになる. 加えて, **現地の自然資源の価格**である**資源レント**という概念を導入した. 異時点間の効率性は将来の便益と費用を**割り引く**ことを意味するが, この考え方には論争がある. 極めて長期における異時点間の問題を扱うために**持続可能性**の概念がよく使われるようになっている. この用語の考えられるいくつかの定義について議論し, 個別の自然資源に対してではなく, 厚生の一般的測度に対して適用するものとして理解される場合, この概念は最も有用であると結論付けた.

第 5 章 効率性と持続可能性

注

1) もちろん，すべての農業に関する意志決定が本質的に静学的であると言っているわけではない．たとえば，将来の土壌の生産性への影響を通じて，将来に影響を及ぼすことを今日行うことができる．
2) 「効率性」と「社会的効率性」との差は包括性の程度である．効率性は純便益が最大の状態であり，一つの企業や市町村あるいは国に適用することができる．社会的効率性はすべてを包括した社会全体に関する効率性である．
3) これを理解するために，q^*以下のいずれかの生産水準を選択し，結果として生じる領域にラベルを付け，同じ方法で計算してみて欲しい．
4) すでに言及したように，これが事実ではないというシナリオも考えることができる．たとえばメロンの生産は将来の土地の生産性に影響を与える可能性がある．
5) これを理解するために，以下の等式を成り立たせる r を見つけてみてほしい．

$$10 = \frac{500}{(1+r)^{50}}$$

6) この研究は Maureen L. Cropper, Sema K. Aydede, and Paul R. Portney, "Rates of Time Preference for Saving Lives," *American Economic Review*, 87(2), May 1992, pp. 469-472. で報告されている．
7) 割引率が当時の割引率よりもはるかに低くなるように，過去に適用されたアメリカ国債の利回りとの関連付けがなされていた．
8) これに関する技術的な議論については，Bob Rothorn and Gardner Brown, "Biodiversity, Economic Growth and the Discount Rate," in Timothy M. Swanson (ed.), *The Economics and Ecology of Biodiversity Decline : The Forces Driving Global Change*, Cambridge University Press, Cambridge, UK, 1995, pp. 25-40. を参照されたい．
9) この例は Alan Randall, *Resource Economics*, 2nd ed., John Wiley, New York, 1987, pp. 128-129. から着想を得ている．
10) その報告書は，環境と開発に関する世界委員会によってまとめられ，"*Our Common Future*"（邦題：地球の未来を守るために）というタイトルが付けられている（Oxford University Press, 1987）．この委員会は，その委員長であるノルウェーの Gro Harlem Brundtland にちなんで，ブルントラント委員会と呼ばれていた．
11) *Our Common Future*, p. 43.

NATURAL RESOURCE ECONOMICS
An Introduction

Section III
GENERAL NATURAL RESOURCE ISSUES

【第Ⅲ部】
一般的な自然資源問題

　前のセクションではミクロ経済学で使われる基本的な考え方について見てきた．このセクションでは自然資源に関する重要な問題に対してもう一歩接近してみたい．ただそれでも，大部分においては概念レベルでの解説となる．我々は市場システムの中で生活しており，市場が自然資源に対してどのように機能しているのかを知ることは重要である．この点は第6章で取り扱いたい．第6章で実証経済学的な問題を検討した上で，第7章では規範経済学的な問題を取り扱う．つまり，社会的に最適な方法で自然資源を管理するためにどのような手順を踏まなければならないのかという問題である．

第6章
市場と効率性

　前の章では基本的には定義に関する問題を取り扱ってきた．つまり，自然資源の利用が効率的である，あるいは持続可能であるとは何を意味するのかという問題である．この章で取り組む問題は，自然資源に関連する市場は自然資源の利用水準について効率的な結果，あるいは持続可能な結果をもたらすのかということである．この問題を理解することには理由が存在している．世界のほとんどすべての先進国経済は**市場経済**である．これは自然資源利用の意志決定を行うために頼っている最も重要な社会制度が私的市場だということである．また近年では，かつて中央政府の決定と指示に基づいて運営されていた経済のほとんどが，従来のやり方を否定し，私的市場により大きな信頼を置いている．そのため，市場がどのように機能するのかという基礎を理解することが不可欠となっている．どのような時に市場は効率的な結果をもたらし，どのような時にもたらさないのか．どのような時に公的な介入が求められ，どのような時に求められないのか．もちろん我々が特に関心を持っているのは，自然資源に関連する財やサービスに対する市場の働きである．

市場における需要と供給

　市場とは，同意された価格で財やサービスの所有権や利用権を移転するために，買い手と売り手の間で取引交渉を行うプロセスである．市場には様々なものがある．買い手と売り手が直接会い，2時間の労働の対価として1袋のジャガイモを受け取るような最も初歩的な市場から，たくさんの為替ディーラーが世界中の取引相手とコンピューターでつながり，刻々と変わる価格で外国為替を取引する洗練された市場まで，様々な市場が存在している．しかし，すべての市場は基本的に同じ働きをしている．数量と価格の観点から，買い手と売り手の間での財やサービスの流れを導くことである．

　これらの相互作用を要約するために用いられる基本的な市場モデルは**図6-1**に

第Ⅲ部　一般的な自然資源問題

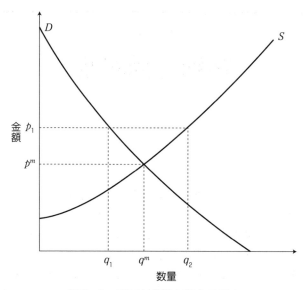

図6-1　需要と供給の基本モデル

示されている．この図は二つの価格と数量との関係を示しており，その一つは需要者のため，もう一つは供給者のためのものである．Dと表示される**需要曲線**は，需要者が異なる価格において購入する財やサービスの様々な数量を示す．先の章において，この種の曲線についてはすでに紹介している．需要曲線は支払意志額の概念に基づいており，右下がりの傾きは**限界支払意志額逓減**の法則を表している[1]．需要曲線があり得る価格と数量の組み合わせから構成されている事実を理解することは重要である．それによって，需要曲線から現在の価格における需要量だけでなく，価格がより高かったり，より低かったりした場合の需要量も分かるからである．

需要曲線はちょどいま財やサービスを購入した人や，価格がもっと低ければそれらを購入したかもしれない人など，市場にいるすべての人々の行動を要約したものである．また需要曲線は，人々の所得や嗜好，選好，そして彼らを取り巻く関連する経済的要因も反映している．これらの根底にある要因のどれかが変化するならば需要曲線も変化することになる．

Sと表示される供給曲線はこの財やサービスの売り手の行動を表している．右上がりの傾きは，限界費用逓増の法則を反映している．そして，その正確な形状，すなわちどの程度傾きが急であるか，どれくらい右寄りかあるいは左寄りかなどは，生産に使われる生産要素の価格と生産プロセスの過程で使われる生産技術に関連している．需要曲線と同様に，供給曲線は基本的に多数の潜在的な生産水準から構成

第6章 市場と効率性

され,どの期間においてもそのうち一つだけが実現している.

市場の数量と価格

所与の需要曲線と供給曲線では,消費者の需要量と生産者の供給量が一致する価格が一つだけ存在する.それは価格が p^m の時であり,その時の数量は q^m である.他のどの価格の場合でも供給量と需要量は一致していない.たとえば,価格が p_1 の時,供給者はこの財・サービスを q_2 供給しようとするが,需要者は q_1 しか求めていない.需要曲線と供給曲線に変化がない限り,このままでは供給量と需要量が一致することはない.通常,超過供給は価格を下げる圧力につながることになる.そして価格が低下するにつれて需要量は増加する.したがってこのケースでは,市場の調整が価格と数量を**均衡**の組み合わせ p^m と q^m に向けて動かすことになる[2].一時的に p^m よりも低い価格は超過需要,すなわち生産者による供給量を上回る消費者による需要量をもたらす.これは均衡水準に向けて,価格と供給量を上げる圧力につながることになる.

動学的な経済においては,価格と数量が長期間にわたって一定であることはほとんどない.それは需要曲線と供給曲線に影響を与える,根底となる要因が定期的に変化するからである.たとえば,人口増加は需要曲線をシフトさせ,技術革新は供給曲線をシフトさせる.人々の選好が変化すれば,需要者と供給者が現在の市場にどのように反応するのかにも影響する.したがって,価格は時間とともに上下していて,均衡の場合のように必ずしも何らかの静止点に到達しているわけではない.それでも基本的な市場プロセスがどのように機能するかについて説明するためには,このモデルは極めて有用である.

この市場プロセスの本質は,現実の,あるいは潜在的な買い手と売り手のやりとりが,一般的には価格と数量が何らかの均衡点に向かうような調整をもたらすということである.価格と数量の組み合わせ p^* と q^* を実現するために,その均衡点がどのようなものであるかが経済学者によって明らかにされる必要も,政治家や行政官が介入し,命令によってそれを強制する必要もない.それは買い手と売り手の間での,ある程度無制約な相互作用と取引の結果として生じるものである.

市場と静学的な社会的効率性

市場は図6-1の p^m と q^m のような均衡点に向かう.しかし,これらの値が**社会的に効率的**であるということはどのようにして分かるのだろうか.市場は需要と供給の相互作用によって決定される均衡点に向かう.しかし,この値は社会の純便益

第Ⅲ部　一般的な自然資源問題

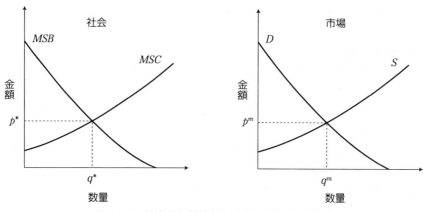

図6-2　社会的な効率性と市場の結果との比較

を最大化する値でもあるのだろうか．市場の結果を示している図6-2の右図と，社会的に効率的な結果を示している左図を並べて考えよう．これらは米国の合板産業の市場であるとする．このように，合板市場は価格p^mでq^mの生産を行う状況にある．しかし，合板生産において社会的な効率性を達成するためには，MWTP = p^*となるq^*の生産を行わなければならない．市場が社会的に効率的になるために，$p^* = p^m$および$q^* = q^m$とならなければならない．市場の結果が社会的に効率的であるためには，少なくとも二つのことが成り立たなければならないことは明らかである．すなわち，需要曲線Dと限界社会的便益曲線MSBは同じでなければならず，供給曲線Sと限界社会的費用曲線MSCは同じでなければならない．これらの二つの条件が満たされるならば，市場は社会的に効率的な結果を生み出すことになる．

需要曲線は市場参加者の支払意志額を示したものである．したがって，DがMSBと同じでなければならないということは，簡単に言えば，市場参加者の支払意志額以外に社会的価値を生み出すものが存在していないということである．要するに省かれているものは何もないということである．同様に供給曲線は，たとえば企業のような，市場における供給主体に影響する費用に基づいている．したがって，SがMSCが同じであるということは，簡単に言えば，それらの私的費用曲線あるいは供給曲線に示されていない費用を生み出すものが存在していないということである．

そうであれば，次の仕事はMSBとDおよびMSCとSの間に，これらの関係が両立する条件を考えることである．ただその前に，市場が社会的に効率的であるためには他のもう一つの条件が成立している必要がある．市場が**競争的**でなければな

らないということである．競争は買い手と売り手が市場に影響を及ぼすことができないことを意味する．すなわち，供給者はより高い価格で生産を行うために団結したり，共謀したりすることができないし，買い手はより低い価格を要求するために市場の枠外で何かを行うことはできないことを意味する．もちろん現実の市場では，単純に競争があるかないかが問題であることはめったになく，大抵の場合は「どの程度競争的か」が問題である．競争の「許容できる」水準とは市場が効率性を達成できる水準である．すなわち，競争が弱すぎたり，逆に強すぎたりすると，市場は効率性を達成できないのである．

　需要曲線と供給曲線が，それぞれ限界社会的便益と限界社会的費用に等しいかどうかの問題に戻ろう．最初に費用の問題を取り上げよう．

外部費用

　この点について考えるため，もう一度，社会的費用と私的費用の違いを説明しよう．供給曲線が私的費用に基づく一方で，社会的効率性は社会的費用に基づいている．どのような状況で二つの間に乖離が生じるのであろうか．森林の樹木を伐採することの費用を考えてみたい．この樹木は木材を経て，最終的に建築材料になるものとする．この場合の私的費用は，森林から木を切り出すために伐採業者が負担する費用である．すなわち，労働や機材，燃料の費用である．これらは，伐採企業の年度末の損益計算書に現れる費用である（我々が限界私的費用あるいは MPC と呼んできたものである）．これらの投入物は経済のどこか別のところで何か他のものを生産するためにも使うことができたので，確かにこれらの私的費用は社会的費用である．

　しかしこの場合，伐採の社会的費用には他の費用も含まれうる．たとえば，米国森林局は森林整備のために資源を費やしているかもしれない（たとえば，森林内での林道整備）．社会的費用には生態学的な費用も含まれている可能性がある．ある特定の森林は固有の生態学的な価値を持っており，伐採の結果，その価値が減少してしまうかもしれない．これらの費用は実際には評価するのが非常に難しい場合もあるが，それでもなお，それらは確かに社会的費用である．

　私的費用と社会的費用の差は**外部費用**（EC; External Cost）と呼ばれている．言い換えると，外部費用とはそれを引き起こす意志決定の当時者でない人々が被る費用である．林業の例では，外部費用は伐採業者の意志決定から生じるが，それらの一部は他の人々，特に森林の生態学的特徴に価値を置く人々が被ることになる[3]．

　別の例として，河岸に並んだ複数の製紙工場について考えてみたい．それらは紙を生産し，その過程で川にその残渣を排出しているとする．川の水質は悪化し，下

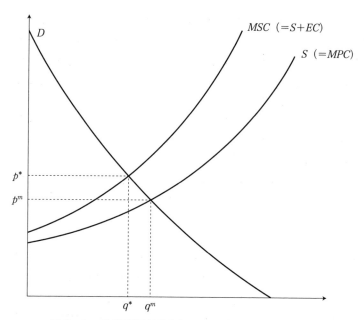

図6-3 外部費用が発生している場合の市場の状況

流のレクリエーション利用者と水源としてその川の水を使っている市町村に損害を引き起こしている。この状況は図6-3で示されている。供給曲線Sは供給企業である製紙工場の行動を表している。この供給曲線の形状と高さを決定している要因は、人件費、光熱費、原材料費、建築費のような、直接これらの工場の損益計算書に影響を与える費用である。これらの費用および紙生産の技術が、様々な量の生産を行うために必要な投入量と紙生産の限界費用を定め、その結果、紙の供給曲線が決定する。しかし、下流における外部費用も紙生産の社会的効率性を決定する際に考慮すべき正当な社会的費用である。MSCは供給曲線に外部費用（EC）を加えたものである。このように、MSCは紙を生産するためのすべての社会的費用を含んでいる。さらに需要曲線Dがこの製品のすべての社会的便益を正確に示していると仮定しよう。すると**社会的に効率的な**紙の数量と価格はp^*とq^*であるが、市場ではp^mでq^mに落ち着くことになる。言い換えると、環境面での外部費用が含まれるとき、通常の市場の働きは社会的に効率的な水準と比較して、**多すぎる数量と低すぎる価格**をもたらす傾向がある[4]。政策的な観点からは、どのようにしてこれらの外部費用を**内部化**するか、つまり製紙工場がq^mでなくてq^*を選ぶようになるかが問題である。この問題には次の章で焦点を当てたい。

外部便益

　市場のもう一方の側面についても同じである．需要曲線が社会的な限界支払意志額曲線と同じでなければならないということは，需要曲線がその財やサービスの消費から生じるすべての社会的便益を含んでいなければならないということである．誰の便益も取りこぼされていない，つまり，便益が誰に生じるかは別として，すべての便益が需要曲線に含まれている必要がある．一方，当該市場の直接の参加者でない人々に社会的便益が生じるのであれば，市場がもたらす結果は効率的にはならない．それらは不公平な状況であるとみなすこともできる．

　外部便益は外部費用が現れるのと同じような形で現れる．新しい芝刈機を買うことを考えているとしよう．この場合，入手可能な様々なモデルとそれぞれのモデルの特徴，特に価格について検討することになる．価格の他に重要となる特徴の一つは騒音である．一般的にいくらか高い価格を支払えば，より静かなモデルを入手することができる．意志決定を行う際は，自身の選好，そして予算の観点から，これら二つの要因のバランスを取ろうと考える（おそらくこれら二つだけでなく，より多くの要因が関係していると思われるが，話を単純にしておくためにそれらは無視しておこう）．しかし，より静かなモデルを買うと，近隣の住民も「近所が静かである」という恩恵を被ることになる．購入を完全に社会的に効率的なものにするためには，自身の観点から効率的であるだけでなく，これらの他人の便益も含めなければならない．**外部便益**とはこのように，結果を引き起こす意志決定をしている人以外の誰かに生じる便益である．

　今度は農場を所有しているとしよう．その農場には農地の他に森林が存在しているとする．森林はカエデの木からメイプルシロップを作るために維持管理している．森林面積をどれだけに維持するかを決定する際には，メイプルシロップの収入から得られた便益と，その土地を牧草地または農地として利用しないでいることで発生する費用とを比較することになる．ところが，人々の興味を引くような野生動物がこの森に住んでいるとしよう．人々の興味を引くのは，おそらく野生動物が絶滅の危機に瀕していたり，人々がそれらを見てみたいと思っていたり，あるいは単にそこに住んでいること自体が興味深かったりするからである．野生動物によって生じる便益は主に外部便益である．それらの便益は，土地のどれだけを森林のまま維持するべきかという決定に関与していない人々に生じている．外部便益が含まれる時，市場がもたらす結果は効率的にはならない．すなわち，外部便益を生じさせる財やサービスの生産量は過少になり，その価格は低すぎることになる．

　公共財が関係する場合，外部便益は必ず存在することになる．公共財の概念は第3章で紹介している．公共財とは，いったん誰かが利用可能になると，自動的に他

表6-1 ハクトウワシ回復の便益と費用

	限界支払意志額			合計	限界費用
	A	B	C		
小規模	50	10	25	85	40
中程度	30	5	10	45	40
広範囲	10	0	5	15	40

の人も利用可能になるような財である．マサチューセッツ州南東海岸沖のマーサズ・ヴィニヤード島には，中心となる港への入口に二つの灯台がある．東の突端のものは，1878年に商船の船長であったサリアス・ダジェットによって個人的に作られたものである．自ら費用を負担して灯台を建設したこの良識ある船長は，その後，この港に定期的に往来している様々な会社や所有者に話を持ちかけ，灯台の建設費用を埋め合わせるための寄付を依頼した．ここで彼は，私的市場と公共財に関する古典的な問題に陥ることとなった．その灯台は**公共財**であった（現在でもそうである）．すなわち，それが提供するサービスは，その建設と維持管理に何らかの貢献を行ったか否かにかかわらず，港を利用する誰もが享受することができる．

公共財が関係する場合，私的市場において社会的に効率的な水準で供給が行われることは困難である．表6-1に示した値は，ある生息地においてハクトウワシを回復する計画への3人の支払意志額を表している．数値の一部は第3章でも示されたものである．この計画は「小規模」「中程度」「広範囲」な回復の三つの水準で実施されるものである．集計限界支払意志額と集計限界費用とを比較すると，中程度の回復計画が3人からなるこの社会の純便益を最大化する計画であることがわかる．

では民間企業がこの回復計画を実施することになっていたとしよう．中程度の回復計画を実施するためには80ドル必要なので，3人の受益者に，その費用を賄うために彼らの支払意志額に見合った寄付を依頼することを考える．こうなると公共財の性質のため，個人が**ただ乗り**することが可能となる．ただ乗りとは，費用負担を減らすことで便益を得るため，寄付額について本当のことを言わないでおくことである．この計画は公共財なのでそれが可能である．一旦計画が実施されれば，そこにどれくらい多く（あるいは少なく）貢献したかにかかわらず，その計画はすべての人に便益をもたらすからである．

もし誰もがただ乗りしようとするなら[5]，回復計画に取り組む民間企業はその実施費用に関して収入不足に陥ることになる．もし，このようなことが実際に起こりそうだと知っていれば，民間企業はおそらくこの計画をそもそも引き受けなかったであろう．このように取引が自発的に決定され，強制がない私的市場で，この種の

財やサービスを効率的な水準で供給することは困難である．ただ乗りは売り手が供給することで手にする収入を減少させる傾向があるので，そのような財やサービスを生産し，効率的な数量を利用可能にするインセンティブを弱めることになる．このような理由から灯台が私的に供給されることはほとんどないのである．ダジェット船長のケースでも，彼はただ乗り問題に直面し，わずか2，3年後には灯台をマサチューセッツ州に売却した．マサチューセッツ州であれば税収によって灯台を維持することが可能だからである．

オープン・アクセスの資源

　このように自然資源の中には，利用すれば決まって外部費用を発生させ，それを効果的に管理しようとすれば，公共財や外部便益が含まれてくるようなものが存在している．これまで説明してきた理由から，これらは過剰に利用され，想定以上に減少する自然資源であると言える．これらの自然資源は**オープン・アクセスの資源**と呼ばれている．オープン・アクセスの資源とは，それを利用したいと思う誰に対しても無制限に利用が開放されている自然資源である．海洋における漁場が昔からよく取り上げられる例である．たとえば，北大西洋にある底生魚の漁場のように，ほとんどの漁場においては，かなり最近まで漁船とそれなりの装備を持っている誰もが漁業を行うことができた．もう一つの例は，北米の陸生野生動物である．歴史的に，ハンターは野鳥やシカ，バッファロー，エルクのような狩猟対象の野生動物を無制限に手にしていた．オープン・アクセスの資源は必ずしも採取的資源とは限らない．制限なく利用者が入ることができる公園もオープン・アクセスの資源である．

　オープン・アクセスは一般的に過剰利用につながるものである．このことは，小さな公共のビーチに関する簡単な例で示すことができる．このビーチは公共のものであるため，訪れたいと思う誰もが使用することができる．もちろん，この例は多少不自然ではある．今日，ビーチの利用は，たとえば特定の市町村住民に限定するといったように，何らかの方法で制限されることが多いからである[訳注1]．利用制限はオープン・アクセスから生じる問題への対策としてよく用いられている．オープン・アクセスの資源の簡単な数値例を考えてみよう．

　データは**表6-2**に示されている．この小さなビーチは，すべての訪問者が出発地点としている町の中心地から数マイルのところに位置している．最初の列は，平

訳注1）　日本では逆にこのような制限はほとんど存在しない．詳細は第15章の訳注5を参照されたい．

第Ⅲ部　一般的な自然資源問題

表6-2　オープン・アクセスの資源：公共のビーチ

訪問者数	個人の限界支払意志額	集計支払意志額 (WTP)	訪問当たりの費用	総訪問費用 (TC)	集計額 (WTP-TC)
1	20 ドル	20 ドル	12 ドル	12 ドル	8 ドル
2	20	40	12	24	16
3	20	60	12	36	24
4	20	80	12	48	32
5	18	90	12	60	30
6	16	96	12	72	24
7	14	98	12	84	14
8	12	96	12	96	0
9	10	90	12	108	-18
10	8	80	12	120	-40

日にビーチを利用する潜在的な訪問者数を示しており，それは1から10までの値をとっている（小さなビーチである）．次の2列は，個人の限界支払意志額と集計支払意志額を表している．限界支払意志額は現在の訪問者の数が最初の列に示されている水準にあるとした場合の限界支払意志額である．たとえば，今日2人の訪問者がいるならば，3人目の限界支払意志額は20ドルである．重要なことは，訪問者が4人になるまで限界支払意志額は20ドルで一定となっていることである．この点に注意してほしい．そしてそれ以上人数が増えると，限界支払意志額は低下し始めることになる．その理由は混雑である．訪問者が多くなると混雑のためビーチの質は低下するので，追加的な訪問者の限界支払意志額は低下するのである．

　ビーチを訪問するための費用はあらゆる訪問者について12ドルで同じであると仮定しよう．それはつまり，それぞれの訪問者がビーチを訪問するための旅行費用は基本的に同じであると仮定していることになる．またビーチには入場料が導入されていないと仮定する．5列目は総訪問費用を示している．

　ビーチを訪問することの効率的な水準は，間違いなく一日あたり4人である．これはビーチの純便益を最大にする水準である．しかし，ビーチへの訪問が制限されないならば，訪問者数はこの効率的な水準より多くなることがわかる．たとえば，現在4人がビーチを利用していて，5人目が訪れるかどうかを決めようとしているとしよう．5人目の訪問者の訪問費用は12ドルで，その人の支払意志額は18ドルなので，訪問することにより6ドルの純便益が得られることになる．したがって，その人は訪問を選択することになる．それだけでなく，6人目も訪問することで正の純便益を得ることができ，また7人目もそうである．個人の純便益がゼロとなるのは潜在的な訪問者が8人目となる時であり，9人目と10人目の訪問者の純便益は負に

なる．したがってオープン・アクセスの場合には，総訪問者数は7人または8人（8人目の限界支払意志額の方が訪問費用よりもほんのわずかでも高ければ）に達すると結論付けることができる．これは社会的に効率的な訪問水準よりかなり高い水準である．

この場合，オープン・アクセスは効率的な水準と比較して相当な過剰利用を導いている．このことの主な理由は**オープン・アクセスの外部効果**と呼ばれるものである．これらは自然資源の利用者が，減少した自然資源の価値という形でお互いに負わせている外部効果である[6]．ビーチの場合，価値の減少は混雑の増加から生じている．5人目の訪問者が訪れるべきかどうかを決める時，その人は12ドルの費用と18ドルの便益を比較して，その結果に応じて行動することになる．しかし，その人が訪問することは，既にそこにいる4人にとってのビーチの価値を，4人それぞれに対して20ドルから18ドルに減少させている．これは2ドルの損失4人分で合計8ドルの外部費用である．

オープン・アクセスの外部効果の性質は自然資源の種類によって異なっている．ビーチの場合にはビーチの混雑という形態での外部効果であり，それはビーチを訪問することの価値を減少させるものであった．同じ地域で狩猟をするハンターにとって，これは同じ漁場で操業している漁業者も同じであるが，オープン・アクセスの外部効果は捕獲のための追加的な費用である．それはお互いがお互いの活動を妨げることがより頻繁になることと，高い捕獲率が低い資源量をもたらすことの，主に二つの理由からもたらされることになる．以降の章では，この種の自然資源問題に頻繁に直面することになる[7]．

オープン・アクセスと資源レントの消失

上記の簡単な例についてはもう一つ重要な見方が存在する．効率的な訪問水準において，4人の訪問者の集計支払意志額は80ドル，総訪問費用は48ドルであり，純便益は32ドルである．実はこの32ドルは自然資源そのもの，この場合はビーチそのものに起因する収益である．つまりこれはビーチによって生産されている**資源レント**である．この見方は，市町村が民間企業にビーチを売却することになっているならば（これはこのようなやり方を進めるのが望ましいと言っているわけではなく，単にビーチの価値の根拠を示すためにしているだけである），ビーチの競争市場における価格にはこの資源レントの評価が反映されることになる．なぜならば，このビーチを所有することになる人にとって，その評価は収入を得る潜在的な力を示すものだからである．

このビーチのオープン・アクセスでの訪問者数が実際に8人まで増えたと想定し

よう（8人目はちょうど訪問するかしないかの境界線上にあるが，ここでは訪問すると仮定しよう）．この利用水準において資源レントは存在しない．集計支払意志額は96ドルであり，総訪問費用も96ドルである．言い換えると，オープン・アクセスはすべての資源レントを**消失**または消滅させてしまっている．訪問によるすべての価値は訪問客の訪問費用に使い尽くされている．便益を生み出す自然資源（ここではこのビーチ）の価値がゼロであるかのようになっている．注意すべき点は，他の訪問者数の水準（1人，2人，6人，7人など）では生じることが想定される資源レントは正であるが，訪問者が4人の場合のものより少ないという点である．このことを別の言い方で言うと，効率的な利用水準が**最大の資源レント**を生み出すということである．

過剰利用と資源レントの消失は多くの自然資源における特徴である．ハンターによって捕獲される野生動物，商業的な漁業者によって漁獲される漁業資源，灌漑用水を使用する農業従事者，または自治体によって採取される地下水などもこれに当てはまるものである．このようなケースにおける管理上の問題点は，どのように自然資源の利用量を効率的な水準に近い水準に減少させるのかということになるが，これが次章のテーマということになる．

市場と異時点間の効率性

図6-4のパネル(a)と(b)を比較してみよう．これらはたとえば，木材伐採業者における二つの種類の生産量を表している．この場合の生産量は所定のある地理的地域から1年間に収穫される木材の量である．パネル(a)は古典的な需要曲線と供給曲線を表している．パネル(b)は社会的に効率的な生産水準を表しており，限界社会的便益と限界現在費用およびユーザーコスト（UC）の合計を表す曲線の均衡で与えられている．ここで q_0^m と q_0^* は同じになるであろうか．二つのパネルのすべての曲線が同じであるならば，間違いなくそれらは同じになる．ただ，ここで注意しなければならないのは，生産には時間を表す添字が付いていることである．ここではその記号は0期目の生産を示しており，動学的なケースでは複数期間にわたる生産計画のまさに0年目を示している．

外部便益がなければ $MSB = D$ である．しかし費用側についてはより注意が必要である．パネル(a)は限界現在費用（MCC）と供給曲線（S）を示している．ここでは，私的な観点からと社会的な観点からでは，ユーザーコストに差があり得ることを認識する必要がある．私的ユーザーコストには，今日行われる意志決定の結果として企業が直面する将来の収入変化が含まれている．q_0^m と表示される市場にお

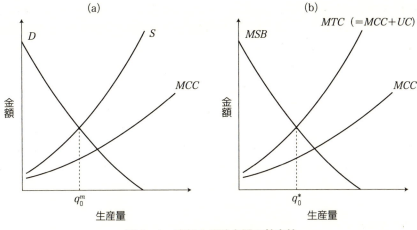

図6-4 市場と異時点間の効率性

ける生産量は私的ユーザーコストに基づいたものである．この生産水準は，社会的観点において異時点間で効率的であろうか．

パネル(b)では MCC と UC の合計として MTC を示している．この場合，ユーザーコストは**社会的観点**からの将来の費用と定義されるものである．市場における生産量（パネル(a)の q_0^m）と社会的に効率的な生産量（パネル(b)の q_0^*）が等しくなるのは，供給者によって実際に考慮されている私的ユーザーコストが，社会全体の観点から考えられるユーザーコストに等しい場合であり，またその場合だけである．

当面，前節で議論したような古典的な外部費用（製紙工場からの排出または木材伐採業者による生態系破壊のような）は存在しないと仮定しよう．したがって，S と MTC に差が生じるのは，**私的将来費用**と社会的将来費用が異なる場合のみである．ほとんどのケースで関心があるのは，私的将来費用を真の社会的将来費用より低くさせる要因である．この場合，市場の生産量は異時点間で効率的な生産量と比べてより大きくなるからである．

市場と割引

今日の市場が異時点間で効率的に機能しない理由はいくつか存在する．現在の行動がもたらす将来の費用は**現在価値**の形で表現されることを思い出してみたい．言い換えると，この費用は現在に**割り戻された**将来の結果である．市場においてこの割引は今日の市場参加者が適用しており，その割引率は時間が持つ影響に対する市場参加者の見解に基づいている．しかし，より幅広い社会的な観点から見て，人々

は概して割引率を高すぎる値に設定しているとしたらどうだろうか．過去を振り返ってこれまで言われてきたことは，一般的な人々は近視眼的すぎるため，その時代の行動が与える将来的な影響に対して十分なウェイトを置いていないというものである．つまり，私的な割引率を高く設定しすぎているのである．

これが事実ならば，社会的に効率的と思われる将来費用と比較して，市場において供給者の意志決定に影響を与えている将来費用はあまりにも低いことになる．そしてこれが事実ならば，現代の自然資源に対する市場は，社会的に効率的な水準と比較して低すぎる価格，高すぎる水準での生産を行っていることになる．当然のことながら，他の多くの観点と同じように，概念上でこのようなことを述べるのは簡単であるが，現実の世界で実際に起きているかどうかを把握することは困難である．

土地の保有条件

私的な将来費用は，今日の意志決定の結果として得られる将来の純収入の現在価値を反映している．ここでは土地の保有条件を考えることで，今日の人々が将来の結果から影響を受けるかどうかを決める要因が何であるかを明らかにしたい．ここでは，**伐採利用権（コンセッション）**に基づいて操業している木材伐採業者を考えよう．この伐採利用権は森林が存在する地域の地方政府から与えられるとする．伐採利用権の条件は5年間有効で更新できないものであるとする．このことの影響は，今日の意志決定が影響する将来費用のうち，5年以上先の将来に生じる結果に関するものについては除外されてしまうということである．たとえばこの極端なケースでは，木材伐採業者にとって樹木を伐採した後に再造林するインセンティブがないことになる．造林を行うことから得られる便益は伐採利用権の期限が切れたずっと後に発生するからである．実際，この伐採利用権の条件は私的な将来費用を大きく減少させ，木材伐採業者に完全に静学的な視点に立つ行動を採用させることになる．

私的な将来費用は将来の市場性の欠如によっても減少する（弱められる，あるいは減じられる）可能性がある．先に言及した伐採利用権が長期的なもの（実際には永続的なもの）であるけれど，販売することができないとしよう．現在の木材伐採業者がもはやこの区域で樹木の伐採を望まない場合には，伐採利用権を地方政府に返却しなければならない．このことは，伐採利用権の期間設定と同じような影響を持つことになる．もちろん，私的なユーザーコストに与える影響は先ほどのケースほど極端ではないと思われる．市場（この場合，立木とそれが生育している土地に対する市場）とは，その土地の価値を最大にする経済活動から，木材伐採業者が利益を得ることを可能にする仕組みである．伐採利用権を販売できない可能性があるならば，木材伐採業者は超長期的な視点から，生産性を増強するインセンティブを

持たないことになる．つまり，私的な将来費用は樹木を伐採することの社会的な将来費用よりも低いことになる．

当然のことながら，前の節で議論した伝統的な外部効果に関する仮定を緩めれば，結論はまた異なったものとなる．今年ある一区画の林地で伐採することの影響が，将来，表土の流出や土壌浸食の発生する確率を高くすることであるとする．これらは実質的に将来の外部費用であり，私的な将来のユーザーコストを社会的なユーザーコストよりも低くする影響を持っている．

要約

この章で検討した基本的問題は，どのような条件の下で，私的市場は**社会的に効率的**なのかというものであった．市場は**私的な需要と供給**の状況，すなわち，市場参加者の限界支払意志額と限界生産費用に応じて取引されている．これらの状況がすべての社会的便益とすべての社会的費用を含むのであれば，市場は社会的に効率的である．一方で，**外部費用**や**外部便益**が問題となるケースについても見た．環境費用は外部費用の重要な例であり，これらの費用が含まれる場合，社会的効率性を達成するためにはこれらの費用を**内部化**するか，公的規制を適用することが必要であった．外部費用の発生する重要な要因の一つは，自然資源が**オープン・アクセスの資源**である場合であり，この種の自然資源における**レントの消失**の問題についても検討した．**公共財**と呼ばれる財についても触れ，この場合では，私的市場は通常最適でない生産水準に至ることを確認した．最後に市場と異時点間の効率性の問題に取り組み，自然資源の利用者が直面する将来費用が社会的に効率的な水準と比較して低すぎる状況が抱える問題点にも焦点を当てた．

注

1）38ページを参照されたい．
2）「均衡」は経済学における専門的な用語であり，調整や変化を引き起こす様々な力が釣り合っている状況を指している．均衡は何らかの意味において，誰もが幸せな状況と定義されるものではない．消費者はより低い価格を望むし，供給者はより高い価格の方が好ましい．均衡は単に需要量と供給量が釣り合っている状況である．
3）もちろん伐採を行っている多くの個人も，森林によって生み出される生態学的なサービスに高い価値を置いている．
4）q^*においてでさえ，いくらかの外部費用が存在することに注意が必要である．言い換えると，効率性の達成のためには，すべての外部費用が完全になくなることではなく，それらが全体のトレードオフの中に適切に含まれることが必要である．

5) 専門用語では,「フリーライダー」とは公共財に対して全く支払いを行わない人であり,一方,真の支払意志額よりは少ないながらも,いくらかの金額を支払う人は「イージーライダー」と呼ばれている.

6)「コモンズの悲劇」というタイトルの,オープン・アクセスの問題に関する有名な論文が存在する (Garrett Hardin, "The Tragedy of the Commons," *Science*, Vol. 162, 1968, pp. 1243-1248). この場合,コモンズはオープン・アクセスの自然資源を指し,一般的にはコモンズあるいは共有資源と呼ばれている.ハーディンが例として挙げたのは,個々の農業従事者が自ら望む飼育数の家畜に草を食べさせることができたオープン・アクセスの牧草地であった.ここで自然資源に過剰利用をもたらすオープン・アクセスの外部効果は,より多くの動物がそこに放牧されるにしたがって生じる牧草地の質の低下である.

7) オープン・アクセスの問題があるのは自然資源だけではない.誰もが利用可能な道路もオープン・アクセスの資産である.道路が渋滞した場合の外部費用は,運転者がお互いに課している割り増された移動時間である.

第7章
自然資源に対する公共政策

　公共政策とは人々が**行政機関**を通じて行っている**集団行動**と捉えることができる．これらの行動は自然資源を利用するための条件を形作っている．集団行動は地域や市町村から始まり，国，あるいは世界に至るまで様々なレベルで実施されるものである．公共政策を実施する行政機関は，行政レベルによって，地域によって，国によって，そしてその時々においてさえも異なっている．

　この章では主な公共政策について整理を行う．これらは市場経済において，自然資源を利用したり，保全したりといった管理を可能とするものである．議論の大部分は概念的なものであるが，一般的状況について説明するために自然資源に関する具体例を用いていきたい．また特定の自然資源に関するより踏み込んだ問題については，後の章で焦点を当てることにしたい．この章での目的はまず，様々な自然資源に対する政策の存在について理解することである．さらに様々な状況における，これらの政策の適用可能性について考えることである．政策の決定は単に技術的に実施できるかではなく，対立と政治的論争にも大いに関係している．費用と便益ももちろん含まれるが，同じように政治的なイデオロギーや戦略も含まれる．ただ，公共政策の過程における政治的側面についてここでは取り扱わないことにする．むしろ本章のゴールは，様々な政策の経済的あるいはインセンティブに関する側面を明らかにすることである．それによって，我々は特定の状況下においてどの政策が最善の対応であるのかを理解できるようになる．

公共政策の目的

　最善な対応について述べるということは，公共政策がどうあるべきかという**目的**について良く把握していること，言い方を変えれば，様々な自然資源政策の有効性を判断するため，どの**基準**を使用するべきかを良く理解していることを意味している．公共政策をめぐる論争は様々な理由で生じているが，政策のゴールについて合

経済的効率性

　経済的効率性の魅力は対策を講じることで生じる便益と費用との両者を考慮できることである．自然資源の利用に関する効率性とは，社会の自然資源が構成員の**純便益を最大化**させる形で利用されることを意味している．そのため，効率性は公共の利益を主張するどの政策にとっても妥当なゴールであるように見える．効率的な政策あるいは効率的な方向に向かうことは，他の条件が一定ならば，そうでない状況と比較すれば確かに望ましい．

　ただ，効率性が非市場価値よりも市場価値を望ましいとする前提を置いているわけでは決してないことを，ここでは声を大にして述べておきたい．言い換えると，効率性は現在の国内総生産や地域内総生産[1]と同じような形の，何らかの貨幣的な集計額を最大化させることを必要とするものではないということである．自然資源から得られる便益，特に商業的な収穫ではなく，保護を検討する場合の便益を計測することは困難となる．しかし，社会的効率性のまさに核心的な部分は，非市場的な便益を含め，すべての便益を計算することにある．

　理論的に考えると，効率性をゴールとすることに異論が唱えられることはほとんどない．しかし，ある自然資源利用を行う具体的な状況において効率性を実現しようとする場合には，いくつかの理由から問題があったり，議論を呼んだりする可能性が高い．一つは人々は異なる結果に異なる価値を置いているためである．含まれるものが私的財ならばこの点は問題とはならない．ある人はメロンが好きで，ある人はメロンが嫌いならば，ある人がメロンをたくさん食べるのに対して，ある人はほとんど食べないというだけで何の問題も生じない．しかし公共財については，生産は唯一の水準で行われるため，当然，誰にとっても同じ水準である．そのため，その一つの水準をどう評価するのかに関しては対立が容易に生じることになる．

　ただ，効率性を達成することをめぐって生じる対立をもたらす最も大きな問題点は，**情報に関する問題**かもしれない．社会的な純便益を最大化させたいという点については，理論的に考えても誰もが合意するかもしれない．しかし，ある特定の状況において，効率的な水準が達成されたことをどうやって確認するのであろうか．効率的であるという判断を下すための情報の質と量が異なれば，政策も異なることになる．

公平性

　公平であるということは**偏り**がないということである．単に自然資源の利用計画が効率的であるということは，そこに偏りがないことを意味しているわけではない．公平性は自然資源の利用に関する全体的な便益と費用をどうやって全人口の中のグループに**配分する**のかということと関係がある．仮にある地域に枯渇性資源の有力な鉱床（たとえば石油鉱床）が存在するとする．経済全体の効率性の観点からは，その鉱床からの採掘を急ピッチで行うことが必要となるかもしれない．この鉱床の自然資源の減少は，数多くある鉱床の一つにおける減少なので，国家的にはそれほど重大なことではないかもしれない．しかし，地域社会の観点からは重大な問題である．この地域において，この鉱床は人的資源以外では富の源泉としては最大のものかもしれない．すなわち，国家レベルにおける効率的な採掘計画は地域レベルにとっては公平ではないかもしれない．

　今日の自然資源経済学における重要課題の一つは**保護と開発**の対立である．ある地域に大規模な森林や水源といった重要な自然資源が存在するとする．国家全体としての効率性は，これらの自然資源の保護あるいは比較的低水準での利用を求めるかもしれない．しかし，経済的基礎をこれらの自然資源に依存している地域社会にとっては，このことは公平ではないと見なされるかもしれない．たとえばある町は，町営の学校を運営するための資金を木材や鉱物の売り上げにたよっているかもしれない．

　公的な資源政策は（実質的にはどのようなタイプの公共政策であっても），便益と費用に関する各々の配分に相違があることが大きな特徴となっている．よくあるケースは，(1)便益が人口全体に広く行き渡るのに対して費用が地域限定である場合，(2)便益は地域限定であるのに対して，費用は幅広く生じている場合の二つである．これらの配分の幅は**表7-1**に数値として示されている．数値は検討されている三つの政策によって，異なる5人に生じる便益と費用を示している．政策Aは便益と費用が母集団5人すべての間で均等に配分されるものである．政策Bは便益については均等に配分されるが費用は集中している．つまり，個人1に対する費用が比率的に他の個人と比較してかなり高くなっている．政策Cは費用は均等に配分されているが便益が集中している．

　政策Bのケースにおいて全体の純便益は正である．ただ，4人の個人に対する純便益は正であるのに対して，残る1人の純便益が大きく負になっている．この例となるのは絶滅危惧種法である．この法律による便益は，すべての市民が便益（特に非利用便益）を享受するという意味でおそらく広く行き渡るものである．一方で費用は，おそらく絶滅危惧種が見つかった土地を所有している個人にとりわけ集中す

表7-1 便益と費用の様々な配分

	合計	個人				
		1	2	3	4	5
政策A						
便益	100	20	20	20	20	20
費用	80	16	16	16	16	16
政策B						
便益	100	20	20	20	20	20
費用	80	40	10	10	10	10
政策C						
便益	100	80	5	5	5	5
費用	80	16	16	16	16	16

ることになる.

政策Cのケースにおいても全体の純便益は正である.しかし,4人の個人に対する純便益は負であるのに対して,残る1人の純便益が大きく正になっている.この例となるのは海岸の再生事業である.実質的な便益は現地で生じ,現地から離れた場所ではほとんど生じていない.それにもかかわらず,費用は一般納税者に広く課されている[2].

公平性の問題に関するもう一つの社会的に重要な側面は,異なった財産を持った人々を政策がどう取り扱うのかという問題である.少なくともその観点に関して市場は明確であり,自然資源は支払意志額を有している人々に流れる傾向を持つが,同時に**支払能力**のある人々にも流れる傾向を持っている.一般的な市場では,十分な財産がない人々の嗜好や選好はどちらかと言えば示されていない.

世代間のバランスをどう取るかという問題も,今日の自然資源における公平性に関する大きな課題の一つである.つまり,現在ここにいる世代と将来世代,さらには遠い将来世代の間のバランスである.これは**持続可能性**の大きな焦点となっているものである.持続可能性は基本的に,将来世代が今日の生活水準を獲得するのが実質的に困難となる条件を,現在世代が今日の行動によって作り出すべきではないという考えである.

柔軟性

米国で公有地における鉱物の探査と採掘を規定した最初の法律は1872年に制定さ

れている．それ以降，この法律は幾度にもわたって大幅に修正されてきたが，当初の法律の中核をなす多くの条項は依然として適用されている．たとえば，採掘する権利を購入することあるいは事業許可を得ることの費用は依然として1エーカーあたり5ドルであり，法律が可決された時点と同じである．これは自然資源政策が極めて柔軟性に欠けていることの一例である．経済におけるあらゆる条件が変化しているのと同じように，鉱業をめぐる状況は間違いなく19世紀から大きく変化している．常識的に考えて，もしその法律が19世紀の状況に適切なものであったとしても，今日においてはおそらく適切なものではないであろう．しかし，主には政治的な理由に基づいて，法律は変更されていないのである．

　この点は自然資源政策を評価するもう一つの重要な基準を示唆している．つまり，変わりつつある状況にどれだけ適応できるかである．経済学における変わりつつある状況とは，基本的に二つのことを意味している．一つは様々な財やサービスの支払意志額に影響を与える需要面の変化であり，もう一つは自然資源の入手可能性に影響を与える供給面の変化である．需要面の例としては，ここ数十年において，人々は自然資源を保護することに対する関心を大きく変化させてきたことを挙げることができる．自然資源を利用した野外レクリエーションという部門は大きく発展してきた．自然資源の開発と採掘が第一の目的であった時代に適切であった政策を，価値が保護に強くシフトした時代に適用することはおそらく賢明ではないだろう．供給面の例としては，人口と地理的な広がりという点における都市の成長が，都市あるいはその近郊で利用できる未開発地の大きな減少をもたらしていることを挙げることができる．かつて未開発地が十分存在した時代において都市の成長を誘導した政策は，未開発地が次第に減少する時代には適切ではないであろう．

　他の条件が同じであれば，程度の差はあるものの，変わりつつある自然資源の入手可能性や人々の価値に対応して自動的に調整あるいは発展する政策が，そうでない政策よりも望まれることになる．

実施可能性

　公共政策は人々の支持と人々への影響力の獲得を目指し，団体や業界が対立し，衝突する政治的プロセスの結果として生じるものである．政治工作と協調体制の構築は，実質的な政策だけでなく政治劇も同時に生み出している．このことの一つの結果として，法律は実施可能性の問題について示されずに制定されていることが多い．単に実現するには費用が高すぎるという理由から実施できない法律もある．法律の執行は正当性と十分な資源があれば実施できるものと単純に想定されることも多いが，現実の社会では決してそうではない．執行するための資源は常に不足して

おり，そのことが法律や規制の**実施可能性**が重要な判断基準となる理由となっている．

公共政策の種類

根本的な意味において政策課題とは，人々の個人的な行動が社会的にも適切になる状況が，どのようにすればもたらされるのかという問題であると言える．基本的にはこれを達成する方法は二つしか存在しない．一つは人々が直面する**インセンティブ**が，自分の利益を最大化させることが社会的な利益も最大化させることになるようシステムを構築することである．もう一つの方法は，**直接規制**を設定し，命令によって人々の行動を制限したり，直接的に公的な生産や配分を行ったりすることである．これらのオプションはさらに以下のように分割することができる．

I **インセンティブに基づいた政策**
 A **市場あるいは所有権に対する政策**：自然資源に関する多くの問題は，自然資源にアクセスする権利が不十分にあるいは不適切にしか設定されていないことに帰着する．この問題を解決するための効率的な方法は新しい所有権システムを設定することである．このことは本質的に，所有権と市場取引を管理する新しいルールを設定して執行することであり，その後，自然資源の利用水準は需要側と供給側の間での自発的な取引にゆだねられることになる．
 B **政府が支援するインセンティブ政策**：自然資源の利用者が直面するインセンティブを税金や補助金といった方法によって公的機関が形成するものである．

II **直接規制**
 A **コマンド&コントロール政策**：公的機関が個人の行動に対する直接規制を設定し，これらの規制を一般的な法的規制の執行枠組みの中で実施することである．
 B **直接的な公的生産**：公的機関が自然資源を自身で所有し，自身で生産や配分を実施するものである．

これらのオプションの区別を分かりやすくするため，具体的な自然資源について検討してみたい．コッド岬のバーンスタブル湾は比較的浅い大きな湾で，貝類がたくさんとれる平坦な場所が広範囲に存在している．長年，これらの自然資源の収穫は，必要最小限の装備しか持たない善良な地域住民全員に開放されていた．漁業者

の数と漁獲量が実質的に貝類の繁殖場所の生産性を低下させていなかったという意味において，長い間これで事足りていた．しかし20世紀中ごろ，この町を訪れる夏の観光客が増加し，商業的な貝類市場が拡大するにつれ，これが変化し始めることとなった．市場の拡大が漁業者を増加させ，漁場に大きな負荷をかけることになった．そのため質と量という観点で生産量が減少したのである．このケースで生じているのは，第6章で紹介した**オープン・アクセス**の問題である．過剰な漁獲を減らし，効率的な自然資源の利用へと向かうための方策にはどのようなものがあるのだろうか．

　所有権に対する政策：このケースでは，町が湾をある程度の数の区画に分けることになる（水深が浅いので印をつけることができる，あるいは海岸線にある地点を参考にもできる）．そして，この区画を各漁業者に貸し出したり，販売したりすることになる．各漁業者は各自の区画で各自の漁獲量を決めることが可能である．貸し出しを受けた漁業者が長期の管理計画を実施する時間的余裕が持てるように，貸出期間は長期とすることが想定される．長期の管理計画であれば，稚貝を放流したり，借り受けた区画全体の中で計画的に漁獲場所をローテーションさせたりすることができる．借り受けた区画は漁業者間で購入したり，売却したりすることもできる．町の漁業管理者の仕事は，それぞれの区画を誰が所有しているのかを把握し，侵入者が他の人の所有する区画で密漁しないような方策を講じることである．

　政府が支援するインセンティブ政策：町はその湾で漁業者によって収穫された単位当たりの貝類に対して税金を課すことができる．税金は商業的な漁業者と潮干狩りをする利用者との間で，あるいは貝の大きさによって，異なった税額を設定することもできる．この税金が貝類を採取する人々（漁業者）に対して，新しい操業費用を課すというのが趣旨である．漁業者の費用曲線が上方向にシフトすることにより，彼らの操業に直接的な規制をかけるのではなく，単に漁獲における新しい経営条件に漁業者が対応する結果として，湾内において採取される貝類の量が減少することが期待される．町の漁業管理者の仕事は，各漁業者の漁獲量の正確な情報を把握し，税金の請求書を発送し，納入してもらうことである．

　直接的なコマンド＆コントロール政策：バーンスタブルの町は湾における貝類の漁獲を管理するルールを設けることができる．すでに町民だけが貝類を漁獲できるというルールが存在するが，年間を通して居住している住民と，夏季だけ居住している住民とに異なるルールを設定することもできる．ルールは年間あるいは一日あたりの個人の最大収穫量を設定するといったものである．また，これらのルールは，使用が許可される漁具のタイプや収穫できる貝の最小サイズなどにも設定可能である．このケースにおいて町の漁業管理者は，このルールを守らせるために，査察や

漁獲高のモニタリング，財務記録の検査などあらゆる策を講じることになる．

直接的な公的生産：バーンスタブルの町役場やその他の行政機関は，自然資源の所有権を行使し，直接的な生産に参入することができるかもしれない．その上で，貝類を漁獲する人員を雇い，漁獲した貝類を販売あるいは譲渡し，何らかの方法で収入を配分することになる．町の漁業管理者は，貝類の繁殖場所で貝類の漁獲が許可なく行われないよう監視を行う．

もちろん現実社会においては，政策手段を組み合わせることも可能である．たとえば，漁獲量に対する直接規制は税金と組み合わせることが可能であるし，個人所有権の設定は貝の漁獲の操業ルールの設定と組み合わせることができる．このような組み合わせは極めて広く行われているものである．陸域の自然資源については，個人所有権を設定する方法が多くの西側諸国における主要なシステムとなっている．しかし，これらの土地所有制度は，その使途について制限をかけるルールを伴っており，同時に税金も課されていることが多い．米国における多くの公園や森林（直接的な公的機関による生産に該当）も，利用をコントロールするために利用料金（金銭的なインセンティブ政策に該当）や伐採利用権（財産権に対する政策に該当）を利用している．これらの公共政策を分けて考えるのは，それぞれがどのように機能するのか，特に効率的で公平な自然資源の利用水準を達成するため，どのような条件に直面するのかを分かりやすく示すためである．

本章の残りの部分ではそれぞれのオプションの詳細について検討していく．そのために，数値に基づいた簡単な例を用いていく．表7-2で示したデータについて考えていくが，これは貝類の漁獲を行う小規模な漁業者の費用と便益について示したものである．2列目は漁業者あたりの漁獲量である．1人目から4人目の漁業者は一日あたり20ポンドの漁獲がある．5人目の漁業者が参入すると，オープン・アクセスによる外部効果がお互いに悪影響をもたらすため，一人あたりの漁業者の漁獲量は減少する．つまり，多くの漁業者が混雑と資源不足を生み出し，漁獲効率は低下することになる．漁業者が多ければ多いほど，その効率は低下することになる．3列目は総漁獲量であり，1ポンド当たりの貝類が1ドルで販売できるとすれば，この値はそのまま総収入の値ということになる．残りの4列は，それぞれ漁業者一人あたりの費用（すべての漁業者で共通であると仮定），総費用，漁業者一人あたりの純便益，純便益の合計（総収入から総費用を引いたもの）である．

これらの数値はすぐに理解できるはずである．これらは第6章においてオープン・アクセスの資源の概念を説明する際に使った数値と同じものである．第6章においては，オープン・アクセスのビーチの利用を説明するものとして使っている．表7-2の最後の列が示していることは，資源レントを最大化させる漁業者の数は

表7-2 貝を漁獲する漁業者の一日の費用と収入

漁業者の数	漁業者一人あたりの漁獲量(ポンド/日)	総漁獲量(総収入)*	漁業者一人あたりの費用	総費用	漁業者一人あたりの純便益	純便益の合計
1	20	20	12ドル	12ドル	8	8ドル
2	20	40	12	24	8	16
3	20	60	12	36	8	24
4	20	80	12	48	8	32
5	18	90	12	60	6	30
6	16	96	12	72	4	24
7	14	98	12	84	2	14
8	12	96	12	96	0	0
9	10	90	12	108	-2	-18
10	8	80	12	120	-4	-40

*単位重量あたりの貝の市場価格は1ドルと仮定している.

4人だということである.しかし,オープン・アクセスの状態での漁業者の数は8人へと向かう傾向にある.これはこの人数に至るまで,漁業者一人あたりの便益が正であることが原因である.政策課題は,どうやって漁業者を効率的な水準にまで減少させるのかということになる.

私的所有権

多くの自然資源の過剰利用は,これらの自然資源に対する**所有権**がうまく設定されていないか,あるいは十分に設定されていないかのどちらかに原因があると考えられる.この見立てに基づくと,たとえば,オープン・アクセスの資源レントはすべてあるいはその一部分が消失している.それは自然資源に所有者がいないか,自然資源の価値を最大化させるように利用制限するような所有者がいないからである.下記のようなシナリオについて考えてみたい.

人里離れた広大な土地には多くの森林,草地,いくつもの渓流や河川が存在している.長年,かなりの面積の森林において木材生産が行われ,草地は牧草地として利用されてきた.さらに,多くの人々が様々な野外レクリエーション,たとえば,ハンティングやバックパッキング,カヌー,キャンプなどを楽しむために林道や歩道を通ってこれらの地域に押し寄せている.実際,近年ではこれらの地域はかなり過剰に利用されており,自然資源が悪影響を受け始めている.たとえば,利用者がたくさん利用することで,土壌浸食や水質汚染,人為的な火災,ゴミ問題,狩猟対象となる動物種の個体数減少などが生じている.

ここで，自然資源に関する州の担当部局から問題解決の要請があるとする．しかし，土地はすでに数十もの大規模な個人所有者によって所有されている．土地所有者自身も自然資源の劣化が生じており，その原因が公共利用にあることには気付いているとする．このような悪影響を減少させるために土地所有者たちは共同して行動を取り，少額ではあるが一定の収入を得ることも決めたとする．それは，地域への入場を制限するためのアクセスポイントを設定し，その地域を利用しようとする人々から入場料金を徴収するというものであった．土地所有者たちはその地域の自然資源管理を仕事とする小さな会社を作り，野外レクリエーションを楽しむ人々は，その会社を利用するというものである．土地所有者たちがまず行うことは，たとえば，伐採活動が地域の野外レクリエーションの価値に実質的に影響を与えないよう，アクセスを許可する木材伐採業者に何らかのルールを設定するといったことになる．

ここで考えているのは，自然資源管理が**私的な財産管理団体**によって行われている一例である[3]．社会的な効率性の本質は，社会にとっての純便益が最大化するように自然資源を利用するというものである．そして所有権によるアプローチの本質は，私的な土地所有者が彼ら自身の財産を最大化させることが，同時に自然資源からの純便益を最大化させることになるよう，自然資源の権利を十分に明確な形で定義するというものである．

このようなことから，この貝類の漁場の問題における所有権によるアプローチとは，貝の漁場を私的財産に変換するということになる．その上での所有者の関心事は，自然資源の価値を最大化させる利用水準をどう設定するかである．数値例に基づけば，所有者は漁業者を4人に制限するインセンティブを持つことになる．しかしながら，実際にはインセンティブはこれを超えた形で生じることになる．オープン・アクセスの状況では，たとえば，稚貝を放流したり，長期的に生産量を増加させるために，それらを育成したりするような努力には誰も投資を行わなかった．誰かがそのようなことを行えば，他の漁業者が利益を得るために侵入することが可能であった．しかし，自然資源の私有化ではここに違いが存在している．所有者は他の漁業者を排除することが可能なので，これらの長期的な自然資源の改善に投資するインセンティブが存在し得るのである．

私有化は様々な方法で実施することができる．この種の自然資源の多くの例では，非公式な私有化が行われて来た．つまり，利用者による自主的な組織化と，当局の制裁措置に基づかない利用者自身による管理である．**コラム7-1**では，メイン州のロブスター漁場の一部を事実上私有化することを試みたハーバーギャングを取り

第 7 章　自然資源に対する公共政策

コラム 7-1　メイン州のロブスターギャング：非公式の私有化

　メイン州の海岸線は非常に入り組んでおり，そこに小さな島々が散らばって存在している．そこはまた極めて豊かなロブスターの漁場となっている．歴史的にロブスターの法的位置付けはオープン・アクセスの資源であった．しかし，オープン・アクセスの資源が大抵陥ることになる過剰な漁獲を避けるため，メイン州のロブスター漁業者は非公式の私有化に頼ることになる．この考えはハーバーギャングという形で行われることになった．これは，それぞれの港に設立された非公式の漁業者グループが，自分たちの特定の港や島周辺になわばりを設定して，そこを管理するというものである．なわばりは法的地位を持っていないものの，グループ外の侵入者に対しては，彼らの漁具を投棄することによって（あるいはそうすると脅かすことによって），ともかく管理されていた．もちろん，ハーバーギャングの能力，つまりこのような行為を効果的に行えるかどうかには，グループ間に違いが存在していた．小さくて結び付きが強いグループの場合（たとえば，小さな島周辺をなわばりとした，構成員が親戚からなるようなグループの場合），排除は極めて効果的に行われた．ロブスターの需要が大きい，より大きな港を拠点とした様々な構成員からなるグループでは排除を効果的に行うことが難しく，不完全な形で管理されていた．

　歴史的にはこのような形で，オープン・アクセスの資源が非公式の利用者グループによって多かれ少なかれ私有化されてきたケースが数多く存在する．この例は，私的所有権の導入で潜在的に得られるものが何であるかを実際に示している．

出典：メイン州のハーバーギャングの情報については，James M. Acheson, *The Lobster Gangs of Maine*, University of New Hampshire Press, Hanover, NH, 1988.

扱っているが，これはこの種の事例の好例である．上記で述べた森林所有者の例のように，境界線がすでに存在しているケースもあり，その場合は，自然資源を維持し管理するための共同の行動に合意するかは既存の所有者にかかっている．そうでない場合は，新しい境界線を設定して，自然資源を新しい所有者に何からの方法で配分することになる．バーンスタブル湾の貝類の漁獲に関しては，境界線を確定させる主体によって長期の借地権が認定され，それらがこれまで貝類の漁獲に長年に渡って携わってきた人々に配分されることになる．

　どのような形で初期配分されるかにかかわらず，社会的に効率的な自然資源の利

用となるには，所有権はいくつかの重要な特徴を有していなければならない．
1 完全であること（あるいは満足のいく程度に完全であること）
2 合理的な費用で強制力を持つこと
3 譲渡可能であること
4 市場が存在すること

完全であること　簡単に言えば，権利を与える側が，付与される側の自然資源の利用形態について，どんな形であれ制限をかけて権利を弱めてはならないということである．言い方を変えれば，所有者の価値を最大化させる方法を所有者自身が探し出そうとするインセンティブを，どんな形であっても制限してはならないということである．たとえば，バーンスタブル湾の場合で，貝類の漁場の借地権を1年に設定したとする．権利を付与する地域の当局は，借地権が切れた後は自由裁量でその権利を取り消し，他の人に権利を改めて付与することができるとする．これは，借地の生産性を増大させるため，権利を受ける人々が長期的な（1年をまたぐすべての）投資を行うインセンティブを弱めることになる．あるいは，当局が貝類を漁獲する際に特定の漁法を用いるように要求しているとする．このことは，権利の所有者がこの借地の状況設定において，最も費用がかからない方法で貝類を漁獲する方法を探し出そうとするインセンティブを弱めることになる．

　現実の例を見ると，すべての所有権はある程度は弱められている．財産を利用する権利は，所有者が他人を傷つけるような形で行使できるようには付与されていない．しかし，合法的な制限の範囲については議論がある．湾内での私的な借地で貝類を漁獲する人々は，前提として，そこに大きな杭を打ち込んで，支柱の上にホテルを建てる権利は持っていない．これは明らかに公共の福祉に資する制限と言える．しかし，場合によっては，このような制限が価値の増大を目指す一部所有者の行動を締め出してしまう可能性もある．

合理的な費用で強制力を持つこと　強制力には二つの側面がある．一つは侵入者となる者を合理的な費用で排除することができるのかという側面，もう一つは，実際に所有者に自身の財産を違法な形で使用させないようにすることができるかという側面である．**排除**にも技術的な側面と法的な側面の二つの側面がある．**技術的な側面**とは，侵入者を食い止めることができるのかという物理的な意味である．すなわち，境界線を示すことができるのか，地上の境界線の場合，フェンスを使うことができるのかといったことである．**法的な側面**は境界線が司法当局に認められているか否かということである．どちらの要因とも重要である．合法的にオープン・アクセスとなっている自然資源についても，多くの場合，責任を持って部外者を排除することを引き受ける個人やグループによって本質的には私有化されてきている．

メイン州のロブスターギャングのような形である．一方で，財産が法的に特定の個人やグループによって所有されているものの，それがオープン・アクセスの影響下にあるケースも数多く存在している．これは土地を不法に占拠している人々を排除する費用が，単にその人々を排除することで得られる利益と比較して，あまりにも高すぎるからである．

強制力のもう一方の側面は，所有者に自身の自然資源の違法利用をやめさせることができるかという点であった．先に，所有権は比較的制限のないものとする必要性を述べた．同じ理由で何らかの法的な制限は必要となるし，その制限は強制力を持っている必要がある．多くの国々において森林を伐採する際には，たとえば，伐採業者が従うこととなっている皆伐制限のような法的要求が存在している．もし，たとえば捜査費用を理由としてこれらの制限に強制力がなければ，間違いなく制限の効力は失われてしまう．

譲渡可能であること　たとえば，私が市町村から土地を借りて農業を営んでいたとする．それは長期の借地であるが譲渡できないものであるとする．私が農業を続けたいと考える限り，その土地を占有しておくことができる．自分の息子や娘に対しては土地を譲ることができるが，第三者には販売することができないとする．ここで，私が農業をやめて町に移り住むことを考えているとする．自分には後継者がいないので，その時までには土地を放棄しなければならない．この状況は，実際には私の生み出す**ユーザーコスト**を減少させている．つまり，土壌の肥沃度や，農場にあるその他のあらゆる自然資源（たとえば，地下水）の生産性を引き出すことを妨げている．これらの自然資源は事実上売り物にならないので，その市場価値を最大化しておくインセンティブが減少しているのである．

自然資源の譲渡に関する制限は，歴史上どの時代にも存在していた．これは特に農地において当てはまることである．先進国においては過去の農業地域において，途上国については多くの現存する農業地域において，住民以外に農地を販売することに対しては制限が設けられてきた．その理由は，第一には社会的あるいは政治的な理由によるものである[訳注1]．もし，ある市町村が持っている土地が生産性のある唯一の資産であった場合，効率性あるいは公平性という理由が存在しても，その資産が市町村外の人々の手に渡ってしまう状況は見たくないであろう．それをする

訳注1）日本では農地法に基づいて，農地はその耕作者みずからが所有することを原則としている．戦前は約半数が自作農（土地を所有した農業従事者）ではなく，そのことが農村における貧困や格差の大きな要因となっていた．戦後はGHQからの農民解放指令を受け，日本の農業従事者のほとんどが自作農となった．しかしながら，近年では農業の担い手が高齢化しており，新しい担い手が農業に参入できるようにするための農地制度改革がさかんに議論されている．

ためには，完全で束縛のない譲渡可能性という考え方に安心ができるような，何らかの良い代替案が必要である．

市場が存在すること　仮に私が森林の一部を所有しており，現在は軽度な伐採作業と小規模な林内放牧を行っているとする．またその地域では，森林を宅地に転換しようとする圧力があり，実際，近隣のいくつかの土地はすでに転換されている．このような形で郊外地域は引き続き拡大傾向にあるとする．農地と郊外地域の土地に対する市場は十分に発達しており，このことによって，これらの土地利用に土地が供される場合の価格も十分に認識されている．価格はその土地が農地や宅地として提供し得る社会的な価値を示しているとする．一方，自分の土地は生物学者には多様性の豊かな場所として良く知られた場所でもあるとする．専門的な言い方をすれば，この土地は明らかに**生物多様性の保護サービス**を提供しており，農地をより耕作したり宅地に転換したりすれば，そのサービスは減少することになる．

　もし，これらの生物多様性サービスの価値と同じだけの収入を得ることができるようになる市場が存在したとすれば，この収入は土地価格に資本化されることになる．それによって，その土地を他の用途に用いることの機会費用として機能することとなる．しかし，そのような市場が存在しなければ，土地価格は生物多様性が提供する生態学的なサービスを反映しないことになる．固有の生物学的な特徴を持った土地の市場価格は，そうでない土地と比較してあまりにも低くなってしまう．私的財産が効率的な自然資源利用となるようにするには，該当する自然資源が生産するサービスのすべての価値を，所有者が把握できるようにするための市場が必要である．そうなって初めて，自然資源が社会的な価値を最大化するように使われることになる．

　所有権の構成は効率性と密接な関係にあるが，配分や公平性とも密接な関係を持っている．バーンスタブル湾の貝類の漁場が私的な所有者に配分されたとしたならば，そこで貝類を獲っていた多くの人々がそのような活動をできなくなってしまう．これらの人々の多くが，他に生計を立てる方法を持っていないとしたらどうであろうか．もしオープン・アクセスの森林への入林が制限されたとしたら（ここでは，入林者は利用のため支払いをしなければならないという意味で），そこに入ることのできた地域の人々，特に所得の低い人々はそこから締め出されることになるかもしれない．これらの例が指摘することは，自然資源に関する問題に対して所有権に基づいた解決策を講じると，多くの場合，重大な配分に関する帰結をもたらすということである．これは以前の社会主義国において特に顕著である．そこでは自然資源の私有化が良いコネを持った少数の人々をより裕福にさせている．

政府によるインセンティブ政策

政府によるインセンティブ政策とは，ある状況に対して規制当局がインセンティブの側面を変化させることで，自然資源の利用者が自発的に効率的な行動に向かうように誘導することである．これらの政策は，通常，税金や補助金，そしてこれらの組み合わせから構成される．

税金

表7-2で示した状況を再び考えてみたい．今度は当局が漁業者一人一日あたり7ドルの税金を課すことを想定する．これは，すべての漁業者が漁場にアクセスするために払わなければならない入場料金のようなものである．またこれは，漁獲量，漁獲費用，そして効率的な漁業者数という漁業の基本的な部分を変えるものではない．変えているのは，それぞれの漁業者が直面している財務上のインセンティブである．**漁業者の視点**から考えると，漁業者一人あたりの費用を示す列は，12ドルではなく一貫して19ドルになる．我々はオープン・アクセスの状況において，新規参入は限界費用（この場合19ドル）が，平均的な漁獲の価値に一致するまで増加することを知っている．今度はこれが4人の漁業者の状況で生じることになる（実際には，4人と5人の漁業者の間で生じることになるが，ここでは漁業者は整数値しかとらないと想定している）．税金は，言い方を変えれば，参入に関して直接的な制限をかけなくても，漁業者数が4人，つまり社会的に効率的な水準で止まるように漁業者の費用をシフトさせている．しかしながら，**配分**という視点から見ると，税金によるアプローチは先に示した所有権によるアプローチとは全く異なるものである．7ドルの税金を課した場合，今度は純便益の列は下記のように示すことができる．

漁業者の数	純便益の合計	漁業者の純便益	徴税額
1	8ドル	1ドル	7ドル
2	16	2	14
3	24	3	21
4	32	4	28
5	30	−5	35
6	24	−18	42
7	14	−35	49
8	0	−56	56

第Ⅲ部　一般的な自然資源問題

	9	−18	−81	63
	10	40	−110	70

　配分的には，税金は漁業によるほとんどの資源レントを漁業者の財布から財務当局の金庫に移してしまうことになっている．所有権によるアプローチでは，資源レントの合計32ドルは4人の漁業者に配分されていたが，税金によるアプローチではそれが4ドルになり，当局が残りの28ドルを得ることになる．もちろん，このような配分の結果は，自然資源の利用水準を効率的にするために税金を用いることの政治的魅力を失わせることにつながっている．

　効率的な税金を適用するためには，当局は典型的な漁業者の費用と収入に関する正確な知識を持っていなければならない．この点がこのアプローチの最も大きな弱点である．当局がこの知識を得るための妥当な情報源は漁業者自身だからである．ここで注意したいことは，一般的な所得税は望まれる効率的な影響をもたらさないということである．仮に50％の所得税を表7−2に示した漁業者に課したとする．漁業者一人あたりの純便益は，すべての数値に0.5をかけた値に変化するだけである．しかし，オープン・アクセスで達成される人数は依然として8人で変わりがない．言い換えると，求める効率的な影響を得るためには，税金は努力量1単位あたり（たとえば，漁業者一人あたり）か，漁獲量1単位あたりに課されなければならない．情報の取得に関連して，このことがさらに税務当局の負担を増やすことになる．

補助金

　自明ではないかもしれないが，適切に設計された**補助金**システムも，税金と同じ効率性を実現する効果を持ちうるものである．ただ，配分に関する結果は全く異なっている．仮に貝類の漁場において，現在オープン・アクセスの状況で操業が行われているとする（つまり，漁場には8人の漁業者がいる）．ここで当局が介入し，**操業を控える**漁業者には7ドルの補助金を提供することを申し出たとする．8人目の漁業者の場合について考えてみたい．この漁業者は12ドルの費用で12ドルの漁獲量を得ているので，実質的に損得なしになっている．この漁業者は，補助金を受け取り，当年の操業を取りやめることで，明らかに暮らし向きが良くなることになる．同じことが7人目の漁業者にも言え（補助金が7ドルであるのに対して，現在の純便益は2ドルである），6人目と5人目についても同様のことが言える．しかし，4人目の漁業者は更なる操業の取りやめは行わない．その個人の純便益（8ドル）は補助金よりも大きいからである．

このような補助金が効率性を導く能力を持つためには，当局は操業中止で得られる補助金だけを目的とする漁業者の参入をやめさせなければならない．このことは，補助金を適切な水準で設定するため，漁場がオープン・アクセスとなる状況と，典型的な漁業者の費用と収入に関して，当局がある程度正確な知識を持っていなければならないことを示している．現実社会で行われている補助金は，実際にはこのような形ではめったに行われていない．大抵は一般的な納税者から，該当するグループあるいは個人への所得の再分配を目的として行われている．これらについては章の後半で触れることとする．

直接規制

自然資源の利用を制限する直接的なアプローチは，一般には**コマンド＆コントロール**アプローチと呼ばれており，たとえば，利用水準の上限を決めるなどの規制を単に法制化して，一般的手段（監視員や警察など）により，規制を遵守させる方法である．バーンスタブル湾の場合では，町が最初に申し込んだ4人の漁業者だけに漁獲を許可し，その後の参入は認めないという規制を制定するような方法である．4人の漁業者以外が貝類を漁獲すれば，逮捕されるか罰金を支払うことになる．様々な状況設定において，様々な種類の制限が用いられてきた．

1　ある漁場からの年間の総漁獲量の上限を定め，上限に達した後は漁場を禁漁とする
2　たとえばゾーニングなどによって，ある土地の一部で特定の利用形態を制限する
3　特定の利用者が近隣の河川から毎年引いてくることができる水量を制限する
4　州立あるいは国立公園にアクセスできる人数を制限する
5　ある一定面積から収穫することのできる木材の量を制限する

コマンド＆コントロールアプローチによる規制は単純で分かりやすい．実際にはそうではないのだが，そう見える．図7-1を考えてみたい．この図は市場の自然資源に対する需要（D）と供給（S）を示しており，何もしなければ市場に提供される自然資源量はq^mとなる．しかし，たとえば市場の供給者によって考慮されていない追加的な費用が存在しているとする．これが木材を生産することで生じる生態学的な費用であるとする．この状況について調査を行った後，当局は真の社会的費用曲線がMSCであり，社会的に効率的な生産水準がq^mではなくq^*であると決めることができれば，最大限許容できる生産量はq^*であるという規制が公布できることになる．

第Ⅲ部 一般的な自然資源問題

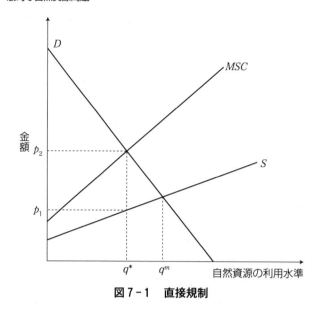

図7-1 直接規制

明らかなことであるが，このような直接規制が効率性を実現するためには，規制当局がその背後にある費用と便益に対して十分情報を持っていなければならない．図7-1に示したq^*のような政策目標を特定するため，規制当局は現時点では市場で考慮されていない生態学的な費用だけでなく，生産者の私的費用と市場における需要についても正確な知識を持っている必要がある．そのためこの種の規制は，規制について責任を持つ当局に相当の**情報収集の負担**を課すことになる．しかも，この負担は図7-1で一見して分かるよりもさらに重いものになるだろう．もし，q^*が**総生産量の上限**であるならば，企業ごとに個別の生産量の上限として割り振る必要があるかもしれない．実際にそうするためには，これらの企業それぞれの費用構造についての情報が必要となる．この種の費用の情報はたいてい規制を課される対象から提出してもらわなければならない．そのことも規制当局の相当な負担となっている．

コマンド&コントロールアプローチは，**執行過程でも大きな問題点を抱えている**．規制によって図7-1に示すq^*まで生産量が減少したとする．この状況では市場価格はp_2となるのに対して生産費用はp_1となっている．何らかの方法で生産量を1単位増やせる方法を見つけた企業は，その1単位からp_2-p_1分の利益を得ることができる．このような状況は，**規制を遵守しないインセンティブ**が働いていると考えることができる．規制を強くすればするほど，このインセンティブは大きくなる．

この種の規制が正当化されないと言っているわけではない。歴史的には、コマンド＆コントロールによる直接規制は公共政策において、まず検討されてきた方法である。しかしながら、多くの場合において、プロセス全体の中の執行過程の部分は見落とされてきているのである。

公的機関による直接生産

本章で議論する最後の政策アプローチは**公的機関による直接生産**である。バーンスタブル湾のケースでは、この場合、町が貝類の漁場の所有権を主張することになる。まず町は「貝類生産評議会」の評議委員を任命することになる。次に彼らは貝類を漁獲する漁業者を雇用し、境界線の取り締まりを行い、漁獲した貝類を自由市場で販売し、その売上げ（資源レント）を銀行口座に基金として貯蓄しておくことになる。基金は町が必要とするあらゆる使途に用いることができる。実際、この方法は私有化と似たようなものであるが、このケースでは所有と実施主体は公的機関であり民間企業でない。現実を見ると、様々な種類の公的機関による直接生産は多くの場所で見られるものである。地域、州、国レベルの公園はこのような方法で運営されており、国有林や国定記念物（国定史跡）も同じように運営されている。米国でもともと政府が所有していた土地の多くは、現在も公的な所有となっている。現在の潮流とはなっていないが、他の多くの国々では電力生産や銀行の部門全体が何度も国有化されてきている。

原理的には、自然資源が社会的に見て効率的に使われているならば、自然資源を公的機関の所有から私有にする必要性は存在しない。ただ、そのためには市場で取引されない費用と便益、さらにはすべての外部費用と外部便益が反映されていることが前提であり、その点では公的機関も私企業も同じ機能を果たすことが求められる。しかしながら、公的機関がこのように機能することはほとんどない。

公的機関によって得られた収入は、多くの場合、その公営企業が持つ銀行口座ではなく一般歳入に組み入れられる。支出も収益ではなく、政治的な決定プロセスの中で定められた予算に制限されている。そしてこの決定プロセスは利害関係者の駆け引きの結果となっている。問題は直接生産を行う公的機関が、社会的に効率的な生産量に近づくためこれらの利害を把握し、バランスを取ることができるのかということである。それができる場合もあれば、できない場合もあるだろう。

自然資源に関する場合、公的機関による生産は、公的に所有される自然資源に対して、私企業が管理された条件の下でアクセスを許可されるという形態を取っていることが多い。つまり、その場の自然資源の法的所有権の大部分は依然として公的

なものであるが，その採取は，実際には自然資源を採取して販売する民間企業によって行われている．これらの協定の契約条項，つまりは自然資源の販売価格は，**コラム7-2**に示したように自然資源によって異なっている．

　この種の契約は近年，論争の的となっており，そのような論争はさらに増えることになるであろう．しばしば批判されることは，公的に所有される自然資源の販売価格が，多くの場合，公正な市場価格よりも低いということである．一方，自然資源を利用する私企業の方は，たいていの場合，反対に市場価格よりも高いということで異議を唱えている．公的に所有される自然資源の管理者は，自然資源の利用を採取的なものから非採取的なものへと移行させる圧力にもさらされている．特に，これらの地域からの自然資源の採取を起因とする環境問題には関心が高まっている．この問題については，具体的な自然資源を対象として，先の章において再度触れることにしたい．

市場の失敗・政府の失敗

　これまでは，自然資源を維持するために社会が有している手段に焦点を当ててきた．自然資源管理のためのすべてのアプローチでは，何らかの集団行動が行われることになる．あるケースでは，所有権の移譲によって自然資源の利用水準が売り手と買い手の相互作用を通じて決まるよう，所有権と市場に関する法制度を創設するものであった．その対極にあるのが公的機関による直接生産であった．公的あるいは私的な集団行動を組み合わせることも含めて，様々な種類の政策介入の手段が存在している．様々な政策介入が公然と行われることの一般的な理由は，完全な所有権の移譲と市場メカニズムが，社会的に公平で効率的な結果をもたらさないからである．これは**市場の失敗**と呼ばれるものである．多くの場合，外部効果や公共財，現代世代の一部にある近視眼的な考え方などの存在と関係している．この種の問題が存在するならば，私的市場は効率的に機能せず，公共政策が必要とされることになる．

　ただ，ここに潜んでいる問題は，様々な公共政策による介入がいわゆる**理想的な形**で行われるものとして評価されていることである．理想的な形での政策とは，理論に従い，起こり得る結果に関する十分な情報を用いて，常に公的な関心事のために働く完全に無私無欲の公務員によって実施される政策である．しかし，現実は決してそうではない．公共政策はたいてい高度に政治的な環境下で実施されている．それを実施する公務員も，常に良かれと思ってやってはいるものの，公的な関心がどこにあるのかに関して，彼ら自身が独自の見解を持っている．たいてい，彼らの

コラム 7-2　米国政府が公有地の自然資源を販売する事業

木材の販売

監督官庁：森林局（農務省）と土地管理局（内務省）

方法：局は年間の販売計画と個別の木材販売量を準備する（販売前に木材の見積価格も把握される）．販売契約は競争入札（口頭によるオークション）で販売され，見積価格は最低制限価格として設定される．

放牧の許可

監督官庁：土地管理局（内務省）と森林局（農務省）

方法：局は放牧の割当区画を把握し，放牧させる数と時期を決定する．割当は近隣の牧場を想定しており，たいてい許可を受けるものはいつも決まっている．料金は基本価格が設定されており（1966年に単位当たり1.23ドルと設定），畜産物価格と牧場の操業費用を指標として調整される．

鉱物の採掘

監督官庁：土地管理局（内務省）

方法：鉱物が含まれると思われる地域での試掘を請求することに10ドルの費用が必要である．それ以降，そこでの採掘権を申請者のために留保しておくため，年間100ドルの費用が必要となる．採掘可能な鉱石を掘り出すための正式な申し立てが行われると，採掘権の取得の有無にかかわらず鉱石を採掘することができる．採掘権の申し込みが認められれば，請求者は地表と鉱物に対する権利を1エーカーあたり2.5ドルで付与されることになる．

陸上での原油や天然ガスの採掘

監督官庁：土地管理局（内務省）が計画を準備して，鉱物管理局（内務省）が実施する

方法：土地管理局が貸与できる区画を決定し，これらは競争入札（口頭によるオークション）で販売され，最高値を付けた者と契約が結ばれる．借地人は年間利用料を1エーカーあたり1.5ドル支払わなければならず，生産が開始されると，これが生産額の12.5％の使用料に置き換わることになる．

海上での原油や天然ガスの採掘

監督官庁：鉱物管理局（内務省）

方法：局が貸与できる区画に対して，5年間の貸与計画を準備し，定期的に競争入札で賃貸借計画を販売する．一般的に封印入札が用いられる．入札者は一括前払いに対する優遇を受けられるが，使用料は少なくとも生産額の12.5％

で，利潤分配率は少なくとも30％を超えていなければならない．
無機化合物
　監督官庁：鉱物管理局（内務省）
　方法：砂や砂利，フライアッシュ，粘土など様々な無機物が該当する．販売は見積に基づいた市場価格と，新聞で広告された上での封印入札もしくは口頭によるオークションを併用して行われる．ただし，100,000立方ヤードまでは競争なしで販売することができる．
水資源
　監督官庁：土地改良局（内務省）
　方法：連邦政府による事業が完了すると，灌漑用水は長期契約で規定された価格で配水される．価格を決定する際には，事業の払戻可能費用，事業地域で灌漑が可能となる面積，年間の操業費用と維持管理費用，土地の等級と所有形態，そして灌漑を受ける側の支払能力が考慮される．一般的な価格は1エーカー・フィート（1エーカーの面積に1フィートの深さまで満たす水の体積）で1ドルに満たないものから，20ドルに近いものまで様々である．

出典：Ross W. Corte, "Federal Sales of Natural Resources: Allocation and Pricing Systems," Congressional Research Service, Report 97-15, *Engineering News Record*, January 3, 1997. より作成

見解は不完全であることが多く，彼らは偏った情報の下で仕事を行っている．そのため現実の公共政策は，理論が約束するような形の結果をもたらすことはほとんどない．これは**政府の失敗**と呼ばれるものである．政府の失敗は様々な形でもたらされる．

- 規制を**十分に遵守させることができない**にもかかわらず，規制を法制化する．
- 状況を良くするどころか悪くさせる**逆インセンティブ**を生み出す規制を法制化する．
- 法律や規制を効率性の名目の下で施行するが，実際には**再配分**の目的で実施する．つまり法律や規制が，あるグループがその他のグループから自然資源を取り上げる形となっている．
- 法律は**市場の失敗**を正すという名目の下で施行されているが，実際の目的は，自然資源の利用に関して，既存グループの特権的な位置付けを保護することになっている．
- 公的機関が持っていない，あるいは得られない情報がどうしても必要となる法律や規制を実施しようとする．

公共政策の可能性を検討する際に，不完全にしか機能しない市場システムからもたらされる結果と，完全な形で設計され，実行される公共政策によって得られる結果とを比較するのは間違ったやり方である．むしろ不完全な市場と，同様に不完全な公共政策とを比較する必要がある．多くの場合，なぜ市場が効率的に機能しないのかを特定して問題を解決する方が，あからさまな公共政策による実力行使よりもより効果的である場合が多い．もちろん，この逆が当てはまる場合も数多く存在する．

政策の集権化と分権化

この章で用いてきた例は，単一の市町村による地域の自然資源の管理がテーマであった（ここではバーンスタブルの町による貝類の漁場管理）．市町村がその土地の一部分を占有しており，また貝類の資源量の大小が，市町村外では大きな関心事にはならないという意味において，自然資源は市町村のものである．関連する行政機関は市町村だけであるため，市町村がこの件を扱う何らかの機関や部局を設置することで課題に対処することになる．しかし，もしバーンスタブル湾の漁場で見つかった貝類のある種が，少なくとも現時点では誰にも知られていない，他のどこでも見つかっていない固有種であったとしよう．その場合，地方の行政機関は，依然として自然資源の管理問題を解決するための適切な主体であるのか，という疑問が湧いてくる．おそらく今度は，この自然資源はより高い水準の政府機関，州もしくは連邦政府によって取り扱われるのが望ましいであろう．

このような問題は，自然資源政策に関する**集権化・分権化**の問題ということができる[4]．ある自然資源に関する問題を取り扱う，適切な公的機関のレベルとはどのようなものなのだろうか．米国においては，主に市町村（単一市町村），郡，州，連邦の四つの水準に区分することができる．注意したいのは，郡政府は地域によってまちまちであることである．もしかすると，いくつかの州について考える場合には，地域レベルという水準についても言及する必要があるかもしれない．歴史的に，個別自然資源に関しては連邦政府のレベルで取り扱われているのに対して（漁業規制や国立公園や国有林の管理），その他のものは一般的には市町村によって取り扱われている（土地利用に関する問題）．

ある自然資源の問題をどの行政機関のレベルに割り当てるかに関しては，明快な一般原則が存在している．一番下位の行政機関の地理的範囲内に，問題に関係する費用と便益が収まっているならば，そこが問題を扱うべきである[5]．これは，問題となる便益と費用との比較を行うことを容易にするとともに，効率性に必要とされ

る便益と費用の間でバランスを取ることも容易にするものである．最初に述べたバーンスタブル湾の場合の便益と費用は地域で生じている．そのため，地域における意見交換の場が，人々が最も直接的に便益と費用とを理解でき，そこに含まれるトレードオフについて突き合せを行うことのできる場ということになる．州や連邦政府レベルの政治的プロセスでは，これを効果的に行うことはできない．

ただ，自然資源に関する問題では良く起こることであるが，費用と便益が生じる地理的範囲が大きく異なる場合には，現実には困難が伴うことになる．再び，固有種の貝が漁場にいる場合について考えてみたい．この場合，固有種の貝類を保護することで生じる便益は幅広く生じることになる．その種を保護し，多様性を高めることに高い価値を持つ人々すべてに便益は生じることになる．しかし，漁獲量を地域にとって効率的な水準よりも低く抑えると，その規制の費用は地域に集中的に発生する．これは自然資源に関する問題で非常によくあるパターンである．幅広く生じる便益は州や連邦政府の視点で議論される対象であり，一方，局在する費用は市町村の視点で議論される対象となっている．

この問題はある程度までは市場を利用して解決することができる．もし貝類が収穫され，販売されるのであれば，おそらくそれは少なくとも地域の市場，もしかすると全国的な市場に出荷されることになる．貝類の価格が決まっているならば，市町村で貝類を管理している個人あるいはグループは，貝類を漁獲することで得られる便益を簡単に計算することができる．ただ，これはこの自然資源に対する既存の市場がある場合にだけ当てはまるものである．固有種に対する私的市場は存在していない．そのため，固有種の貝の特徴を評価する人々がこの貝を購入する方法は存在しない．もし公的機関が許可するのであれば，人々が貝類の漁場を購入することで，この固有種を保護することが可能かもしれない．もちろん，この貝の公共財としての側面（フリーライダーの存在）は解決しなければならない問題である．

最後にバーンスタブル湾の貝類の漁場は実際にどうやって管理されているのであろうか．湾は二つのエリアに分割されている．一つのエリアでは，長期の借地権を商業的な漁業者に与えて，漁業者に自身の借地内で貝類の管理と漁獲をさせている．もう一つのエリアは，町の住民に対してオープン・アクセスとなっており，そこでは潮干狩りを行うことができる．ただし，潮干狩りをする人は町からその許可証を得る必要がある．湾内で借地できるエリアはマサチューセッツ州によって監視活動が行われ，許可証の発行はバーンスタブルの町が管理を行っている．

要約

　公共政策は自然資源を利用する方法や水準に影響を与える集団的な行動であった．様々な種類の政策アプローチが存在し，それぞれが長所と短所を持っていた．ある状況に対して様々な政策の中から選択を行う際には，どのように評価を行うかという基準を設けておかなければならない．議論される基準は，**効率性**と**公平性**，**実施可能性**，**柔軟性**である．自然資源の問題に対応するアプローチとして評価される四つの政策は，**所有権に対する政策**と**政府が支援するインセンティブ政策**，**コマンド＆コントロールによる規制**，**直接的な公的生産**であった．ただ，すべての状況において最適と思われる政策アプローチは存在しないと思われた．それは最適という意味が，問題の特質，適切な社会的組織や社会的基盤の有無，公務員の能力や目的などによって異なっているからである．さらにこの章では**市場の失敗**と**政府の失敗**について議論した．また，ある公共政策に関する問題をどの行政レベルで扱うのが適当なのかについても議論した．

注

1) ある地域内に住む人々の金銭的な生産額の合計を示すものである．
2) もし三つの政策がこの5人によって投票されるとするならば，政策AとBは過半数によって認められるのに対して，政策Cは否決されることになる．
3) この例は現実社会の実例に基づいたものであり，この土地所有者によるグループはNorth Maine Woods, Incのことである．
4) もちろんこの問題はすべての種類の政策に言えるもので，自然資源政策に限ったことではない．
5) Wallace E. Oates, "Thinking about Environmental Federalism," in Wallace E. Oates (ed.), *The RFF Reader in Environment and Resource Management*, Resources for the Future, Washington, DC, 1999, p. 119.

NATURAL RESOURCE ECONOMICS
An Introduction

Section IV
NATURAL RESOURCE ANALYSIS

【第Ⅳ部】
自然資源の分析

　多くの資源開発や資源利用の計画あるいは事業は公的な行政機関が実施している．同時に私的な（民間の）個人や企業によって実施されているものも数多く存在する．どちらの場合も重要なことは，計画や事業から人々にもたらされる純便益が定量的に評価できるようになっていることである．この二章では，そのために経済学者が開発してきた手法について見ていきたい．第8章ではタイプの異なるいくつかの分析手法について見ていくが，特に**費用便益分析**について注目したい．第9章では**自然資源評価**における問題点，特に自然資源に市場が存在しない状況における問題点について見ていきたい．

第8章

分析の基本原則

　連邦や州，市町村は，自然資源の利用方法に影響を与えるために毎年ありとあらゆる政策や規制を実施している．これらの政策や規制については，効果的なのか否か，公的規制は多くなる傾向にあるのか否か，私的市場をより信頼すべきなのか否かといった観点から議論が渦巻いている．また効果的な政策，さらには効果的な市場のモニタリングにおいては，それが実施しやすくなるように質の高い情報とその開示が求められている．良い分析が必ずしも良い意志決定をもたらすとは限らないが，悪い分析はほぼ確実に悪い意志決定をもたらすからである．

　この章では政策分析を行う人々のための様々な**分析手法**について検討したい．この章のほとんどは**費用便益分析**の紹介に充てられることになる．それはこの手法が最も頻繁に用いられるためである．ただ，費用便益分析の基本原則について詳しく見る前に，他の分析手法についても簡単に見ていきたい．

影響評価

　「影響」とは，一連の出来事が他にもたらす効果を意味する極めて一般的な言葉である．一般に影響評価とは，たとえば規制のような，社会や経済のある特定分野に適用される公共政策による影響を計測するものである．自然資源経済学においてはいくつかの重要な影響評価が存在する．

環境影響評価

　環境影響評価の本質は，**自然資源あるいは環境資源**の全体（あるいは一部）について，当該政策や規制が与えるすべての悪影響を特定し，詳述することである．多くの国々は，公的に実施される大規模な計画や事業の前に，環境影響評価の実施を必要とする法律を有している．もちろん民間事業で環境影響評価が必要とされる場合もある．米国における関連法は**1970年に制定された国家環境政策法**である．この

法律は，連邦政府の行政機関が法案や「人間環境の質に重大な影響を与える主要な連邦政府の事業」について，環境影響評価の実施を求めるものである．主要な連邦政府の事業の中には，たとえ民間によって行われる事業であっても，連邦政府によって財政的支援や規制を受けているものはすべて含まれると長年解釈されてきている．多くの州でも，州の予算に基づく事業を対象とした同様の法律を有している．

環境影響評価の最終結果は環境影響報告書とも呼ばれる**環境アセスメント**である．環境アセスメントは以下のような情報によって構成されることが想定されている．

- 提案された事業が生じさせる環境への影響の詳細
- 提案が実行された場合に生じる，避けることのできない環境に対する悪影響のすべて
- 提案された事業の代替案
- 短期的な視点からの環境利用と長期的な視点からの生産性の維持・拡大との関係性
- 提案された事業が実施された場合，発生が予想される不可逆的あるいは回復することのできない自然資源への影響[1]

環境影響報告書の仕事のほとんどは生物学者や水文学者，生態学者などの自然科学者によって行われる．彼らの主な仕事は，生態系を通じて事業の影響が広がっていくその関係性を明らかにすることや，生態系の様々な特徴に与える質的・量的な悪影響を予測することである．これらには，魚類や野生生物，水循環機能あるいは土地や植物資源に対する悪影響が想定されている．これらの仕事の目的は，上記の自然資源がどのような影響を受けそうであるか，明確かつ包括的な全体像を得ることにある．一方で強調したいことは，これらの自然資源の価値付けには重きが置かれていないということである．たとえば，20つがいのマダラフクロウが失われることの価値，絶滅が危惧されるある植物種を移植することの価値，あるいは50エーカーの湿地が失われることの社会的費用などについてである．

価値評価は物理的に影響が顕在化してから行っても構わないようにも思えるが，そういうわけにもいかない．たとえば，ある森林が野生生物の保護のために保全されており，同時にハイカーやバックパッカーの利用にも提供されているとする．その地域への人的影響の度合いは，そこに訪れる人数と完全ではないにしても関係している．人的影響には当該地域でレクリエーションを楽しむ人々がもたらす直接的な悪影響に留まらず，その地域における自動車の通行量の増加など，関連した影響も含まれることになる．人々の行動要因をそれなりの精度で予想するためには，このような形での自然資源の活用に対する消費者（この場合はレクリエーションを楽しむ人々）の需要について，質の高い情報が不可欠である．経済分析はこの種の調

査研究において主要な情報源となるものである．

経済影響分析

　公的あるいは民間における個別の事業が経済システムの一側面にどのような影響を与えているのかに中心的な興味があるならば，**経済影響分析**について考える必要がある．この分析の射程は，たとえば，ある地域での公園開設が地域の雇用率にどのように影響するかなど，地域限定的なものになることもあれば，国有林の森林伐採に対する新しい法律が建材価格にどのように影響するのかといった国レベルのものになることもある．さらには，生物多様性の保護に関する条約が，ある発展途上国の経済成長にどのように影響するのかといった国際レベルのものになることもある．

　関心のある経済的な影響は多岐にわたるが，たとえば以下のようなものを挙げることができる．

- 特定の産業あるいは全体での雇用者数（失業率）
- 家計所得
- ある資源採取的な産業における技術革新の度合い
- インフレ率
- 他国との貿易バランス

　コラム8-1は魚類・野生生物管理局によって行われた経済影響分析について議論したものである．この研究の主な関心は，野生生物保護区が雇用水準や保護区周辺に住む人々の所得水準に与える影響を推定するというものであった．この事例はウィスコンシン州にある保護区のものである．

　どのような経済影響分析であっても，重要な鍵を握っているのはその調査研究に使われた基礎となる経済データやモデルである．また，評価する事業が公的なものであれ民間のものであれ，影響を受ける経済システムが通常どのように機能しているのかを知っているほど，その影響を的確に推定することができる．経済影響分析は環境影響評価の一部に組み入れられるものであるが，自然資源の保護や保全のための戦略を評価するものとしても重要である．評価の対象となる自然資源の多くは，歴史的に見ても消費的な利用のために収穫されてきたものである．たとえば，森林は伐採され，魚は漁獲され，土地は開墾されて放牧地が作られてきた．ほとんどの場合，地域の資源採取的な産業はこれらの経済活動によって成長してきており，企業は伐採や輸送，場合によっては加工の一部にも直接的に関与してきた．また多くの場合，派生的なサービス産業も直接的な資源採取に関わる人々にサービスを提供するために出現してきた．そのため，政治家や政策担当者はこれらの企業の人々の福祉や生活状況とともに，当該自然資源の代替的な利用方法がこれらの企業の人々

コラム8-1　ホリコン国立野生生物保護区の経済的影響

概要

　ホリコン国立野生生物保護区は，ホリコン湿地の北側3分の2を含む，ウィスコンシン州中央部の国際的に知られた32,000エーカーの保護区である．しばしば「北のエバーグレーズ」とも呼ばれ，米国では最大の淡水のガマ湿地である．保護区は16,956エーカーの湿地と4,309エーカーの陸域からなっており，水鳥の営巣と渡りのための場所として管理されている．
　この保護区の主要なレクリエーション活動は野生生物の観察である．多くの利用者は秋に巨大な渡り鳥の群れと紅葉を見にやってくる．釣りやシカをはじめとする小動物のハンティングも一部地域で許可されている．保護区内では水鳥のハンティングは許可されていないが，湿原の南側3分の1はウィスコンシン州自然資源局によって管理されており，ハンティングが盛んに行われている．

地域の経済

　ホリコン湿地を含むドッジ郡とフォンデュラク郡の人口はここ30年安定している．この地域の経済は極めて多様である．土地の多くは主にチーズ生産のための酪農に使われているが，工業や政府の行政機関も存在している．メイビルには金属加工工場も立地している．ホリコンには世界最大の農機具メーカーのジョンディアの芝刈りトラクター工場もある．加えて，ミルウォーキーやマディソンの市街から1時間圏内にあり，多くの人がこれらの町やその周辺に通勤している．

活動水準

　1995年度には133,810人が訪問し，80,724人が自然歩道を利用し，2,079人がハンティングを，284人が釣りを行っている．保護区の職員は非消費的利用者の90%は保護区から30マイル以上離れた場所に居住しており，その多くはミルウォーキーやマディソンから来ていると推定している．これらの都市は1時間圏内である．ウィスコンシン州のこの地域には公的にハンティングができる場所がほとんどないので，ハンターはもう少し遠くからもやって来る．保護区の職員は60%のハンターが地域住民であると推定している．

第8章 分析の基本原則

> **地域の経済分析**
>
> 　秋季の住民以外の非消費的利用者が，ホリコンの訪問で落としていくお金のほとんどを生み出している．住民以外の利用者は1995年で約180万ドルのお金を地域で使っていた．もし，すべての支出が経済を通じて循環していたとするならば，保護区は140万ドルの最終需要，582,000ドルの従業員給与，41人の雇用を生み出していたことになる．
>
> 　魚類・野生生物管理局が人件費や事業，維持管理のためにホリコンの町に支払った金額は1995年度で333,000ドルであった．この支出はさらなる地域経済の刺激となっているが，これについては影響の計算には含めていない．
>
> 出典：U.S. Fish and Wildlife Service, "Banking on Nature: The Economic Benefits to Local Communities of National Wildlife Refuge Visitation," Washington, DC, USFWS, July 1997, pp. 40-42.

の福祉や生活状況にどのように影響するのかに当然関心を持つことになる．

費用効果分析

　ある地域が公共の水道システムの規模を拡大する決定をしたとする．予想される人口増加に対応するために，この地域では一日10万ガロンの水をさらに供給しなければならないと結論付けたとする．ここでは，それを実現するためにいくつかの方法が存在すると仮定している．たとえば，現在は使っていない帯水層に新しい井戸を設置する，少なくとも現在は余剰な水を有している隣接地域の水道システムと提携する，新しい貯水池を建設する，既存の水道システムの水漏れを修理する，あるいは消費者の水使用量を減らす何らかの方法を見つけ出すなどである．**費用効果分析**はこれらの様々な代替案の費用について，「この地域の住民が利用可能な水１千ガロンあたり」といった形で比較することを目的として行われる．言い方を変えれば，費用効果分析は与えられた事業の目的を所与として（このケースでは10万ガロンの追加的な水の獲得が目的），この目的を到達する様々な方法の費用を見積もるものである．

　費用効果分析は，目的については幅広く合意が得られているが，どのようにしてそれを達成するかについては合意が得られていない状況で特に有効な手法である．費用効果分析では目的を費用と同じ金銭単位で計測しようとせず，達成される物理的な効果で表現する．上記に述べた水の供給量増加の例以外にも，絶滅危惧種の保護，漁獲量の減少（たとえば50％の減少），ある水準の土壌浸食の減少，ある一定

量の総電力消費量の減少などが例として挙げられる．ただ，費用効果分析はどのような目的が価値あるものなのかを教えてくれるものではないし，達成される目的の価値と事業の実施で使ってしまう資源の価値との比較を行うこともできない．そのため，事業自体が必要なのか否かというもう少し広い視点まで分析の枠組みを広げてみる必要がある．

費用便益分析

　あるエネルギー会社が風力発電施設を建設し，操業することを検討しているとする．その企業は収益が確保できる最低ラインに関心があるため，計画を立案する前段階で風力発電施設の得られる収益が費用を上回るのかという**商業的実現可能性**を考えることになる．建設費用，風力発電施設から送電網への接続費用，操業費用，定期点検費用などの生産コストはできる限り明確に推定する必要がある．さらに想定される電力価格や風況などから見込まれる収益も推定する必要がある．その上で，この事業が商業ベースでの実現可能性を持つのかどうか判断するため，期待費用と期待収益とを比較することになる．

　費用便益分析は公的に行われる計画や事業に対して行われる同様の分析である．費用便益分析では，商業的実現可能性を明らかにするというよりは（商業的な側面が含まれることもある），むしろ一連の事業を行うことで，社会が得られる便益が費用を上回るのかという**社会的実現可能性**に目を向けている．最も重要となる違いは，商業ベースの収益と費用に関する分析が市場における投入物と生産物だけを扱っているのに対して，一般的な費用便益分析は市場で扱われる投入物と生産物とともに，**市場では取り扱われていない投入物と生産物**についてもその価値を推定して分析に組み入れている点にある．

　費用便益分析はもともと1930年代に米国で誕生したもので，公的な自然資源（特に連邦の行政機関が管轄する水資源）に対する意志決定について検討するためのものであった．最初の適用は陸軍工兵隊（国防総省）や土地改良局（内務省），土壌保全局（農務省）によるダム建設に対するものであった．当時はそれぞれの行政機関が異なった目的と目標の下で事業を実施していた．1936年の水防法において，連邦政府によるダム事業は「推定された費用よりも人々にもたらされる便益が上回る場合」のみ認められることとなった．そのためこれらの行政機関には，ダム事業における便益と費用とを検討するための共通の指針を策定することが指示された．これらは後に体系化されて，1950年に「グリーンブック」として出版されることになる[2]．近年では，費用便益分析は，たとえば環境保護政策や医療政策，高速道路の

建設など幅広い政府の事業に対して適用されるようになっている。

自然資源の政策立案の場面において、費用便益分析は互いにつながりを持った二つの仕事を生み出すこととなった。一つは公的な部門内外の実務者、つまり手法を開発したり、必要となるデータを収集したり、様々な適用事例における評価結果の向上を図る経済学者である（本章でのこれ以降の主な目的は、これらの評価手順について簡潔に整理することである）。もう一つは行政官や議員である。これらの人々はこれまでに実施されてきた、あるいはこれから実施する公的な事業に対して、イデオロギー的あるいは政治的興味を持っている人々である。理屈上、より良い評価を行い、公共部門においてより合理的な選択を行うことに反対する人はほとんどいない。しかし、実際に費用便益分析を適用する場面では、良い分析は政治家や行政機関、関係者の利害とは反対の結果を見出し得るので、政治的には議論を呼ぶこととなる。

1980年、レーガン大統領は連邦の行政機関によって行われるすべての新しい規制案に対して、当該行政機関に費用便益分析の実施を求める大統領令12291号を公布した。レーガン大統領は規制緩和に向けた強い政治方針を打ち出していたことから、大統領令の公布は行政機関が新しい規制を導入することに新しいハードルを設けたいという動機に基づいていた。1990年代、この議論は共和党が優勢を占める議会で再燃することになり、連邦政府によって新しく導入されるすべての規制や計画に対して費用便益分析を求める活動が行われた[3]。この活動に対する支持者の主張は、便益と同時に社会的費用が十分に考慮されないのであれば、どのような公共政策も認められないことを保証させたいというものであった。一方、反対者は、多くの場合、便益の評価は費用の評価よりも困難であり、このような要求は社会的便益を生み出す公共政策の実現をより困難にすると主張していた。

自然資源あるいは環境保護団体は多くの場合、後者のグループに属してきた。自然資源の保護を行う公共政策の便益を正確に推定することは困難であるというのが反対の主な理由である。しかし、この傾向は新しい分析手法の開発とともに変化しつつあり、たとえば、環境保護団体は国有林において森林の伐採を中止させる対抗手段として費用便益分析を使おうと試みている。他の関係者も、費用と便益の観点に基づき、今日の環境や自然資源に対する規制は十分に正当化できるという見解に立ちつつある。実際、多くのケースでは、規制をより厳しくすることすら正当化されるかもしれない。

先の章において、我々は自然資源管理を行うための主な政策手段について触れてきた。そのうちの一つは私的所有権の導入であり、私的市場に信頼を置き、そこで自然資源がどのように使われるのかを決定するというものであった。このケースに

おいては費用便益分析は必要とされていない．もし市場価格がすべての事業の社会的費用と社会的便益を正確に反映しているならば，自然資源に関する意志決定が**公共の利益**にかなっていることを確認するには風力発電施設を建設・操業する会社の例のように，商業的実現可能性を分析するだけで構わない．もちろんこれはかなり極端な考え方である．私的市場を信頼するという立場に立ったとしても，その政策があらゆる状況で機能する万能なものとはなり得ない．公共財や費用と便益の分配に関する問題，世代間の問題，外部効果のような要因は常に付きまとうことになる．そのため私的市場の意志決定と同時に，政策や計画が社会的にどのような帰結を迎えるのか見極めるため，公共政策の評価が常に必要である．費用便益分析はこのようなケースにおいてもやはり必要な手法である．

基本的枠組み

名前が示唆しているように，費用便益分析には検討している公的な事業や計画のすべての便益と費用について計測を行い，合計し，比較する手続きが含まれている．費用便益分析には不可欠な五つのステップが存在しており，それぞれにまた複数の項目が存在している．

1 全般的な分析の観点を定める（どの範囲における「公的」が関係しているのか）
2 検討している事業あるいは計画を特定する
3 計画における投入量と産出量を定量的に示す（つまりその計画で現実的にどのような結果が生じるのかをすべて示す）
4 これらのすべての投入量と産出量の社会的価値を推定する（実際には便益と費用を推定する）
5 これらの便益と費用を比較する

観点を定める　費用便益分析は公共部門の分析手法であるが，実際には様々な「公的」が存在している．町の新しい公園設置や湿地保護のための規制の費用便益分析は，厳密には町というくくりで行われる．つまり，この費用便益分析の目的は影響を受ける町民の費用と便益だけを推定することになる．連邦政府による規制のための費用便益分析は，おそらくその国に住む人々全員というくくりで行われる．さらに全世界的な自然資源の利用に関する条約は，地球上すべての人々を「公的」と位置付けて適用されることになる．

計画を特定する　この作業は事業あるいは計画の実施場所や実施時期，利害関係者，他の計画との関係性を完全に（できる限り完全に）特定することである．どのような費用便益分析においてもある程度の仮定は設けられる．経済はこのまま成長し続

けるのか，それはどの程度の速さなのか，人口は増加し続けるのか，他の行政機関は関連する事業を実施し続けるのかなどである．これらの仮定は開始段階からできる限り明快に，そして現実的に設定しておく必要がある．費用便益分析を適用する公共政策には基本的に二つのタイプが存在する．

- 物理的な事業：灌漑のための用水路建設や海岸の再生，公園の歩道やビジターセンターの設置，林道の設置，生息地の改善事業など
- 法令や慣例の順守を目的とした規制：国立公園や国定記念物（国定史跡）における特定活動の制限，土地利用規制，商業的あるいはレクリエーション利用に関する漁業規制，絶滅危惧種の移入に関する規制など（この項目には，たとえば，公共牧場で放牧させる家畜に対する利用料金や，よりエネルギー効率の高い機材への転換に対する補助金，公有地における鉱山事業からの利用料の支払いなど，財政関連事業も数多く含まれる）

投入量と産出量を示す　この作業は事業によっては比較的容易である．技術職員であれば，水道システムにおいて時間とともに何を建設し，何を実施しなければならないか，現実的な青写真を示すことが可能である．遊歩道を設置するために必要な投入物，あるいは湿地の復元を行うための投入物も容易に推定することができる．ただ，産出量に関するデータは多くの場合計測することが難しい．どれだけの利用者がこの原生自然地域あるいは野生生物観察エリアで見込めるのか，ある規制をかけられた漁業者は漁を続けるため操業方法をどのように変更するのか，バックパッキングやラフティングあるいはスノーモービルを行う利用者のために，必要となる装備を供給する産業はどの程度のスピードで成長するのかといったデータである．

　このような要素の分析が特に難しいのは，事実上すべての事業や計画が時間をかけて，それもたいていは長期にわたって行われるからである．そのため，投入量と産出量を特定する作業では将来に対する**予測**が必要であり，これらは常にある程度の（もしかするとかなりの）不確実性の下で行われることになる．中期的将来における人口成長率や技術革新の度合いはどうやって予想すればいいのであろうか．オオカミの再導入事業は長期的にエルクの個体数にどのような影響を与えるのだろうか．もし特定の地域で伐採を制限したら，マダラフクロウが絶滅しない確率はどれだけ上昇するのであろうか．

　これらの質問に答えるには，様々な分野の専門知識やデータが利用可能な状況になっている必要がある．たとえば，エンジニアや土壌学者，生物学者，水文学者，経済学者の専門知識，既存データ，新しい調査データ，他の用途のために集められた民間データなどである．費用便益分析は時間と費用の観点からお金のかかる分析である．既存データを調べることにも，新しいデータを得るために調査を実施する

ことにもお金と労力が必要である．その上，どのような費用便益分析であっても限られた予算内で行わなければならない．費用便益分析にどれだけの費用をかけるべきなのか鉄則はないが，予算が多ければ多いほどより良い情報を得て，より正確な結果を得る可能性が高まるということは言える．

投入量と産出量の価値を推定する　このステップは一つ前のステップで推定した項目について価値付けを行うことであり，本質的には事業や計画の費用と便益を推定することである．どのような計測単位を用いることもできるが，一般的には費用と便益の計測は貨幣単位で行われる．ただ，この評価は市場価値を意味しているわけではない．多くの場合，計測される影響，特に便益については直接的に市場では取り扱われていないためである．また，貨幣価値による計測だけが重要な計測方法であることを意味しているわけでもない．意味するところは，費用と便益とをお互いに比較可能なものとし，さらには他のタイプの公共政策の費用と便益とも比較可能とするために，事業や計画のすべての影響を単一の基準に置き換える必要があるということである．また究極的に，事業によって生じるある種の影響については，人々がどのような価値を見出しているのか計測する方法が見つからないため貨幣価値に帰しえない可能性もある．このような場合，貨幣的に評価された費用便益分析の結果に加えて，これらの捉えどころのない影響の目算や考慮すべき項目を補足する必要がある．

便益と費用とを比較する　すべての便益と費用を可能な限り正確に推定したならば，最後のステップはそれらの比較を行うことである．このステップには二つの方法がある．

- **純便益**：便益の合計から費用の合計を差し引くことで純便益を得ることができる
- **費用対便益比**：便益の合計を費用の合計で割ることで，1ドルの費用に対してどれだけの便益を提供できるかを示した費用対便益比を計算することができる

　一般的にどのような項目が費用と便益の比較に含まれるのかを理解するために，ここでは表8-1の数値を考えてみたい．説明のために示しているこれらの数値は，野生生物保護区の新設と運営に関する現実の値である．この保護区の目的は，野生生物を観察する機会とともに，時期を限ってハンティングと釣りを行う機会を提供するものである．もう一つの目的は絶滅に瀕したいくつかの野生動植物種に対して生息地を提供することである．

　保護区の設定では土地の購入と建設，維持管理という三つの費用が発生する．三つ目の費用には保護区を訪れた利用者への対応と建設した施設と保護区内の生息地

第8章 分析の基本原則

表8-1 実例の結果：新しい野生動物保護区の費用便益分析

	年間の推定額（ドル）
費用	
土地の購入	153,000*
建設	
ビジターセンター	142,000*
歩道	64,000*
維持管理	
人件費	187,000
その他	63,000
合計	609,000
便益	
野生動物の観察者	143,000
ハンターと釣り人	627,000
種の保存	A†
合計	770,000
純便益	161,000+A†
費用対便益比	1.26+a†

* これらは当初払いの年間費用1回分として示している．本来は毎年の支払いに所与の割引率を適用し，事業全期間の費用として合計する必要がある．
† Aとaは貨幣評価できなかった要因を説明するものとして使用している．

の維持管理の二つの費目がある．便益にも三つの便益が存在する．**非消費的な便益**としては，野生動物の観察を主な目的とする利用者の増加を挙げることができる．ハンターと釣り人に対する便益は保護区の**消費的な便益**である．さらに保護区における**種の保存から得られる便益**も存在する．ただ，この便益を評価する現実的な方法がないため便益をAと表示している．純便益と費用対便益比の値は表の最後に示されており，純便益においては不確定であった値Aが付記され，費用対便益比では調整項目としてaと付記されている．

事業の規模や範囲

　費用便益分析を行う担当者は，ほとんどの場合，規模が決定された事業の評価を対象とすることになる．つまり，事業や計画の規模は，たとえば，風力発電施設のような建築物の場合は技術者，野生生物保護区や野生生物の再生計画などの場合は野生生物に関する生物学者，国立公園や州立公園の場合は生態学者によってすでに決められている．事業の規模や範囲がすでに自然科学的な根拠に基づいて設定され

ているケースでは，費用便益分析はその条件下で事業が費用と便益との観点から望ましいものかどうかを確認しなければならない．ただ，表8-1はある規模の野生生物保護区の設定に関する費用と便益の数値であるが，そもそもこれが何らかの合理性の下，適切な規模であるということができるのであろうか．このような疑問は他の事業でも同じように当てはまるものである．提案されている公園に1,500エーカーの土地を使うべきなのか，あるいはもっと大きくすべきなのだろうか，逆に小さくすべきなのだろうか．森林の皆伐は100エーカーを上限とすべきなのか，あるいは150エーカーの方が望ましいのだろうか．オオカミの個体数は1,000個体に管理するのが望ましいのか，あるいはもう少し多い，もしくは少ない水準の方が望ましいのだろうか．

　この問題に焦点を当てた手法が**感度分析**である．この手法は複数の代替的な計画の費用と便益を再計算して，それらを見比べるものである．たとえば，いくつかの代替案は表8-1で示された規模よりも大きく，いくつかは小さいということになる．もし表8-1に示された事業が本当に適切な規模であるならば，この事業の純便益が一番大きくなる．コンピューターを使用することで様々なデータを用いたり，あるいは様々な分析上の仮定を置いたりしても，比較的容易に費用便益分析の結果を再計算させることができる．

ありせば・なかりせばの原則

　費用便益分析では，ありせば・なかりせばの原則にしたがって物事を進めて行かなければならない．つまり，計画や事業が実施されたら生じるであろう状況とそれらが実施されなかったら**生じるであろう状況**とを比較する必要がある．代わりによく行われるのは，計画が実施された状況と**実施される前の状況**との比較であるが，これは計画の効率性について間違った結論を導く可能性がある．

　たとえば，野生生物の再生事業の費用便益分析を行うことを考えてみたい．対象となっている種の個体数は現状では極めて少ないため，その計画には，たとえば人工繁殖と放獣とが含まれるとする．便益はその野生動物の観察によって生じており，またその便益は野生動物の個体数と直接的に関係しているとする．推定された便益は以下のようなものである．

対策前	10,000ドル
対策が実施されない場合の将来	5,000ドル
対策が実施された場合の将来	33,000ドル

ここで事業の便益を23,000ドル（33,000ドル－10,000ドル）と推定するのは間違いである．これが事前と事後の比較である．事業が実施されないことの基準点は10,000ドルではなく5,000ドルである．これは再生事業がなかったとしたならば，現存する個体数は減少することが予想されるためである．つまり基準点は5,000ドルとすべきであり，事業に起因する便益は23,000ドルではなく28,000ドル（33,000ドル－5,000ドル）ということになる．ただしこの結果は，常にありせば・なかりせばの結果が事前・事後の結果よりも高い便益を現すことを示しているわけではない．反対のこともしばしば起きることがある．もし野生生物の個体数が事業がない状況でも緩やかに増加すると期待されるのであれば，ありせば・なかりせばの便益は事前・事後の便益よりも小さくなる．

割引

第3章では割引の仕組みについて議論してきた．割引は将来時点において発生する便益や費用を現時点での価値（現在価値）にする方法である．事実上，どのような公共政策や事業も単一期間（たとえば年）をまたいで自然資源を利用するため，異なる期間に生じる便益および費用を足し合わせる方法を見出す必要がある．以下の実例で示した数値を考えてみたい．この数値は二つの異なる事業の純便益を示しており，それぞれ4年間に渡って実施されるものである（もちろん現実にはほとんどの事業はさらに長い期間に渡って行われるが，4年は一般的な法則を示すには十分な値である）．

	各年の純便益[4]				
	0	1	2	3	純便益の合計
					（割引なし）
事業A	20	20	20	20	80
事業B	50	10	10	10	80

もし，単に割引されていない純便益4年分を合計するならば，同じ合計値80ドルが得られることになる．しかし，**便益の発生時点**は二つの事業でかなり異なっている．事業Aは純便益が4年に渡って等しく分布しているのに対し，事業Bは純便益のほとんどが最初の期間にあり，その期間が終わった後の3年間はかなり低くなっている．純便益が今により近い時点に高い割合で集中しているため，直感的には事業Bの方が少しだけ価値が高いように思える．ここで必要としているのは，異なった時点で発生する純便益に，現時点からどれだけ近いかあるいは遠いかを反映させ

る**重み付け**の方法である．これこそが割引の操作である．そのため，時間軸が異なることを許容した上での純便益を比較するには，それぞれの計画における純便益の現在価値の合計を計算しなければならない．割引率を6％に設定すると以下のように求めることができる．

$$PV_A = 20\text{ドル} + \frac{20\text{ドル}}{1+0.6} + \frac{20\text{ドル}}{(1+0.6)^2} + \frac{20\text{ドル}}{(1+0.6)^3} = 73.45\text{ドル}$$

$$PV_B = 50\text{ドル} + \frac{10\text{ドル}}{1+0.6} + \frac{10\text{ドル}}{(1+0.6)^2} + \frac{10\text{ドル}}{(1+0.6)^3} = 76.73\text{ドル}$$

割引の影響

注意すべきことは，割引の操作はどちらの計画の合計値についても，割り引かれていない純便益の合計値よりも値を引き下げていることである．これは将来時点で生じる純便益1ドルに対する重み付けが，現時点で生じる純便益1ドルに対する重みづけよりも低いためである．しかし割引の効果は事業Bよりも事業Aに大きな影響を与えている．これは時間軸を考えた場合，事業Bの純便益がより現在に近いのに対して，事業Aの純便益の大部分がより遠い時点で発生するためである．

次に全く異なる時点で純便益を発生させる事業あるいは計画を比較してみたい．以下では二つの代替的な計画の**純便益の発生時点**について考えてみたい．

	期間			
	0	1	2	3
事業A				
便益	50	50	50	50
費用	30	30	30	30
純便益	20	20	20	20
事業B				
便益	100	50	25	25
費用	50	40	15	15
純便益	50	10	10	10

割引されていない純便益の合計値はどちらの事業でも80ドルで同じである．もしどちらかの計画を選択する必要があり，さらに割引を考慮しないのであれば，基本的にコインを投げてどちらかを決めてしまえばよい．しかし，たとえば5％の割引率で純便益を割引くことを仮定してみたい．その場合，二つの対策の割引された純便

第8章　分析の基本原則

益の合計は以下のようになる．

A = 74.47ドル
B = 77.23ドル

割り引かれた後では，事業Aの純便益よりも事業Bの純便益の方がより高い現在価値を持っている．割引は純便益をより早い時期に発生させる計画の相対的な価値を増加させている．あるいは同じことであるが，割引はより先の将来に純便益が生じる事業を不利にさせている．

割引と将来世代

　割引率はいかに小さなものであったとしても，その影響から逃れることができない．1,000ドルも5％の割引率で1世紀に渡って割り引かれれば，現在価値は7.60ドルでしかない．この理屈は将来の費用を考える場合に特に切実な問題となる．環境保護論者が割引に対して疑念を持っている理由の一つが，割引が現在の経済活動に起因する将来の損害を軽視する影響を持っているというものである．たとえば，現在世代が短期的に10,000ドルの確実な便益を現在から50年にわたって得られる一方，50年以降に永遠に1,000,000ドルの費用が生じる事業を考えてみたい．これは核エネルギーの利用と地球温暖化の防止に関して，現在世代が選択に直面している状況と似ている．現在世代にとって，10％で割り引かれた永遠に生じる将来の費用の現在価値は85,000ドルでしかない．これらの費用は現在世代の意志決定に特に重くのしかかるものではない．便益の現在価値（毎年1,000ドル×50年の便益を10％で割り引いたもの，つまりは99,148ドル）は将来の費用の現在価値をしのぐものである．そのため現在世代の視点から考えれば，永遠の費用負担をすべての将来世代に課すものではあるが，この事業は選択すべき事業ということになる．

割引率の選択

　割引による操作は将来にわたって生じる純便益を現在価値化して集計してしまうので，その結果はどの割引率を採用するかによって重大な影響を受けることになる．低い割引率はある年の1ドルと他の期の1ドルの価値が近いことを意味している．高い割引率は現在に近い期にある1ドルの価値を，その後の期に生じる1ドルの価値よりもより価値あるものとしていることを意味している．そのため割引率が高ければ，相対的にみて短期的に高い純便益（つまり，高い便益と低い費用）を持つ計画に資源をつぎ込むことが推奨されることになる．割引率が低ければ，反対により遠い将来に高い純便益が生じるような計画が選ばれることになる．

割引率の選択は長年に渡って議論のあるトピックであるため，ここではその議論を簡単に整理したい．まず心にとめておかなければならないことは**実質の割引率と名目上の割引率**との違いである．名目上の割引率は実際に人々が市場で目にする割引率である．この名目上の割引率に物価上昇率に対する調整を行ったものが実質の割引率である．利子率を8％として100ドルを銀行に預けたとする．10年後には預金は216ドルになっているが，これは金額上の話である．10年の間に物価が年平均3％上昇しているとする．その場合，貯まった預金の実際の価値はより小さくなり，実際には預金に適用される実質の利子率は5％（8％－3％）にしかならない．そのため，実際にたまった預金の10年後の価値は161ドルでしかない[5]．もし費用の推定値が期待される実質の費用ならば，つまり想定される物価上昇率で調整されているならば，実質の利子率が割引のために用いられることになる．もし費用の計算が名目上の数値を使っているならば，割引する場合には名目上の割引率が使われることとなる．

割引率は異なる年に発生する便益や費用に対して，現在世代が与えている相対的な重みづけを反映している．そうではあるが，ちょっと見ただけでも，普通預金や定期預金，銀行ローン，国債など多数の利子率が常に用いられている．ではどの率を用いればよいのだろうか．この質問に対しては，基本的に**時間選好アプローチ**と**限界生産力アプローチ**という二つの考え方が存在する．

時間選好アプローチに従えば，割引率には人々自身が時間をどのように考えているかが反映されている．一般的にはどんな人でも10年後の1ドルよりも今日の1ドルを好むが，これを経済学的に言うと，人々は**正の時間選好**を持っているということになる．ある割合の利子が支払われる銀行口座にお金を預けて貯蓄することは誰もが行うことである．これらの貯蓄口座の利子率は，人々に現在の消費を我慢してもらうために銀行が提供しなければならない利子を示している．そのため，平均的な貯蓄預金の利子率は人々の平均的な時間選好を反映していると見ることができる．この考え方の問題点は，人々の時間選好の決定方法が複数あり，それらはすべて同じである必要もないことである．Resources for the Future[6]の経済学者は，人々に今日10,000ドル受け取ることと，5年後あるいは10年後により多くの金額を受け取ることとの選択に関する大規模調査を実施している．その結果は，5年の対象期間における割引率は20％であり，10年の対象期間における割引率は10％であることを示していた．これらは調査時点における預金に対する利子率を大幅に上回るものであった．このことは，標準的な市場の割引率は，人々が使う実際の割引率を的確に反映していないことをわかりやすく示唆している．

正確な割引率を決定するためのもう一つのアプローチは，**投資に対する限界生産**

力の考え方に基づくものである．生産力のある企業に投資を行う際，人々は今日の投資コストが将来の見返りで相殺されることを想定している．そうでなければ投資は行われない．この考え方に基づけば，資源が公共部門の自然資源あるいは環境保護政策に使われる場合，それらは平均して民間部門において稼げたであろうものと同等の社会的貢献を生み出すべきということになる．民間部門の生産性は借り受け企業に対して銀行が適用する利子率に反映されている．そのような理由から，民間企業が投資目的でお金を借りる際に支払う利子を反映した割引率を使うことになる．一般的にこれらは貯蓄預金の利子率よりも高いことになる．

配分の問題

効率性という視点に立った場合，関連するのは総便益と総費用だけであり，効率性が要求するのは二つの差の最大化だけである．しかし多くの場合，事業や計画により影響を受ける人々の間で，これらの便益や費用がどのように配分されているのかについても関心がある．配分の問題の重要性についてはすでに政治経済的な視点から述べている[7]．自然資源に関係した問題の多くで生じている政治的な争いには，便益を享受する人々と費用を負担する人々が一致していないという事実が往々にして関係している．

これらが大きな論争となっている公平性あるいは平等性の問題である．自然資源の計画に関して（自然資源に限らずどのような計画であれ），配分の公平性に関する重要な一側面は，それが異なる所得階層の人々にどのような影響をもたらすのかという点である．これは**環境正義**に関する運動の主要テーマであり，自然資源に関する事業においても同じような問題が存在している．ここには，基本的に公平性の二つの側面，水平的な公平性と垂直的な公平性が存在している．**水平的な公平性**とは同じような状況にある人々を同じように扱うことを意図している．所得という点から述べるならば，同じ所得階層にあるすべての人々は同じように扱われるということである．これらの人々が同じ純便益の増減を享受しているとすれば，水平的な公平性が実現されていることになる．ここで，典型的な都市住民と典型的な地域住民に以下のような費用と便益が生じる野生動物の再生計画について考えてみたい．

	都市住民	地域住民
便益	80	120
費用	40	80
純便益	40	40

表 8-2　垂直的公平性

	個人 A		個人 B		個人 C	
所得	5,000 ドル		20,000 ドル		50,000 ドル	
事業 1						
便益	150	(3.0)	300	(1.5)	600	(1.2)
費用	100	(2.0)	100	(0.5)	100	(0.2)
純便益	50	(1.0)	200	(1.0)	500	(1.0)
事業 2						
便益	150	(3.0)	1,400	(7.0)	5,500	(11.0)
費用	100	(2.0)	800	(4.0)	3,000	(6.0)
純便益	50	(1.0)	600	(3.0)	2,500	(5.0)
事業 3						
便益	700	(14.0)	2,200	(11.0)	3,000	(6.0)
費用	200	(4.0)	1,000	(5.0)	1,500	(3.0)
純便益	500	(10.0)	1,200	(6.0)	1,500	(3.0)

* 数値は年間の貨幣価値を示している．カッコ内の数値はこれらの値が所得に占める割合である．

　注意すべきことは，地域住民の便益も費用もどちらも都市住民よりも大きいものの，純便益はどちらも同じであるということである．つまり，もしこれらの人々が似たような所得であれば，この状況は水平的には公平であると見なすことができる．
　一方で彼らが同じ所得を得ていないとすればどうであろうか．地域住民の所得が都市住民の所得の半分であるとしよう．そうすると，今度は**垂直的な公平性**に疑義が生じることになる．垂直的な公平性は環境が異なる人々（特に所得が異なる人々）に計画がどのような影響を与えるのかを考えるからである．表 8-2 の数値を考えてみたい．これらの値は所得がそれぞれ異なる 3 人（低所得者：個人 A，中所得者：個人 B，高所得者：個人 C）に対して，自然資源に関する三つの事業が生じさせる貨幣的な費用と便益を示したものである．数値の横にあるカッコ書きはそれぞれが所得に占める割合を示している．たとえば事業 1 の実施を考えてみたい．それぞれの個人に発生する純便益は異なるが，それが所得に占める割合は 3 人にとって同じである（1.0%）．この場合，この事業はそれぞれの消費者に同じ比率で影響を与える**比例的な影響**を持っている．
　事業 2 は反対に，低所得者よりも高所得者に比率の高い純便益を提供するので**逆進的**である．事業 3 は高所得者の純便益が所得に占める割合よりも，低所得者の純便益が所得に占める割合が高いので**累進的**な影響を持っている．このように自然資源に関する事業は，その事業による純便益が所得に占める割合が同じか，低いか，

高いかにしたがって，比例的，逆進的，累進的のどれかとなる．

注意したいことは，事業の純便益の影響がある一つの方向性を持っていたとしても，個別の項目で同じ方向性を持っている必要はないということである．たとえば，事業2の全体的な影響は逆進的であるが，その費用は実際には累進的な方向性を持っている（つまり，所得に対する影響として測った負担であれば高所得者の方が大きい）．このケースでは便益がより逆進的なので，事業全体として逆進的となっている．事業3でも同様に事業の全体的な影響としては累進的であるが，費用自体は逆進的となっている．

水平的あるいは垂直的公平性という用語は理屈としては明快であるが，現実社会に存在する自然資源の事業や計画が逆進的あるいは累進的影響を持つのかを把握することは多くの場合極めて難しい．これを知るためには，影響を受ける人々が誰であるのか，そしてそれらの人々の所得がどれだけであるのかを知る必要がある．分析がある程度小さなグループに属する人々を対象とした場合（たとえば，小さな牧場主のグループから自治体に水利権が移譲されるような場合）であれば実現可能かもしれないが，便益あるいは費用が広範囲に及ぶ場合（たとえば，生物多様性の保護から社会全体が便益を受けるような場合）は実現できる見込みはかなり薄いと言える．

不確実性の取り扱い

本章でのこれまで用いた例では費用と便益は**確実性**の下に把握されていると想定されている．しかし，便益と費用の推定には**将来価値**を予想することが含まれるので（価値はしばしば遠い将来に発生する）現実にはそうではない．将来価値は完全に確実な形では知ることができないし，またそのように扱う必要があることを認識しなければならない．ではどのようにすればよいのであろうか．

そのためにはまず，これまでに示してきた結果が実は確実な状況における**点推定値**であったことを理解する必要がある．これらは我々が**最もあり得そうな結果**と考えているものであり，実際の結果が異なっていたとしても驚くべきことではない．不確実性を把握する一つの方法は（感度分析によって）純便益の**範囲**を推定することである．もし，成果が生じる可能性について未確定な情報しか持っていないならば，「純便益がaドルからbドルの間のどこかの値になると強く確信している」といった定性的な表現を行うこともできる．発生確率に関してより正確なデータが存在するならば，「純便益がcドルからdドルの間に90％の確率で存在する」といった統計的な結論を得ることもできる．

自然資源に関する問題の多くは**生物学的な不確実性**を持っている．たとえば，リ

第Ⅳ部　自然資源の分析

チャード・ビショップらによる研究を取り上げてみたい[8]．彼らの研究目的は，五大湖のある地域において実施される魚類の回復事業の費用と便益を計測することであった．ウィスコンシン州の自然資源局は魚類（この場合，イエローパーチ）の資源量を回復させるため，現在の釣り方に対して規制を計画していた．しかし，生物学的な関係性と同時に釣りの活動を低下させることで資源量がどのように反応するのかについて多くの不確実性が存在していた．ビショップらは資源量がどれだけの速さでどれだけの量まで回復するのかについて，異なる想定を持った六つの**シナリオ**を設定することによってこの事例を分析した．それぞれのシナリオについては潜在的な便益が想定されている．想定される全体の便益は，下記の例のようにそれぞれのシナリオの**発生確率で重みづけ**した上で，これらのシナリオに関する便益の平均値として求めている．

シナリオ	便益（100万ドル）	発生確率	便益×確率（100万ドル）
Ⅰ	40	0.40	16.0
Ⅱ	30	0.20	6.0
Ⅲ	20	0.10	2.0
Ⅳ	10	0.20	2.0
Ⅴ	50	0.05	2.5
Ⅵ	60	0.05	3.0
合計		1.00	31.5

このケースにおいて便益の合計である3,150万ドルは**期待便益**と呼ばれるものである．期待便益（不確実な費用に関してこの方法を適用するならば期待費用）は，生物学的なプロセスの不確実性を含めた上での**最もあり得そうな結果**と考えることができる．ビショップの研究では不確実性はシナリオの発生確率によって表現されており，それらは魚類生物学者にそれぞれのシナリオの発生確率の評価をたずねた結果に基づいて設定されている．注目したいことは，確率の合計は1となっており，6つのシナリオはあり得るすべての出来事を示しているということである．

費用便益分析におけるもう一つの不確実性の要因は**経済的な不確実性**である．便益と費用は投入量と産出量の想定価格に基づいているが，それらの相対価格は時間とともに変化しうるものである．将来が想定されるものである限り，費用便益分析の結果が消費量の予測などの情報に依存することも往々にしてある．たとえば，原生自然地域からの便益はバックパッキングのような，ここ数十年の間に米国で生じた野外レクリエーションの急速な需要拡大と関係している．もし新しい原生自然地

域を指定する便益を推定したいのであれば，その前提として，この活動が同じような割合で将来も続くという想定を設けなければならないことになる．

もう一つの不確実性の要因はどの割引率を用いるかである．利子率は経済状況に応じて変化するものであり，これから10年後あるいは20年後の割引率を確実性を持って知る方法は存在しない．単に今日の割引率を使うことで大目に見ることもできるし，過去の平均的な割引率，たとえば過去10年の平均的な割引率を将来の便益と費用の割引に使うこともできる．

要約

この章では自然資源に対する意志決定がもたらす結果を経済学者が評価するための分析手法，特に公共部門の分析手法について見てきた．まず，**費用効果分析**と**経済影響分析**について見たが，特に**費用便益分析**に紙幅を割いた．費用便益分析は公的な事業や計画におけるすべての投入量と産出量を評価し，その必要性を判断する方法である．さらにこの章では，事業の**射程**や適切な規模に関する知見，そして**割引，配分の問題，不確実性**といった経済的な要因について考えた．

注

1) Council of Environmental Quality, "Environmental Quality 1984," Washington, DC, 1985, p. 513.
2) U.S. Federal Interagency River Basin Committee, Subcommittee on Benefits and Costs, "Proposed Practices for Economic Analysis of River Basin Projects," Washington, DC, 1950.
3) レーガン大統領による大統領令は，多少内容を弱めてはいるものの，本質的には1993年9月に公布されたクリントン大領領による大統領令12866号で再確認されている．
4) 慣例にならい，現時点を示す添え字には0を使い，現時点は割引されていないことを確認したい．
5) これらはおおよその値であり，実際には価値は160.64ドルになっており，実質の利子率は4.89%である．
6) Resources for the Future は幅広く知られたワシントンの組織で，資源経済学あるいは環境経済学に基づく調査研究を専門としている．当組織は研究成果を掲載した季刊のニュースレターを発行しており，この情報は Resources for the Future, *Resources*, No. 108, Summer 1992, p. 3. に示されている．
7) 第7章を参照されたい．
8) Richard C. Bishop, "Benefit-Cost Analysis of Fishery Rehabilitation Projects: A Great Lakes Case Study," *Ocean and Shoreline Management*, Vol. 13, 1990, pp. 253-274.

第9章

自然資源の評価

　前章では費用便益分析の全般的な枠組みを見てきたが，本章では自然資源を利用するあらゆる状況において，**投入量と産出量の実際の価値**をどのように計測するのかという問題を考えてみたい．「社会的な価値を最大化させるようにそれぞれの自然資源を利用する」と言うことはたやすいが，具体的な状況において，これらの価値が実際にどれだけあるのかはどう計測するのであろうか．以下のような状況設定を考えてみたい．

- 海岸沿いの町が町営のビーチとして利用するために，海岸沿いの土地を購入することを検討している．土地は現在の所有者から購入しなければならない．この町営のビーチから町民が受ける便益はどのくらいで，その便益は購入する十分な理由となるほど大きなものなのだろうか．
- 米国中西部の州において，魚類と野生生物を管轄する行政機関がその州の一部でハクトウワシの再生のため，かなりの資源を投じる提案をしている．州に住む人々に生じる費用と便益にはどのようなものがあるのか，また州に住んでいない人々に便益は生じるのだろうか．
- 西部の河川を管轄する当局が，複数の魚類のより良い生息域を確保するため，大規模貯水池から下流に供給する水量を制限するよう圧力にさらされているとする．そのような政策を実行することによってどのような社会的便益が生じるのだろうか．
- 森林が水の流出を抑制する効果を損なわないよう，民間企業は大規模な皆伐を避けるように要請されているとする．このような規制の社会的純便益はどれくらいだろうか．
- 西部のある牧場主が，自身の土地で利用料金を徴収してハンターにエルクを狩猟させている．彼のこの事業からの年間収入は200,000ドルにもなる．これはこの土地において野生動物を保全することの正確な便益と言えるだろうか．
- 連邦議会は西部の州において新しい国立公園の設置を検討している．国立公園

を訪問する人々にどのような便益が生じるであろうか．また，その公園を訪れることのない人々にはどのような便益が生じるであろうか．
- ある湿地の一部が湿地の全体面積を長期的に減少させないという条件の下，住宅開発業者によって宅地化されている．しかし，この開発により一時的に5,000羽の渡り鳥がいなくなることになる．ただ5年後には，この水鳥の個体数は元に戻ることが予想されている．この一時的に水鳥がいなくなることの社会的費用はどのくらいであろうか．
- ある行政機関が人里離れた森林の一部を原生自然地域に設定することを検討している．地理的な状況から，実際にはその地域を訪れる人はほとんど存在しないと考えられる．利用者は少ないものの，原生自然地域を設定することに十分な社会的便益は存在するのだろうか．

これらの様々な疑問に答えるには，自然資源自体の評価あるいは自然資源を利用することで生じるサービスの評価が必要である．それぞれの詳細を取り上げる時間もスペースもないため，この章では個別の状況において適用できるように**評価の基本原則**について扱うことにしたい．

便益の評価

便益の種類

まず便益の種類を区分しておきたい．おそらく最も重要なステップとなるのは，価値の源泉が**能動的**か**受動的**かを区別することである．**能動的な自然資源の価値**とは**利用価値**とも呼ばれるものであり，人々が当該自然資源と直接接触する状況にあることからそう呼ばれている．この価値は**消費的価値**と**非消費的価値**に分けることができる．消費的な価値は採取的な自然資源と呼ばれるものから生じるもので，木材や鉱物，ハンティング（レクリエーションによるものと商業的なもの），釣り[1]，農業などがその例である．非消費的な価値（非採取的資源）は，利用できるものの，それによってその質や量が失われたり，減少したりしないもので，エコツーリズムや野生生物の観察，ボート，ハイキング，キャンプ，ロッククライミングなどがその例である．

受動的な自然資源の価値には，人々の実際の自然資源利用とは無関係に，自然資源に対して認識される価値である**非利用価値**と呼ばれるものが含まれている．これらの価値を生み出すものとして様々な動機が提唱されている．
- **オプション価値**：自然資源を将来いつかは利用したいと考えている人々は，自然資源を保護することあるいはそれが存在し続ける確率が増加することに支払

意志額を持つかもしれない．将来訪問する可能性があるので国立公園の維持や拡大に対しては価値が存在する．
- **存在価値**：将来的な利用がなかったとしても，自然資源の存在を維持するための支払意志額が存在するかもしれない．たとえば，人里離れた場所にある原生自然地域の保護，絶滅危惧種の生存確率を上げるための試みに対する支払意志額などが挙げられる．
- **遺産価値と贈与価値**：現在の世代だけでなく，将来世代の人々も特定の自然資源が存在する世界を確実に楽しめるようにするための支払意志額も存在する．たとえば，孫が十分な自然資源のある世界を生きるために，土地を開発しないで保護しておくことに対する支払意志額などが挙げられる．

この章の残りの部分では，資源経済学者がこれらの様々な自然資源の価値を評価するために用いている手法について見ていきたい．

能動的（利用）便益

消費的であれ，非消費的であれ，当該自然資源を人々が実際に使った場合に生じる便益は能動的便益あるいは利用便益と呼ばれている．利用便益はさらに細分化することができ，様々な市場を通じてその価値が示される便益と非市場的な便益がある．市場を介する場合，売り手と買い手のやりとりが取引の価格と量を決定しており，そこから需要者の限界支払意志額と供給者の限界費用が導かれる．評価対象の自然資源それ自体が実際に取引されているならば，そのやり取りを直接評価に利用することができるし，評価対象の自然資源それ自体が取引されていなくとも，密接に関係する他の財やサービスが取引されている場合は，間接的にそれを評価に利用することができる．

直接的な市場価格による分析

何十年もの間にわたり河川に設置されてきたダムを撤去するという提案がなされている状況を考えてみたい．撤去することによる影響の一つは，ダムの設置場所の下流においてマス釣りが復活することである．意志決定を行う際に，他の項目とともにこのマス釣りの純便益がどれほど生じるのかを明らかにしたい．この純便益はまだ存在していないので推定値でしかない．しかし，マス釣りに関連する既存のどこか他の私的市場を想定して考えることはできる．このケースでは，生産者はマスが生息する河川へのアクセスを制限できる人々，おそらく川岸（あるいはその周辺）の所有権を持つ所有者である．このケースでの「生産」とは，マス類の繁殖を

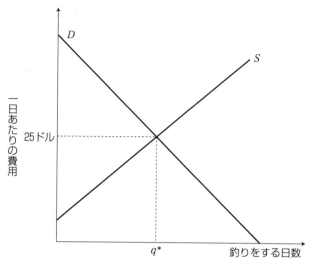

図9-1　釣りの機会に対する市場

可能とするための生息地における水質やその他の条件の維持，釣り場の管理，立ち入り規制の実施である．一方，需要者はマス釣りをすることに支払いをする意志がある人々である．仮に現存する事業を踏まえ，民間企業がマス釣りを一日提供することの平均価格が25ドルであると推定したとする．この価格を新しいマス釣りの便益の推定値として使ってもよいのだろうか．

図9-1は一般的な市場の需要曲線と供給曲線であり，このケースでは民間企業により提供されているマス釣りの市場を想定している．25ドルという価格は供給されている数量と需要されている数量とが釣り合った金額である．需要と供給のどちらにも外部効果が存在せず，また市場が競争的であると想定すれば，この価格は釣りをする日数が q^* 日である場合の**限界支払意志額**と**限界費用**の一つの正確な指標になると言える．そのため，新しい釣り場が供給を限界的に増加させるだけならば（つまり，もし新しい釣り場が登場する結果として，マス釣りを一日行うことに対する市場価格が変化しないと想定するならば），25ドルが限界便益となり，この数値に想定される訪問者数をかけることにより総便益の推定値を得ることもできる．このことは，新しく復活するマス釣りの質が現在営業しているマス釣りとおおむね似ていることを想定している．

市場が存在している場合，市場参加者は市場におけるお互いのやり取りを通じて，原則的に自分たちの価値を顕示しているので，市場を見ることが自然資源の価値を推定する良い方法ということになる．そのため木材や鉱物の便益は簡単に評価する

第9章　自然資源の評価

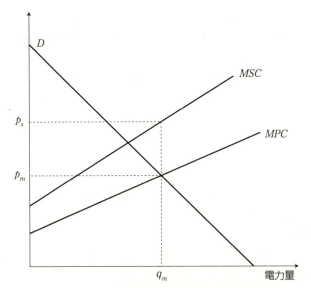

図9-2　外部費用のある場合の電力市場

ことができる．これらは加工されていないそのままの状態でも市場で取引されているし（たとえば，立木に対する市場），収穫された後に商品としても取引されているためである．

　市場データの中には，非採取的な自然資源利用の把握を可能とするデータも存在する．公共のビーチからの便益を評価する際に，この地域における民間のビーチへの訪問者に関するデータが十分に存在するならば，それを用いて推定することができるかもしれない．あるいは，クジラの保護の進め方について政策的な論争がある状況で，クジラが十分に生息していることの便益（少なくともその一部）を明らかにしたい場合は，ホエール・ウォッチングの市場を分析することで便益を推定できるかもしれない．この場合，この市場の供給者はホエール・ウォッチングを実施している民間の船舶会社とクジラということになる．需要者はクジラを見ることのできる海域に行くことに対して支払意志額を持つ人々である．そしてこの市場における価格や需要量，費用が純便益の推定値を得るためのデータとなる．

　ただ，市場価格が社会的便益の正確な尺度とならない場合も多い．たとえば，環境に関する外部効果が存在する場合がそうである．**図9-2**は第6章で紹介した一般的な外部効果のモデルであり，このケースは電力市場に対して適用したものである．D は電力に対する需要曲線であり，電力に対する正確な社会的限界支払意志額を示しているとする．MPC は電力供給に対する私的限界費用曲線，MSC は社会的

155

限界費用曲線である．両者の違いは電力生産に関する外部効果，主には大気汚染に求めることができる．もし，これらの外部効果による影響を価値付けるもの（たとえば，所有権の移転や政府の政策）が何もなければ，電力に対する私的市場の供給曲線は MPC となり，その際の市場価格と電力の取引量は p_m と q_m になる．

ここで人々が電力供給のため風力発電施設を建設することにも関心を持っているとする．これは全体の電力供給に相対的にほとんど寄与しないものであるが，汚染物質を排出する現在の発電技術に部分的に取って代わるものである．仮に，風力発電施設の私的な操業費用がこれまでの発電方法と同じであるとする．この風力発電事業が提供する価値はどのようになるだろうか．もし，単純に現在の電力の市場価格 p_m を使って評価するならば，新しい電力の価値を低く見積もっていることになる．風力発電は電力を供給するとともに，電力産業から発生する外部費用の削減を行っているからである．風力発電を1単位導入することの便益を推定するための正確な金額としては p_s を用いるべきであり，それは現在の電力価格に現時点での外部費用の限界価値が加算されたものとなる．

他の多くのケースでも，市場価格は自然資源に関連する財やサービスの真の社会的価値を十分に示していない．たとえば，政府の補助金や税金が市場価格を誘導している場合，その値は真の社会的な機会費用を反映していないことになる．このようなケースにおける正しい価格は，経済学者が**計算価格**あるいは**シャドウプライス**と呼んでいるものになる．これらは，現在のあるいは期待される市場価格よりも経済的な希少性をより正確に反映した価格である．公共政策がこのような市場の歪みを引き起こしている場合にはシャドウプライスを用いることが特に重要となる．

間接的な市場価格による分析

何らかの調整が必要になるにしても，市場価格は特定の自然資源の価値を評価するためには非常に有用である．しかしながら，直接的な市場が単に存在していなかったり，あるいは良質な価格データが得られない不完全な形でしか市場が存在していなかったりするケースも多い．自然資源の性質自体が市場の形成を困難にしているケースもある（たとえば，きれいな空気は公共財としての性質が極めて強い）．他にも政府の規制が市場の形成を困難あるいは不可能にさせている場合もある（たとえば，米国国内ではハンティングによって得た野生動物を市場に流通させることは法律的に禁止されている）．

このような自然資源は数多く存在している．米国における重要な自然資源の一つは郊外地域の野生生物，つまり人間が集中的に居住する地域のごく近くに住む野生生物である．これらの動物や植物を効率的に管理する上での課題は，都市のスプロ

第9章　自然資源の評価

ール現象が続いていること，そして多くの人々が野生生物に対する価値付けを変化させてきていることである．しかし，人々がこれらの野生生物を売買するような市場は存在していない．ハンティングやバードウォッチングのような関連する市場は存在するかもしれないが，これらから評価される価値は，生物学的な自然資源の真の社会的価値がどれだけであるかという問いのほんの一部にしか答えることができない．原生自然地域におけるバックパッキングの便益も同様である．これらの活動のほとんどは人里離れた，公的に所有された場所で行われている．関連する市場として，たとえば，原生自然地域のガイド事業やバックパッキングで用いる装備の私的市場における売買などは存在するが，私的市場で提供される活動は極めて少ない．

　関連する市場を検討することで自然資源の価値を決定することができるケースもある．そのようなケースでは，関連市場において関係を持っている財の価格や質，量について調べることで自然資源の価値を**間接的に**推定できる[2]．例として，郊外におけるオープンスペースの保護の問題を考えることができる．米国では郊外の開発が続いているため，公園や視覚的な面を考慮した緩衝地帯あるいは生態学的な価値を持つ地域として，土地のある部分をオープンスペースとして保護しておくという考えがある．保護することの費用は排除された開発を行うことの価値である．これらの費用はかなり簡単に計測することができるが，実際に便益はどのように評価するのであろうか．

　人々がオープンスペースを直接的に売買する市場は存在しないが，オープンスペースが影響を与えていると考えられる関連が深い市場として**郊外の住宅市場**が存在する．新築あるいは中古の住宅市場は全国的に非常に活発である．住宅価格は住宅自体の特徴，住宅が位置している地区の特徴など多くの要因から影響を受けている．買い手は与えられた所得の下で，最も望ましい特徴を持った住宅を購入するものと考えることができる．住宅が位置している地区の重要な特徴の一つは，住宅がオープンスペースや保全地域とどれだけ近接しているかである．もしこれらの特徴が実際に一般的な買い手から評価されているならば（プラスにしろ，マイナスにしろ），住宅の市場価格の中に**資本化**されることになる．

　郊外では住宅価格に様々な要因が影響を与えているため，分析には大きなデータセットが必要である．そのデータセットには与えられた期間中に販売されたそれぞれの住宅について，その取引価格と価格に大きな影響を持つと考えられるすべての特徴が含まれている必要がある．これらの中には，たとえば，十分な敷地面積を持つオープンスペースまでの距離があるだろう．そこで統計的な方法を用いてこの距離の変数が住宅価格に影響しているのかどうかを明らかにし，最終的には保護されたオープンスペースの近くに住むことに対する住宅所有者の限界支払意志額を明ら

かにすることになる．

　もう一つの間接的な市場価格による分析は**トラベルコスト法**である．この手法は自然資源の存在する場所を訪れる際に，人々は旅行費用を使っているという事実を利用している．たとえば，多くの自然資源が野外レクリエーションの目的のために人々に利用されている．海岸地域はピクニック・海水浴・釣りに，海岸あるいはその内陸にある湿地はハンティング・バードウォッチングに，森林や山岳地域はバックパッキング・キャンプ・ハンティングに，渓流・河川・湖沼はボート・釣りに，その他様々な場所が様々な形で利用されている．人々がこれらの体験から得る便益は自然資源の質的な特性（ビーチはどれだけ広いか，どれだけ良く釣れるか，登山道からの眺めは良いか）に大きく関係している．しかしながら，すべてではないがほとんどの活動は，レクリエーションを楽しむ人々と自然資源を提供する民間業者との間で直接的な取引が行われていないという意味で市場の外で行われている．そのため，自然資源のレクリエーション需要の推定のために使うことのできる直接的な市場価格はほぼ存在していない．

　レクリエーションを楽しむ人々は，たとえば映画館に行くような形で，これらの自然資源に対して直接的な利用料金を支払うことがほとんどないものの，訪問行動にはたいていお金を支払っている．国有林あるいは海岸沿いの湿原，遠くに位置する湖を訪れることの費用は，これらの地域まで旅行し，特定のレクリエーション活動を行うことの費用である．資源経済学者はこれらの旅行費用を，市場における需要を把握するために用いられる一般的な市場価格を**代用するもの**として使うことによって，需要と便益を導き出す手法を開発してきた．

　旅行費用には基本的に二つの要素が存在している．燃料や旅行を行う過程での宿泊費などの直接的な貨幣的費用と，旅行者が自宅から（あるいはどこか他の出発点から），レクリエーション・サイトまで行くためにかかる時間の価値である．どちらの費用も住んでいる場所が当該レクリエーション・サイトから離れているほど高くなることが想定される．評価の手順としては，レクリエーション・サイトに来ている訪問者に対面の聞き取り調査や郵送のアンケート調査などを行うことになる（場合によっては訪問者以外にも調査を行う場合もある）．調査で聴取するデータは，訪問回数（0の場合もあり得る），旅行費用に関する様々な項目，関連する経済的あるいは人口動態に関する項目（たとえば，所得水準や年齢，学歴など）である．これらのデータを用いることでレクリエーションのための訪問に対する需要曲線を求めることができる．

第9章 自然資源の評価

非市場的な財やサービスの分析

　直接的あるいは間接的な市場価格による手法が適用できない場合に対応して，資源経済学者は支払意志額を推定するための特別な手法を開発してきた．**仮想評価法**は人々の支払意志額をアンケート調査を用いて直接たずねることで決定しようという，単刀直入なアイディアに基づいた手法である．この手法が仮想評価法と呼ばれるのは，条件付きのあるいは仮想的な状況における人々の評価を聞き出そうとするからである．基本的には市場がない状況において，あたかも当該自然資源の市場が存在するかのように質問が行われることになる．

　仮想評価法は，絶滅危惧種，原生自然地域での混雑，釣り，きれいな空気，景観に関係するアメニティ，ビーチでのレクリエーションの質など，幅広い自然資源あるいは環境資源を対象に研究が行われてきた．仮想評価法は環境分野以外でも，たとえば，心臓疾患のリスク削減計画の価値やスーパーマーケットの価格情報の価値，年配者に対する付添人事業の価値などでも用いられている．この手法は，様々な公共財の便益，特に環境の質に関する便益について，多くの人々が合理的に考えて信頼に値する評価ができるものとなるよう開発と精緻化が進められてきた．

　仮想評価法のステップは，
1　評価対象とする環境の質の特徴を特定し，記述すること
2　回答者を選択するためのサンプリングの手続きとともに，対象とすべき回答者を特定すること
3　調査票のデザインを行うとともに，電話調査や郵送調査によって調査の実施を行うこと（近年はフォーカスグループも用いられる）
4　結果を分析するとともに，環境変化によって影響を受ける対象グループの価値を推定するため個人の回答を集計すること

　アンケート調査の最も重要な目的は，自然資源が回答者にとってどれだけの価値があるものなのかを彼らから聞き出すことである．経済学的な言葉で言えば，この方法は対象となっている自然資源を得ないですませるよりも，その自然資源を得ることに対して支払っても構わない最大の金額を表明させていることになる．これを聞き出す最も正面切った方法は，インタビュアー側が促したり，探りを入れたりせずに，単刀直入にその金額をたずねることである．その他の方法としては，調査員がある低額の付け値を提示して，さらにその値を彼（彼女）が上限だと言うまで上げていく，付け値ゲームを用いたものもある．高額の付け値を提示して，その値を下げていき，回答者の閾値を見つける方法もある．他の方法として，回答者にある金額帯に含まれる値（金額）が印刷された回答カードを手渡し，支払っても構わない最大の金額を選んでもらうように依頼する方法もある．**コラム9-1**では仮想評

159

コラム 9-1　仮想評価法による調査での質問例

コネチカット川における水質改善の便益の推定に関する研究
1　コネチカット川におけるマスの再生計画について知っていますか．
2　昨年，野生生物の管理や保護に対して何らかの寄付を行いましたか．
3　仮に寄付を集める民間の基金が設立され，その寄付金をマスの回復計画に使用するとします．あなたはこの基金に最大いくら寄付しますか．
4　あなたは何歳ですか．
5　毎月，余暇にどれだけのお金を使っていますか．

ニューイングランド地方北部の野外レクリエーション便益の推定に関する研究
1　あなたが好きな野外レクリエーションは何ですか．
2　質問1でたずねた野外レクリエーションを楽しむ時間があることを想像してください．以下に示す選択肢だけが実現（選択）可能とお考えください．「ぜひ選択したい」と思う選択肢は5，「全く選択したくない」と思う選択肢は1として，それぞれ選択肢について評定付けを行ってください．もし，「ぜひ選択したい」あるいは「全く選択したくない」という判断が下せないならば，それぞれの選択肢を選ぶ可能性に応じて2，3，4の値を付けてください．

選択肢1	選択肢2	選択肢3	選択肢4
家にいる	バーモント州の州立公園に行く ゴミ持ち帰り 汲み取り式トイレなし 野生生物の増加はなし 訪問あたり1ドルの費用が必要	グリーン・マウンテン国有林に行く ゴミ箱あり 汲み取り式トイレあり 野生生物は25％増加 訪問あたり5ドルの費用が必要	ホワイト・マウンテン国有林に行く ゴミ箱あり 汲み取り式水洗トイレあり 野生生物の増加はなし 訪問あたり2ドルの費用が必要
1　2　3　4　5 ぜひ選択　　全く選択 したい　　　したくない	1　2　3　4　5 ぜひ選択　　全く選択 したい　　　したくない	1　2　3　4　5 ぜひ選択　　全く選択 したい　　　したくない	1　2　3　4　5 ぜひ選択　　全く選択 したい　　　したくない

3　あなたはおいくつですか．
4　あなたは男性ですか，女性ですか．
5　あなたを除き，あなたは何名のご家族とお暮らしですか．

価法の研究で使われている質問例をいくつか示している．

非利用（受動的）便益

人々はグランドキャニオンやある種の野生動物，地域の重要な湿地を保護することから便益を得ているかもしれない．グランドキャニオンや湿地を訪れること，あるいは直接的にその野生動物を観察することがないとしてもである．これらは**非利用便益**と呼ばれている．この種の便益が存在する証拠はすぐに見出すことができる．多くの自然保護団体，たとえば，おそらく最もよく知られた団体である**ザ・ネイチャー・コンサーバンシー**は，寄付を通じてお金を集め，重要な地域を購入して保護を行っている．しかし，一般的な寄付者がこれらの保護地域すべてを訪問することはあり得ないだろう．そのため，この便益の相当な部分は非利用便益に違いないということになる．

先に非利用価値あるいは非利用便益の存在背景にいくつか動機が存在することは見てきた．ここではこれらをどうやって評価するのかという問題について見ていきたい．この問題は現在大きな論争となっているトピックである．もし非利用価値を計測せず，それらを自然資源の便益全体の中に組み入れる試みを行わないならば，かなりの部分の便益が失われることになると考える人がいる．一方，非利用価値は利用価値と比較して，その大部分は取るに足らないものであり，それらを含めようとする試みは，たいていの場合，便益の合計値を誇張させることになると考える人もいる．

可能性のある一つの方法に，人々がザ・ネイチャー・コンサーバンシーのような団体に行った寄付を，重要な自然資源の保護から生じる社会的便益の推定値であるとするものである．ザ・ネイチャー・コンサーバンシーは全国的な団体（実際には国際的な団体）であるが，同じような視点を持った他の団体も存在し，他にも本質的に同じ方向性や同じ活動を追及する地方のあるいは地域的な団体も存在する．たとえば，**コラム9-2**ではオレゴン・ウォーター・トラストを取り上げているが，その基本目的は水利権の獲得であり，個人や民間企業，民間基金，行政機関などから様々な形で資金を得ている．明らかにこれらの資金は，伝統的な水利用と比較して，河川内の流量から得られる社会的便益を示す指標となっている．また，この団体がどちらかと言えば地域のグループであることが，これらの便益がオレゴン州の特定の渓流や河川に対するものであることを示すことにつながっている．一方，河川内の流量を確保することから得られる便益の大部分は，主にはレクリエーションを楽しむ利用者の直接的な利用価値である可能性もある．オレゴン・ウォーター・

第Ⅳ部　自然資源の分析

> ## コラム9-2　オレゴン・ウォーター・トラスト
>
> 　西部のオレゴン州では水利権が何かと火種となってきた．対立の大きな原因は，灌漑のような伝統的な水利用で便益を得ている人々と，河川内での水利用により価値を置く人々がいることにある．1987年，オレゴン州は河川内での水の権利を定めた法律を可決した．河川内での水の権利とは，魚類や野生生物，その生息域，レクリエーション，水質，航行の向上のための権利である．その権利は特定の場所あるいは河川の区間で定まっており，他の有益な水利用と同じような法的位置付けが適用される．このことによって，人々がこれらの権利を確保しようというインセンティブを作り出し，そのことで，そうではない場合よりもより多くの流量を確保しようとしている．
>
> 　この新しい法律に応じて，農業や環境，法律，先住民に関心を持つ人々からなる小さなグループができ，そこから1993年にオレゴン・ウォーター・トラストが設立された．オレゴン・ウォーター・トラストの目的は，河川内での水の権利を定めたオレゴン州の法律の下，水の権利を贈与や貸与，あるいは購入を通じて獲得し，これらの権利を実現しようというものである．1994年から1998年までの間にオレゴン・ウォーター・トラストは水利権の購入に281,000ドルを使い，さらに寄付によって370,000ドル分の水の権利を獲得した．さらにオレゴン・ウォーター・トラストは水利権を短期間貸し与えることも行った．
>
> 出典：Erin Schiller, "The Oregon Water Trust," Center for Private Conservation, Washington, DC, November 1998.

トラストに対する寄付金全体のうち，どれだけの部分がこれらの特定の渓流や河川が生み出す非利用便益によるものなのかも明確ではない．

　寄付金を非利用便益に対する支払意志額の推定値として扱うことのもう一つの潜在的な問題は，便益を発生させている保護対象の自然資源が本質的に公共財であるという点である．公共財が含まれるならば，私的市場に関係した経済取引は当該サービスを過少供給していることになる．つまり，保護を行うような組織に対する民間の寄付金に基づいて，保全対象となる自然資源に起因する非利用価値を評価すると，低く評価することになる．

　そもそも定義から考えても，非利用便益はそれが生じる場所や特定の財やサービスの消費といった要因と独立しているため，ヘドニック価格法やトラベルコスト法はそれらを評価するのにはほとんど役に立たない．このことは，非利用便益を評価

第9章　自然資源の評価

する現実的な方法が**仮想評価法**しか存在しないことを意味している．仮想評価法は利用価値を評価する場合でさえ議論があったため，それを非利用価値に適用する際には更なる論争が生じることになった．仮想評価法に内在している問題が非利用便益を評価する場合にさらに深刻となるのは，たとえば以下のような理由からである．

1. 利用価値の場合，現在あるいは過去のつながりから，受益者が評価対象となる自然資源のことをよく知っていると見なすことができる．非利用価値の場合，過去につながりはあったかもしれないが直接的なつながりがある必要はない．そのため評価対象の自然資源がより不明確であり，仮想評価法は具体的な自然資源の評価というよりも自然資源に対する全般的な態度について評価している可能性がある．

2. 多くの場合，人々は自然資源から利用便益と非利用便益の両方を受けている．そのため，これらの二つの価値の区別をつけることが難しくなっている．たとえば，国立公園の近隣に住んでいる人々は公園地域が保護されているという知識から非利用価値を得ていると同時に，ハイキングやハンティングから直接的な利用価値を得ている．

3. 利用価値に関する場合，誰が主要な受益者であるのかを比較的容易に見つけることができる．たとえばアンケート調査を用いれば，国立公園の利用者層の特徴を明らかにすることができる．しかし，非利用便益が含まれる場合にはこれが適用できない．そのため，非利用価値の受益者を特定するためにアンケート調査の対象範囲をどこまで広げればいいのかという現実的な問題が生じることになる．たとえば，ロッキー山脈に生息するある野生生物を取り扱う場合，アンケート調査は地域住民，州の住民，あるいは国民のだれを対象として実施すればよいのだろうか．

これらの問題あるいはその他の問題により，仮想評価法によって非利用価値を評価することには困難が伴っている．ただ，不可能ではない．研究者は野生生物種の保護や生態学的あるいは文化的な重要性を持つ場所の保護，河川や湖沼の水質といった具体的な場所の環境属性など，多くの非利用価値について評価を行ってきた．**表9-1**はこれらの研究の一部である．

費用の計測

次に費用便益分析の費用に目を向けたい．すべての事業は，昔から行われている自然資源の採取を行う場合の費用のような明確な費用から，自然資源を保護するための代替案を考える際の費用のような目立たない費用まで，何がしかの費用を発生

表9-1　利用者がいない自然資源に対する支払意志額を扱った研究

自然資源	原生自然地域に指定することによる土地の保護
筆者	Walsh, Loomis, and Gillman
結果	（利用者ではないと考えられる）原生自然地域のある州において回答者の保護地域を設定することに対する支払意志額は 14〜19 ドルであった.
自然資源	ザトウクジラ
筆者	Samples, Dixon, and Gowen
結果	回答者（利用者ではない）のクジラを保全することに対する支払意志額の平均値は 35〜60 ドルであった.
自然資源	ハクトウワシとムギツクの仲間（コイ科の魚類）
筆者	Boyle and Bishop
結果	（利用者ではないと考えられる）回答者はムギツクの仲間の保護に 4〜6 ドルの支払意志額を持っており, ハクトウワシの保護事業に 10〜75 ドルの支払意志額を持っていた.
自然資源	アメリカシロヅル
筆者	Bowker and Stoll
結果	保護計画に対する非利用価値は 21〜70 ドルであった.
自然資源	ブリティッシュ・コロンビア州のフレーザー川流域のマス釣りと米国南西部の釣り資源
筆者	Fisher and Raucher
結果	非利用価値は利用価値のほぼ半分であった.
自然資源	ハゲワシ, 野生のシチメンチョウ, タイセイヨウサケ, コヨーテ
筆者	Stevens et al.
結果	支払意志額全体の 93%が非利用価値と特定され, 残りの 7%のみが利用価値と特定された.

出典) Bowker, J. M., and John R. Stoll, "Use of Dichotomous Choice, Non-Market Methods to Value the Whooping Crane Resource," *American Journal of Agricultural Economics*, 70(2), 1988, pp. 372-381; Boyle, Kevin J., and Richard C. Bishop, "Valuing Wildlife in Benefit-Cost Analyses: A Case Study Involving Endangered Species," *Water Resources Research*, 23(5), 1987, pp. 943-950; Fisher, Ann, and Robert Raucher, "Intrinsic Benefits of Improved Water Quality: Conceptual and Empirical Perspectives," in *Advances in Applied Microeconomics*, V. Kerry Smith and Ann Dryden Witte (eds.), Greenwich, CT, JAI Press, 1984; Samples, Karl C., John A. Dixon, and Marsha M. Gowen, "Information Disclosure, and Endangered Species Valuation," *Land Economics*, 62(3), 1986, pp. 306-312; Stevens, Thomas H., Jaime Echeverria, Ronald J. Glass, Tim Hager, and Thomas A. More, "Measuring the Existence Value of Wildlife: What Do CVM Estimates Really Show?" *Land Economics*, 67(4), November 1991, pp. 390-400; Walsh, Richard G., John B. Loomis, and Richard A. Gillman, "Valuing Option, Existence, and Bequest Demands for Wilderness," *Land Economics*, 60(1), 1984, pp. 14-29.

第9章 自然資源の評価

させている．費用は「重要な問題ではない」と間違って認識されたり，容易に推定できるものと思われたりするため軽視される傾向がある．しかし，正確な費用を決定することは困難なことも多く，実際に重要な問題でもある．費用便益分析において費用を過小あるいは過大に見積ることは，便益を過小あるいは過大に見積もることと同様の影響を与えるものである．さらに政治的な場面においては，ほとんどお決まりであるが，事業は代替案の真の社会的費用（あるいは便益）の十分な検討なしに，政治的な論争の最中に決められてしまう．だからこそ，費用便益分析における費用は便益と同じくらい重要なものとして取り扱われるべきである．

全般的な問題

　費用の分析は様々なレベルで行われる．最も基本的なものは，新しい州立公園の設置や地域の湿地保護計画のような，ある一つの地域社会あるいは企業が自然資源に関する事業や規制にかける費用の分析である．これらの費用の推定はそれでも困難であるが，地理的な広がりや計画の物理的性質が限定されていたり，明確に定義されていたりするので，その推定は比較的容易であると言える．より規模の大きなものとしては，たとえば，米国北西部のすべての木材企業やカリフォルニア州の牧場経営者，北東部の消費者など，比較的大きなグループに対する規制や計画などが想定される．その場合，大抵サンプリング調査が必要であり，また調査対象となるグループの間にはかなりの多様性が存在するため，費用データの収集はかなりの大仕事になる．最も規模の大きなものは国家的な費用の推定であり，たとえば，国際的な石油取引の禁止が米国経済に与える影響などを挙げることができる．

　社会的費用の発生経路は資源利用[3]の**機会費用**が生じる場合と**価格変化による費用**が生じる場合の二つが考えられる．第4章で議論したように，ある利用方法で自然資源を使うことで生じる機会費用は別の利用方法の中で最も高い価値を生み出すものの価値である．この代替案の価値は，社会が自然資源をその利用方法で使用することを我慢することの価値でもある．ただ，この「社会」という言葉には注意が必要である．費用はすべてのタイプの個人，企業，行政機関，産業，団体で発生するものである．それぞれは各々の見方を持っており，それぞれは自分たちに直接的に降りかかってくる費用に注目している．前にも強調したように，社会的費用には**私的費用**に加えて，自然資源利用の結果生じるすべての費用，つまりすべての**外部費用**が含まれている．ほとんどの人は機会費用の概念に対し，直感的な感覚を持ってはいるものの[4]，具体的な状況設定で費用がどの程度であるのかを明らかにしようとするとつまずくことになる．投入物が市場価格を持っている場合は，市場が十分に競争的ならば，その価格は通常は機会費用の適切な推定値とみることができる．

165

第Ⅳ部　自然資源の分析

　一方，価格変化は自然資源に対する実際の支出という形をとる費用とは概念的に多少異なった費用を生産者および消費者に発生させている．これらの費用を計測するためには，価格変化が生じる市場の需要曲線と供給曲線について良質なデータが必要である．たとえば皆伐規制は，伐採費用と木材価格も変化させているかもしれない．これらの影響を予想するには木材市場の需要要因と供給要因に関する知識が不可欠である．これらの分析には適切な統計的分析が必要となる．

施設整備の費用

　おそらく扱いが最も簡単なケースは，設備を建設したり，維持管理したりする事業の費用を計測することである．たとえば，ダム（近年はダムの撤去）や灌漑施設，公園の遊歩道およびビジターセンター，野生生物の保護区設置と再生事業，海岸の再生事業などが該当する．ここで関係してくる費用のほとんどは，事業に使われた投入物の機会費用，初期の建設に必要となる**資本金**，その事業の事業期間にわたって生じる毎年の**事業費**と**維持管理費**である．この種の費用に関する情報は，技術工学的知見あるいは科学的知見を用いる必要がある当局が持っている．

公的規制の費用

　自然資源の問題に対する公共政策のほとんどは施設整備には関係がなく，代わりに関係が深いのが民間に対する**公的規制**である．このケースでは規制によって影響を受ける民間事業の費用が何なのかを知っておく必要があるので，多くの場合，費用の推定はより困難である．たとえば，皆伐に関する規定や化学物質の使用，一定面積を野生生物の生息域として手つかずのまま残すなど，公的機関が民間の木材伐採業者に適用する様々な規制を考えることができる．これらの規制は民間企業の費用を変化させることになるが，費用の変化は供給曲線のシフトをもたらし，その結果，生産量の変化も引き起こし得るので，このことは問題をかなり複雑化させる．このことが公的規制の費用を求めることを困難にしている．

　たとえば図9-3について考えてみたい．この図は，たとえば，地域の小規模伐採業者が絶滅の恐れのある野生生物の生息域を保護するための新たな規制に直面する中，小面積の林業活動を行おうとしている状況と考えることができる．ここでは地域的な影響だけが考慮されているので，国レベルでの木材価格に対する影響については想定する必要はない．言い換えれば，地域の伐採企業全体の伐採に対する需要曲線は D で示されたように平ら（横軸と平行）である．規制の導入前の伐採業者の限界費用曲線（すなわち供給曲線）と交差するので $MC_1 = S_1$ である．したがって，生産量の全体は q_1 であり，全体の費用は $c+f$ である．

第9章 自然資源の評価

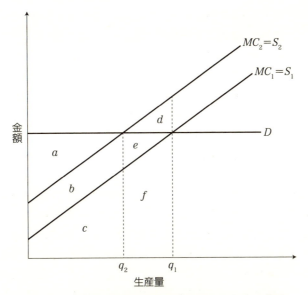

図9-3　木材伐採業者が規制に直面するときの費用

　限界費用曲線が$MC_2 = S_2$と上方向にシフトして描かれているように，規制は伐採費用を上昇させている．もし生産量が不変であれば，費用の全体的な増加は$b + e + d$で示される．しかし，固定価格の上に費用が加算されるので，たいていは生産量の調整が行われることになる．描かれたケースでは生産量はq_2に減少している．変化の大きさを評価する一つの方法は，変化の前後における純便益に注目することである．規制の前は$a + b + e$であるが規制の導入後はaであり，減少した純便益が$b + e$分だけ存在している．注意したいのは，この値が生産量を一定にした場合の費用増加の値$b + e + d$よりも小さいことである．生産量を低下させることで，生産量を変化させなかったとしたら生じていた費用増加の一部を回避している．

　規制の適用による費用を計測するためには，(1)限界費用あるいは供給曲線が規制によってどれだけ上方にシフトするのか，(2)費用の変化の結果として，どの程度まで業者は生産量の調整を行うのか，に関する情報が必要である．では，どこで産業の費用構造を分析するための費用データを入手できるのだろうか．一般的にはその産業自身からである．多くのデータはアンケート調査票を該当する産業の企業すべてに，あるいはサンプリングされた企業に送付することで行う**費用調査**によって得ることができる．実際にはこれらの企業に対して，雇用者数や生産プロセスにどのようなものを使っているか，原料やエネルギーの費用など供給に関する情報を

たずねるアンケート調査票を送付する．企業からの回答が詳細で，回答率も十分に高ければ，その産業の基礎的な費用条件を明らかにすることができ，また，自然資源の利用に関する規制によって，企業がどのような影響を受けるのかについて，十分な知識を得ることができると期待される．しかしながら，これらの企業が正確なデータを提供するかどうかについては明らかに疑問が存在する．なぜならば，規制をかけられる企業自体が，規制を設定するための費用データのかなりの部分の情報源となっているためである．そのため，規制に適応するための費用を過大に表明すれば，より弱い規制でも十分であると行政機関に思い込ませることができると企業に期待を抱かせることになる．

費用調査のもう一つの問題点は，多くの費用調査は，新しい規制の下での将来の費用に関する調査というよりも，過去のデータに関する情報を得るものであることである．おそらく企業も，推定した将来の費用よりもより信頼性のある過去のデータを報告するであろう．しかし，過去のデータは将来のよい指針にはならないかもしれない．特に環境規制はその定義からしても企業を今までにない状況に直面させるものであり，同時に将来的な技術革新が費用に大きな影響をもたらし得るためである．このような状況においては，アンケート調査によるデータに加え，技術工学的な調査データも付け加えることになる．

図9-3で注意したいことは，規制はq_1からq_2への生産量の減少をもたらしていることである．このことは，現時点においてこの産業が使っている量の資源はもはや必要ないということである．ある種の投入量，たとえば，エネルギーや様々な材料のような投入量は容易に減らすことができる．しかし，労働力のような投入量はより一層複雑である．概ね完全雇用である経済システムでは，ある産業から減少した労働力は他の産業に転換される．経済の規模が大きければ大きいほどこの転換は容易である．しかしこのケースにおいては，調整の問題（一時的なものもあれば長期的なものもある）はかなり難しいと言わざるを得ない．産業が縮小することで影響される直接的な所得だけでなく，その産業をサポートしたり，従業員にサービスを提供したりする産業にも二次的な影響が発生しうることになる．このタイプの調整費用は，たとえば，森林に対する規制に伴う製材業の縮小や過剰な漁獲の削減を目的とした規制に伴う漁船の減少のように，自然資源管理を政治的に慎重な対応が求められる問題にさせるものである．

規制は消費者が支払う**価格の上昇**という別のタイプの費用も生じさせる．図9-3で触れなかったのは，図9-3は大きな産業のほんの一部のみを想定し，規制は生産物の価格に影響を与えないと想定していたためである．しかし，規制が産業の全体あるいはかなりの部分に影響した場合，消費者は**価格効果**を受けることになる．

第 9 章　自然資源の評価

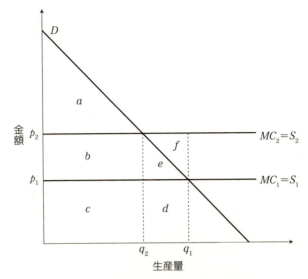

図 9-4　消費者に対する規制の効果

　これらはある意味，機会費用の概念とは異なった費用である．消費者から支払われる価格が変化した場合，厚生の上昇と低下が発生する（価格が低下すれば消費者は利益を得るし，価格が上昇すれば消費者は損失を被る）．**図 9-4** がその分析である．ここでは右下がりの需要曲線と横軸と平行な限界費用あるいは供給曲線との関係を示している．初期の価格と数量との関係は p_1 と q_1 である．ここで法律化された規制は限界費用を $MC_2 = S_2$ にシフトさせる．価格は新たに p_2 に上昇し，これにより消費者にとって状況は悪化する．ただ，それはどの程度であろうか．もともとの消費量 q_1 にその価格上昇分をかけたとすれば，その合計は $b+e+f$ となる．ただ，ここでは再び消費者が価格上昇に対応することを考えなければならない．図において数量は q_2 に減少している．費用の上昇によってもたらされる純便益の変化は $b+e$ となる[5]．数量を調整することで，数量変化がなかった場合の状況と比較して消費者は費用を減少させている．

　この費用を特に事前に推定するためには，費用の変化がどのようなものかを知っているだけでなく，その産業の**需要の状況**も知っておく必要がある．これは重要なことであり，規制の費用を測るためには，費用と同時に検討対象の産業が直面している需要曲線についても知っておかなければならない．

169

要約

　この章では自然資源が利用される状況で生じる便益と費用を，分析者が実際にどのように計測するのかについて議論した．便益は**利用便益**と**非利用便益**，また**消費的便益**と**非消費的便益**に分類できた．自然資源の非利用便益は**オプション価値，存在価値，遺産価値**から構成されていた．**直接的な市場価格**は外部費用や外部便益を考慮して調整される必要があるが，多くの場合，様々な種類の自然資源利用の便益を測るために使うことができる．自然資源の利用が市場財の消費と密接に関係しているケースにおいては，市場価格は**間接的**にも使うことができる（たとえば，住居周辺のオープンスペースの価値など）．トラベルコスト法は野外レクリエーションの便益を推定するために頻繁に利用されてきた．非市場便益を計測する場合，最も一般的に用いられてきた手法は**仮想評価法**である．基本的にアンケート調査による手法であり，回答者に自然資源をある方法で利用することに対する支払意志額を直接的にたずねることになる．

　費用の計測は便益の計測よりも容易であると考えられているが，正確な費用はしばしば推定が難しくなり得るものである．物理的な事業（たとえば，ダムや野生生物保護区，灌漑施設）の場合には自然資源を次善の用途に利用した場合の価値である**機会費用**の概念が重要であった．規制（たとえば，皆伐の規制や漁業に対するアクセスの規制）に関しては，規制に対応することで生じる企業の機会費用の変化と，財やサービスの市場の**価格変化**に起因する消費者の費用の両者が存在した．

注

1) ただし，キャッチ・アンド・リリースをする釣りは非消費的な自然資源利用かもしれない．
2) これらの研究は**ヘドニック価格法**と呼ばれている．
3) 「資源」には二つの意味が存在することを思い出してほしい．「自然資源」を短縮して資源として使われる場合と，投入量と似たような一般的な意味として使われる場合である．ここでは後者の意味で用いている．
4) たとえば時間の機会費用は，ある決められた時間を複数の仕事に割り当てる場合に関係してくる概念である．
5) 変化前の純便益は $(a+b+c+d+e)-(c+d)=a+b+e$，変化後の純便益は $(a+b+c)-(b+c)=a$ である．よって，その変化は $b+e$ となる．

NATURAL RESOURCE ECONOMICS
An Introduction

Section V
APPLIED NATURAL
RESOURCE PROBLEMS

【第Ⅴ部】
自然資源の問題への適用

　本書の残り部分では，具体的な自然資源の問題を分析していきたい．それぞれの自然資源について，実際に起こっている難題を単に記すだけでもかなりの分量となる．世界は自然科学的にも，人口構成的にも，そして経済的にも極めて多様であり，自然資源の問題もそれに応じて多様だからである．個別の章において，それぞれの自然資源について包括的に論じることはできないので，むしろいくつかの重要となる問題について概観し，簡単な経済分析のツールを使ってそれらを明確化し，そして採り得る解決策を指摘していきたい．

第10章

鉱物経済学

　鉱物とは様々な固体無機物のことであり，通常，地中または地上に存在している．人間は多様な目的に鉱物を使用している．鉱物は**燃料用鉱物**と**非燃料用鉱物**に区分することができる．燃料用鉱物はエネルギーの第11章で説明する．非燃料用鉱物はさらに**金属**と**工業鉱物**に区分できる．金属に区分される主なものには，鉄，ニッケル，ボーキサイト，**貴金属**などの**鉱石**がある．工業鉱物に区分されるもので重要なものには，**天然骨材**（砕石や砂，砂利），**セメント**，**無機肥料**（リン鉱石やカリ），**研磨剤**，**宝石用原石**がある．表10-1は2004年に米国で生産された主な鉱物の数量と金額を示している[訳注1]．

　鉱物は典型的な**枯渇性資源**の定義，すなわち第2章の表現を借りれば，自然増加量 ΔS が0であると考えられる．埋蔵量を一定と考えると，原料としての使用可能量は厳密に補充不可能であり，時間とともに減少するだけである．鉱物には様々な**品位**（グレード）が存在するため，鉱物の使用可能量をめぐる状況は必ずしも明確ではないことが次節で示されるが，それでも鉱物に対して枯渇性の概念が適用できることは間違いない．最初に分析するのは，枯渇性資源の利用可能な埋蔵量が与えられた時，どの程度の水準で採掘し，利用すべきかという，概念的には単純であるが古典的な問題である．続いて鉱床の**探査**，発見，開発といったより幅広い問題を取り扱う．ここでは確認済みの鉱物資源をどの程度の水準で使い切るかという問題だけではなく，新しい鉱物資源を見つけるためにどのくらい費用をかけるかという問題も含まれる．最後に鉱物は原材料の中心的存在であるため，リサイクルの経済分析に焦点を当てる．

訳注1）2011年に発表された環境白書によると，日本では金属系資源はほぼすべてを輸入に頼っている．一方，非金属鉱物系資源（土石など）は逆にほぼすべてが国内で採取・採掘されている．バイオマス系資源（木材など）については約半分を輸入に頼っている．

表10-1　米国における主要鉱物の生産量（2004年）

	生産量*	金額†	世界の生産量に占める割合(%)
金属			
銅	1,160	3,420	8
金	258,000	3,400	11
鉄鉱	54,900	2,080	4
鉛	430,000	523	15
モリブデン	42,000	1,420	30
パラジウム	13,700	102	**
銀	1,250,000	268	6
計	—	12,500	—
工業鉱物			
ホウ素	1,210	626	27
臭素	222	191	40
セメント	92,400	7,110	5
粘土	24,600	157	**
石灰	20,000	1,370	16
リン酸塩	35,800	955	25
塩	45,000	1,270	22
砂，砂利	1,240,000	6,590	26
砕石	1,590,000	9,590	**
計		33,200	—

* 1,000トン，ただし金，銀，パラジウムはキログラム
** 入手不可
† 100万ドル

出典）U.S. Geological Survey, *Minerals Yearbook 2004*, Washington, DC, http://minerals.usgs.gov/minerals/pubs/commodity/statisticalsummary（accessed Febraury, 2007）

地質学的要因と採掘費用

　銅は世界中に広く分布している．地殻には平均して63ppm の銅が含有していることになる．しかし，実際に採掘が行われるのは，鉱石中の銅の含有率がかなり高い，限られた特定地域のみである．言い換えると，現在の採掘技術を用いるとすれば，含有率が高い地域でのみ妥当な費用で採掘や製錬が可能である．したがって，銅（およびその他のほとんどの鉱物）は物理的な意味では枯渇性資源ではあるが，実際には図10-1に示されるような品位と数量に関する長期的な関係が存在してい

第10章 鉱物経済学

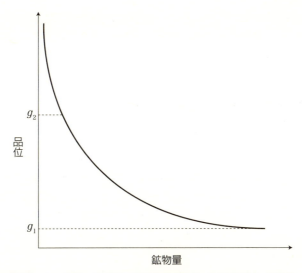

図10-1　品位（原料中の鉱物含有量）と鉱物量との関係

る．非常に品位の高い鉱床は極めて少量しか存在していないが，品位の低いものまで広げていくと潜在的な供給量は増加する．

図10-1のg_1で示されているのは極めて品位の低い鉱床である．これは平均的な地殻存在量に相当し，この時の潜在的な供給可能量は非常に大きい．この供給量は明確な値が存在しているようにも見えるが，実際には全く推測的なものにすぎない．現在，利用可能な技術のもとでは図のg_2で示されるような**最低可採品位**が存在し，これは経済的に採掘や製錬が可能な最低限の品位を意味している．地質学的な探査と推測により，この最低可採品位以上の水準で現在どれだけの量が利用可能なのかを知ることができるかもしれない．しかし，g_1からg_2までのこの関係は極めて不確実なものである．徐々に上昇することもあれば急激に上昇することもあるだろう．あるいは様々なところにデコボコがあるかもしれない．品位と鉱物量に関する現実の関係を明らかにするためには地質学的な理論や探査のさらなる進展が必要であり，長い年月が不可欠である．

このことから，鉱物の品位が低下すると供給量が増加することがわかる．また，品位が低下すると採掘や製錬の費用が増加する．そのため，鉱物などの枯渇性資源の採掘や供給に関する経済学においては，以下の二つの本質的な疑問に答える必要がある．すなわち，(1)すでに知られている資源量や品位の鉱床を前提とした時，社会的な効率性を考えるとこの埋蔵量をどのような水準で使用すべきか，(2)まだ

175

知られていない鉱床を見つけるために，経済的効率性を考えると地質探索はどこまで行うべきか，言い換えると，地質探索や発見のためにどれだけの費用を投下すべきかという疑問である．この二つの問題に対して順番に検討したい．

既知の鉱物資源に対する採掘の経済学

この節では枯渇性資源に対して簡単な経済学を適用して，枯渇性資源が既知の資源量だけであることを前提とした時，どのような水準で採掘し，使用すべきかという基本的な問題を検討する．この問題に対し，単純だが問題の構造を把握できるように，今年と来年の二期間に限定して分析することにする．二期間の分析は明らかに非現実的ではあるが，この問題における効率性の本質は「今日」と「未来」のバランスを達成することであり，このトレードオフの論理は，この単純なモデルで非常にうまく調べることができる．

ある地域内で鉱床が発見され，その地域住民の利益のために鉱物資源を採掘することを決定したとしよう．その鉱物の市場が存在し，また分析を単純化するために，採掘に際して環境問題は生じないと仮定する．この地域の産出量は市場全体に比べて十分に少ないとすれば，どんな産出量を選んでも市場価格で売却できると想定することができる．したがって，**図10-2**で示されているように，二期間のこの地域の産出に対する需要曲線 D_0 と D_1 はほぼ水平となる．さらに価格は一定と仮定する．価格は現時点で明らかになっており，来年の価格は今年の価格と等しいとする[1]．限界採掘費用曲線は MC_0 と MC_1 で示されており，これらも等しいとする．図10-2に示されているように，これらは右上がりの直線となっている．

図10-2のパネル(a)と(b)で示された状況では，この鉱物資源の静的に効率的な採掘水準は各期間で等しく，この水準は条件 $p=MC$ で示されるところ，つまり200単位となる[2]．鉱物資源の利用可能な総量が400単位を超えているならば本質的に問題は生じない．つまり，各期間で静的に効率的な水準で鉱物資源を採掘できる．この単純な状況では，複数期間の効率的な生産計画は毎年同じ産出を行うことである．しかし，鉱物資源の総量が400単位を下回っている場合，たとえば300単位しかない場合を考えてみよう．2年間を毎年200単位の採掘水準では鉱物資源の利用可能な総量を超過してしまう．したがって，**今年の採掘量を増やすことは来年の採掘量を減らすことになり，逆の場合もまた同様**である．異時点間の効率的な生産計画を決めるためには，鉱物資源の資源量に対してこのような全体的な制限があることを考慮する必要がある．

この問題に対しては少しだけの数式を使って説明するのが簡単である．静的な効

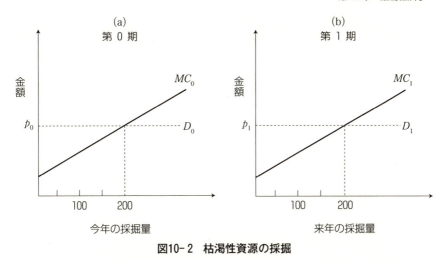

図10-2 枯渇性資源の採掘

率性では一つの産出水準を選択する必要があるが，ここでは今年と来年の二期間の産出水準を同時に決める必要がある．ここで純便益の現在価値を最大化することをこの地域が求めているとしよう．二期間モデルの純便益（NB）の現在価値（PV）は以下で示される．

$$\text{純便益の現在価値}(PVNB) = (\text{今年の純便益}) + \frac{1}{1+r}(\text{来年の純便益})$$

ただしrは割引率である．

この式の右辺の二つの項目がどちらも同じ符号を持つため，この異時点間の問題には**トレードオフ**が内在していることになる．まず初期産出量としてq_0とq_1から開始したとしよう．もしq_0が変化すると，それにより右辺の第1項が変化するが，q_1にも影響を及ぼし，右辺の第2項が**逆の方向**に変化する．第1期に産出量を増やせば，第2期の産出量は減らさなければならない．この二つの産出量が$PVNB$の最大化を達成するのは，今年の純便益の変化で来年の（割引された）純便益の変化がちょうど相殺される時である．この条件は以下のように示すことができる．

$$(\text{今年の純便益の変化}) = \frac{1}{1+r}(\text{来年の純便益の変化})$$

どちらの年も産出量の変化が小さい場合，純便益の変化はその年の$p-MC$に等しい．したがって，先ほどの式は次のように書き換えることができる．

$$p_0 - MC_0 = \frac{1}{1+r}(p_1 - MC_1)$$

この式を満たす産出量 q_0 と q_1 は異時点間で効率的な採掘量の組み合わせを示している．

上式の意味を明らかにするため初期生産量の組み合わせが $q_0 = q_1$ の場合を検討してみよう．これは**図10-3**のパネル(a)に示されている．需要曲線と限界費用曲線がどちらも二期間で同一なので，この生産量の組み合わせでは $p_0 - MC_0 = p_1 - MC_1$ が成立する．しかし，$r > 0$ である限り以下が成立する．

$$p_0 - MC_0 \neq \frac{1}{1+r}(p_1 - MC_1)$$

これは同じ生産量の組み合わせ（$q_0 = q_1$）が，異時点間における効率性の条件を満たさないことを意味する．この条件を満たすには，上式の左辺の項は減少し，右辺の項は増加しなければならない．

そのためには q_0 を増加させ，q_1 を減少させる必要がある．q_0 の増加は $p_0 - MC_0$ を減少させ，q_1 の減少は $p_1 - MC_1$ を増加させるからである．まとめると，1年目の採掘量 q_0 が2年目の q_1 を上回るため，動的に効率的な生産量の組み合わせは現在の方向へと「傾斜」することになる．この状況は図10-3のパネル(b)に示されている．ここでは q_0 と q_1 の効率的な値が q_0^* と q_1^* で示されている．

したがって，図10-3のパネル(b)を見れば分かるように，異時点間において効率的な組み合わせでは $q_0 > q_1$ であり，生産の組み合わせは**現在に向かって傾斜**している．この背景には，割引率の存在があり，需要曲線と限界費用曲線が各期間において同一という仮定，さらに当然ながら地域住民の目的が採掘の現在価値を最大化することという仮定がある．

現実世界においては採掘を行うのは民間企業であることが多く，その場合，民間企業が鉱床を所有しているか，公的に所有されている鉱床の採掘権を持っている．第6章では私的市場が社会的効率性を達成するための条件について議論したが，この議論はここにも適用される．つまり，この産業において競争が行われており，需要と供給のどちら側にも外部効果が存在しないという条件である．しかし，ここでは別の要因を追加する必要がある．すなわち，民間企業が用いる割引率が社会の観点から最適な割引率であるという条件である．たとえば，高すぎる割引率が用いられると，民間企業が鉱物を採掘する速度は社会的に効率的な採掘速度に比べて速すぎてしまうだろう．

このような場合，地域住民は何か対策を持っているだろうか．第7章で政策オプ

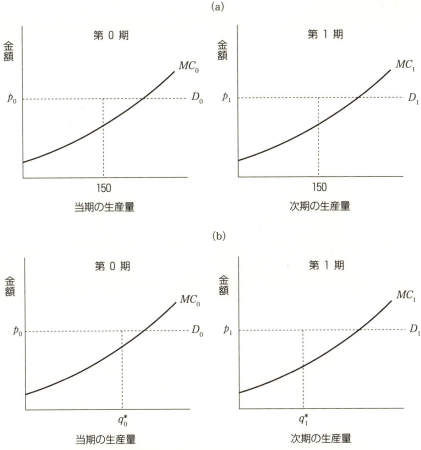

図10-3 パネル(a):生産量が一定の組み合わせ,パネル(b):異時点間における効率的な生産量の組み合わせ

ションを議論したように対策はもちろん存在する.一つは直接規制であり,これは民間企業の採掘割合の上限を定めるものである.もう一つは税金を用いるものである.特に鉱産税は採掘された鉱物の単位あたりの税金であり,これを用いることで採掘量の組み合わせを将来の方向へ傾斜させることができる.また,民間企業の純収益の一部を地域住民に移転するために,地域住民によって鉱山使用料が徴収されることもあり得る.

資本価値

効率的な採掘量を調べるにはもう一つの有用な方法がある．以前の章で紹介した**資源レント**という言葉を思い出してほしい．資源レントとは，自然界の中に存在している状態での自然資源の限界的な1単位当たりの価値のことである．言い換えると，鉱床の資源量を何らかの方法で1単位追加したとしたら得られるであろう価値のことである．第0期における資源レントの価値は $p_0 - MC_0$ であり，第1期の資源レントの価値は $p_1 - MC_1$ である．しかし，効率性を達成するためには以下の条件が必要である．

$$p_0 - MC_0 = \frac{1}{1+r}(p_1 - MC_1)$$

これは次式のように書き換えることができる．

$$\text{Rent}_1 = (1+r)\,\text{Rent}_0$$

つまり，最適な採掘量の組み合わせとは，資源レントが割引率 r の割合で増加するようなものである．

地域住民が用いる割引率（r）は，その他の生産的資産に投資した時の収益率（たとえば，最も単純なものとしてはお金を貯金した時に得られる利息など）と等しいとする．そのため，効率的な採掘量の組み合わせは，鉱物資源の資産価値がその他の資産と同じような割合で上がるような採掘量ということになる．言い換えれば，効率的な資源採掘とは価値ある資本的資産のポートフォリオを最大化することである．

ユーザーコスト

もう一つの有益な分析方法は**ユーザーコスト**である．この二期間のモデルでは，今年，採掘量を1単位だけ増加すると，来年に1単位減少することになる．来年の価値は将来の限界支払意志額 p_1 から将来の採掘コスト MC_1 を差し引いたものに等しい．つまり，ユーザーコストは $p_1 - MC_1$ であり，その現在価値は，

$$\frac{1}{1+r}(p_1 - MC_1)$$

である．

ここでモデル化される採掘産業は，競争的な市場で操業する多数の企業によって構成されていると仮定する．そのため，この産業の産出に対する需要はこれまでの

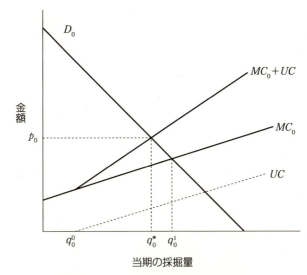

図10-4　当期の効率的な採掘量

単一地域の需要のような水平ではなく，図10-4のように右下がりとなる．限界費用曲線（MC_0）はこの産業のすべての企業に関して集計された費用曲線である．$q_0 = q_0^0$から開始し右上がりとなっている点線は，当期の採掘における集計されたユーザーコストである．q_0^0より低い採掘量ではユーザーコストがゼロとなっているが，それは当期の採掘量が十分に少ないので次期の利用可能性に影響を及ぼさないからである[3]．$MC_0 + UC$と書かれている直線は，限界採掘費用とユーザーコストの合計を示している．この曲線は曲線D_0と採掘量q_0^*で交差しているが，これが当期の効率的な産出量である．この産出量を静学的に効率的な産出量q_0^1と比較されたい．

　前述のように，ユーザーコストの概念を用いると，現在および将来の効率的な採掘量がモデル内のいくつかの要因の変化によってどのように影響を受けるのかを容易に考えることができる．たとえば，鉱物資源が減少すると採掘費用は上昇するため[4]，第1期の限界採掘費用は第0期よりも高いと考えられる．ただ，第0期の採掘量を増加させた時には，今度はユーザーコストの上昇による影響も発生することになる．言い換えれば，今期の採掘は将来の採掘費用の上昇だけではなく，将来における鉱物資源の利用可能性の減少ももたらすのである．第0期のユーザーコストの上昇は，第1期の効率的な採掘量が減少することを意味する．このため，将来の採掘費用が上昇すると予想されると，採掘費用が上昇しない場合に比べて現在への傾斜がより小さくなるのである．

将来の変化でもう一つ予想されているものは人口増加である．これは，先ほどの単純なモデルでは，次期の D を押し上げる効果を持っている．そして，それは今日における採掘のユーザーコストを上昇させることになる．このことは，第0期における異時点間で効率的な採掘量が減少することを意味する．これは，所得の上昇など，将来の需要曲線を押し上げるその他の要因についても成り立つものである．

この抽象的なモデルによる考察は，異時点間で効率的な資源採掘の組み合わせについて何を語りかけているだろう．優れた先見性を持つ企業が利潤の最大化を行う競争市場では，効率的な利用水準が得られることを我々は知っている．これは静的および動的な状況の両方で成立するものである．このため，枯渇性資源がある程度競争的な採掘産業とともに存在するならば，これまで見てきた結果が得られると予想できるかもしれない．すなわち，採掘量は時間とともに次第に低下し，市場価格は次第に上昇すると予想するだろう．

しかし実際には，過去の記録を見ると，枯渇性資源がこのようなパターンを示すことは極めて少ない．むしろ，ほとんどの地域において**採掘量は増大**し，**価格は低下**しているのである．この現象はどのように説明されるのだろうか．これに対する直接的かつ明白な要因としては，人口増加と実質所得上昇の可能性が考えられる．今日に比べて将来の需要曲線が押し上げられると，今日のユーザーコストが上昇し，採掘量の組み合わせは将来の方向へシフトする．しかし，それでも鉱物資源の希少性がより顕著になると価格が上昇すると予想できるかもしれない．そこで，いくつかの重要な鉱物について価格の推移を簡単に見てみよう．

鉱物価格の実際

理論的には，枯渇性資源がより希少になるとその価格は上昇するはずである．過去数十年にわたってこれらの価格には何が起こったのだろうか．図10-5は20世紀における9種類の重要な鉱物の実質価格の推移を示している．全般的な傾向としては，各時点で上昇や下降が見られるが，明白な上昇傾向を見いだすことはできない．1970年代初頭に短期的ではあるが，多数の鉱物価格が急上昇した時期があった．この時期は，多数の評論家たちが，世界中で自然資源の枯渇がいかに迫っており，そしてそれが先進国経済をいかに失速させるのかを憂いていた時期であった．しかし，これは実際には起きなかった[5]．数年のうちにほとんどの価格は低下していったからである．いくつかの鉱物資源の価格は1980年代後半に再び高騰したが，これもその後はまた価格が急激に下落した．実質価格（すなわち，一般的なインフレーションによる影響を調整した後の価格）では，この期間の最終時点の鉱物価格は1960年

第 10 章　鉱物経済学

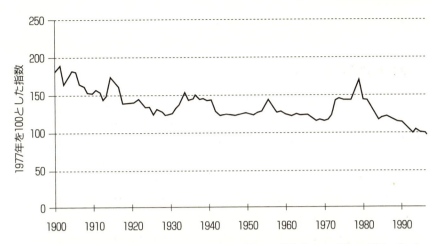

出典）U. S. Department of the Interior, U. S. Geological Survey 20th Century Mineral Price Decline in Constant Dollars, Opa File Report00-389, by David E. Sullivan, John L. Sznopek, and Lorie A. Wagner.

図10-5　1902年から1998年の複合物価指数（1977年のドルで基準化）

代よりも下回っていたことになる．ただ近年，2006年以後では多くの鉱物価格や金属価格が著しく上昇している．これが長期的な上昇傾向の始まりなのかどうかについては今後の動向を見守る必要があるだろう[訳注2]．

　価格の全体的な下落の背後には主要な要因が二つ存在する．第一に枯渇性資源と呼ばれているにもかかわらず，市場では数量的な制約が考慮されていない．いくつかの鉱物の埋蔵量にはおそらく数量的な限界があり，純粋に物理的な意味では必ず何らかの数量的な上限が存在するが，これは今日の市場の観点から見ると適切な制限要因とはいえない．人類が現在および今後に予定している鉱物資源の使用量と予想される将来の利用可能な資源量とを比較した時，市場に参加している人々は，人類が想定するあらゆる時間スケールの枠内では価格が上昇するという確固たる理由を見いだせていないのである．

　価格が下落する第二の要因は自然資源の探査，発見，開発，採掘，輸送，加工において技術変化が生じることである．

　近年，鉱物価格は上昇傾向にあるが，その背後にある主要な要因は高い経済成長

訳注2）第1章の訳注2でも述べたように，2000年以降，特に2005年前後からの資源価格の上昇はこれまでにないものであった．しかし，長期的な上昇傾向に入っているかどうかを判断するには依然として時間が必要である．

率を達成した発展途上国の需要増加である.

鉱物資源の探査と開発

通常，個々の鉱床にはある一定の鉱物資源が埋蔵されているが，すべての鉱床が現時点で確認されているとは思えない．ほとんどの場合，既知の鉱床リストは**探査**と**開発**によって増やすことができる．探査を続ければ，新しい埋蔵資源あるいは鉱床を多かれ少なかれ見つけることができるだろう．探査と開発の有効性は鉱物の種類によって異なる．たとえば，世界で新たな石油鉱床が発見される確率は大幅に低下すると何人かの有識者が予測している．しかし，多くの鉱物に対しては，これまでのように新しい鉱床を発見し，開発できると期待してもよいだろう．

もう一つの重要な現象は採掘技術の発展である．優れた**採掘**方法が開発されると品位の低い鉱物資源も採掘が可能になる．こうした新しい技術によって，上述の探査プロセスと同様に採掘可能な鉱床のリストを拡大することができる．これらの要因をまとめたものを**資源発見曲線**と呼ぶことにしよう．**図10-6**のパネル(a)に描かれているように，これは**埋蔵量拡大の限界費用**を示している．この曲線の傾きは正であり，しかもしだいに増加する．埋蔵量が r_1 の水準の時に1単位だけ埋蔵量を増やすのに必要な限界費用は c_1 である．埋蔵量を r_1 から r_2 まで増やすためには全体で b ドル必要であり，埋蔵量が r_2 の時の限界発見費用は c_2 である．なお，ここで議論しているのは埋蔵量であり，採掘された量ではないことに注意されたい．

図10-6のパネル(b)は埋蔵量をとりまく需要と供給の状況を示している．供給曲線は単純にパネル(a)に描かれている限界費用曲線である．需要曲線はある企業あるいは複数企業の埋蔵量が1単位増加することに対する支払意志額として示されるものである．これらの曲線の交点が市場価格を示しており，これは埋蔵量中に含まれる鉱物量に対して設定されているものである．さらにこの価格は資源発見曲線で生じる技術革新にも敏感である．これらの技術革新は資源発見曲線の下方シフトとして表される．パネル(b)においては，資源発見曲線の限界費用は MC_1 から MC_2 にシフトしている．これらの技術革新によって限界費用が下方シフトするにつれて，埋蔵量の価格は下落し，埋蔵量は増加する．

今度は資源採取と探査に従事する企業を考えてみたい．この企業では，(1)今年どれだけの採掘を行うか，(2)埋蔵量を増やすためにどれだけ探査を行うかという実質的に二つの大きな意志決定を行うこととする．これら二つの意志決定は緊密に関係している．このことを考える方法として，この役割を担う企業（あるいは企業グループ）が将来の鉱物資源を増やすために，(1)今日の採掘割合を減らすこと，

第 10 章 鉱物経済学

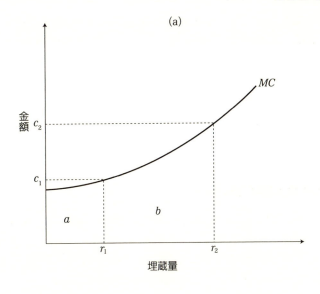

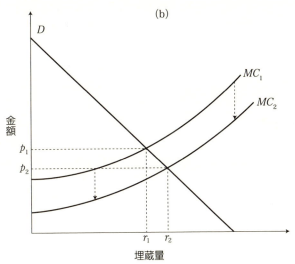

図10-6 資源発見曲線

(2) 新しい鉱物資源を見つけることという本質的に二つの方法を持っていると見ることにする．もしこの企業が効率的な意志決定をするならば，企業はこれら二つの活動の限界費用が同じになるように調整することになる．しかし，鉱物資源を増やすことの費用が鉱物資源を発見することの限界費用であるのに対して，今日の採掘

185

を削減して埋蔵量を増やすことの費用は，単に鉱物資源の貸付料金あるいは採掘されていない状態での鉱物資源の現地価格である．この一連の理由付けがもたらす結論は，歴史的に示されている鉱物価格の下落の背景には，探査と開発の費用の歴史的下落という，もう一つの重要な要因があるということである．もちろん，鉱物価格を押し上げる需要は増加してきていることは明らかである．しかしながら近年までは，採掘費用の削減は需要の増加にも増して急速に進んでおり，価格低下をもたらしているのである．

枯渇性資源と持続可能性

再生可能資源に関して，長期的あるいは持続可能な生産水準を予想することは難しいことではない．しかし，鉱物に関してはそうではない．鉱物は一度使えば永遠に失われてしまうからである．では，どのように枯渇性資源を持続的な形で使うことができるのか．このためには二つの方法がある．
1. 鉱物の利用方法あるいは特定の鉱物利用を，最終的により豊富な資源量を持つ代替的な自然資源にシフトする移行過程であると考える
2. 鉱物の供給が減少したとしても，全体的な経済の生産性を維持できるよう，現在の鉱物採掘から得られる資源レントを他の種類の資産に投資する

それぞれのアイディアについて考えてみたい．

代替財への切り替え

簡単な二期間モデルを思い出してほしい．このモデルにおける効率的な採掘量と組み合わせは，

$$p_0 - MC_0 = \frac{1}{1+r}(p_1 - MC_1)$$

であり，これは以下のように書き直すことができる．

$$p_1 = \underset{\underset{\text{次年度の生産費用}}{\uparrow}}{MC_1} + \underset{\underset{\text{初年度の資源レント}}{\uparrow}}{(p_0 - MC_0)} \quad \underset{\underset{\text{複利の式}}{\uparrow}}{(1+r)}$$

このため，もし採掘費用が一定であれば，枯渇性資源の価格は時間を経るにつれて上昇することになる．ではどれだけの間上昇し続けるのか．もし代替財が存在し

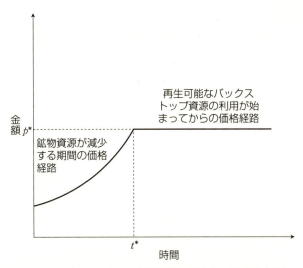

図10-7 バックストップ資源がある場合の長期的な価格の経路

ないならば，価格は最終的に経済成長を妨げるのに十分な価格にまで上昇することになる．これは持続不可能な結末である．しかし，価格は高いもののありあまるほどの代替財があるとしたらどうであろうか．石油という枯渇性資源に対しては，太陽光という再生可能で極めて豊富な供給量を持つ代替財が存在する（おそらく，極地は除いて）．そのため比較的価格が高くなったある時点において，新しい自然資源にシフトすることがおそらくは効率的となるであろう．これらの自然資源は**バックストップ資源**あるいは**バックストップ・テクノロジー**と呼ばれている．そのため極めて長期においては価格は**図10-7**に示されるような経路をたどることになる．

もちろん，非常に長い時間がかかるかもしれないが，t^*年までの間，上記で示してきた仕組みにしたがって，鉱物資源が減少する期間では価格は上昇する．しかし，価格がp^*（t^*の時点）に達した時点で，再生可能なバックストップ資源の利用が始まり，今度は価格の経路が実質的に水平になったままとなる．言い方を変えれば，移行期間の最中については枯渇性資源が採掘されるが，枯渇性資源は最終的に再生可能資源に至ることを可能にするための橋渡しの自然資源であるということになる．もちろん，最終的なバックストップ資源に到達するまでの間，いくつかの枯渇性資源を枯渇させるかもしれない（たとえば，木から石炭にシフトし，石炭から石油にシフトし，石油から太陽光にシフトするといった具合に）．このため図10-7における水平な経路に達するまでの間，さらなる上昇傾向を持ったいくつかの経路区間が

生じることになるかもしれない．

　この種のシナリオはもっともらしいものなのだろうか．もしかすると，我々が認識している以上にもっともらしいかもしれない．ここでは次の数十年あるいは次の半世紀という話でもなく，極めて長期的なことを話題にしている．世間一般の人々は将来の長期的な道のりを見通すことが困難であることは理解しているが，重要な枯渇性資源が希少となった時には，すぐにバックストップ資源が利用できるようになるという想定，普通の人間は絶え間なく高まる技術革新の速さに適応していける能力があるという想定を置くことについては慎重である．しかし，いくつかのケースにおいてバックストップ・テクノロジーは十分に予測可能なものであり（太陽光エネルギーや脱塩技術，工業用ダイヤモンド），今や我々はそれらの将来の実用性を確信することができる．ただ多くのケースにおいては（食料や衣類の生産），将来の産業技術に関するバックストップ・テクノロジーを目に見える形で把握することは難しい．

資源レントの投資

　上記で検討した効率的な採掘経路について再び考えてみたい．このことが示すのは，$q_1 < q_0$ であるということ，つまり次期に採掘される量は今期に採掘される量よりも少ないということである．ここで取り上げている枯渇性資源は，多くの場合，消費者によってそのまま消費されるものではなく，消費財を生産するために用いられてきた．仮に国民所得を10ドル生み出すために，枯渇性資源がそれ以上でもそれ以下でもなく，ちょうど1トン必要になるとする[6]．減少傾向にある採掘経路は消費経路の減少も意味している（輸入がなければ）．これは持続可能な状況ではない．それは持続可能性が「少なくとも減少しないこと」を意味するからである．これを持続可能な結果へと変換するにはどうすればよいのであろうか．仮に，我々がその他の形態の資本（たとえば，トラクターや肥料，よい種，よい管理）で減少する自然資源を代替できるという条件の下，より少ない自然資源で同じ生産量を生み出すことが可能であるとする．我々はこれらの他の種類の生産資本に投資することでこれを実現することができる．言い方を変えれば，減少した資源利用の影響を相殺することができる．では他の資本に投資するためのお金はどこから来ているのだろうか．それは枯渇性資源の採掘から得られる資源レントから来ている．

　持続可能な（つまり，減少しない）消費経路となるために必要となる条件はすでに明らかにされている．本質的には経済の生産資本のストック全体が減少しないことである．つまり，総生産ストックは自然資源資本のストックと人工資本のストックの合計である．後者のストックには**機械に基づく資本**とともに，最も重要なもの

表10 - 2　いくつかの鉱物の米国における2000年の輸入依存度（消費量に占める輸入量の割合）

ボーキサイト	100
黒鉛	100
バライト（重晶石）	84
カリ	80
亜鉛	60
銅	37
アルミニウム	33
セメント	20
鉄鋼	18
塩	16

出典) U.S. Geological Survey, as reported in John L. Sznopek, *Maintenance of Capacities to Produce Commodities*, USGS, Washington, DC, n.d.（www.unr.edu/mines/smr/Nt1Mixl.pdf）.

として**人的資本**が含まれる．この総資本ストックを維持するためには，枯渇性資源の採掘から得られた資源レントをこれらの他の形態の資本に投資しなければならない[7]．このことが枯渇性資源を持続可能な方法で採掘するルールと言うことになる．

米国における鉱物資源の国外依存

　米国の鉱物利用において頻発している問題は，国内需要を満たすため輸入に強く依存していることである．**表10 - 2**は米国のいくつかの主要工業原料の輸入依存度に関するデータを示している．

　このようなデータは，場合によっては気をつけて見る必要がある．なぜならば，これらの値は輸入が妨げられるようなことが起こった場合，その国がどれだけ脆弱であるかを示しているように思えるからである．同じことがエネルギー，特に石油についても言える．もちろんエネルギー輸入量の輸入依存度と比較すれば，これらの鉱物輸入量の輸入依存度は小さなものである．1970年代に石油輸出国機構（OPEC）によって引き起こされた**石油危機**は，鉱物生産国の間で似たようなカルテルが形成されて，米国への輸入価格を輸出規制によって実質的に上昇させるのではないかという不安を高めることになった[8]．このようなことはどれだけ起こり得るのだろうか．

　1970年代，いくつかのボーキサイト生産国がOPECの行動をまねて輸出価格を

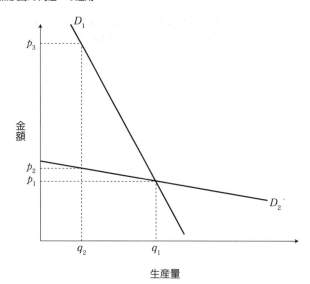

図10-8 供給量の制限と価格上昇

上昇させようとした．同じような行動はいくつかの銅の生産国でも企てられた．しかし，どちらの試みもあまり成功しなかった．今日では，鉱物生産国による**カルテル**がうまく行くとするならば満たしていなければならないと思われる特定の条件が広く認識されている．カルテルは供給を制限して価格を上げるために協調する生産国グループ間の協定である（民間のカルテルのケースでは個々の企業のグループ）．これが成功するためには基本的に二つの必要条件が存在している．一つは厳密に経済的な条件で，もう一つはどちらかと言えば政治経済的な条件である．

1 該当する商品の需要は相対的に価格非弾力的でなければならない．つまり購入側は，価格が上昇したとしても購入量はわずかにしか減少させないという傾向が必要となる[9]．**図10-8**では二つの需要曲線があり，一つは傾きが急であり（D_1）もう一つはかなり緩やかである（D_2）．もし生産量が現在q_1で，カルテルが生産量をq_2に制限することに成功したとすると，価格はD_2の場合（p_2に上昇）よりもD_1の場合（p_3に上昇）の方がより大きく上昇する．

2 総生産量の相当な割合を占める十分な数の国々が供給を制限する協調行動に対して合意を結び，実行できるものでなければならない．そのような協調行動は，各国が合意を裏切る誘惑に駆られないだけの十分強いものでなければならない．

最初の条件は実際に満たされるものである．鉱物は**中間財**，つまり直接的に消費

されるというよりも他の財の生産に使われるものである．鉱物に対する費用は，これらの財を生産する総費用のわずか一部にすぎないことがほとんどである．またこれらの財を生産する過程で使われている鉱物の代替物を開発するには，通常ある程度の時間が必要である．この二つの理由から，鉱物に対する消費は価格に対して特に反応的であるとは言えないだろう．しかし，カルテルに加わらない国々からの供給があることが反対方向に作用することになる．ある商品に対する全体的な需要の弾力性が低かったとしても，もしカルテル外の国々がカルテルに基づいた生産減少を埋め合わせることができるなら，カルテル内の国々からの生産量に対する弾力性は比較的高くなるかもしれない．

　2番目の条件はいくつかの予期せぬ結果をもたらすことになる．協調行動は含まれる国々が比較的少ないならば，より実行可能性が高まることになる．このことは，実際に多くの鉱物について当てはまることである．多くの鉱物について世界の生産量は数か国に集中している．ただ，この条件の重要なもう一つの側面は，これらの国々自らが合意をつくり，それを守らせなければならないということである．このことが，過去においては鉱物に対するカルテル形成の試みの大きな弱点であった．当初の合意も参加志望の国々との間における統制と団結が破綻すると，長くは守られないことになる．OPECでさえ，最終的にはOPEC非参加国の産出量増加の問題とこの問題の前に屈服することとなった．

リサイクルの経済学

　枯渇性資源のリサイクルは，未使用資源の使用を減らすことと，自然環境に戻すことになる残渣の排出量を減らすことの両面に貢献するものである．多くの自然資源は，利用の過程において化学的なあるいは物理的な性質の変化を起こしているため，有用な形で回収することはできない．たとえば，化石燃料や無機質肥料，魚や肉などの食料資源などがそうである．しかしながら，生産過程に原料として戻せる，つまりリサイクルできる形で耐用期間を終える自然資源もある．多くの金属や紙，石油から生成された製品などである．

　廃棄物から原料となる物質を取り出し，最終的な生産物へ取り込むまでをつなぐ一連のステップは，物理的にもまた経済的にも複雑なものとなる[10]．それは該当する原料の最終消費者からスタートする．まず最終消費者あるいは何らかの主体が，廃棄物からリサイクルのために使われるこれらの原料を選び出さなければならない．その後これらの原料は，輸送，分類，取りまとめ，再処理，そして再利用という一連のステップに進むことになる．これらの役割は一つの企業によって行われること

第Ⅴ部　自然資源の問題への適用

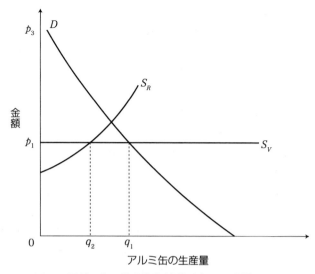

図10-9　効率的なリサイクルの分量

もあるが，多くの場合，多様な異なる企業によって行われており，それらの活動は市場とそこに働く需要と供給の力によって調整されている．

リサイクルを考える場合，いくつかの重要な問題が存在している．仮に我々が特定の原料，たとえばアルミ缶を対象にしているとする．アルミ缶は未使用の原料から製造することも可能である．その費用には，ボーキサイトの採掘，アルミナへの精製，アルミニウムへの精製，そして最終的なアルミ缶の製造の費用が含まれる．アルミ缶は使用済みのアルミ缶のみから，あるいは使用済みのアルミ缶を一部使用して製造することも可能である．リサイクルの費用には，廃棄物からのアルミ缶の回収，アルミニウムの再処理，そしてアルミ缶の製造の費用が含まれる．ここでいくつかの疑問が生じてくる．この場合，経済的に効率的なリサイクルの水準とはどのようなものであろうか？現在の市場は効率的な水準のリサイクルを生み出す傾向を持っているのか，あるいは公的な監視，もしかすると介入が必要なのか．もし後者の質問に対する答えが YES だとしたら，どのような種類の政策が適切なのだろうか．

図10-9 はこのリサイクル問題の非常に簡単な分析を示している．これは市場が通常どのように機能し，市場がどのような状況で効率的になるのかを見るためのものである．D と示された需要曲線がアルミ缶の市場における需要を示している．これは一般的な右下がりの形を取っており，その価格が高ければ需要されるアルミ缶

は少なく，価格が低ければ需要されるアルミ缶は多い．S_V は未使用の原料を使ったアルミ缶の供給曲線である．追加的な量のアルミ缶は，ほぼ一定の限界費用で未使用の原料から生産できるという想定の下では，この曲線の傾きは極めて緩やかである．S_R はリサイクルされたアルミ缶から製造したアルミ缶の供給曲線である．リサイクルは限界費用が上昇するという想定の下，その傾きは上向きにかなり急である．

これは極めて簡単なモデルであるがいくつかの興味深い結論を示してくれる．この分析に基づくと，販売されるアルミ缶の総量は S_V と D との交点によって与えられる q_1 へと向かう傾向がある．アルミ缶の販売価格は p_1 となり，その価格は未使用のアルミ缶の製造コストの水準によって設定される．これはどの状況でも同じである．アルミ缶の市場価格を決定する要因は**未使用の原料からの生産費用**である．リサイクルされたアルミ缶から製造したアルミ缶の量は q_2 である．もしリサイクルされたアルミ缶から製造したアルミ缶がこの量よりも多い場合は，費用は p_1 よりも高くなり，競争的な世界では実現しないことになる．未使用原料から作られたアルミ缶の量は $q_1 - q_2$ であり，リサイクル率，つまりリサイクル由来のアルミ缶がアルミ缶全体に占める割合は q_2/q_1 ということになる[11]．

図10-10が示しているのはリサイクル率の様々な増え方である．パネル(a)はアルミ缶の総需要が減少した結果を示している．これは，たとえば，他の種類の容器（ガラスや紙）へのシフトやアルミ缶を使った消費財の全体的な減少によって生じうるものである．需要曲線は D_1 から D_2 に後退する．このことでアルミ缶の総生産量は q_1 から q_3 に減少する．ただし，リサイクルのアルミ缶の生産量は q_2 で不変である．そのためリサイクル率は上昇することになる．これは意義深い結果である．リサイクル率はリサイクルのプロセスにいかなる直接的な介入もすることなしに，単にアルミ缶の生産量が減少したことで増加したのである．これは二つの供給源（未使用原料とリサイクル原料）のお互いの関連の仕方が原因である．全体的な生産のシフトが生じたとき，その調整はすべて未使用原料の側で起きることになる．

パネル(b)はリサイクル産業に投資が行われた影響を示している．このことで，一つ以上のリサイクルの機能（回収，輸送，再処理，再製造）のコストが低くなり，これは S_R の S_R^0 から S_R^1 への右方向へのシフトとして描かれる．この曲線は右上がりのままであるが，このシフトは与えられたいかなる量のリサイクルによるアルミ缶の生産費用も下げることになる．アルミ缶の総生産量は q_1 で不変であるが，リサイクルによるアルミ缶の生産量は q_2 から q_3 に増加することになる．そのためリサイクル率も上昇する．

パネル(c)は未使用原料の費用が S_V^0 から S_V^1 に上昇した場合の影響を示している．

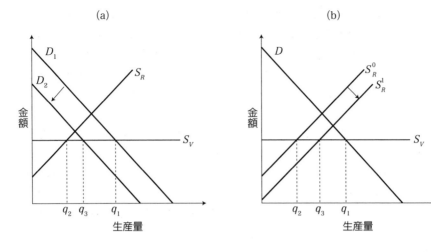

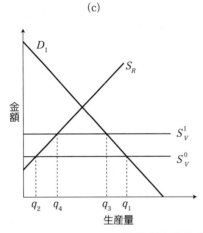

図10-10 リサイクル率の上昇のしかた

リサイクルを増やすことの一番の目的は未使用原料の利用を減らすことである．これは，リサイクルを増やすことが生み出す環境に対する直接的な便益とともに，将来的に処分されるアルミ缶の数を減少させるという二つの意味合いがある．仮に税金が未使用原料に課されるとする．アルミ缶を製造する生産者にとっては未使用原料を使って生産することがより高額になる．実際にこのことは，S_V 曲線を税金分だけ上昇させることになる．この政策は二つの側面から問題に取り組んでいる．すなわち，アルミ缶の総生産量は q_1 から q_3 に減少し，リサイクルによるアルミ缶の

生産量は q_2 から q_4 に増加する.

　これらの中でどの方法が最も効率的となりそうであろうか．ここでは二つの要因について考えたい．曲線自体の形とその曲線が容易にシフトできるかどうかである．S_R の曲線を考えてみたい．他の条件が同じであれば，この関数の傾きが緩やかであればあるほど，未使用原料に対する税金のような変化からの影響が大きくなる．(パネル(c)を参照)．もし現在のリサイクル部門の生産能力が固定的で柔軟性に欠けている傾向にあるならば曲線は急になる．もし，現状のプラントの数や利用している技術などの下で，現在のアルミニウム缶のリサイクル部門が生産量を増産あるいは減産することが容易であれば，S_R の曲線の傾きは比較的緩やかである．パネル(b)における S_R の右方向へのシフトは，追加的なリサイクル工場への投資，より良いリサイクル技術の採用，あるいはこれらの組み合わせなどによって起こり得る．もちろん，より良いリサイクル技術の開発は現在の多くの経済において追い求めるべきことである．たとえば，アルミ缶やペットボトルについてはデポジット料金を自動で返還する機能を持った機械が登場している．

　この簡単なモデルではいくつかの基本的な関係性を示してきたが，現実社会において，どれだけ迅速に状況が変化できるかについては示すことができない．需要は人口動態あるいは経済的な変化を理由にシフトし得るものであり，費用曲線も生産の基礎となっている技術的な要因，特にリサイクル資源に関するものについてしばしば急速に発展する．加えて，マクロ経済学的な要因や国際貿易の発展が資源価格に相当な影響を与え，それゆえにこのモデルで分析したような市場にも実質的な影響を与えることになる．

　将来的には，経済の多くの部門においてリサイクルが徐々に増加することになるのではないかと考えられる．上記では触れなかったものの，この流れを後押しする重要な要因の一つは，資源利用で発生する廃棄物処理の環境コストが増加していることである．それにもかかわらず，未使用原料の価格は依然として低下傾向にある．特定セクターにおけるリサイクル率上昇のカギは，図10-10における S_R の曲線を押し下げることにあるだろう．このことは，リサイクル資源の供給者と需要者の間で循環させるために効率的なリサイクル技術を開発し，効果的なリサイクル産業を組織することを意味している．

要約

　この章では，燃料ではない鉱物の採掘に関するいくつかの経済的な問題について見てきた．これらは**枯渇性資源**の典型的な例であると考えられる．これは純粋な自

第Ⅴ部　自然資源の問題への適用

然科学的な意味においては正しいものであるが，**探査と発見**，そして時間とともにますます品位の低い鉱石を利用する技術的な能力が，近い将来における再生可能資源としての特徴を与えていた．この章の最初の重要なトピックは，**既知の鉱床から枯渇性資源を採掘することにおける経済的な問題を調べるための簡単な二期間モデル**であった．**各時点での生産と価格の組み合わせ**は主要な問題であった．またそこではユーザーコストの役割についても明らかにした．資源探査と発見のプロセスについても簡単に触れた．ここでは鉱物資源の発見と採掘における技術革新が鉱物価格の長期的な下落の大きな要因となっていた．**枯渇性資源の持続的な採掘**の問題についても，バックストップ資源や持続的な所得を得るための資源レントへの投資という考え方に重きを置いて明らかにした．そして，輸入への依存と生産者のカルテルの問題についても触れた．カルテルが効果的に価格を上げ，生産者の所得を増加させるカギとなる需要の価格弾力性のようないくつかの要因についても考えた．最後に我々は**リサイクル**に関する簡単なモデルについて，特に**リサイクル率**の変化を生み出す要因に重きを置いて検討した．

注

1) もちろん，もし次期の需要曲線が極めて不確実であるとすれば，このことは複雑な問題を生じさせるかもしれない．この複雑な問題は興味のある研究テーマではあるかもしれないが，ここではこの問題については目をつぶることにしたい．
2) これまでのやり方を思い出してほしい．現在の期は0と表示されており，次の期は1と表示されている．そのため，q_0は現在（今年）の産出量，q_1は来年の産出量をそれぞれ指し示している．
3) たとえば，合計300単位が存在しているとする．200単位以上では$MC > p$であるから，次の期の採掘が200単位を上回ることはない（図10-1を参照）．そのため，もし今期の採掘が100単位以下であるとすると，次期において経済的に意味のある利用可能性に関する制約は存在しないことになる．つまり，100単位以下のユーザーコストは0になる．もちろん100単位以上では，図10-4に示したようにユーザーコストは正であり，増加することになる．
4) 実際には多くの鉱物資源において，採掘費用は長期的に減少してきた．技術革新がこの長期的な傾向の主な要因であった．
5) この時期は将来の資源価格について2人の有名人が有名な賭けを行っていた．生態学者で自然資源の希少性について強い悲観主義者であったポール・エーリックが，強い楽観主義者であったジュリアン・サイモンと公開の賭けを行った．エーリックは五つの商品を選んでいた（ニッケル，スズ，銅，クロム，タングステン）．1980年時点で，仮想的に200ドルをそれぞれの商品に投資し，10年後に五つの商品の実際の価格を計算するものである．もしそれらの価格が1980年の価格から上昇していれば，サイモンがエーリックに増加分の合計を支払い，もし減少したら，減少分の合計をエーリックがサイモンに支払うことになっていた．1990年，結果としてエーリックはサイモンに576.06ドル分の小切手を送付した．

第10章　鉱物経済学

6) 実際には経時的にこの比率は上昇している．つまり経済の変化に伴い，生産における自然資源の利用量は減少してきた．ただ，ここでは特徴的な点をより明確にするためにこのような仮定を置いている．
7) これは**減債基金**の古い考え方の適用である．機械のような生産的な資産を使う場合，毎年蓄えておく金額を，機械が耐用年数を迎える時には新しい機械を購入するのにちょうど十分な額となるよう，機械の**減価償却**分と同じにしておく．
8) 高い輸入依存は被害妄想的な反応を導く場合がある．冷戦時代，ソビエト連邦が米国に対して「鉱物戦争」を仕掛けていると確信している人もいた．
9) **需要の価格弾力性**は，需要曲線に沿って，価格変化に対する数量変化の反応性を計測するものである．以下で定義される．

（数量のパーセンテージ変化）／（価格のパーセンテージ変化）

価格非弾力的であることは，価格変化が大きな数量変化をもたらさないことを意味している．この概念は第15章でより詳しく扱っている．
10) これはとても簡単になり得るものである．ガレージセールはもともとの利用者と新しい利用者とを直接的につなげるものである．そのため，リサイクルの全プロセスはわずか一つの取引ということになる．
11) 特定ケースにおけるこれらのリサイクル率を得るには，2005年の USGS が報告した値（アルミニウム：16%，コバルト：27%，銅：30%，鉛：27%，ニッケル：39%）を参照されたい．詳細は USGS, *Mineral Commodity Summaries 2006* (http://minerals.usgs.gov/minerals/pubs/mcs/2006/mcs2006.pdf) にある．

第11章

エネルギー

　現代社会ではエネルギーは二つの重要な側面を持っている．まず，エネルギーは**動力源**としての重要な投入物である．これは現代の産業化された経済では特にそうである．そこではサービスや製造部門が，人力によらない巨大な動力供給システムによって機能している．仕組みは異なるが，これはおそらく発展途上国にも当てはまることである．また，すべての人々は様々な植物性・動物性食品を摂取しているが，それらの生産は太陽エネルギーに支えられている．

　一方，エネルギーは**汚染**源としての側面も持っている．たとえば，化石燃料の燃焼のようなエネルギー変換によって，環境中には残留物が放出されている．化石燃料の燃焼による二酸化炭素の排出は大規模な気候変動の原因となっている．また，核燃料サイクルの様々な部分から発生する放射線は人間の健康や生態系に悪影響を与える可能性がある．発電所の冷却システムから出る温排水も局所的な生態系を変化させてきた．このような例は他にも様々に存在する．

　もちろん，エネルギー資源のこれら二つの側面は密接に関連している．他の条件を一定とすれば，動力源としてシステムに取り込まれるエネルギー量が低下した場合，システムから出てくるエネルギー関連の汚染物質の排出量も低下する．ただ，エネルギー使用量の合計が同じであっても，実際には様々な形態の投入物が使われており，それぞれは環境に異なった影響をもたらしている．そのため，あるエネルギー源から他のエネルギー源へのシフト（たとえば，石炭から天然ガスへのシフトや原子力から太陽光へのシフト）は，エネルギーが環境に与える影響も変化させることになる．

　この章ではエネルギー資源の動力源としての側面に焦点を当てる．ただこれは，汚染物質の排出が重要でないことを意味するわけではない．単に本書が自然資源の供給面に重きを置いているためである[訳注1]．

第V部　自然資源の問題への適用

表11-1　米国におけるエネルギーの総消費（1950年から2005年までの値）

年	消費量*	パーセンテージ変化
1950	33.08	―
1960	43.80	32
1970	66.43	52
1980	75.96	14
1990	84.09	11
2000	98.97	18
2005	99.89	1

＊　単位は1,000兆Btuである．
出所：U.S. Department of Energy, *Annual Energy Review*, Washington, DC, 2006.

米国でのエネルギー使用：消費と価格

　2000年の米国内におけるすべての形態の合計のエネルギー消費量は，1950年のそれの約3倍にもなっている．表11-1は期間中のエネルギー消費量の値を1,000兆Btu単位で示している[1]．エネルギー消費量は1950年代と1960年代に急速に増加したが，1970年代と1980年代にはその増加量はかなり少なくなった．21世紀の2005年までの増加率は過去数十年間と比較してもかなり低いように思われる[訳注2]．

　これらの集計された消費データをエネルギー形態別に分類した場合，表11-2に示すような数値を得ることができる．1980年代と1990年代に原子力発電が大幅に増加したが，エネルギー・システムは基本的に化石燃料ベースであることに注意が必要である．2005年には，石炭，石油，天然ガスは100クワッド（1,000兆Btu）の総消費量のうち86クワッドを占めた．原子力エネルギーは全体の8.2クワッドを占め，主に水力とバイオマスからなる再生可能エネルギーは5.7クワッドを占める[訳注3]．

　石油および天然ガスのデータについては各年における輸入量の割合も示している．石油については，この割合が1970年の25％から2005年には71％に上昇し，天然ガスについては，1970年の0.1％未満から2005年には19％まで上昇している[訳注4]．主要な利用部門については，家庭用および商業用の消費量と産業用の消費量は，総量の点で非常に近い値にあり（それぞれ33.88クワッドおよび35.43クワッド），輸送用

訳注1）第2章で述べられているように，環境中に排出される汚染物質に関する問題は主に環境経済学の分野で取り扱われている．
訳注2）米国エネルギー省エネルギー情報局から提供されている統計資料を見る限り，この傾向は変化しておらず，2014年までのエネルギー消費量は100クワッド（1,000兆Btu）前後で推移している．

表11-2 米国における種類ごとのエネルギー消費

（単位は1,000兆Btu，石油と天然ガスのカッコ内の数字は消費量に占める輸入の割合）

エネルギー源	1970年	1980年	1990年	2000年	2005年
化石燃料					
石炭	12.3	15.4	19.2	22.6	22.8 (a)
石油	29.5 (25)	34.2 (43)	33.6 (51)	38.4 (64)	40.7 (71)
天然ガス	21.8 (a)	20.4 (5)	19.7 (8)	23.9 (16)	22.9 (19)
原子力	0.3	2.7	6.1	7.9	8.2 (a)
再生エネルギー					
水力	2.6	2.9	3.0	2.8	2.7 (a)
バイオマス	1.4	2.5	2.7	2.8	3.0 (a)
その他	n/a	0.1	0.4	0.4	0.6 (a)
合計	67.8	78.3	84.7	99.0	100.6

a　0.1%未満を示す．
出所：U.S. Energy Information Administration, *Annual Energy Review*, July 2006.

の消費量は24.43クワッドであった．

　エネルギー市場は極めて複雑である．それらは不安定かつ政治的で，そして常に地球規模で変化している[2]．当然のことながら，主な関心はエネルギー価格に置かれている．図11-1は，米国における1970年から2005年の石炭，ガソリン，電気の実質価格を示している[3]．1970年代後半と1980年代初頭のガソリン価格の急上昇がはっきりと見てとれる．これらはオイルショックの年である．これらの年では，OPECによる米国への石油禁輸によって石油不足が発生していた．当時，多くの人々が自然資源の不足が現実に始まったと考えたが，それは主に短期的な政治的現象であり，すぐに価格は低下した[4]．しかしここ数年，石油とガソリンの価格が再び跳ね上がっている[訳注5]．ただ，このことが中国のような急成長している国の実需

訳注3）第4章の訳注でも述べたように，米国における近年の大きな動きとして，シェールガスあるいはシェールオイルの生産拡大がある．これらの存在は以前から知られていたものの，採掘が技術的に困難であったことから開発されてこなかった．しかしながら2000年前後に大きな技術革新があり，シェール層（頁岩層）からの天然ガスや石油の採掘がさかんに行われるようになった．米国エネルギー省エネルギー情報局の統計資料によれば，米国での天然ガスの生産量は2009年には3,110bcf（10億立方フィート）であったが，2014年には13,447bcfにまで増加している．2000年において，シェールガスが米国の天然ガスに占める割合は数パーセントに過ぎなかったが，2009年には約15%，2014年には約40%を占めるに至っている．

訳注4）前述の米国内でのシェールガスの生産拡大により，米国の天然ガス輸入量は2005年前後をピークとしており，その後は減少している．2014年の輸入量は2005年前後のそれと比較して半分近くにまで減少している．

第Ⅴ部　自然資源の問題への適用

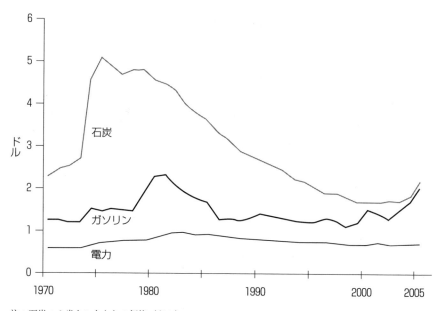

注：石炭：1米トンあたりの価格（ドル）
　　ガソリン：ガロンあたりの価格（ドル；1975年までは有鉛レギュラーガソリン，それ以降は無鉛レギュラーガソリン）
　　電気：税込1キロワットアワーの価格（セント）
出所：Energy Information Administration, *Annual Energy Review*, 2005. Tables 5.24, 7.8, and 8.10 (www.eia.doe.gov/emeu/aer/contents.html).

図11-1　米国における石炭，ガソリン，電力の実質価格（1970年から2005年）

に起因しているのか，あるいは様々な投機筋からの市場操作によるものなのかを区別することは困難である．

エネルギー市場の政治経済学[5]

エネルギー・システム全体をより詳細に見ようとすると，その複雑さがいよいよもって現れてくる．エネルギー資源と製品を運ぶためには，油井や鉱山，パイプライン，タンカー，列車，製油所，送電線といった巨大な物理的システムが間違いなく必要である．小規模から大規模までの民間企業や市場，様々な政府機関，国内外

訳注5）この時点において，原油価格は急速な上昇を見せており，2008年には一時1バレル140ドルを超える高値をつけた．しかしながら，その後急速な減少と再上昇を見せ，2016年初頭には一時1バレル30ドルを割る歴史的な安値をつけている．中国をはじめとする世界的な経済成長に対する不安が影響を与えていると考えられる．

の組織，消費者といった大規模で複雑な制度的システムも不可欠である．

　米国で消費される一次エネルギー資源の約85％は，石炭や石油，天然ガスといった化石燃料である．米国が消費する石油の約70％は輸入されたものであるため，米国外の国々と多国籍企業がこの市場では支配的な役割を果たしている[訳注6]．米国の石油業界は比較的少数の巨大企業によって構成されている．原油の段階では，約20社が米国内での活動の80〜90％を支配している．ここには，石油資源の所有や採掘，パイプラインによる輸送などの活動が含まれている．ここに関与する最大の企業はシェブロンテキサコ[訳注7]とエクソンモービルであり，これらの企業名はもはや日常用語となっている．これらの企業は国内の原油市場を支配するだけでなく，世界的規模で活動を行っている．実際これらの企業の多くにとって，米国外でのグローバルな活動は米国内での活動よりも規模が大きい．外国企業の米国子会社が米国の石油市場における主要なプレーヤーである場合もある．ブリティッシュ・ペトロリアム（BP），ロイヤル・ダッチ・シェルなどがそうである．一方で，多くの発展途上国では公営企業が石油生産を支配している．

　石油の精製や流通も同様に比較的少数の巨大企業によって支配されている．しかもこれらは基本的に生産面を支配している大企業と同じである．換言すれば，これらの大企業は石油産業内で**垂直的に統合化**されている．これらの企業の多くは，**水平方向にも統合化**されている．すなわち多くの場合，これらの企業は子会社や買収した企業によって他産業でも事業を展開している．たとえば，太陽光発電産業や石炭産業などで事業を行っている．1990年代後半の極めて低い原油価格は産業の集中をさらに促進させている．

　米国の**石炭産業**は石油産業ほど集中していない．つまり石炭産業には，石油産業よりも小規模な企業がたくさん存在している．しかし実際には，ほとんどの石炭会社は，他のエネルギー関連企業や，発電や鉄鋼，鉄道などの他の基幹産業の企業に所有されている．天然ガスは多少異なっている．**天然ガス**の生産は，多くの場合，大規模な石油会社によって行われている．生産技術が類似しており，天然ガスの多くは石油鉱床あるいはその近くに位置しているからである．ただし，天然ガスの国

訳注6）米国は表11-2に見るように原油を長らく輸入に頼ってきた．しかしながら，シェールガスやシェールオイルの生産拡大を受け，近年の原油輸入量は減少している．一方，米国のオバマ大統領は，2015年12月に原油の輸出解禁の条項を盛り込んだ法案に署名している．これは，オイルショック直後に原油が輸出禁止となって以来，およそ40年ぶりの措置となる．そのため，世界の原油市場における米国の役割も将来的には大きく変化する可能性がある．

訳注7）2001年にシェブロンがテキサコを買収してシェブロンテキサコとなったが，2005年には再びシェブロンに社名を変更している．

内輸送はほぼ完全にパイプラインによって行われ，州をまたいだパイプライン網はパイプライン会社によって所有・運営されている．これらの企業は限られているが，多くの場合，主要な天然ガスや石油の会社とは無関係である．産業用や商業用，家庭用といった消費者に対する天然ガスの流通は，通常，外部との利害関係を持たない公益事業として行われている．

直接的なエネルギー消費に加え，一次エネルギーを電気に変換する巨大な部門も存在する．ここでの主な燃料は石炭（50％），天然ガス（20％），原子力（19％），水力（7％）である．天然ガス部門は，生産や輸送，製品の流通に関与する数千の企業（大規模な数十の企業を含む）から構成されている．2007年現在，原子力発電産業は65の発電所において，認可を受けた103の原子炉で事業を行っている．これらの原子炉は約30の別々の企業が所有しており，それらの多くは他のエネルギー市場でも事業を展開している．

エネルギーが現代経済で果たしている中心的役割と，ほとんどのエネルギー市場がグローバル化されていることを考えると，なぜ政治家や行政機関が歴史的にエネルギー市場に特に注目してきたのかを理解することができる．またこのことが，過去50年間にエネルギー市場を大きく政治化させる傾向をもたらした．数多くの政策を制定され，何千もの規制を設けられ，内閣レベルの米国エネルギー省がワシントンに設立された．

エネルギーに対する補助金

この政治的・政策的活動の大きな特徴は，エネルギー部門のいたるところに導入されている多くの公的な**補助金**である．そのような補助金には様々な種類がある．

- 一定のエネルギー利用技術を採用した生産者や消費者への直接的な支払い（たとえば，エネルギー効率の良い家電製品を使用することに対する現金割引）
- 指定された行動をとるエネルギーの生産者や消費者に対する税金の軽減（たとえば，エタノールの生産者に対する連邦税の軽減）
- 公的に支援された研究開発（たとえば，石炭のガス化やCO_2の固定，その他の多くの技術開発に対する公的支援）
- 原価よりも安い価格で提供される公的サービスを通じた間接的な補助金（たとえば，原子力産業に提供される公的保険）
- 特定のエネルギーの市場における優位性を変化させる規制（たとえば，再生可能エネルギーを最低限一定量使用するという要件）

これらの補助金はすべて，それらの支持者からすれば，望ましいエネルギーの技術や操業を奨励する方法として正当化できるものである．しかしながらその最終的

な結果として，エネルギー市場の大きな歪みを生み出している．したがって，これらの市場のほとんどで，エネルギーの価格はそれを生産する真の社会的限界費用を表していない．特定の状況において，不一致の程度がどれだけであるかを理解することは困難であるが，実際の市場価格が社会的に効率的である価格と比べて低すぎることは間違いないだろう．

エネルギーの豊富さに関する疑問

　1980年代および近年の石油価格の高騰により，人々は石油供給さらにはエネルギー供給が十分に確保できるのかに関して根本的な疑問を抱いている．

　地球規模で豊富な石油供給が行われる時代はあとどのくらい続くのであろうか．過去数十年を振り返ると，新しい石油鉱床の発見が供給量を増加させ（北海やアラスカ州），そのようになりそうな場所も存在している（カスピ海）．しかし，これらの事実は我々を将来も新しい石油鉱床の発見を続けることができるという間違った楽観主義に導いている可能性がある．

　どのようなエネルギー源が石油に置き換わるのか，そしてどの程度の速さでそのような転換が行われるべきかは未解決の問題である．これらの問題は，化石燃料の使用が原因の一端となっている地球温暖化の問題に対応する必要性からさらに重要性を増している．電気自動車は多くの人々が期待していたほどには開発が進んでいない．燃料電池が実現するのはまだずっと先かもしれない．バイオ燃料は有望かもしれないが，世界中で消費されているガソリンやディーゼル燃料，ジェット燃料の量に対して，それらに置き換わるだけのスケールを持っていないことが問題である．

　運輸部門以外（家庭用や産業用，商業用）の主要な燃料は，石炭や天然ガス，原子力である．石油は比較的少量しか使われていないが，特に家庭用の暖房に使用されている．これらの燃料の約3分の1は直接使用され，3分の2は発電のために使用されている．豊富さの面だけを言うならば，石炭は米国および中国などの他の主要なエネルギー消費国には豊富に存在している．天然ガスの埋蔵量は巨大であるが，世界の比較的少数の国に集中している．原子力発電のための燃料であるウランはそれほど限られているわけではないが，原子力発電を推進することには安全上の問題が数多く残されている．ただ，これらの燃料のすべてについて，主要な問題は豊富さではなく，地球温暖化との関係である．

クリーンエネルギー

近年,**地球温暖化**は最優先の課題となっている.地球温暖化は大気中の**温室効果**ガスの増加によって引き起こされる.これらのうち最も重要なのは,世界中の温室効果ガス排出量の約75％を占める二酸化炭素（CO_2）である.そして,CO_2の主要な排出源はエネルギー部門である（近年の米国では,CO_2の約95％がエネルギー部門から排出されている）.米国同様,他のほとんどの国でもエネルギー部門は石炭や石油,天然ガスなどの化石燃料に大きく依存している.これらは炭素系の物質であり,それらを燃焼すると,先史時代に閉じ込められて貯蔵されている炭素をCO_2の形で放出することになる.

表11-3は,1990年と2004年の米国における燃料の種類と部門ごとのCO_2排出量を示している.まず気づくのは,この14年間に総排出量が約20％増加していることである.米国におけるCO_2の最大の排出源は,発電や産業でのエネルギー利用および運輸部門である.これらの合計は総排出量の約90％を占めている.これらの部門からの排出量を低減するために様々な手段が提案されている.簡単に整理すると以下の通りとなる.

1 発電を化石燃料によるものから,風力や太陽光,地熱などの再生可能エネルギーによるものにシフトさせる.
2 化石燃料を用いる発電所をよりCO_2排出量が少ないものにシフトさせる.特に石炭を用いる発電所を,生産される電力量あたりの排出量がより少ない天然ガスを用いる発電所に置き換える.
3 家庭用と産業用の電力需要を低減するための様々な対策を講じる.
4 排出削減につながる石炭の使用方法を開発する（特にCO_2の回収と地中への貯留）.
5 運輸部門においてより燃料効率の良い自動車やトラックの生産を促進する.
6 さらに運輸部門において化石燃料であるガソリンの使用量を減らすため,バイオ燃料の利用にシフトする.

項目3と項目5はエネルギー効率性に関わる問題である.**エネルギー効率性**については以下で詳細に議論する.下記で議論するCAFE（企業平均燃費）基準も項目5に含まれるものである.再生可能エネルギー,特に太陽光や風力による発電を促進することは強く支持されている.これらの再生可能エネルギーは,現在の総発電量に対して非常に小さな割合しか占めていない.この部門が急速に成長しても全体に与える影響はそれほど大きくはない.それでも,太陽光と風力からの発電は良好な日照と風況があり,エネルギー需要量がそれほど多くない地域においては,発

表11-3 1990年と2004年の米国における燃料の種類と部門ごとの二酸化炭素の排出量（百万 t・CO_2）

燃料／部門	1990	2004
石炭	1,683.8	2,027.0
家庭用	2.9	1.0
商業用	11.6	8.2
産業用	151.3	117.1
運輸	NE	NE
発電	1,517.3	1,897.1
非州領域	0.6	3.6
天然ガス	1,006.9	1191.2
家庭用	238.6	265.5
商業用	142.4	162.7
産業用	413.2	428.4
運輸	35.9	37.4
発電	176.9	295.8
非州領域	NO	1.3
石油	2,005.5	2,438.0
家庭用	96.5	103.0
商業用	68.5	55.1
産業用	286.7	318.0
運輸	1,425.5	1,818.1
発電	100.9	97.3
非州領域	27.4	46.5
地熱	0.40	0.37
合計	4,696.6	5,656.6

出典）U.S. Greenhouse Gas Inventory Reports, *Inventory of U.S. Greenhouse Gas Emissions and Sinks, 1990-2004*, USEPA #430-R-06-002, Washington, DC, 2006, pp. 3-4.

電の大きな部分を占めることが期待される．

　バイオ燃料についても同じことを言うことができる．バイオ燃料の支持者は，ガソリンをエタノールで置き換えることで，**エネルギーの自給率**が向上するだけでなく温室効果ガスを減少させることもできると考えている．エタノールに置き換えても炭素系植物原料を燃焼させることに変わりはないが，この炭素は化石燃料とは異なり現代の炭素であり，植物の成長により近年の大気から吸収されたものという違いがある．2005年のエネルギー政策法では，2012年までに年間75億ガロンのエタノールを従来のガソリンに混合することを求めている．これは現在のガソリン消費量の約5％に当たるものだが，過去にそうであったように，ガソリンの総消費量が将

来も成長し続けた場合，その比率は大幅に低くなる．

したがって，温室効果ガス排出量の削減において実質的にかなりの進歩があるとするならば，化石燃料部門自体が何らかの行動を取らなければならない．天然ガスによる発電所を増やすことは，石炭利用をある程度減少させることになるので，このような行動の一つということになる．一方でエネルギーの自給も重要な目標であるならば，焦点は石炭，特に CO_2 の排出を伴わずに石炭を使用する方法を見つけることに戻ることになる．これは本質的には CO_2 の回収と貯留を行う技術を開発することを意味している．研究は進行中であるが依然として多くのハードルが存在している．

エネルギー自給の経済学

第10章では米国が鉱物を輸入に頼っている問題について議論している．エネルギーにおいても同じ問題が極めて重要となっている．良くも悪くも米国や世界のその他ほとんどの先進国は，石油を大量に利用するエネルギー・システムを持っている．表11-2で示された値から分かるように米国で使用される石油の大部分は輸入されている．ただし，常にそうであったわけではない．石油を使用し始めた頃には国内の供給源で十分に需要を満たすことができた．しかし，20世紀後半に入り自動車による移動が広く行われるようになると，外国の供給源が以前よりずっと重要となった．1970年代のOPEC[6]による輸出禁止は，石油輸入の破綻に対する米国経済の脆弱性を実証したかのように思えた．一時は絶対量でみても，石油の総消費量に対する相対量でみても，石油の輸入量は減少した．しかし近年，輸入は再び増加し始めており，2007年現在では米国の石油の総消費量の約3分の2にも達している[訳注8]．

前章でリサイクルの分析を行うのに使用したものと同じタイプのモデルを用いて，この状況を分析することができる[7]．前章の分析では原料の供給源には未使用の原料とリサイクル原料の二つがあった．ここでの分析では石油生産の二つの供給源は国内と国外である．**図11-2**を考えてみよう．石油に対する集計された需要全体はD，国内供給はS_D，輸入供給はS_Iと表示されている．輸入供給は平坦であるが，国内供給は右上がりであることに注意が必要である．国内ではほとんどの油田が既に開発されており，追加的な国内生産はより高い価格でのみ可能である．輸入側では，世界の原油価格が存在し，追加的な供給は実際にこの価格で得られると仮定できる．この仮定は厳密には正確ではないかもしれないが，この仮定によりかなり単

訳注8）訳注6を再度参照されたい．

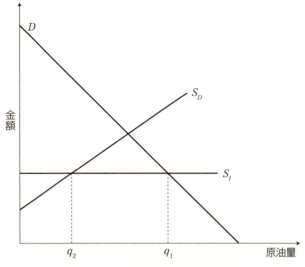

図11-2 石油市場における輸入依存

純にモデルを組み立てて検討でき,明快な結論を導き出すことができる.総消費量は q_1 で,q_2 は国内の供給源からの生産量である.したがって輸入は q_1-q_2 に等しく,**輸入依存率**は $(q_1-q_2)/q_1$ である.世界の原油価格は国内価格を規定することに注意が必要である.需要が右または左にシフトした場合,国内生産量ではなく輸入量が変化する.

この単純なモデルでは輸入依存率を低下させる方法が三つだけある.

1. 世界の原油価格を上昇させること:この価格は国内で設定された価格ではなく世界の価格なので,輸入者に対する価格を上昇させる輸入関税のような手段によってのみ変化させることができる.図11-2では,このことが S_I を上方にシフトさせるが,それは総消費量 q_1 を低下させるとともに国内生産量 q_2 を増加させる.このように二方向から輸入依存率に影響を与えることになる.
2. 国内供給を増加させること:その結果,S_D 曲線は右にシフトする.これにより総消費量は変化しないが,国内生産が増加するため輸入依存率が減少する.
3. 需要を減少させること:たとえば,省エネルギー戦略を追求することにより需要を減少させることである.これにより消費量の合計は減少するが,国内の生産を減少させることはないので輸入依存率は低下する[8].

第V部　自然資源の問題への適用

　本書ではこの分析をあまり深く追求しないが，これらの様々なアプローチの相対的な有効性は，いくつかのパラメータを見ることで容易に理解することができる[9]．それらのパラメータの一つに石油需要の価格弾力性がある．需要が価格に対して相対的に非弾力的である場合，輸入税率は全体的な消費にほとんど影響を与えないので，その調整のすべてが国内の供給の変化を介して行なわれる[10]．S_D が相対的に非弾力的であっても，輸入依存率は輸入税率の影響をほとんど受けない[11]．もう一つの重要なパラメータは，省エネルギーの取り組みが，どの程度需要曲線をシフトさせることができるのかということである．本書では以下でこの問題を取り上げたい．

　これらのパラメータの重要性は，1970年代に明白になった．OPECによる価格釣り上げに対する初期の主要な予測は，それが大規模な経済的混乱を引き起こし，産油国に富を大量に移転するというものであった．この見解によれば，米国経済は非常にエネルギー集約的であるため，エネルギー供給の減少は非常に大きな影響を与えるとみられていた．この見方は短期的には正確であったが，長期的には全く正確でなかった．石油価格の高騰は，省エネルギーの新たな方法やエネルギーの新しい形態あるいは新しい供給源を模索するためのインセンティブを与えることになった．実際には，エネルギーに対する長期需要曲線はOPECが当初考えていたよりもはるかに弾力的であることが判明した．実際にはそうであったことが，次年度以降にOPECが実質的に価格政策を相当和らげたことから分かる．

　不安定な世界市場や将来の短期的な価格上昇の影響を受けないように模索されてきた方法が，**事前購入と備蓄**（バッファー・ストックとも呼ばれる）である．備蓄した原料を高値の時に取り出して市場に供給することで，価格に下方圧力をかけることができる．1975年，米国議会は**戦略的石油備蓄**を行えるようにする法律を制定した．戦略的石油備蓄のための石油の調達は1970年代後半に始まり，1994年まで継続した．1994年の時点では約600万バレルの原油備蓄があった．

　バッファー・ストックの経済性はかなりわかりやすいが，もちろん多くの不確実性がある．主なものは，備蓄はどれくらいたくさんであるべきかである．備蓄が多くなるほど国際価格の上昇から国内市場を保護する能力も大きくなる．しかし，備蓄が多くなるほど費用も大きくなる．米国の戦略的石油備蓄では，現在，石油の純輸入量の約2.5ヶ月に等しい量の石油を備蓄している．これは供給が途絶えた時の緩衝として十分だろうか．その答えは様々な要因に依存している．すなわち，供給の減少がどの程度か，戦略的石油備蓄が利用される前にエネルギー価格の上昇がどの程度許容されるのか，この価格の上昇によってどのくらいの省エネルギーが引き起こされるかなどである．

第11章　エネルギー

戦略的石油備蓄のような公的に支援された備蓄への取り組みの一つの問題は，それが政治的領域に存在し続けるので，政治的操作の影響を受けるということである．戦略的石油備蓄は緊急事態への対応を目的としている．しかし数年前，供給システムにおける短期的な不具合のために，天然ガス価格の一時的な急上昇があった．これに対し，当時の議会はエネルギー省に対して，何らかの消費者保護を行っているように見せるために，戦略的石油備蓄の備蓄分を販売するように圧力をかけた．より最近では，議会はその備蓄費用を賄う資金を得るために，備蓄した石油を販売することを義務付けさせている．もちろん長期的には，このような政治的行動は戦略的石油備蓄の経済的な可能性を大きく低下させることになる．

エネルギー効率性

一般的に先進国の経済成長はエネルギーの大量消費を伴っている．2005年の米国のGDPは約12兆5,000億ドルで，総エネルギー消費量は約100兆Btuであった．したがって，米国経済の**エネルギー効率性**はGDP1ドルあたり約8,000Btuということになる．米国などのエネルギー輸入国にとっては，国家の安全保障上の理由からエネルギー効率性は明らかに重要である．それはまた，地球温暖化防止のためにも重要である．

エネルギー効率性の重要性を把握するために次の式を考えてみよう[12]．

総エネルギー消費量＝総人口×一人あたりの所得×所得1ドルあたりのエネルギー消費量

　　　　　　　　　　　　　　　一人あたりのエネルギー使用量

総エネルギー消費量は間違いなく総人口と関連がある．しかし所与の人口のもとでは，エネルギー使用量は所得に関連している．より裕福な社会はより多くのエネルギーを消費する．すなわち，消費者は所得の上昇に伴いより多くのエネルギーを使用するだけでなく，そもそもより多くの産業用および商業用エネルギー消費がより高い所得を生み出している．このことが私たちに警告することは，あらゆるエネルギー消費の削減が，エネルギー効率性の改善になるとは限らないということである．景気後退と所得の減少から生じるエネルギー需要の減少はエネルギー消費を削減させるが，景気が回復するとエネルギー消費量はすぐに再び増加するので，エネルギー効率性の向上と同じではない．

式の最後の項はエネルギー効率性，すなわち平均1ドルの経済活動のために経済が必要とするエネルギー量である．**図11－3**は，過去25年間の米国および他の四つ

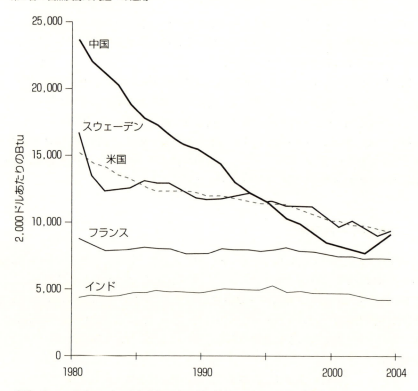

出所：Energy Information Administration, World Energy Intensity (www.eia.doe.gov/emeu/international/energyconsumption.html).

**図11-3　1980年から2004年の各国のエネルギー効率性
（購買力平価を用いたGDP2,000ドルあたりのBtu）**

の国のエネルギー効率性（しばしば**エネルギー強度**と呼ばれている）を示している．米国，スウェーデン，フランスでは，1970年代と1980年代のエネルギー価格の上昇の影響が見てとれる．すなわち，各国においてエネルギー強度の急激な減少があった．1980年代半ば以来，減少はよりゆるやかになっている．世界で最も人口の多い二つの国の状況も見ることができる．中国では過去25年間で，エネルギー強度のかなり大きな減少があった．一方，もともと中国よりもはるかに低いエネルギー強度であったインドでは，この期間中ほとんど変化がなかった．

　一国の経済におけるエネルギー効率性の改善はいくつかの経路で発生することになる．一つは部門の変化である．これは個々の部門におけるエネルギー効率性の改善とは全く異なる話である．50年前の米国経済は今日よりもはるかに製造業に力を

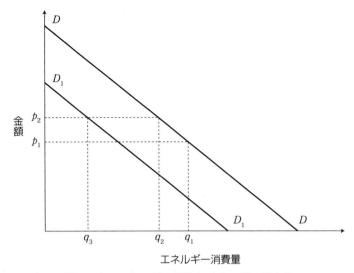

図11-4　エネルギー価格とエネルギー効率性

注いでいた．その後，製造業が衰退する一方でサービス業が成長している．平均的な製造業の操業では，平均的なサービス業の操業よりもはるかに多くのエネルギーを使用する．このため，これらの企業自身は生産を行うのに同じだけのエネルギーを使用したとしても，より小さな製造業とより大きなサービス業への段階的な移行により，総生産1ドルあたりのエネルギー使用がより少ない経済となるのである．

　もちろん，企業や家計が任意の生産水準をより少ないエネルギー使用で達成する方法を見つければ，効率は明らかに改善される．これはよりエネルギー効率性の高い装置（たとえば，走行距離1単位あたりのガソリン使用量がより少ないエンジンを持つ自動車）を採用することや，同じ技術システムの下でも行動の変化（たとえば，走行距離をより短くする）を介して行うことができる．これらの決定に動機付けを与える一般的なインセンティブはエネルギー価格である．図11-4を考えてみよう．DD線は米国経済のエネルギーに対する集計された需要曲線を示す．現在のエネルギー価格がp_1であるとしよう．この価格が持続されるならば，該当する年のエネルギーに対する需要量はq_1になる．しかし何らかの理由で価格が上昇した場合，その期間のエネルギー需要量はq_2になる．この場合には，エネルギー使用量の減少は，価格により導かれた所与のエネルギー需要曲線に沿った上昇によってもたらされる．

　これは石油価格の上昇に対応して1970年代に起こったことをある程度示している．

213

第V部　自然資源の問題への適用

1973年にOPECが石油の輸出を禁止した極めて初期の頃には，多くの観測筋はこの種の省エネルギーは基本的には不可能であるという立場を取っていた．米国経済は大量のエネルギーを必要としており，それがなければ経済は急停止すると想定されたからである．しかし，この出来事はそうではないことを証明することになった．逆説的に思えるかもしれないが，初期の消費量が多いほど省エネルギーはより容易である場合がある．特にエネルギー使用量が非常に多い場合には，消費量を削減する方法を見つけることはかなり容易である．このように，1973年の消費者はその当時の価格上昇に対応して省エネルギーのための多くの方法を見出したのである（電気を消し，暖房の設定温度を少し低くする，食料品店に行く回数を減らすなどがあるが，もちろんこれらの変更が不平を伴わずに行われたわけではない）．

価格の上昇によってどれだけ消費量が減少するかは需要曲線の傾きに大きく関係する．所与の p および q について，傾きが急になるほど消費量は価格に対して反応しない．逆に傾きが緩やかになるほどより反応する．エネルギーに対する集計された需要曲線は，家計や企業，公的機関などのすべての個々の需要曲線から構成されていると考えることができる．当然のことながら，価格主導によるエネルギー消費量削減の可能性は消費者ごとに大きく異なっており，そこには消費者を取り巻く状況が関係している．集計された消費量の削減は経済全体で行われたすべての個々の主体の調整の結果である．

しかしこれが話のすべてではない．エネルギー価格は1960年代よりも現時点の方が実際には低くなっている一方，消費量（生産1ドルあたり）は当時よりも現在の方が少ないのである．長期的には，エネルギー価格の上昇はより燃費のよい車，エネルギー使用量がより少ない機械，よりエネルギー効率性の高い家電製品などの，エネルギー使用量がより少ない技術を見つけるための研究開発に対するインセンティブを提供することになる．これらの新しい技術革新の普及は，図11－4の DD から $D_1 D_1$ へのシフトで示される需要曲線のシフトをもたらす．高い価格では消費量は q_3 に減少する．価格が元の水準に戻ると消費量は q_3 に比べて増加するが，元の水準に戻ることはない．この効果が実現するには二つのことが必要である．すなわち，(1)よりエネルギー効率性の高い技術を開発するためのＲ＆Ｄ（研究開発）が行われること，(2)新たな技術が広く経済全体に採用されることである．ここでのエネルギー価格の重要性は，それがＲ＆Ｄおよび新たな技術が広く採用されることの主要な**動機**になっているということである．1980年代と1990年代に見られたことは，1970年代のエネルギー価格の上昇によって誘発された構造変化の長期的影響である．

上記のシナリオでは，エネルギー需要曲線のシフトはエネルギー価格の上昇に対

する長期的な反応と解釈できる．政治家や政策立案者の間では，価格の上昇がなくても需要のシフトが達成できると広く信じられている．エネルギー効率性の高い技術の開発と採用に対して補助金を支払う，あるいは単に法律や規制によってそれを義務化するかのいずれかの方法でそれは実施することができる．ただ，エネルギー効率性を改善するための補助金（たとえば，エネルギー効率性の高い電球を取りつけるための現金割引）の効果はそれほど大きくはなかった[13]．これを見るために，今度は法律に基づいて行われた最も大々的な取り組みの一つである，自動車会社に求められた燃費のよい自動車生産に関する米国の取り組みについて見ていきたい．

CAFE基準の経済学

1970年代の出来事によって拍車がかかった石油からの脱却は，家庭や商業，工業の部門で認められる（図11-5を参照）．しかし，運輸部門においては石油の消費量は大きく増加し続けている．そのため自動車燃料の需要を減らすことができれば，かなりの量の石油を節約することができる．このことから米国議会は1970年代に**CAFE基準**を制定した．CAFEは**企業平均燃費**（Corporate Average Fuel Economy）を表す．これは乗用車とライトトラック[訳注9]の製造業者に対して，企業平均で最低限の燃費目標（1ガロンあたりのマイル数）を達成するよう車の生産と販売を行うことを求める政策である．義務付けられたCAFE基準は以下の通りである．

年式	乗用車	ライトトラック[14]
1978	18.0	—
1983	26.0	19.0
1988	26.0	20.5
1993	27.5	20.5
1998	27.5	20.5
2003	27.5	20.7

より燃費の良い乗用車やライトトラックの生産は，省エネルギー全体の中で明ら

訳注9）米国における自動車の分類で，バンやライトバン，ピックアップトラックはこの分類に含まれる．先にも述べたように，ワゴン車やスポーツ用多目的車（SUV）などもこの分類に含まれる．日本における軽自動車ではない．

第Ⅴ部　自然資源の問題への適用

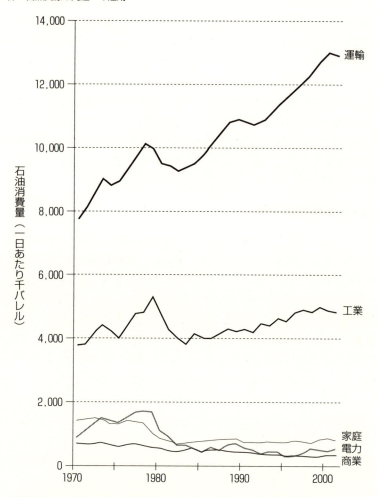

出所：Energy Information Administration, *Annual Energy Review 2005*, Tables 15-3a, 15-3b, 15-3c, and 15-3d.

図11-5　1970年から2005年の部門別石油消費量

かに重要な要素である．しかし，それがどのように実現するかが問題である．CAFE 基準はこれが命令によって実施されるべきものであるという考えに基づいている．しかしそうすることで，基準の効果を弱体化させる**逆インセンティブ**が働くことになる．燃料価格が影響を受けないと仮定した場合，燃費向上の義務付けは運転することが安い自動車，すなわち1マイルあたりの運転費用がより小さい自動車の生産をもたらす．しかし，一般に何かの価格が下落すると，消費者はその財を

より多く購入する．したがって，運転費用が安くなることで人々は自分の車をそれまで以上に運転するようになる．これによって，より多くの燃料が消費されることになり，その効果によって自動車の燃費向上の効果は大幅に相殺されうるのである．そのため燃料の総消費量はあまり減らないかもしれない．

　燃料価格の上昇に応じ，人々がより燃費の良い車を購入することで，乗用車やライトトラックの燃費が向上するのであれば結論は異なる．この場合には，運転費用（1マイルあたりの費用）が減少することは期待されず，したがって運転距離の増加は起こらない．燃料の総消費量の大幅な低下が期待される．一方でCAFE基準には，その有効性を弱体化させてしまうような項目も含まれてしまっている．CAFE基準は乗用車と比較してライトトラックに対する制限がかなり少ない．当時の考えは，ピックアップトラックが主に農業従事者や他の小規模ビジネスに従事する人々によって使用されていたので，乗用車に適用されたものと同じCAFE基準を負担させるべきではないというものであった．これによって何が起こったのかは周知の通りである．自動車メーカーは乗用車に比べてライトトラックの方がずっと儲かることに気付いたため，低いCAFE基準の対象となる新しい個人車を開発して宣伝したのである．これにより，ミニバン，SUV，個人使用のために設計されたピックアップトラックなどのライトトラックと分類される自動車が大きく増えたのである．このため，国内の個人向け車種全体の平均的な燃費は実際には過去数十年にわたって悪化したのである．

　CAFE基準は，どれほど良い目的を持っていたとしても，それが直接的に公共政策に転換されると予期せぬ影響を与え得ることの良い例である．より燃費の良い車種は省エネルギーの面では良いことであるが，それを直接強制しようとすると意図した効果を得ることができない．要するに，政策立案者（およびほとんどの消費者）はエネルギー効率性の改善を達成しようとしているのであるが，エネルギー価格の上昇が最も費用効果的にエネルギー効率性を改善するという事実を無視しているのである．実質的な改善は，生産者と消費者が直面している本当のインセンティブを変化させることによってのみ実現できるのである．

電力自由化の経済問題

　エネルギー部門は非常に重要であるため，常に世間の注目と政治的な監視を受けている．エネルギー部門の主要部分は公的規制の対象となってきたこともあったが，今日では**規制緩和**の方向に向かっている．これは他の多くの重要部門（航空業やトラック運送業）と同じような傾向にある．過去には**天然ガス**部門は特に価格統制に

よって厳しく規制されていた．これもその後廃止されている．**電力**業界もまた歴史的に厳しく規制されてきたが，規制緩和や大規模な構造改革がまさに現在進行形で行われている．この節では，この現象，特に電力業界で発生する可能性があるいくつかの変化を簡単に見ていきたい．

電力システムは技術的にも組織的にも非常に複雑である．電気は様々な**発電所**で作られる．原子力や石炭，石油による大規模なベースロード発電所[訳注10]や化石燃料による中規模な発電所，水力発電所，ディーゼルエンジンやガスタービンなどによる小規模な発電所，そして風力や太陽光，地熱など新しい自然資源に基づく発電所などである．電気は高圧**送電線網**によって長距離輸送される．現在のシステムは州の間で，さらには国際的にカナダやメキシコまで高度に統合されている．市町村や比較的小さな地域をカバーする**地方の配電網**は，送電網から電力を受け取り，都市部や農村部の何百万人もの個人消費者に使用可能な形で電気を届けている．

組織的にもシステムは垂直方向に高度に統合されている．それを変えるため規制緩和が予定されているが，その支配的な事業形態は**図11-6**のように描くことができる．発電や送電，配電の機能は，対象地域内のすべての消費者に電力を供給するため，独占権を付与された単一の**総合電力会社**の中に組み込まれている．歴史的には大規模に統合された会社の形態は，**規模の経済**を活用するために電力部門では必要と考えられていた[15]．発電費用を低くするためには発電所を大きくする必要があった．しかし，そこから競合する会社が自社の送電線と配電線を縦横に張りめぐらせることは不可能であった．したがって，単一の大企業が統合されたシステムを手中に収めているのは最良の事業形態であると考えられていた．そして，これは大きな競争を伴わないので，**公益事業委員会**が監視を行い，もし競争的なシステムが導入されていたならば実現したであろう結果を基本的には遵守させようとするのである．

この単一の総合電力会社によるシステムには多くの例外が存在している．市町村の中には，独自の配電システムを所有し，外部の電力会社と契約している市町村もある．大規模企業のように独自の発電設備まで所有する市町村もある．実際には，一つの総合電力会社が所有する全体的なシステムは他の会社のシステムと非常によく連携が取れている．A社は一部の顧客に電気を届けるため，B社の送電線を使用することができる．別の総合電力会社から一時的に電力を購入するなどの方法で，自社の発電容量を増大させる場合もある．それにもかかわらず，図11-6のような

訳注10）ベースロードとは，季節や時間帯，天候に拠らず発生する需要の最低水準のことである．ベースロード発電所はこれを満たす安定的な電力を供給できる発電所のことである．

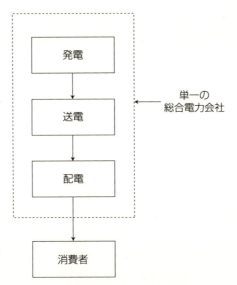

図11-6　発電市場における大規模に統合された公益事業の構造

総合電力会社による単一形態が支配的なのである．

　ここ数十年の間，この構造を切り崩すようないくつかの出来事が起きている．1970年代には，1978年の**公益事業規制政策法**が新しい種類の電源を創設している．この法律で認められた発電施設は**適格施設**と呼ばれており，主にコジェネレーション[16]施設（熱併給発電施設）と再生可能エネルギー源を使用した小電力発電施設が含まれている．公益事業規制政策法は，大規模な総合電力会社にこれらの適格施設を送電網に接続させ，その電力を購入するように求めた．その後議会は，以前の法律でカバーされていたものだけでなく，様々な代替エネルギー源に送電網を開放することを求めるエネルギー政策法を1992年に制定した．発電の技術開発は電力システムをより競争的にすることを推し進めている．ジェットエンジン技術に基づく新しいガスタービン・コンバインドサイクル発電所は，非常に低い費用で小型の発電所を建設することを可能にしている．まとめると，これらの変化は電力システムを競争にさらす方向に大いに進んできた．

　競争はそれをすること自体が目的でなく，下記のような積極的な経済効果が期待されることから行うものである．

　　1　競合する企業は電力を可能な限り低い費用で生産し，可能な限り低い価格で販売するように動機づけられる．もしそうしなければ，競争相手が彼らの市

場シェアを奪うことになる．
2 競合する企業は発電および送電に関する費用を低減する新たな技術改善を追求するインセンティブを持つ．
3 消費者は自らの好みを満たすためにより広い選択肢を持つことになる．たとえば，消費者がグリーン電力（風車や太陽光，その他の再生可能エネルギーを使用している企業からの電力）を購入したい場合，適切な供給者を探すことでそれを行うことができる．

電力市場における代替的な構造

図11-7は電力市場において規制緩和が行われた場合に取りうる構造のいくつかを示している．パネル(a)は卸売レベルで競争が存在するが，小売レベルでは競合が存在しない構造を示している．実線は電気の契約配送ルートを示しており，破線は金銭的な契約が締結されたルートを示している．ここでは卸売レベルの競争があるだけで，小売レベルでは消費者は依然として独占的な地域の配電会社から電力の供給を受けている．しかし，地域の配電会社は，価格や他の重要と思われる要因に応じて代替的な発電会社と自由に契約することができる．図11-7のパネル(a)に描かれたケースでは，地域の配電会社は発電会社Cと電力に関する契約を行っている．また，送電サービスのために送電会社にも支払いを行わなければならない．ここでの目的は発電会社間の競争を促進することであるため，送電会社はいずれの発電会社からも独立していることを仮定している．

複数の発電会社が送電網に電力を供給し，複数の地域の配電会社が電力網から電力を取得しているので，システム全体として物理的なバランスを保つことが間違いなく重大な問題となっている．さらに，発電所の故障や荒天に伴う送電システムの損傷のような複雑な日々の緊急事態もある．そのため，システム管理を主な仕事とする**独立電力管理機構**が役割を担う必要がある．これは送電会社自体かもしれないし，もしかすると別の企業であるかもしれない．

図11-7のパネル(b)は，卸売レベルの競争と小売レベルの競争の両方を組み込んだ構造を表している．代替的な発電源に加えて代替的な**地域の販売会社**が存在し，消費者はそこから選択することができる．地域の配電線は**配電線会社**によって所有されている．配電線会社の仕事は，単に物理的な配電線システムを維持し，消費者と地域の販売会社の間で契約されている電気を届けることになる．地域の販売会社は多種多様な形態を取ることができる．市町村内の個々の消費者と契約した民間企業，電力の共同購入を決定した市町村の特定地域のすべての消費者，共同行動を取る商用利用のための消費者，協同組合あるいは市町村役場によって取りまとめられ

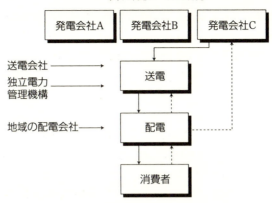

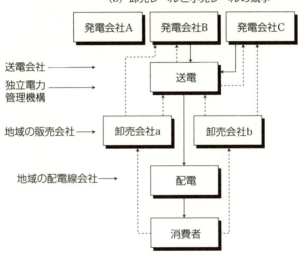

図11-7　電力市場の代替的な構造

ている市町村全体などである．地域の消費者を取りまとめた地域の販売会社は，単一あるいは複数の発電会社と契約を結ぶことになる．それは実際には地元企業かもしれないし，適切な契約条件を結ぶことができる他の発電会社かもしれない．

経済的な問題

　現在の電力システムから規制緩和された電力システムにある程度スムーズに移行

するためには，膨大な数の問題が解決される必要がある．送電線と配電線は一組ずつしか存在しないことになるので，かなりの公的規制が依然として必要となる．これらは独占事業であり続けるため，その立場が悪用されないように公的な監視が必要となる．極めて慎重を要する問題は，以前の規制制度の下で構築された電力システムに対する支払いを行なわなければならない総合電力会社の**費用回収**の問題である．これは回収不能費用の問題と呼ばれている．歴史的に見ると，公益事業委員会は総合電力会社に対して，建設した大きな発電所の費用を賄うために十分に高い電気料金を設定することを許可してきた．競争が原因で電力価格が低下した場合，これらの総合電力会社は，これらの施設の費用を支払うために十分な収入をどのように生み出し続けるのだろうか[訳注11]．

電力自由化は環境問題にも密接に関係する．規制緩和全体として期待される影響は，消費者にとってのエネルギー価格が大幅に低下することである．他の条件を同じとすると，このことは電力消費量の増加につながることになる．これは，新しい電力開発によって電力量を確保するか，既存のシステムの利用率を高めるかのいずれかが必要であることを意味する．後者の場合，現在，余剰能力がある中西部の大規模な石炭火力発電所のような既存の発電所からより多くの汚染物質が排出されることになる．前者ならば，たとえば，システムが天然ガスを発電燃料とするような顕著なシフトを起こした場合には排出量はそれほど増加しないかもしれない．一方，米国東部では，カナダから輸入した水力発電による電力をより多く使用するかもしれない．しかし，この電力による環境と自然資源に対する影響をめぐっては論争が存在している．

要約

エネルギーは先進国の経済成長の基礎となる主要な自然資源である．エネルギー価格は1970年代までは下落していたが，そこから政治的な理由のために劇的に上昇した．エネルギー価格は1990年代に再び下落したが，最近再び上昇している．将来のエネルギーの豊富さに関する質問に答えることは困難である．人々は前世紀の間，ほぼずっとエネルギー不足を予測し続けてきた．一方で，エネルギー資源の発見や開発および技術革新は劇的に続いており，エネルギー不足は発生していない．

地球温暖化に対処する必要性から，私たちは温室効果ガスをより発生させないエ

訳注11) 原子力発電所の廃炉のための費用も同じような形で問題となる．現在，米国ではこうした回収不能費用を電気の小売料金に上乗せできるようにしているケースも存在する．

第11章 エネルギー

ネルギー・システムにシフトする方法を検討してきた．再生可能エネルギー源が奨励されるべきであるが，エネルギー効率性の向上と化石燃料部門自体の内部変化にも注目する必要があった．

　1970年代の出来事はかなりの省エネルギーをもたらしたが，省エネルギーの便益は徐々に減少している．経済活動1ドルあたりのエネルギー使用量は米国ではもはや減少していなかった．また，米国議会によって制定されたCAFE基準を通じて，省エネルギーを義務付ける試みとこの種のアプローチがもたらす逆インセンティブについて見た．最後に電力自由化が引き起こす大きな構造改革と，その経済面および環境面に対する影響について検討した．

注

1) Btu（英熱量）はエネルギーの単位である．1Btuは，1ポンドの水の温度を華氏1度上昇させるために必要な熱の量である．
2) ここで「政治的」という表現を用いているのは，消費者，生産者，輸入者、環境保護主義者などが，公共の利益という名目で自分の利益を実現するためにエネルギー市場を操作しようとするのと同様に，政治家や政策当局による大規模な介入や歪曲が生じやすいことを意味している．
3) 実質価格とは物価上昇を調整した価格である．
4) 事の発端は政治的なものであったが，それは現実に世界中で経済的な悪影響をもたらしていた．米国のGDP成長率は鈍化し，エネルギー市場はグローバル化していたので，多くの発展途上国はエネルギー価格の上昇によって深刻な影響を受けた．
5) この節を執筆するにあたり，デュアン・チャップマンの *Energy Resources and Energy Corporations*, Cornell University Press, Ithaca, NY, 1983. を大いに参考にしている．
6) OPECの加盟国は，アルジェリア，インドネシア，イラン，イラク，クウェート，リビア，ナイジェリア，カタール，サウジアラビア，アラブ首長国連邦，ベネズエラである．注に対する訳注：2007年にアンゴラとエクアドルも加盟している．
7) p.191を参照されたい．
8) 輸入制限には，輸入割当を設定することで定量的に制限を行うという，もう一つの方法がある．これは分析が少々複雑であるためここでは取り上げない．
9) パラメータはモデルの結論に決定的な影響を与える重要な変数である．
10) 財に対する需要の価格弾力性は，需要量の変化率をその価格の変化率で割ったものに等しい．それは価格の変化に対する数量の変化の反応の程度を表している．非弾力的な需要は，価格の変化により需要量がそれほど大きく変化しないことを意味する．供給の価格弾力性は，供給量の変化率を価格の変化率で割ったものに等しい．
11) 非弾力的な供給は価格の上昇により供給量が大幅に増加することがないことを意味する．一方で，弾力的な**供給曲線**は比較的小さな価格上昇が供給量の大幅な増加を生じさせるものである．

第V部　自然資源の問題への適用

12) 工学分野では**エネルギー効率性**という言葉は，通常，原材料として使用されるエネルギーに対する生産されるエネルギー（たとえば，熱）を指すが，ここでは多少異なる意味で使用している．
13) Resources for the Future の研究者による報告書 Kenneth Gillingham, Richard G. Newell, and Karen Palmer, *Retrospective Examination of Demand-Side Energy Efficiency Policies*, RFF DP 04-19 REV, Resources for the Future, Washington, DC, September 2004. を参照されたい．
14) この区分にはスポーツ用多目的車（SUV）も含まれる．
15) 規模の経済とは，基本的には工場の規模が非常に大きくなるまで，長期的な限界生産費用が生産量の増加に伴って減少し続けることを意味する．
16) コジェネレーション（熱電併給）は同じ燃料源から有用な熱と電気の両方を生産する発電を意味する（コンバインドサイクル発電とも呼ばれる）．

第12章

森林の経済学

　地表面の約30％は森林によって覆われている[1]．地表を覆う森林資源は，生態的，社会的，制度的，そして経済的にと言ったように多様な側面を持ち合わせている．生態的な観点から見ると，森林は慣例として，熱帯林（北緯・南緯35度まで），温帯林（北緯・南緯35度から50〜55度まで），寒帯林（より高緯度）に分類される．熱帯林にも，熱帯雨林や熱帯雨緑林，熱帯サバンナ林がある．森林には広葉樹林と針葉樹林という分け方もある．原生林とも呼ばれる天然林もあれば，人々の利用に応じて様々に改変された森林や植林地とも呼ばれる人工林もある．公有の森林がある一方，私有の森林もあり，オープン・アクセスの森林もあれば，利用が制限された森林もある．さらに世界の森林の60％以上は七つの国々（ブラジル，カナダ，中国，コンゴ民主共和国，インドネシア，ロシア，米国）に位置している[訳注1]．29ヵ国では国土面積の半分以上が森林に覆われているのに対し，49ヵ国においては森林の割合は国土面積の10％以下でしかない．
　このような状況の下，世界の森林資源を管理する上で以下のような課題が存在している．
1　人口増加や経済成長に足並みを揃えて，従来の林産物の生産をどのように維持していくのか．ここでの林産物には燃料としての木材，工業製品，紙製品なども含まれている．また森林は，はちみつや木の実，油脂，香辛料，医薬品，コルク製品などの木材以外の製品も生み出している．近年の林産物生産の動向は**コラム12-1**に示されている．
2　多くの先進国では，従来の森林利用から野外レクリエーションのような新しいタイプの森林利用へとシフトしてきている．

訳注1）国連食糧農業機関（FAO）の森林の定義に基づくと森林面積はインドネシアよりもオーストラリアの方が多い．FAOの森林の定義は，0.5ha以上の面積で樹高が5m以上あり，かつ樹冠の被覆率が10％を超える場所である（実際には他にも細かい判断条件が存在する）．詳細はFAOSTATを参照されたい．

3 一方，特に発展途上国においては，森林を他の土地利用に変更しようとする圧力が依然として存在している[訳注2]．特に自給的あるいは商業的農業を目的とした変更が多い．
4 生物多様性や炭素の固定[訳注3]，生態系の保全など，新しいタイプの森林サービスをどのように認識し，評価し，保全するのかが問われている．

これらの世界的課題すべてを一つの章では扱うことはできないので，本章ではこれらの課題の基本的性質を捉え，分析するためのモデルについて説明していきたい．

森林伐採の意志決定

面白味のなさそうな話から始まるように思われるかもしれない．しかし，ここで取り上げる問題には，森林利用の意志決定だけに留まらず，多くの問題を分析する際に適用できる，ある「見方」が含まれている．ここでの問題は**いつ樹木を伐採するのか**である．仮に，ある市町村が1,000エーカーの森林を所有しているとする．この市町村の目的は，森林の伐採から持続的に得られる価値が最大となるように所有森林を管理することである．さしあたっては木材以外の価値は存在しないものと仮定する．また市町村が管理する森林の一部を伐採した場合は，すぐにその面積だけ再造林する．さらに前提として，この市町村からの木材生産量が市場全体の生産量に与える影響は相対的に小さいものとする．この前提によって，伐採の意志決定は木材の販売価格に影響を与えないことになる．このような条件の下で，この市町村は毎年どれだけの面積を伐採すべきであろうか．

この問題に答えるため，ほぼ同林齢の樹木からなるある面積の森林に焦点を当ててみたい．この面積の森林はいつ伐採すべきであろうか．回答には生物学的な影響と経済学的な影響の両者が関係している．まず生物学的な影響については，この場合，樹木の成長パターンに話は集約される．樹木がどれだけ早く成長するのかには

訳注2）2015年に公表された林業白書によれば，世界の森林面積は，2000年から2010年までの10年間に，植林等による増加分を差し引いても年平均で521万 ha 減少している．地域別にみると，アフリカと南米では主に熱帯林の伐採により，それぞれ年平均300万 ha 以上の大規模な減少が起きている．一方，アジアでは主に中国における大規模な植林により，年平均224万 ha の増加がみられる．

訳注3）2015年12月，パリで国連気候変動枠組み条約締約国会議（COP21）が開催され，2020年以降の新たな枠組みとなる「パリ協定」が採択された．この協定の下，発展途上国を含むすべての国々が温室効果ガスの削減に取り組むこととなった．パリ協定は京都議定書と異なり，先進国だけでなく発展途上国にも削減目標を課しているが，京都議定書のように目標が達成されなかった場合の罰則規定は設けられていない．

コラム12-1　林業の世界的な動向

　何十年にもわたり，世界の木材は産業用材と燃料用材にほぼ均等に使い分けられてきた．産業用材は製材や型枠，木工製品，パネル，紙などに使われ，燃料用材は主に暖房と調理に使われている．今日あるいは20世紀のほとんどの時期において，木材全体の約40％と産業用材の約75％が先進国（北米やオセアニア，西および北ヨーロッパ）で生産されてきた．これらの国々の人口は世界人口の20％にも満たない．それにもかかわらず，これらの国々は世界の木材生産セクターを1世紀以上に渡って支配してきたのである．対照的に，発展途上国はこれまで世界の燃料用材の約90％以上を生産してきたが，産業用材は全体の約25％を生産してきたに過ぎない．これらの国々は世界的な林産物市場においてはマイナーな存在であった．

　しかし，長らく続いたこのような関係は未だかつてない形で変化しつつある．林産物の生産は先進国から発展途上国に移行しつつある．変化を引き起こしている要因を考えれば，将来的な林産物生産と消費動向は先進国の成長によってではなく，むしろ中国をはじめとしたアジア太平洋地域，ラテンアメリカ，南アフリカ，ロシア，東ヨーロッパの成長によって決まりそうである．先進国における当該セクターへの影響は甚大である．

　変化を引き起こしている要因は少なくとも四つ存在する．
- グローバリゼーションによって生産能力がコストの安い国々にシフトしている
- 早生樹種を植林した人工林が大きく拡大し，産業用材の新規供給が大幅に増えている
- 特に近年になって木材をベースとした複合材料の技術開発が進んでいる
- 林産物生産と消費において重要な位置を占める国々が増えている（特に中国であるが，アジアの国々やロシア，東ヨーロッパ，ラテンアメリカの一部の国々もそうである）

　このような変化によって確実に影響を受けているのが森林認証[訳注4]である．これまで認証を受けている森林の多くは米国やカナダ，西ヨーロッパに位置し

訳注4）森林認証は，第三者機関が適切に管理された森林を認証し，そこから生産された木材製品にラベリングを行う取り組みである．消費者はラベリングされた木材製品を購入することで，適切な森林管理を行っている生産者を支援することができる．

ている.つまり,最も木材市場が縮小しそうな地域である.対して,アジア太平洋地域やロシア,東ヨーロッパ,ラテンアメリカといった地域が最も伐採圧力が高まりそうな地域である.これらの地域において現時点で認証を受けている森林面積は極めて少ない.たとえば,2004年における世界の認証された森林面積の87%は北アメリカと西ヨーロッパに存在し,6%がオセアニアに存在している.新しい産地において認証された森林を増やす努力が求められている.

出典:J. L. Bowyer, "Changing Realities in Forest Sector Markets, *Unasylva*, Vol. 55, No. 119, 2004, Food and, Agriculture Organization of the United Nations (www.fao.org/docrep/008/y5918e/y5918enhtm).

様々な要因が影響を与えているが,ここでは**表12-1**および**図12-1**に示されるような関係性について考えてみたい.ここでの成長率は林齢に関係している.最初の数十年,この森林の成長に伴う材積の増加は緩やかである.しかし,30年から50年にかけての成長率は相対的に高まりを見せる.ただ,60年あるいはそれ以降において成長率は再び緩やかになり,最終的に100年で成長率は0となる.表12-1には,この森林の一生における10年ごとの全材積と平均材積,林齢ごとの成長率が示されている[2].平均材積は単純に全材積を林齢で割ったものである.

この成長曲線をシフトさせるには様々な**育林作業**を考えることもできる.たとえば,定期的な間伐や施肥によって,単位面積あたりの木材の生産性を向上させることができる.品種改良によっても樹木の成長を早くすることができる.ただ表12-1の値に見られるように,単位面積から得られる木材の生産量に最も大きな違いを生み出しているのは林齢である.

生物学的な成長曲線のみから伐期の決定について判断することもできる.つまり,単純に伐採時点での材積を最大化させるというものである.この場合,材積が最大となる林齢100年頃まで伐採は先延ばしになる.このような判断を下すことの問題点は伐採までにかなりの時間待たなければならないことである.いくらか少ない伐採量でも構わないのでもう少し早く伐採することは適切ではないだろうか.

合理的な考え方の一つとして,平均材積が最大となる林齢60年頃に伐採するというのもあるかもしれない.たとえば1,000年間で考えてみると,このサイクルでの伐採は27,666立方フィートも生産するが,100年で伐採するサイクルでは20,900立方フィートしか生産しない.実は60年で伐採するサイクルは材積としては他のどのサイクルよりも最も大きな生産量をもたらすため,この森林にとっての最大持続生産量と考えることもできる.ただ,この伐期が社会が森林から得られる純便益を最大化しているのかという疑問は依然として残っている[3].林齢50年で伐採すれば,

表12-1　森林1エーカーあたりの全材積，平均材積，年間の材積増加量

林齢(年)	全材積 （立方フィート）	平均材積 （立方フィート/年）	年間の材積増加量 （立方フィート/年）
0	0	0.0	0.0
10	80	8.0	8.0
20	200	10.0	12.0
30	400	13.3	20.0
40	720	18.0	32.0
50	1,360	27.2	44.0
60	1,660	27.7	30.0
70	1,840	26.3	18.0
80	1,960	24.5	12.0
90	2,040	22.7	8.0
100	2,090	20.9	5.0
110	2,090	19.0	0.0
120	2,090	17.4	0.0
140	2,090	14.9	0.0

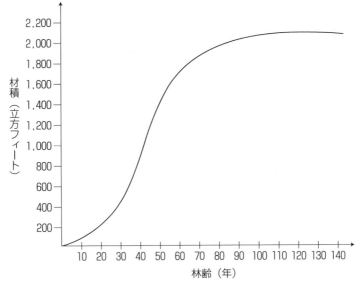

図12-1　林齢と全材積との関係

より少ない材積しか生産しないがより早く木材を入手できる．つまりトレードオフが存在している．社会が木材に価値を置いているように時間にも価値を置いているため，課題解決は時間の価値がどれだけであるかにも関係しているはずである．

第Ⅴ部　自然資源の問題への適用

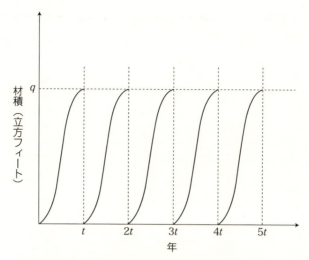

図12－2　典型的な木材の収穫ローテーション

　しかし，そのような意志決定は思いのほか複雑である．樹木の伐採は伐採跡地が生じることを意味する．最適な伐採時期は，この伐採跡地を何に使うのかにも部分的にではあるが関係している．話の辻褄が合うように，その伐採跡地にはすぐに植林が行われ，さらにこのような植林が将来にわたり伐採のたびに行われると想定する．そうするとここで問うべき課題は，この市町村にとって，**輪伐期（木材の収穫ローテーション）**を何年に設定するのが最適なのかということになる．輪伐期とは，同じ土地において継続的に森林を伐採する際の循環期間のことである．40年の輪伐期は，言い換えると，ある面積の伐採区域で40年ごとに森林を伐採することを意味している．たとえば，40年が最適な輪伐期であると仮定するならば，1,000エーカーの40分の1の森林で毎年伐採を行えばよいことになる．輪伐期のパターンの一例は**図12－2**に示されている．最初の伐採は t 年で行われる．伐採はそれ以降$2t$, $3t$, $4t$ 年で行われる．それぞれの時期における伐採量が q である．問題は社会的に効率的な t の値はいつであるのかである．

　問題を分かりやすくするため，ある年の1月1日にこの森林の伐採を検討しているとする．林齢は気にする必要はない．考えるべきことは，今年樹木を伐採して市場に出すべきなのか，あるいは次年度まで待って伐採すべきなのかということである．これは単純な二時点間の問題であるが，これを考えることで効率的な輪伐期についても理解することができる．もし樹木を伐採しないことを決めるならば，この市町村は来年の1月1日にも同じ二時点間の問題に直面することになる．本質的に

第12章 森林の経済学

は連続した費用と便益に関する意志決定に直面していることと同じである．この意志決定は，今年伐採することの便益と費用とを比較すること，つまり便益と来年伐採できないことで逸失する便益とを比較することである．樹木の一生の中で，若齢期においては，伐採することで得られる便益は，待つことで得られる便益よりおそらく小さいと考えられる．若齢期には樹木は急速に成長しているからである．一方で，成長率が極めて遅い老齢期では，待つことで得られる便益はいま伐採することで得られる便益よりもかなり小さいと考えられる．どこかに伐採することで得られる便益が待つことで得られる便益と一致する，あるいはわずかに上回る転換点が存在するはずである．この時こそがこの森林を伐採する時期である．

　この問題は数式を使うともう少し分かりやすく理解することができる．まず変数を定義したい．

V_0：今年伐採したら得られるであろう木材の貨幣価値
V_1：1年間伐採を遅らせたら得られるであろう木材の貨幣価値
$\Delta V = V_1 - V_0$：1年間の成長量の価値
C：伐採費用，つまり樹木を伐採し市場に出す費用
r：割引率
S：樹木を伐採した後の伐採跡地の現在価値

　最後の変数については説明が必要であろう．伐採跡地で，別の様々な土地利用（農業や宅地開発など）を行うことも当然考えられる．ただここでは，最適な輪伐期を特定することに焦点を当てているので，Sは永続的に樹木を育てる場合の土地に対する価値ということになる．このSをより良く理解するため，伐採後に伐採跡地を他人に売る「ふり」をしてみたい．その他人は植林をして，その後，最適な輪伐期で永続的に木材を伐採するとする．そうすると，売ろうとしている土地価格Sは，木材を伐採することで将来に渡って連続的に得られる純便益の合計を現在価値化したものと一致していなければならない[訳注5]．

　もし今年，森林を伐採すれば，その収益は$(V_0 - C) + S$となる．この収益は，木材を伐採することで得られる純便益$(V_0 - C)$と土地の売却価格Sとの合計である．もし来年まで森林の伐採を延期するならば，収益の現在価値には追加される成長分ΔVと，来年土地を売却することによる収入が反映される．ただし，これらには以下のように割引率が適用されなければならない．

訳注5）第5章の資源レントの説明を参照されたい．

$$\frac{V_0 + \Delta V - C + S}{1+r}$$

このケースでは,来年度得られる収益と売却価格 S の両者が,1期分だけ割り引かれなければならない.森林が若く ΔV が比較的大きければ,以下の不等式が成立する.

$$\frac{(V_0 + \Delta V) - C + S}{1+r} > (V_0 - C) + S$$

言い換えると,来年まで伐採を待つことで得られる純収益は今年伐採することで得られる純収益よりも大きくなる.しかし林齢が高くなると, ΔV は次第に低下し,今年伐採することで得られる純収益は来年まで伐採を待つことで得られる純収益と同じになる.このため,以下の条件が森林を伐採すべき時期を示すことになる.

$$\frac{(V_0 + \Delta V) - C + S}{1+r} = (V_0 - C) + S$$

最後の数式は以下のようにまとめることができる[4].

$$\Delta V = (V_0 - C)r + Sr$$

この数式が費用便益分析という視点から見た最適な伐期を示している. ΔV は伐採をもう1年待つことで得られる便益であり, $(V_0 - C)r + Sr$ が伐採を待つことの費用である.待つことの便益が費用を上回る限り伐採は先送りした方がよく,便益が費用の水準まで下がった時が樹木を伐採する時ということになる.

この解法は図12-3に示されている. ΔV と示された曲線は樹齢に応じた毎年の成長増大分を示している.当初の成長は緩やかであるが,その後,最大値まで増加し(樹木が図12-1で示された曲線の最も傾きの大きな点に達したことに相当),さらに成長の増大分がゼロになる点まで減少していく.図12-3で示されたもう一つの曲線は最後の数式の右辺に相当している.森林の蓄積 (V_0) が増加するにつれて,この曲線もある最大値まで増加する.最適な輪伐期はこれらの二つの曲線が交わる点,横軸上の t^* となる.これが費用便益分析に基づく輪伐期である.

分散投資の選択

この問題は分散投資を行う対象の選択,つまりこの市町村がどのような形で資産を所有するのかという問題と解釈することもできる.最後の数式を r について解く

第12章 森林の経済学

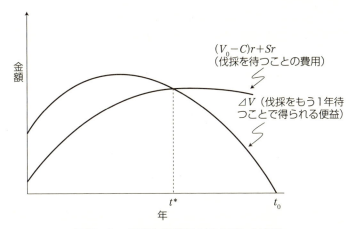

図12-3 最適な輪伐期の図を用いた表現

と以下のようになり，これは**資産の分散投資**という視点から見た表現ということになる．

$$r = \frac{\Delta V}{S+(V_0-C)}$$

左辺の r は，その市町村が所有している資産全般から得られる利益率と解釈できる．右辺は樹木をもう1年伐採しないでおくことの利益率を示している．最適な輪伐期に対する答えは，他の資産から得られる利益率を上回る限り，樹木を切らずにおくべきであることを示している．樹木を育てることで得られる利益率が他の資産の利益率にまで下がった場合には，伐採して再造林を行うことになる．

効率的な輪伐期に影響を与える要因

理解を深めるため，輪伐期に影響を与える要因，つまり森林管理者が輪伐期を変更することになる要因に目を向けてみたい．たとえば近隣の製材工場が閉鎖され，丸太をより遠くに出荷することになれば，**伐採費用**は実質的に増加する．伐採費用は図12-3で示された関数に含まれる負の符号を持った変数である．C の増加により，曲線 $(V_0-C)r+Sr$ は下方にシフトするので，最適な輪伐期は長くなることになる．実際，伐採費用が極めて高くなれば，結局伐採しない方が効率的となるかもしれない．つまり，輪伐期は図12-3において t_0 の値の右に追いやられるかもしれない．樹木の伐採による**外部効果**を通じて伐採の社会的費用が増大することもある．世界各地の流域で生じているように，樹木の伐採に起因して洪水や土壌浸食が

増加するならば，伐採に伴う社会的費用は本質的に増大することになる．上記のようにその影響は最適な輪伐期を長くさせる効果がある．

　利子率の変化が生じた場合，効率的な輪伐期にはどのようなことが生じるだろうか．たとえば利子率が長期的に下落すると，限界費用曲線つまり $(V_0-C)r+Sr$ は下方にシフトする．限界便益曲線と限界費用曲線の交点が右方向にシフトするため，効率的な輪伐期はより長くなる．もし利子率が実質的に0であるとするならば，限界費用曲線は本質的になくなってしまうので，t^* は $\Delta V=0$ となる点まで右にシフトすることとなる．利子率が0であることは他の資産から得られる運用益が0であることを意味するので，自然状態で森林の成長率が0となるまで成長させ続けることが効率的であるということになる．

　木材が相対的に希少になった場合も考えてみよう．これは伐採した木材の価格上昇をもたらすことになる．このケースでは，最適な輪伐期が長くなるか短くなるか，どちらとも言えない．それは，高い木材価格は ΔV と V_0，S を上昇させるが，その比率が同一であるとは限らないからである．そのため，限界便益と限界費用との交点は右側にも左側にもシフトし得ることになる．

木材以外の森林の価値がもたらす影響

　次にこの分析を一般的な森林，つまり木材価値以外の社会的便益も提供している森林に拡張してみたい．木材価値以外の社会的便益とは，貴重な野生生物の生息地，流域保全，野外レクリエーション，生物多様性の保護，炭素の固定といった便益である．これらの便益のある一つが，社会的に効率的な輪伐期にどう影響するのか概念的に理解することは難しいことではない．ただ実際に把握するのは非常に手間のかかる問題である．それは，様々な要因が様々な数量，異なった符号で輪伐期に影響を与えていると想定されるので，影響全体を要因別に分けて取り出すことが困難だからである．

　森林が供給する主要なサービスの一つは**野生生物の生息地**である．小さな昆虫から大型肉食獣まで，また地表に生息するものから樹上で生息するもの，空を飛ぶものまで，様々な野生生物が森林に頼って生活している．ここではある一種だけが生息している状況を考えてみたい．このケースは，米国北西部の原生林に生息するマダラフクロウをめぐる事例に相当するものである．マダラフクロウには生息場所として老齢な樹木からなる森林が必要である．仮にマダラフクロウの生息地1エーカーが社会にもたらす貢献を評価することができ，さらにそれを貨幣価値として表現できたとする．林齢とこの価値との関係は**図12-4**のように見ることができる．その価値は森林が少なくとも60歳になるまでは実質的に0であり，その後急激に増加

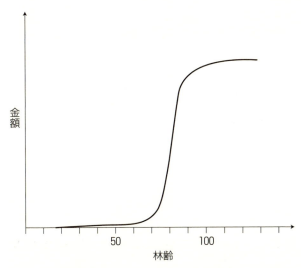

図12-4　林齢とマダラフクロウの生息地としての森林の価値

して100年頃に最大に達し，それ以降一定を維持することになる．ここでは木材価格や林地価格は生息地の価値には影響しないと想定している．

　この価値が森林管理者の意志決定にどのような影響をもたらすのかは簡単に理解できる．生息地としての価値を図12-1で示された木材の価値全体に足し合わせると，その関数は以前のものと似たようなものであるが，高齢において価値がかさ増しされたものとなる．これは図12-3で示された曲線を外側に押し出すような形となっている．マダラフクロウには商業的な価値がないので（たとえば，森林においてマダラフクロウの観察ツアーを提供するようなエコツアー事業者がいればまた別である），土地の市場価格はマダラフクロウから影響を受けない．そのため限界費用曲線，つまり図12-3で示された $(V_0-C)r+Sr$ は変化しない．新しいモデルは**図12-5**に示されるようなものである．新しい限界便益曲線は $\Delta V+H$ で示されている．ΔV の項は以前と同じであり，もう1年成長させることから得られる価値の増加分である．H が森林をマダラフクロウの生息地とすることで生じる年間の価値である．H をモデルに加えることで最適な輪伐期は延長されることになる．図12-5には，より大きな H に対応させたいくつかの新しい限界便益曲線を示しているが（点線部分），マダラフクロウの生息地とすることで生じる年間の価値が高ければ，最適な輪伐期がより長くなることがわかる．点線で示された真ん中の曲線は t_2 年の輪伐期が最適であることを示している．もし H がより高ければ輪伐期は

第V部　自然資源の問題への適用

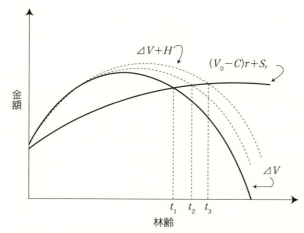

図12-5　マダラフクロウの生息地を考慮した場合の最適な輪伐期

t_3になる．そして，もしHが極めて大きな値となった場合には限界費用曲線との交点は存在しないことになる．それは最適な輪伐期が本質的に無限，つまり森林の伐採を行わないことが社会的に効率的であることを意味することになる．

　マダラフクロウのケースのように単一種だけを考慮する状況であれば，少なくとも概念的にはこの問題は容易に理解できる．しかし，複数の野生生物を考慮し，同時に生態学的な影響が野生生物ごとに異なっている状況ではより難しい問題となる．たとえばシカは，若芽が相対的に多い比較的若齢の森林を好んでいる．一方，ある種の昆虫は，枯損した樹木が多い十分に成熟した森林を好んでいる．もし，両者の生息地としての価値を木材価格に上乗せするならば，相反する生息地としての価値を何らかの方法で合計する尺度が必要である．

　森林が提供する木材以外のもう一つの価値としては**炭素の固定**がある．化石燃料を燃焼させることで生じる地球規模での二酸化炭素の排出によって，大気中の二酸化炭素濃度は上昇してきている．大気科学者のほぼ一致した見解は，このことが長期的には世界的な平均気温の上昇をもたらし，それが地球生態系やそこに依存している人間に重大な影響をもたらすであろうというものである．このプロセスを緩和する確実な方法の一つは二酸化炭素の排出量削減である．もう一つが，大気中の二酸化炭素の吸収量を高めるために地球規模で森林資源を管理することである．

　樹木は細胞組織の成長と維持に必要なブドウ糖を生産するため光合成を行っている．光合成に必要なものは大気中の二酸化炭素と水である．そのため，樹木の成長

は大気中からの二酸化炭素の吸収を促し，これが大気中の二酸化炭素の増加を緩和することになる．より多くの炭素を固定するためには，(1)現在，森林として利用されていない土地（たとえば，農地）を森林に転換する，(2)炭素の固定量を増加させるよう，既存の森林を管理するという二つの対応策が考えられる．もし森林を伐採せずにおけば，最終的に最大のバイオマス量に達し，それが維持されることになる．この時点で森林に含まれる炭素量は最大となり，樹木を伐採せずにおけばこの分量の炭素が永続的に固定できる[5]．この能力は改善することができるのだろうか（コラム12-2を参照）．もし樹木をその場で焼き払ったり，あるいは伐採後に破砕したりしてしまうならば（たとえば，農業のために開墾する場合など），炭素はすぐに大気中に放出されることになる．しかし，木材を伐採して建築材とするならば，その材料が分解するまでは炭素が固定されることになる．もしこのような建築材が全く分解されないと仮定するならば，樹木を伐採して建築材とすることは永続的に炭素を固定していることになる．もし炭素固定サービスに対する市場が存在するならば，木材の市場価格には建築材と炭素固定の両者の価値が反映されることになる．木材の価値に対する炭素固定の価値の追加部分は，実質的には建築材価格が上昇する場合と同じような形で，単に木材の材積に応じて付け加えればよいことになる．この状況においては，先ほど木材価格が最適な輪伐期にもたらす影響を検討した際と同じ結論，つまり炭素固定サービスは最適な輪伐期をどちらの方向にも変化させ得るという結論になる．

しかし，建築材は永続的に存在するわけではない．むしろその利用形態や用途によってはかなり早い速度で分解する．木材市場のかなりの部分は建築物，特に住宅に使われている．そのため住宅建材に使われた木材の分解速度が，建築材に含まれる炭素が環境中に放出される速度を決定している．重要なことは，この速度が樹木の成長速度よりも速いのか遅いのかということである．もし遅いならば，住宅建材のために伐採される樹木は，樹木を伐採せずにおくことで固定される炭素量と比較して多くの炭素量を固定することになる．もし分解速度の方が樹木の成長速度よりも速いならば逆の結論となる．

炭素固定を増やす育林や森林造成に，**排出権取引**がどのような動機付けの変化をもたらすのか，少なくとも理論的には予測できるようにも思える．排出権取引により森林所有者には炭素を固定することで価値が生じるので，炭素固定量が効率的になるようトレードオフを考え，意志決定する動機が生じるからである．ただそのためには，市場はかなり洗練されたものでなければならない．たとえば，伐採後に製品化される品目を制限するなどの対応が必要である[訳注6]．また，問題は炭素固定の便益が巨大な公共財となっていることである．そのため排出権を購入する個人消費

コラム12-2　森林管理と炭素固定

　炭素固定のための森林管理は，森林生態系に取り込まれた炭素が，そのような重点的管理が行われなかった場合よりも相対的に増えるであろうという考えに基づいている．実際の炭素固定量の増加は，森林バイオマス量の増加あるいは森林土壌中の炭素の増加として実現される．

　気候変動に関する政府間パネル（IPCC）は，適切な政策によって地球上で増加させることのできる炭素の固定量は，そのような政策がなかった場合を基準として最大100ギガトンにも上ると推定している．この炭素量を大気中に放出される炭素で計測すると，現在水準の排出量のほぼ30年分に相当する．ただ，この結果を達成あるいは部分的にも達成するためには，地球規模で森林を増加させる必要がある．

　森林や森林関連の炭素を増加させると思われる活動はいくつか存在している．森林伐採の減少，森林面積の拡大，単位面積あたりのバイオマス量の増加，寿命の長い木材製品の拡大などである．それぞれについて考えてみたい．

　熱帯林伐採の減少：現実的に考えて，最も素直な方法は森林伐採を減少させることと思われる．北半球の温帯林はここ数十年ある程度拡大してきているが，依然として熱帯における森林伐採はかなりの速度で進行している．熱帯林の伐採は主に森林の農地への転換によって引き起こされている．

　森林面積の拡大：地球規模での森林面積の拡大は大気中の二酸化炭素の固定を促すものと考えられる．条件の不利な農地が森林に復元されたことにより，北半球では森林が拡大している．たとえば，ヨーロッパでは森林への復元は早くは19世紀初頭，米国ニューイングランド地方でもおそらく19世紀中頃には始まっていた．

　森林密度の上昇：もし森林バイオマスの密度が上昇すれば森林内の炭素量も増加することになる．たとえば，ここ数十年の米国の森林面積はほぼ一定であるが，調査結果は森林蓄積が大幅に増加していることを示している．それらは，おそらく年間3億炭素トンに匹敵すると考えられている．

　木材製品内の炭素：収穫された木材は寿命の長い木材製品に転換され，炭素を固定する．木材製品はいつまでも長持ちするわけではない．ただ，破壊あるいは分解される木材製品の量よりも，多くの量の木材製品が追加されるならば，炭素固定量は増加することになる．世界的には，木材製品中の炭素固定量は漸増していると考えられている．

> 出典）Roger A. Sedjo, *Forest Carbon Sequestration: Some Issues for Forest Investments*, Resources for the Future, Discussion Paper 01-34, Washington, DC, August 2001.

者が現れず，結果として補助金を導入せざるを得ないかもしれない．炭素固定プロセス全体の不確実性もあるが，多くの補助金が抱えている政治的背景を前提とするならば，炭素固定を目的とした補助金が効率的で費用対効果の高いものとして実現する可能性は極めて低いかもしれない．

最適な皆伐方法

皆伐は特定面積の樹木をすべて伐採する作業であり，樹種や大きさ，林齢など，特定の基準に見合った樹木を伐採する**択伐**と対照的な作業である．皆伐は営利を目的とした商業的林業では広く行われているが，異論の多い作業方法でもある．皆伐を支持する人々は，伐採費用の削減と樹木の均質性から商業的な森林利用が推進できる点を利点として指摘している．一方で皆伐を批判する人々は，景観的な悪影響，流域の荒廃，生態学的な全体性の喪失，レクリエーション価値の減少などを問題点として挙げている．

この問題の枠組みを概念的に捉えることもそれほど難しいことではない．ある企業が大規模な森林を所有しており，60年の輪伐期で木材伐採している状況を考えてみたい．人員配置の必要性などから毎年一定の生産を期待したいので，企業は毎年60分の1の森林を伐採することを計画している．もし森林が合計6,000エーカーあるとすれば，毎年100エーカーずつ伐採することになる．皆伐という観点から考えると，採用する伐採パターンにはかなりの幅が存在する．大きな100エーカーの1カ所の土地を皆伐することも可能な一方で，もう一方の極端な例として，分散した1エーカーの土地を100カ所皆伐することも可能である[6]．あるいは，この両極端の間の様々なパターン，たとえば2カ所の50エーカーの土地や，10カ所の10エーカーの土地などで伐採を行うことも可能である．n を1年間に伐採する箇所数とするならば，問題は社会的に効率的な n がどのような値となるのかである．

一般的に n の変化に伴って二つの種類の費用が生じることになる．伐採費用はその1つである．n が増加すれば伐採作業において分散した作業現場に訪れる必要性が生じるので，おそらく木材を伐採する費用は増加することになる[7]．その他の費用は生態学的な費用という一括したカテゴリーにまとめることができる．これら

訳注6）木材が分解速度の速い用途で使われるならば，樹木を伐採しないでおく方がより多くの炭素を固定することになるからである．

の費用はnが増加すると減少すると想定できる．ただnがある程度大きくなった状況では，作業員が分散した複数の作業現場に訪れなければならないので，伐採が行われない森林が分断されることで生じる費用が逆に増加するかもしれない．

これらの関係は**図12-6**に示されている．nで示される伐採地数を横軸にとっており，nは1からある大きな値Nの間を取る[8]．Hと表示された曲線は木材の伐採費用を示し，一方Eで表示された曲線は生態学的な費用を示している．Tと表示された曲線は総費用を示し，HとEの値を垂直方向に足し合わせたものである．もし伐採費用を最小化するように伐採を行うのであれば1カ所での皆伐が求められる．一方，生態学的な費用を最小化するように皆伐するならば，n_0カ所での皆伐が求められる．社会的に最適な伐採箇所数は合計費用が最小となるこれら二つの間のn^*となる．

概念的にこの問題を議論することは比較的容易であるが，特定の状況において実際のnの値を決定することはかなり難しい問題である．これを決定するためにはHとEの二つの費用曲線を知っている必要がある．前者の伐採費用については，伐採を行う企業は自社の経費に関する情報をおそらく持っているはずなので問題なく特定できるかもしれないが，後者の生態学的な費用を高い精度で計測することは間違いなく困難な問題である．ただEに関する詳細な知見が得られないとしても，少なくとも生態学的な費用は正であることから，最適な皆伐箇所数は企業の利益を最大化させる1ではなく，それ以上の値ではあると言えるだろう．

林業の所有形態

1,000エーカーの森林を持つ市町村の話に戻ろう．この市町村は伐採の意志決定と最適な輪伐期の決定を求められていた．これまでは木材の商業的価値だけを考慮した場合の最適な輪伐期，および輪伐期が様々な要因から受ける影響の仕組みについて考えてきた．ただ，**様々な所有形態**が想定される場合，効率性と公平性はどのように達成されるのだろうか．

米国においては，ほとんどの商業的な木材製品は私有林から生産された木材から作られている．その大部分は，比較的大規模な土地区画において樹木の伐採を主に行っている**産業的な林地**から生産されている．これらの土地における意志決定は，主に長期的な純収益を最大化させることを目的として行われている．これらの意志決定が社会的な効率性も最大化させているかどうかは，意志決定者が現場あるいは現場以外における価格を持たないサービス（商業的な木材価値以外の社会的便益）を考慮するかどうかにかかっている．私有林がよくハンターやハイカーに提供され

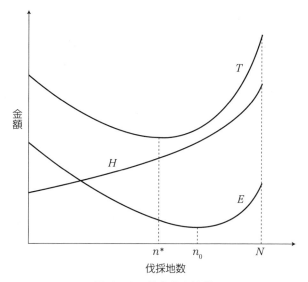

図12-6　効率的な皆伐

ていることを見ても，おそらくこれらのことは明らかである．ただ，これらの問題に関する系統的なデータの把握は行われていない．

　林業活動は産業的な林地以外の森林でも行われている．このような森林の所有者は，何らかの森林に関する製品を生産しているが，必ずしも木材生産を一番の目的としているわけではない．このような場合，意志決定は木材収入にも一部動機付けられてはいるものの，大部分は土地所有者の個人的な目的に動機付けられている．

　また，林業活動のある部分は公有地においても行われている．そのため伐採の意志決定は公的機関によって行われている．このようなケースは特に発展途上国に当てはまるものである．発展途上国の公的機関に所有された森林では，(1)公的な森林から木材を伐採する**商業的な利用権**（コンセッションと呼ばれている）の設定が民間企業によってなされている，(2)厳密には森林を所有していないものの，その森林に頼った生活をおくる地域住民が森林資源を継続的に利用している，(3)森林を私的所有に変更できる条項が存在し，それが将来所有者となる可能性のある人々に森林を別の用途に使用する動機付けを与えている，といった重大な問題が存在している．

出所:USDA Forest Service, FY 190S-2006 Annual National Sold and Harvest Summary (www.fs.fed.us/forestrnanagement/reports/sold-harvest/documents/1905-2006_Natl_Sold_Harvest_Summary.pdf)

図12-7　米国国有林における1905年から2006年までの木材収穫量

国有林からの木材伐採

米国の国有林システムは19世紀後半に創設され,現在1億9,100万エーカーの土地が国内各地に存在している.20世紀前半は,国有林からの木材の伐採は比較的少なかったが,第二次世界大戦後は大きく変化した.国有林からの木材販売は急激に増加し,ピークの1970年代初頭には115億ボードフィートに達した.しかし,1990年代頃には国有林からの木材販売は75%も減少した(**図12-7**)[訳注7].

この急激な木材販売の減少の理由は,国有林で生産される財やサービスに対する相対的な価値付けが変化したからであると考えられている.特に野外レクリエーションや生態系の保全に対する需要が,従来の木材の伐採に対する需要と比較して上昇してきた[訳注8].この状況は**図12-8**に示されている.横軸は国有林からの年間の木材生産量,Dと示された需要曲線は木材に対する限界支払意志額,MPCはその伐採費用である.もしこれらの二つの値のみが考慮されるならば,効率的な伐採水準はq_1に決定される.しかしほとんどの場合,国有林からは木材生産と競合するそれ以外のサービスも供給されている.様々なタイプの野外レクリエーションの機

訳注7)日本の国有林は日本の森林面積のおよそ3割を占めている.1965年前後は2,000万 m^3以上の木材収穫量があったが,現在は800万 m^3を超える程度である.

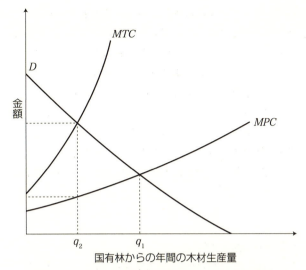

図12-8　非木材的価値を考慮した場合の効率性

会[訳注9]，生物多様性の保護，景観的な価値，洪水や土壌浸食の防止などである．これらの多くの部分は利用価値であるが非利用価値（たとえば，存在価値）も重要となる．非木材的なサービスが木材の伐採量の増加につれて減少するという仮定を置くならば，それらは木材の伐採に対する追加的な費用として扱われることになる．図12-8において MTC と示された曲線は限界木材伐採曲線と非木材的なサービスの損失による限界費用を合計した値を示している．MTC と MPC との差は，言い換えれば，非木材的サービスの損失に対する限界費用を示している．このことから社会的な効率性を達成するためには，木材の伐採は q_2 まで減少させる必要がある．

要約

この章では，はじめにいつ樹木を伐採するのかという古典的な課題に注目した．

訳注8）同様のことは日本の国有林にも当てはまるものである．高度経済成長期には国有林野事業は木材供給が主要な目的とされ，それは国民の要求にも合致するものであった．一方，近年は森林・林業白書にも示されているように，二酸化炭素の固定など木材以外の森林の価値がより重視されており，これらの機能への配慮がよりいっそう求められている．ただ，高度経済成長期に再造林された森林資源が収穫期を迎えており，それらをいかに活用するかも大きな課題となっている．
訳注9）日本の国立公園の約6割が国有林の上に設定されている．

第Ⅴ部　自然資源の問題への適用

その意志決定にはトレードオフが含まれていた．そのトレードオフとは，今日伐採を行ったとしたならば即座に得られる便益と，それを待つことの便益，つまり来年までに樹木が成長する割合に関係した便益との間のトレードオフである．この基本的なモデルは樹木が木材以外の価値を持っている場合にも適用できるものであった．たとえば，野生動物や植物の生息地としての価値，野外レクリエーションを楽しむための場所としての価値（たとえば，ハイキングやハンティング），炭素固定の価値を持っている場合である．これらすべてのケースにおいて，最適な輪伐期は費用と便益，割引率から影響を受けていた．さらに皆伐の意志決定の大枠を把握する簡単なモデルと，米国国有林からの木材生産が近年減少している理由についても概観した．

注

1) 8,000年前にはこの値は50％であった．
2) 言うまでもなく，成長率と材積は年ごとに異なるが，毎年のデータを示すのではあまりにも数が多すぎる．10年ごとのデータで言わんとすることは示すことができる．
3) ここでは樹木の価値は木材の価値だけであると仮定していることを思い出してほしい．この仮定を緩めた場合の議論は後に行いたい．
4) 両辺に $1+r$ をかけると $(V_0-C+S)(1+r)=(V_0+\Delta V)-C+S$ を得ることができる．右辺に ΔV だけを残すと，$(V_0-C+S)(1+r)-(V_0-C+S)=\Delta V$ となる．$(V_0-C+S)(1+r-1)=\Delta V$ と変形できるので，最終的に示されるような結果となる．
5) もちろん，森林火災や台風のような自然災害はこの結論に影響を与えることになる．
6) ここでは1エーカーを伐採可能な最小の面積としている．
7) この分析では n を非連続な（整数値の）エリア数と考えている．
8) N は1年間に必要な総伐採面積を確保するために必要となる1エーカーの区画の数である．

第13章

海洋資源

　地表の3分の2は海洋あるいは内水面によって覆われている．この水圏システムは人間や地球生態系の健全性にとって価値のある様々な財やサービスの源である．主な財やサービスとしては，漁業，釣り，運輸サービス，海岸および沖合でのレクリエーション活動，大気や気候のコントロール機能，そして鉱物資源の供給などがある．

　この章では，まずこれらの中から商業的漁業者による漁業資源の利用に焦点を当てたい．世界的に見ると，商業的漁業の3分の2は人間の食料を提供するために行われており，残りは飼料に使うフィッシュミールの生産など工業的な目的のために行われている．図13−1は世界における，ここ数十年の漁獲対象魚種の漁獲量推移を示したものである．天然魚についても養殖魚についても明らかに増加していることが分かる．世界の一部地域においては漁業資源は極めて懸念される状況にある．北アメリカにおいては摂取される動物性タンパク質に魚類が占める割合は7％でしかないが，アフリカにおいては21％，東南アジアにおいては28％を占めているためである[1]．商業的に水揚される魚類の75％（重量で）は海面漁業に由来しており，残りは内水面漁業に由来している．また，漁獲量の約65％は天然魚が占めており，残りの35％を養殖魚が占めている．後者は世界の漁獲量において急激に割合を伸ばしている．ただ，このような世界的な漁業に関する合計値だけを見ていては，地域や魚種において生じている様々な変化は把握できない．近年の総漁獲量の大きな伸びは比較的価値の低い魚種（イワシなど）によるものであり，比較的価値の高い魚種（タラやオヒョウ[訳注1]）が希少になるにつれて，漁業者の興味の矛先はこれらの魚種に移ってきている．

　米国国内において2005年の商業的水揚量は95億ポンドであり，そのうちの10％は

訳注1）カレイの仲間であるが全長は1mを超える大型の魚である．日本近海でも北海道周辺を中心に生息している．

第Ⅴ部　自然資源の問題への適用

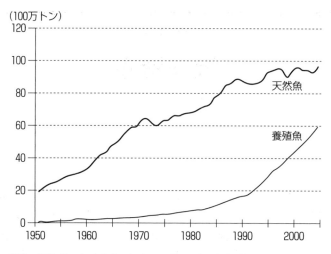

出所：U.N. Food and Agriculture Organization, Global Production Statistics, 1950-2004 (http://www.fao.org/figis/servlet/TabLandArea?tb_ds=Capture&tb_mode=TABLE&tb_act=SELECT&tb_grp=COUNTRY) and Global Aquaculture Production (http://www.fao.org/figis/servlet/SQServlet?file=/usr/local/tomcat/F1/5.5.9/fia5/webapps/figis/temp/hqp_48675.xml&outtype=html).

図13-1　1950年から2004年における世界の天然魚および養殖魚の漁獲量[訳注2]

養殖に由来している．漁獲量（重量）はここ10年，ほとんど現状維持で推移している．2005年の商業的水揚額は40億ドルにわずかに届かない程度である．また15年前にはメキシコ湾が漁獲量においては米国最大の漁場であったが，今日では太平洋アラスカ沿岸地域が最大の漁場となっている．

海面漁業における現在の問題

今日における海面漁業の主な問題としては以下のようなものがある．
1　過剰漁獲によって資源量がかなり減少している種があること[訳注3]
2　過剰な資本化，つまり漁船に過大な投資が行われていること
3　多くの海産種にとって必要不可欠な産卵域での水質汚染

訳注2）2004年以降も同様の傾向は続いている．天然魚の漁獲量は頭打ちになる一方で，養殖魚の漁獲量が天然魚のそれに迫りつつある．

第13章　海洋資源

4　国際的な漁業権（たとえば，米国とカナダとの間）あるいは国内的な漁業権（たとえば，米国あるいはカナダにおける先住民の漁業権）に関する対立

　この章では主に過剰漁獲と過剰な資本化について取り扱いたい．もちろんこれらはお互いに密接に関係しており，既存の漁場の大きさと比較して，あまりにも多くの漁業者があまりにも多くの魚を漁獲している．この状況のかなりの部分は，海面漁業が**オープン・アクセス**であるという性質に起因している．最近までは希望する誰もが漁船を購入し，商業的漁業を始めることができたが，それによって漁船があまりにも増えすぎ，相応して漁業資源が減少することとなった．歴史的に見ても，新しい漁場が拓かれるとすぐに漁船が殺到し，過剰漁獲によって結局は漁業資源が枯渇してきた[訳注4]．**図13-2**は1837年から1993年までの間の，米国における五つの対象魚種に関する水揚量の歴史的推移である．水揚量の推移は極めて似たような形を取っており，おそらく世界中の他の漁業に関しても水揚量の推移はこのような形になっていることが考えられる．

　多くの国々において漁業資源を保護するために漁業規制が行われてきたが，成功も失敗もしてきた．大きな問題点は，公的機関が頼りにしている典型的なアプローチが直接規制（コマンド＆コントロール）だということである．この方法は漁業者が直面するインセンティブを十分に考慮できない方法である．さらに過剰漁業を緩和してほしいという要求と，漁業者たちの生計を守ってほしいというより強い要求との間で，政府はたいてい板ばさみになってきたことも原因である．

米国の漁場管理制度

　米国の漁業管理に関する主な権限は1976年の**マグナソン・スティーブンス漁業保存管理法**に基づいている．この法律に基づき，指定地域における管理目標を達成するため八つの**地域漁業管理協議会**が設立されている．協議会は規制が必要とされる

訳注3）2015年に公表された水産白書によれば，近年，中国やインドネシア，インドなどが漁業生産量を大きく増加させている．これらの国々の内水面漁業及び養殖業を含む漁業生産量は，2013年で世界1位から3位までを占めている（日本は7位）．一方で，これらの国々の排他的経済水域の面積は，インドネシアが世界3位で日本（6位）よりも広いものの，他の2国はいずれも10位以下であることから，過剰漁獲が心配されている．一方，日本の周辺水域の資源状況は全体としてはおおむね安定的に推移しているが，低位水準にとどまっているものや資源水準が悪化しているものもみられる．

訳注4）日本では，漁業資源の保全や漁業者間の利害調整のため，漁業への新規参入が制限されてきた．日本において，後に説明する漁獲可能量の設定や譲渡性個別割当方式の導入が進んでいないのは，このような歴史的背景も関係している．

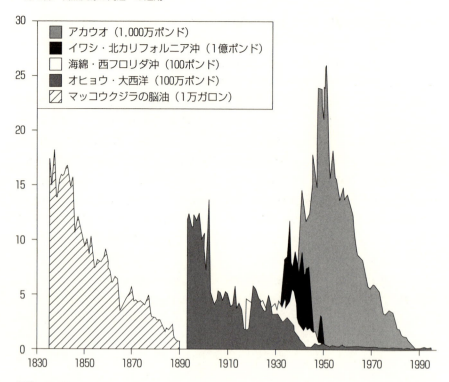

出所：NMFS, *Our Living Oceans: The Economic Status of US. Fisheries*, 1996, U.S. Dept. of Commerce, NOAA Technical Memo NMFS F/SPO-22. Courtesy of Amy Gautam and Steve Edwards.

図13-2 米国における5つの対象魚種に関する水揚量の歴史的推移（1837年から1993年）

地域内の漁場に対し，**漁業管理計画**を作成している．この協議会は州や準州，連邦政府の行政当局とともに，利害や知識を有する一般の人々（多くの場合，漁業，加工業，流通業の代表者）によって構成されている．協議会によって作成される漁業管理計画により，必要に応じて総漁獲量の制限や漁具や漁法，漁期などの規制の設定が行われる．

漁業管理協議会の遂行能力に対する一般的な見解は海洋漁業局により以下のように表現されてきた．

> マグナソン・スティーブンス漁業保存管理法の適用以来，漁業管理においては最大持続生産量の達成が最大の目標であった．その結果生じたのは，

法律の寄せ集めとそれらに基づく規制の導入であった．これらは漁具の規制や漁獲割当制度，操業場所や操業時間の規制，禁漁地域の設定などに重点を置いており，複雑で対立を引き起こすこともあった．漁業活動の制限を目的としたこれらの対策のほとんどは効果がなく，多くの場合，非効率的で過剰な漁獲努力と漁船への投資を促進し，場合によっては更なる漁船の参入を促進しており……これらの「コマンド＆コントロール」による管理は，短期的には資源回復につながることもあるが，たいていの場合，長期的には漁獲量の削減にはつながっていない．米国では潜在的に過剰漁獲となることが早くから認識されていたにもかかわらず，漁場において漁獲を制限するための対策の多くは生物学的あるいは経済学的な持続可能性の点から効果が薄く……

より効果的な漁業管理計画の推進という課題は**1996年の持続的漁業法**の法案可決につながることになる．過剰漁獲された漁場の再生計画を立案させるため，この法律では地域協議会に責任とともにより多くの権限が付与されている．ただしこの法律では，インセンティブに基づいた対策の導入は一時的に凍結されていた．しかしながら2006年，議会と大統領はこの種の対策の導入を認めるマグナソン・スティーブンス漁業保存管理再授権法を可決させている．この法律がもたらした影響を理解するため，まず漁業管理に関わる生物経済学の基礎に焦点を当てることから始めてみたい．

漁業のモデル化

この節では，漁場に関する実証的かつ規範的問題を分析するための簡単な**生物経済学的モデル**について述べたい．生物経済学的なアプローチは，漁場の成長と衰退に関する**生物学**的な知見と**経済学的な意志決定**に基づく人間行動の二つの要素が組み合わされている．

生物学的な成長曲線

まずある一つの**漁場**を考えてみたい．ここでの漁場とは，生息域の中で妥当な理由に基づいて線引きされたある場所に住んでいる魚の一群を意味している．漁場は単一種に対するものもあれば（たとえば，チェサピーク湾のカキ），複数種に対するものもある（たとえば，コッド岬沖のジョージバンクに生息するすべての底生魚類）．どのような場合でも，漁場は年齢やサイズの異なる様々な個体によって構成

されている．このことを単純化するため，漁業資源の全体サイズを**バイオマス**という単位で測ることとする．実質的には漁場を構成するすべての個体の合計重量である．漁場のバイオマスサイズは漁場に費やされている漁獲努力量だけでなく，多くの要因によって決定されている．捕食と被食，年間の繁殖率，海流，エサの供給，水環境，病気など様々な要因が影響を与えている．世界を見ても，これらの要因が明確に解明されている漁場はほとんど存在しない．漁業生物学者はこのような複雑な個体群動態に関する研究を現在も続けている．

ただここではしばらくの間，これらの複雑な要因をすべて除外しておいて，最も重要な関係性である，漁場のバイオマスの**サイズ**とその**成長量**との関係について焦点を当てたい．自然成長には，繁殖プロセスによる個体数の増加と，個体の成熟によるサイズ（重さ）の増加という二つの主要な要因がある．さらに，捕食やエサの欠乏による減少と特に高齢による自然死という逆方向に働く2つの要因も存在する．

比較的バイオマス量が低い水準では繁殖と成長の力が卓越していると考えられる．つまり，豊かな生態系の下では，高い繁殖率は高いバイオマスの成長率につながっている．ただ，これが継続しないことは明らかである．バイオマスのサイズが大きくなるにつれて食料が欠乏し始める．そのためある時点において，成長と減少の要因との間に自然な均衡が生じることが考えられる．このようにして，自然環境における個体数サイズが確立することになる．

この論理的枠組みは，広く知られた個体数成長の**ロジスティックモデル**を生み出すこととなった．これは1938年にフェルフルストによって最初に提唱されたもので[2]，**図13-3**に描かれるようなものである．資源量は横軸に示され，ある期間内（たとえば，年間）の資源の増加量あるいは変化量が縦軸に示されている．逆U字型の曲線は原点，つまり魚がおらず資源の増加もない状態から始まっている．より高い資源量では増加量も大きくなり，資源量 s_1 で最大値に達する．さらに大きな資源量においては増加量はそれでも正であるが，大きな資源量では当然必要となる食料と空間が不足するので，増加量は最大値よりも小さくなる．資源量 s_0 では資源量に影響する様々な要因がすべて均衡しており，そのために資源量が増加することもない．そのため資源量 s_0 が，もし個体群をあるがままにしておき，生態学的な要因も一定であるとすれば，そのような状況になるという意味において自然状態での均衡である．資源量が s_0 よりも大きな状況では，生物学的な影響力は実際には減少の方向，つまり漁場の資源量が減少する方向に働くことになる．

このロジスティック曲線は**持続的漁獲量**曲線のようなものと解釈することができる．ここでの漁獲量とは，収穫した資源量であり，毎年取り除かれる資源量でもある．たとえば，資源量 s_2 において成長量は y_2 ポンドである．そのため，もしこの

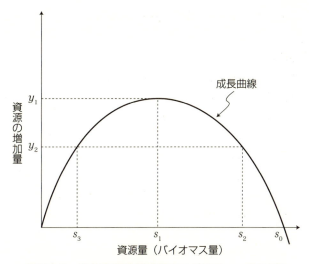

図13-3 漁場の個体群成長のロジスティックモデル

資源量で y_2 ポンドの魚が毎年漁獲されるならば，その漁獲量はこの成長量とちょうど一致し，資源量には変化がない．このことは，持続的な資源量はこの状況が唯一ではないという重要な点を示している．もし漁獲量が資源の自然増加量とちょうど一致するならば，あらゆる資源量が持続可能である．注意すべきことは，y_2 は資源量 s_3 における漁獲量とも一致するものである．ただ，この s_3 と y_2 との組み合わせは，以下のような意味において不安定な組み合わせである．漁獲量を y_2 で維持していても，資源量が一時的に s_3 を上回ることもあるだろう．そうなると自然増は漁獲量を上回り，次の年の資源量はより大きくなる．そのため，もし漁獲量を y_2 に維持するならば，安定的な s_2 に向かって（上方あるいは下方への短期的な資源量の逸脱が自動的に修正されるという意味で安定的），資源量はゆっくりと成長することになる．

もちろんもう一つの結果もあり得る．仮に s_3 の資源量と y_2 の漁獲量において，たとえば，一時的なエサ不足によって資源量の短期的な減少が生じたとする．もし漁獲量あるいは漁獲総数を y_2 で維持するならば，自然状態の増加を上回ることになり，資源量を減少させることになる．それでも漁獲量を y_2 に維持するならば，資源量は結果的にゼロ，つまりこの漁場を採り尽くしてしまうことになる．

この分析では y_1 もしくは y_1 よりも小さい，いかなる漁獲量も持続的である．つまり s_1 から s_0 の間の持続的な資源量において，漁獲量は安定的にいつまでも継続すると結論付けることができる．逆に y_1 を超える漁獲量は，漁場として可能な最

大増加量よりも大きくなるため，持続可能とはならない．

努力量 – 漁獲量曲線

今度はモデルに人間活動を導入したい．前の節で言及されている漁獲量は，実際には漁場から漁獲される想定量であるが，この節での漁獲量は人間の生産活動によって初めて生じるものである．**漁獲努力**とは魚を漁獲するために投じられる経済的な資源のことであり，これには資本財（たとえば，漁船や漁具）や労働（船長と甲板員），原料や燃料が含まれている．単純化するため，これらの資源を単一次元に変換することにしたい．おそらく最も分かりやすい方法は，ある漁具一式を使い，ある人数の乗組員が乗船した，一定サイズの標準化された漁船を想定することである．そしてこの標準化された漁船で何日漁を行うかという視点から，努力量の大小について述べていきたい．この仮定はモデルをシンプルなまま話を進めるために置くものである．もちろん現実社会では，漁場における漁船の大きさ，装備，漁船に乗る人々の技術などに大きな違いが存在している．ここではこれらの違いについては議論しないことにする．

この単純化の下，一般的な**努力量 – 漁獲量曲線**は図13-4に示されるようなものとなる．注意すべきことは，これが**持続的な漁獲量**に対する関係だということである．たとえば，努力水準 e_2 は持続的な漁獲量 y_2 と関係している．これは，もし努力水準 e_2 が将来にわたって毎年適用されるならば，将来の（つまり持続的な）漁獲量は y_2 になるということである．生産量は調整が生じることで短期的には y_2 と異なるかもしれないが，最終的には y_2 に落ち着くことになる．

努力量 – 漁獲量関数の逆U字の形状の背景には努力水準と資源量との関係がある．努力が行われない水準では漁場は単に自然のサイズ（図13-3における水準 s_0）である．努力が増えると，漁場からより多くの漁獲が行われることで，漁場はより少ない資源量を維持することになる．そして，努力水準 e_m において持続的な漁獲量は最大となる．さらに高い努力水準においては，資源水準は減少することになる（図13-3で言えば，グラフの増加部分にきている）．そして極めて高い努力水準においては資源量は0へと追いやられることになる．

もう一度注意しておきたいが，モデルは**持続的な漁獲量**を示していること，つまり漁獲量はもし示された努力量が**継続的に**適用されたならば生じるであろう結果であり，資源量がこれらの努力水準に対して調整されるには時間がかかるということである．短期的には努力量 – 漁獲量曲線上にない漁獲を行うこと，たとえば，努力量水準 e_3 で y_4 の生産を行うことも可能である．しかし，これは持続可能ではない．このような短期的な高い漁獲量は資源量を低下に追いやり，この努力量水準で獲得

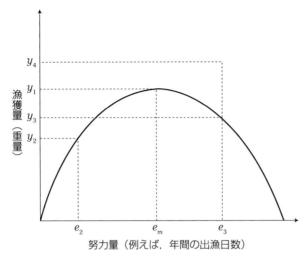

図13-4 ある漁場の努力量-漁獲量曲線

可能な漁獲量は長期的には y_3 に下落することになる．

最大持続生産量

努力量-漁獲量曲線で示されているすべての漁獲量は生物学的に持続可能である．努力水準 e_m がこの漁場における**最大持続生産量**である[3]．これは長期的に実現できる，つまり持続可能という基準の下での最大生産量である．最大持続生産量はしばしば，漁業のように再生可能資源を採取する際の最適な目標とみなされている．最大持続生産量のアピールポイントは漁場が生産しうる生物学的に最大の生産量だということである．しかし，人間がそこに関与すると，この結論には必ずしも従わないことになる．というのも，社会的効率性，すなわち漁業の純便益が最大となる努力水準を決めるには，努力量と漁獲量ではなく，努力量と価値の関係を知る必要があるからである．

効率的な努力水準

経済的な効率性を検討するには，漁獲した魚の価値とそれらを漁獲するためにかける努力量の価値を決めておかなければならない．漁獲した魚の価値については，それらが市場において所与の一定価格において販売されると仮定する．加えてこの価格は，この魚の社会的な価値をすべて反映しているものとしたい．努力量につい

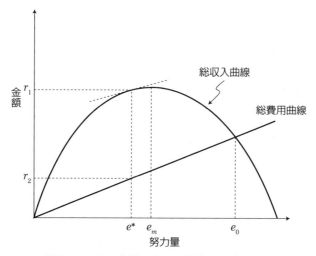

図13-5　ある漁場における効率的な漁獲水準

ては，単位当たりの努力量に，同じく所与の一定の機会費用が生じていると仮定したい．これらの仮定の下，図13-5に描かれている総収入曲線と総費用曲線を描くことができる．総収入曲線は，図13-4で示された努力量−漁獲量曲線に漁獲された魚の単位あたりの価格をかけたものである．そのためその関係性は逆U字型を維持している．総費用曲線は原点から始まる単純な右上がりの直線である．機会費用が高くなればなるほど，総費用曲線の傾きは急になる．どの努力水準においても**純収益**（この単純なモデルにおいては社会的な純便益と一致）は，総収入曲線と総費用曲線との距離によって与えられる．この距離はe^*の努力水準において最大となり，その純便益は$r_1 - r_2$である[4]．このe^*が他のどの努力水準の純便益よりも大きいことはすぐ分かるだろう．

とりわけ重要なのは，最大持続生産量（努力量水準e_m）において生み出される純便益はe^*において生み出される純便益よりも小さいことである．その理由は，実際にはe^*よりもe_mの方が生産量は大きいのであるが，漁獲のための追加的な費用がさらに高いので，結果として純便益は低くなるためである．このことが，物理的あるいは生物学的な最大持続生産量が，経済学的な意味で純便益を最大化する点と必ずしも一致しない理由である．実際に経済学的な効率性は最大持続生産量より低い努力水準で，したがって最大持続生産量よりも大きな持続的資源量において達成される．

漁場の価値に関する重要なポイントを説明するため，この漁場が一人の所有者に

よって所有されていると仮定する．この所有者の年間の純便益は図13-5における r_1-r_2 である．この価値が実際にこの漁場で生産される価値であり，もしこの所有者がこの漁場を他人に売却するならば，この年間の純便益が漁場を販売する際の価格を決定することになる．このような形で理解される年間の便益は，この漁場における**年間の資源レント**と呼ばれるものになる．これまでも見てきたように，**自然資源のレント**は，自然資源を利用する前の純便益であり，**現地**での価値である．ゆえに，自然資源利用の効率性は，自然資源の本来の価値を最大化する方法で自然資源を利用することを意味している．この漁場のケースにおいては，資源レントを最大化する努力量が e^* ということになる．

オープン・アクセスの問題

次に考えたいのは，現実社会において漁業の努力水準が図13-5の e^* になるのかということである．この問題に答えるため，この状況に対するインセンティブについて検討する必要がある．さらにそのためには，その漁業資源に対する所有権がどのように設定されているのかも理解する必要がある．現実社会において，漁場における漁業権は一般的には単一の所有者どころか，少なくとも近年まで，定まった人々やグループによっても所有されていなかった[訳注5]．むしろ漁場は歴史的に**オープン・アクセス**のルール，つまり漁船を購入あるいは建造して漁に出かけたい人すべてが，実質的にそうする権利を有しているというルールにしたがっていた．この状況に対するインセンティブを検討するため，現状において漁獲水準が e^*（図13-5）であるオープン・アクセスの漁場があるとしたい．そして，この漁場において漁船を購入し，漁を始めることを検討しているある一人の漁業者について考えてみたい．オープン・アクセスであることは，この漁業者が誰にも漁をすることの許可を取る必要がないこと，あるいは漁に従事する権利に対して，誰にもその対価を支払う必要がないことを意味している．唯一の費用は漁船と漁具を購入する費用であり，これは総費用曲線の中に反映された標準的な費用である．現在の努力量は e^* であるので，この漁業者はこの費用と想定収入とを比較することになる．e^* においては，単位努力量あたり（たとえば，漁船一隻あたりの）の平均収入は平均費用を上回るものである．そのためどのような個人にとっても，この漁場に参入することには明らかな利益が存在している．社会的な視点から e^* が効率的な水準であ

訳注5）日本では歴史的慣行に基づいた漁業権が設定されており，前述のように漁業への新規参入は制限されている．

ることは事実であるが，それでも，この漁場から漁獲を得るため，さらなる努力量を投下する追加的な漁業者が生まれるインセンティブが存在している．

実際，オープン・アクセスの状況におけるこのインセンティブは，総収入が総費用を上回る限り存在し続けることになる（なぜならば，この状況では平均収入は平均費用を上回るため）．この結末は，総努力量が図13-5のe_0に増加するまで，継続して参入が生じることを示している．この点において総収入は総費用と一致するため，更なる参入に対するインセンティブは消失することになる．注意しなければならないのは，すべての**資源レント**もe_0の水準では消失していることである．つまりこの努力水準では，漁場は正の純便益を提供しなくなっている．事実上，資源レントは過剰な参入とその漁場に対して行われる過剰な漁獲努力によって**消失**してしまっている．

漁場がオープン・アクセスである状況は，社会的に効率的な水準よりもかなり高い努力量水準（それゆえに，実質的に低い資源水準）を作り出している．この状況は，もし**技術革新**が収穫量あたりの費用を削減するとするならば，状況をより悪化させることになる．このことは図13-5において，総費用曲線がより傾きの小さいものとなることを意味している．

歴史的に見ても，これがほとんどの海面漁業，そして多くの内水面漁業を特徴付けてきた基本的な状況である．ほとんどの公的な漁業管理に対するアプローチは，オープン・アクセスであることによって生じる過剰漁獲を正すための試みであったといっても過言ではない．そして近年まで，これらの漁業管理の努力のほとんどが，漁獲実績を直接的に規制することに対して行われてきた．ただ近年では，漁業者が直面している基本的なインセンティブを変更させるため，所有権の設定を変えることにも注目が集まっている．

漁業管理へのアプローチ

ここ数十年の間，世界中の多くの国々が海面漁業におけるオープン・アクセスの問題を克服するため悪戦苦闘してきた．すでに成功を収めている試みもあるが，多くの試みが漁業資源を回復し，効率的な漁獲方法を確立する途上にある．重要なことは，海洋は自由に利用可能な無限の豊かさを持つ自然資源であるという長年の考えから離れ，漁場を保全したいのであればその制限の必要性に気づくよう，人々の意識改革を行うことである．

一般的に漁業規制は，最初は穏やかな規制措置から始まり，最終的には（特に近年は）漁場に適用される所有権の根本的な変更に至る，一連のステージを通じて進

展することになる訳注6).

アクセスの制限―最初のステップ

　極めて単純な表現をすれば，オープン・アクセスは漁場を利用する漁業者が多すぎるということである．このような状況に直面した人々の自然な対応は，漁場への参入を制限する何らかの方法を見出して，適用してみることである．人類学者や歴史学者が明らかにしてきた事実は，何世紀にもわたって，地域のグループが漁場の所有権を定義することを試み，実質的にはその漁業資源からよそ者を排除することで，それらを守ろうと努力してきたということである．**区画漁業権（TURF；Territorial Use Rights in Fisheries）**は，境界が設定でき，侵入者を排除できる，特定の地理的地域において設定されてきた[5]．定住性の種（アサリやカキ，ムール貝）に対しては，個別の湾，干潟，サンゴ礁を対象として区画漁業権を設定し，資源を守ることができるので，このアプローチが比較的適している．半定住性の種に対するよく知られた例では，メイン州のロブスターギャングがある．彼らは個別の湾に集まっていたロブスター漁業者であり，なわばりでよそ者が漁をすることを排除するため，違法ではあるものの，よく組織化された活動を展開していた（第7章を参照）．

　ある条件の下では，移動性の魚種に対しても区画漁業権は有効かもしれない．ただし，区画漁業権は特定地域向けではあるが，特定資源向けの方法ではない．海岸線に沿って回遊する魚種については，海岸線に沿って一定の距離のアクセスを規制する区画漁業権を設定すれば，効果的に資源利用できるかもしれない．しかし，回遊するルートのすべての場所におけるアクセスをコントロールできるわけではないので，この方法はその魚種に対する過剰漁獲をコントロールするためには効果的ではないかもしれない．

　区画漁業権における基本原理（つまり，よそ者を排除すること）は，近年，国家レベルにおいて世界中で行われている．1950年代時点では，長い歴史を持った海洋における慣行に基づいて，ほとんどの国々が海岸線から3海里以内（12海里以内のケースもままあった）の水域と海洋資源との管轄権を主張していた．このことは，

訳注6）2014年に公表された水産白書によれば，日本の漁業資源管理の手法は，(1)投入量規制：漁船の隻数や馬力数の制限などによって漁獲圧力を入口で制限する，(2)技術的規制：産卵期を禁漁にしたり，網目の大きさを規制したりすることで漁獲の効率性を制限し，産卵親魚や小型魚を保護する，(3)産出量規制：漁獲可能量（TAC）の設定などにより漁獲量を制限し，漁獲圧力を出口で規制する大きく三つの手法に分けられる．漁業の形態や漁業者の数，漁業資源の状況，前提となる資源評価の精度などにより，これらの管理手法を使い分けている．

世界の生産的な漁場の大部分が，政治的あるいは管理上のコントロールが及ばない公海上にあったことを意味している．そのため，国際的な交渉と合意を通じて，このような問題を取り扱う努力が行われるようになった．1946年の国際漁業協定では，北西大西洋が議論の対象となった．北大西洋漁業委員会は1949年に設立されている．1960年代にかけては様々な新しい取締り機関や協定が作られ，世界80カ国以上のほとんどの海洋がこれらによってカバーされるようになった．ただこれらの国際的努力は，漁業技術や費用，漁業資源に関する考え方が各国間で際立って異なっていたため，過剰漁獲をやめさせるためには相対的に効果的は低かった．

このため1960年代および1970年代前半には**管轄権の拡大**に向けた動きを認めることになる．これは各国が沖合200海里の範囲を領有および管轄するというものである．これにより世界の約95％の生産的な漁場が，実質的な国家所有あるいは海岸線を持つ国々の国家権力の下に管轄されることとなった．事実上，国家的な区画漁業権に移行したと考えることもできる．しかし，区画漁業権は，悪影響を受ける漁場を規制したり，管理したりするための組織が能力を発揮できる範囲内でのみ成功し得るものである．実際，米国のような大きな国々では，200海里内においても，効果的でない管理組織のため，依然としてオープン・アクセスと過剰漁獲の問題を抱えている．一方で，アイスランドのような小さな国々においては，200海里の排他的経済水域において，当局は効果的な漁場管理計画の設定に成功している．

漁業活動の制限

漁業規制の主なアプローチは漁業活動に対するコマンド＆コントロールタイプの制限であった．そのような制限は，生産性を抑制し，結果として漁業資源に対する破壊的影響を軽減できるはずだという希望の下で行われている．これらの規制は，特定地域の閉鎖，漁獲日数の制限，より多くの漁獲を得るための目の細かい漁網の禁止，漁船のサイズや馬力に対する制限などである．

図13-6はこのアプローチについて分析したものである．この種の規制が行おうとしていることは，本質的には漁獲のための費用を上昇させることである．ある投入量を制限することで（たとえば，使うことのできる漁網のタイプを制限することで），与えられた漁獲量を得るためにより費用がかかることになる．一般的な漁場のモデルでは，これは総費用曲線が上向きに回転する，つまりより急な傾きになることを意味する．もし TC_1 が元の総費用曲線であるとすれば，このタイプの規制によって生じた新しい曲線が TC_2 のような形になる．オープン・アクセスの状況が漁場において e_0 の努力水準を導いていたのに代わり，e_m の努力水準が導かれることになる．もう少し厳しい制限によって費用を上昇させれば，さらに総費用を

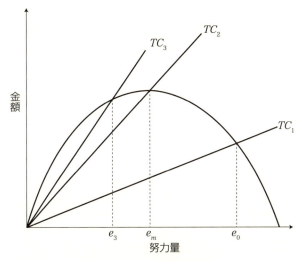

図13-6　漁業規制の効果

TC_3のように上昇させることが可能である．これによりオープン・アクセスの水準も，もともとの効率的な努力水準に近いe_3まで移動させることができる．

ただこのタイプのアプローチには大きな問題点がある．最大の問題点は，たしかに努力水準を下げ，それゆえに漁業資源は増加し，最終的には漁獲量も増えるのであるが，漁業活動が必要以上に高額になってしまうことである．経済的効率性が求めることは単に最適な漁獲量と漁業資源だけではなく，その漁獲量が希少な資源の最少支出，つまり最少の機会費用によって達成されることである．

直接規制のもう一つの問題点は規制に終わりがないことである．仮に漁業会社のある部門に対して規制が適用されたならば，漁業会社は規制が行われていない部分で漁業活動を拡大させることになる．たとえば，当局がある漁場で使用できる漁船数に制限をかけたとする．漁業者はこれによって漁獲を増やすためにより大きな漁船を建造するインセンティブを持つことになる．当局が規制を強め，漁船の長さに上限を設定したとする．今度はより大きなエンジンを持った漁船に乗り換えるかもしれない．漁船の馬力を規制することは今度は年間の操業回数を増やすことにつながるかもしれない．このような形で終わりが見えないのである[6]．

漁獲制限

当局にとって一般的なもう一つのアプローチは，個別の漁場から得られる漁獲量に対して上限を設定することである．一般的にこれらは**漁獲可能量**（**TAC**；Total

第Ⅴ部 自然資源の問題への適用

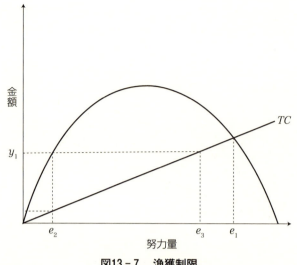

図13-7 漁獲制限

Allowable Catch，しばしば**漁獲可能割当**）と呼ばれている．漁獲可能量は当局にきっちりと漁獲量をコントロールする手段を提供するかのように思える．当局は単に漁獲可能量を設定し，報告される漁獲高をモニタリングし，上限に達した場合は漁場を閉鎖すればよいからである．この種の制限はもともとモニタリングと規制遵守の困難さを抱えているが，それとは別にこの方法の問題点が**図13-7**に示されている．オープン・アクセスの水準は e_1 であり，当局が漁業資源の減少した状況と見なす水準である．それゆえに，当局はより厳しい漁獲制限である y_1 を設定することになる（縦軸は金額スケールで示されているが，魚の単位あたりの価格で割ることで，漁獲量に変換することができる）．この y_1 は効率的な生産量よりも低いものであるが，もしかするとこの水準をある程度保つことで漁業資源を再び高めることができるかもしれない．

この y_1 の生産量を得るための最少の努力水準は e_2 である．理由はともかく，この e_2 の努力水準が一時的に設定されたと考えてみたい．この点において漁業者は資源レントを得ており，またそのことにより，漁場にさらに資源をつぎ込みたいと考えている．この状況を表現するよく知られた現象が**漁業競争**である．漁獲可能量は設定されるが，個別の漁業者に割当は設定されない．そのため漁業者は漁獲可能量のシェアを拡大しようとするインセンティブを持つことになる．最も漁獲能力の高い船で，漁場にいち早く到着した漁業者が有利である．漁場が閉鎖される前により多くの漁獲可能量の**シェア**を獲得するため，漁業者は何でもするので（大きな漁

船，大きなエンジン，多くの乗組員，細かい目の漁網），努力水準は右側に追いやられることになる．実際にもし漁獲可能量が恒久的に y_1 に設定されているならば，最終的には努力水準は e_3 に増加し，オープン・アクセスに近い状況になる．

譲渡性個別割当方式

　これらの規制によるアプローチの問題点は根本的問題に対処していないことである．それは漁業資源として表された価値を，漁業をやってみたいと思う誰もが獲得できる状態にしてしまっていることである．ある漁場において資源レントが一時的に正であるならば，それらを自分のものにしようとする新規参入者を止めることはできない．このプロセスは努力量水準を最終的に e_1 へと押し上げ，資源レントは0となる．漁獲可能量を設定し，その後，割当を漁業者個人に分割して振り分けると，漁業競争に対するインセンティブを減らすことができるので，問題の一部は解決できることになる．しかし，個人への漁獲割当は，初期配分の決定方法に起因する非効率性と不公平を固定化させる可能性がある．そのため最終的に最も重要なステップとなるのが，この割当を譲渡可能とすることである．ゆえにその名前は**譲渡性個別割当方式**（ITQs; Individual Transferable Quotas）と呼ばれている．このアプローチは，規制当局が効率的で持続的な漁獲水準とその達成方法を手にすることができるので，世界中の多くの漁場で人気を博している[訳注7]．

　効率的なITQを設定するには，当局は以下のことを実施しなければならない．

1　経済学的かつ生物学的に意味のあるTACを設定する
2　TACを個人の漁獲制限あるいは漁獲割当として分割し，漁場の参加者に配分する
3　これらの個人の割当の売買を可能とし，それらを誰がどれだけ所有しているかを管理する
4　漁業者が所有している割当以上の漁獲と販売を行わないように割当を遵守させる
5　所有権の集中化，地域社会への影響，生物学的な不確実性に関連した問題点を見つけ，管理するために，ITQ市場の遂行状況を監視する

　ステップ1は容易に理解できるが，実施するのは考えているよりも難しいかもしれない．もしオープン・アクセスの状況が経済学的あるいは生物学的に過剰漁獲を

訳注7）水産庁の資源管理のあり方検討会において，譲渡性のない個別割当方式（IQ; Individual Quota）の導入拡大が検討されている（2015年現在，IQを実施しているのは，ミナミマグロ及び大西洋クロマグロとベニズワイガニだけである）．現在，ITQについては検討段階にあり，日本における導入事例はない．

招いているならば，総漁獲量に対する何らかの制限は明らかに必要である．しかし，ある程度道理にかなった TAC を設定するための生物学的かつ経済学的な情報が存在していないかもしれない．資源量が漁業圧力と関係のない要因で変動する場合（たいていの場合そうなのであるが），これは特に当てはまることである．大きな不確実性が存在するケースでの漁業管理の問題点については次節でも議論したい．

すべての漁獲割当を個人の漁獲割当に分割する作業が次のステップ 2 であり，ほとんどのケースにおいてこれが議論を呼ぶ過程となる．漁獲割当は結局は価値のある所有権である．すべての参加者は，漁獲割当が少ないよりも多い方が良いため，その配分方法について何らかの許容できる方法を見出さなければならない．その方法には，競売や，たとえば過去の生産高や漁船数などの何らかの基準に任せたりする方法が考えられる．**コラム13-1**では，米国の東海岸沖の漁場における ITQ がどのように設立され，漁獲割当が当初どのように配分されたのかについて議論している．

ステップ 3 は割当システムそのものである．しかし，すべての漁獲割当の取引をモニタリングするには，特に参加者が多い場合，優れた会計システムが必要である．円滑に機能する市場においては，漁獲割当は完全な売買だけでなく，様々な期間，様々な分量でリースやローンもされている．ステップ 4 ではあらゆる TAC や漁獲割当方式で必要とされているモニタリングや遵守活動と同じものが求められる．先に触れたように，規制の遵守活動は規制が執行されると単に自動的に生じるようなものではない．満足のいく法令順守が達成できるようにデザインされ，またそのための十分な資金が確保されなければならない．漁業規制を順守させることが難しいのは，監視しやすい場所から離れた場所で漁獲が行われており，また多くの場合，監視逃れのために密漁したばかりの魚を海に投棄するからである．投棄することは簡単である．ITQ の大きな利点の一つは，漁具や漁獲の規制など，モニタリングしたり，遵守させたりすることが難しい規制が不要となる点である．

ステップ 5 はあまり注目が向けられない点である．ITQ システムは新しい所有権とそれらを取引する市場を作り出すことで機能するものである．現実的には，このような真新しい仕組みが出くわすすべての問題点を予見することは不可能である．そのため明確で正確なデータが不可欠である．このステップが特に重要なのは，譲渡可能な漁獲割当を漁場に設定することの意味合いの一つが，資源レントを**消失**させてしまうことだからである．オープン・アクセスの状況において浪費されていた価値は，少なくとも初期配分として漁業権を所有する人々に生じることになる．その価値の源は自然そのものから供給されているため，これらの価値を個人に配分することは適当ではないと考える人も多い．そのため，配分された資源レントを誰が

コラム13−1　アメリカウバガイ漁における ITQ

　アメリカウバガイ[訳注8]は硬い殻を持った大型の貝で沿岸域で漁獲される．中部大西洋の漁場はニュージャージー州，メリーランド州，バージニア州，ノースカロライナ州，サウスカロライナ州の沖合に位置している．1977年以前，漁場には州ごとに規制がかけられていたが，その調整で問題が生じていた．たとえば，バージニア州沖の漁場が1970年代初頭に枯渇すると，漁業圧力はニュージャージー州沖に移り，結果としてそこでの禁漁（1976年）を促すことになった．

　過剰漁獲と漁業資源の枯渇を受け，アメリカウバガイの漁場は1977年に連邦政府の管理下に移行されることとなった．連邦政府が講じた最初の対策は，漁船の計画的操業停止と年間の漁獲割当枠の設定，漁獲時間の制限，漁獲記録の提出，操業許可の導入であった．その後，漁獲可能な貝サイズに対する規制などいくつかの対策が追加された．計画的操業停止については，1976年11月から1977年11月の間に操業していた漁船のみ漁獲可能となった．ただ，操業が認められた新造船に対しては特例が適用された．

　結果として，この計画的操業停止が連邦政府にとっては悪夢となってしまった．たしかに，全体の漁獲量はある程度コントロールすることができたのだが，漁業者が引き続き努力量を拡大させたため，全体として効率性の度合いが減少することとなった．漁船の馬力が増加していったことに対応して，漁獲可能な時間を減少させることになった．1990年には一隻あたり週6時間の操業しか許可されなくなった．

　このような状況を受け，中部大西洋を管轄する地域漁業管理協議会はITQへの移行を決定した．漁獲割当の初期配分は漁船の過去の漁獲量と漁船の大きさの関係式に基づいて決定された．初期配分は67の漁船所有者に発行され，他のほとんどの規制は廃止された．

　2年も経たずこの漁場における漁船の数は54％にまで減少した．漁船あたりの漁獲時間も年間154時間から380時間に増加した．一隻あたりの漁獲量はITQ導入後の2年間で96％も増加した．つまり，漁獲努力は減少したにもかかわらず漁獲量は増加したのである．

訳注8）日本国内で「ほっき貝」の名前で販売されている貝の中で，カナダやアメリカ産のものの多くが本種である．

> もちろんITQに問題がないわけではない．この事例で発生した問題の一つは，配分された漁獲割当の所有が集中したことである．未加工製品の供給をコントロールするために，貝の加工業者が漁獲割当の所有を拡大しようとしたのである．このことがどれほど重大な問題となるのかはまだ分からない．
>
> 出所：Organization for Economic Cooperation and Development, *Towards Sustainable Fisheries : Economic Aspects of the Management of Living Marine Resources*, OECD, Paris, 1997, pp. 264-266.

使うのかが，このような対立を考える上での重要なポイントとなってくる[7]．

漁業管理における不確実性

　前節においては，漁場に影響を与える個体群の生態がある程度明確であること，規制側は成長曲線や努力量 - 漁獲量曲線に関する正確な知見を持っていることを暗に想定していた．しかし，現実社会における漁業管理の大きな問題点の一つは，これらの関係性に対する知見が極めて不確実であるということである．不確実性の原因の一つは，水揚量や資源量に影響を与える要因などの，その漁場における生物学的あるいは生産に関する十分なデータが，過去と現在のどちらにおいても不足していることである．漁業のための費用や将来起こり得る漁業における技術革新など，重要な経済学的情報も存在しない可能性がある．生物学的な変動も大きな問題である．生態学的な変数における自然の変動（たとえば，海水温や捕食者）も漁業資源を正確に特定することを難しくしている．

　漁業を管理する当局は不確実性を反映したルールを適用したいと考えているであろう．図13-8を考えてみたい．生物学者が考える最もあり得る努力量 - 漁獲量曲線は Y_1 であるが，その漁場における知識の不確実性から，Y_2 のように高くなったり，Y_3 のように低くなったりする確率がかなり高いとする．

　当局が y_1 のTACを設定し，努力水準が e_1 になるようITQを設定したとする．実際の努力量 - 漁獲量曲線が Y_2 と等しいか，あるいは Y_1 よりも上部のどこかであれば，漁業資源はそのサイズを維持するか増加することになる．しかし，実際の努力量 - 漁獲量曲線が Y_3 であったらどうであろうか．このケースにおいて，漁獲水準 y_1 は努力水準 e_1 に対して持続可能ではなく，y_3 が持続可能な漁獲水準である．努力水準 e_1 によって（一時的に）y_1 の漁獲を行う状況では，早急に対策を講じる必要がある．もし努力水準を維持するならば漁業資源は減少し，漁獲水準は次第に持続可能な水準 y_3 に減少することになる．しかし，もっとあり得るシナリオは，漁

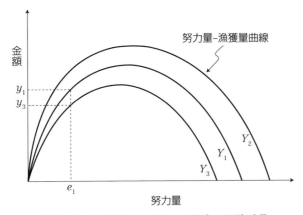

図13-8 不確実性に直面した場合の予防手段

業者が許容された漁獲水準 y_1 を維持するために努力水準を引き上げるということである．もしこれが行われれば，漁業資源は危ういほど低い水準に追いやられることになる．当局がこの状況に陥らないようにするには，その漁場の不確実性に応じて，まずは低い水準で漁獲割当を設定することである．

要約

　海面（あるいは内水面）漁場は，**生物経済学的モデル**を適用することで，その効果的な管理を理解できる再生可能資源である．そのモデルは自然資源に関する生物学と人間に関する経済学の両者を組み合わせたものであった．漁場のバイオマスの**成長曲線**は，資源量の増加量をその資源量のサイズの関数として表したものであった．これを**努力量-漁獲量曲線**に変換し，漁場における**レントの消失**というオープン・アクセスの影響と，様々なタイプの漁業規制の有効性について検討した．歴史的には，アクセスを制限する試みである区画漁業権の導入が繰り返されてきたが，これらは需要の拡大と漁業における技術革新に直面し，有効ではなくなっていた．漁業規制については，歴史的にほとんどが**コマンド＆コントロール**に基づくものであり，特に漁具に対する制限と**漁獲可能割当**のアプローチが適用されてきた．ただ，これらの規制は漁場のレント消失に対する問題解決には役立っていなかった．近年，いくつかの国々ではインセンティブに基づいた規制，特に**譲渡性個別割当方式あるいはITQ**を導入する方向に向かっていた．

注

1）この章で使用したデータの多くは二つの文献，The World Resources Institute, *World Resources, A Guide to the Global Environment, 1996-97*, Oxford University Press, New York, 1996. および U.S. National Marine Fisheries Service, *Fisheries of the United States, 2006*, NMFS, Washington, DC, (http://www.st.nmfs.noaa.gov/st1/fus/fus06/highlight2006.pdf) から引用している．

2）P. F. Verhulst, "Notice sur la loi que la population suit dans son accroissement," *Correspondance Mathámatique et Physique*, Vol. 10, 1938, pp. 113-121.

3）近年，漁業政策を管轄する連邦の行政機関である海洋漁業局（海洋大気庁の一部）はこの生産量を**長期の潜在的漁獲量**と呼んでいる．

4）これは総収入曲線に総費用曲線と同じ傾きをもった接線を描くことで求めることができる．図13-5では点線で示されている．接点は努力水準 e^* である．

5）Francis T. Christy, Jr., "Territorial Use Rights in Marine Fisheries: Definitions and Conditions," Technical Paper No. 227, Food and Agriculture Organization, Rome, 1982. を参照されたい．

6）このモデルでは示していないもう一つの潜在的な問題点としては，ある漁場におけるより厳しい規制が漁業者のシフト，つまり異なる漁場に対する圧力を増大させることを挙げることができる．

7）アイスランドでは漁業権の所有者の資源レントに対して課税するよう当局に圧力がかかっている．大きな理由は**配分の問題**であり，効率性の問題ではない．もし効率的な努力水準が漁場に適用されているのであれば，努力水準の変更を招かない形である程度の課税を行うことは可能である．

第14章
農業の経済学

　人間が地球上に誕生したのは約200万年前である．それと比較すれば，人間が農業，つまり目的を持って作物を栽培し，家畜を飼育する仕組みを作り上げたのはほんの最近のことである．今日，農業は世界の人々の生存と幸福に欠かせないものとなっている．ほとんどの先進国では極めて高い生産性を実現した農業システムが確立されているが，その長期的な持続性については疑問が投げかけられている．発展途上国では高い生産性を獲得している国々もあるものの，まだ多くの国々ではそのような状況には至っていない．国によって状況は大きく異なっている．固有の問題を抱えている国々も存在する．旧社会主義国では中央集権的なシステムから分権的なシステム，つまり土地所有者が農業経営するシステムに移行しようとしている．

　この章では現代社会における農業の重要課題について取り上げたい．少なくとも概念的には，いくつかの課題は，先進国で生じているものと途上国あるいは市場経済移行国[訳注1]で生じているものとで共通している．**技術革新**や**土地生産性の管理**，**インセンティブの解明**の重要性はどこの国でも課題となっている．共通していないこともある．米国や多くの先進国においては**農地の配分**に関する論争はそれほど大きな問題ではない．また，これらの国々の農業従事者は，たいていマーケティングや掛売り，情報サービスを利用することができる．これらは多くの発展途上国の農業従事者には当てはまらない．社会主義的な農業システムから資本主義的なそれに移行しつつある国々では，先進国と発展途上国の両者の特徴を持ち合わせている．現代的なテクノロジーを持っている一方で，農地の大規模な再編といった問題は発展途上国が直面している課題と同じである．

訳注1）東ヨーロッパ諸国および旧ソビエト連邦構成共和国のことを指している．

需要と供給の歴史的変化

農業生産と食料供給の近年の動向は，生産を増強する力と消費を増強する力の相互作用の結果として理解できる．農業生産の近況について，世界の主要地域ごとに示したのが**図14-1**である．上方の図が示しているのが，国連機関であるFAO（食糧農業機関）の指標に基づいて，過去40年間の**総生産量**がたどった履歴である．下方の図は，この期間の**人口一人あたりの生産量**を示している．いくつかの傾向を見て取ることができる．指標が100を超えている側に注目すると，ここ数十年でアジアにおける総生産量が極めて大きく増加したことが挙げられる．その増加は，これらの地域の多くの国々における急速な人口増加を相殺して余りあるほどである．そのため，人口一人あたりの生産量もアジアでは急速に増加している．ラテンアメリカにおける総生産量も，ヨーロッパや北アメリカ同様に人口増加を相殺して余りある水準で増加している．

指標が100を下回っているのはアフリカと旧ソビエト連邦に属していた国々である．アフリカ特にサハラ砂漠以南のアフリカでは，総生産量はここ数十年で増加しているものの，人口増加率には追い着いておらず，人口一人あたりの生産量は減少している．東ヨーロッパや旧ソビエト連邦に属していた国々では，総生産量も人口一人あたりの生産量も大きく傾いた状況にある．これらの国々では，第二次世界大戦後から1989年のソビエト連邦崩壊まで，大規模な産業的農業を強く推進してきた．それ以降，程度の差はあるものの，土地所有者が農業従事者となる農業構造へと回帰してきた．ただ，このことが農業の生産や流通の大規模な混乱を招き，図14-1に示すような結果につながっている．

これらのデータを分析的に理解する最も素直な方法は，食料**需給**に影響する力の相互作用の結果として理解することである．これは**図14-2**に示されている．1世紀前，米国は①と表示された状況にいたと想定できる．これは需要曲線 D_1 と供給曲線 S_1 の交点である．先の世紀を通じて，需要も供給も右側にシフトしてきた．需要のシフトの背景にある最も重要な要因は人口成長であり，より多くの人々がより多くの食料を求めたためである．供給曲線を押しやった要因は技術的あるいは制度的なものによるもので，より生産性の高い品種，機械，肥料，灌漑，取引習慣などを挙げることができる．最も注目すべきことは，技術革新が人口増加よりも早い速度で行われたことであり，これによって供給のシフトは需要のシフトをしのいでいた．そのため人口増加に見合う以上の食料生産が行われ，価格は下落することになったのである．

もし現在の状況が②と表示された状況ならば，将来はどのように展開するのであ

第14章 農業の経済学

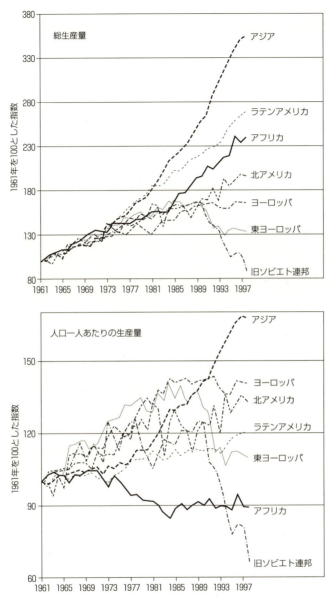

出所：Food and Agriculture Organization of the United Nations, FAOSTAT Statistical Database, FAO, Rome, 1999.

図14-1　1961-1998年までの地域ごとの食料生産

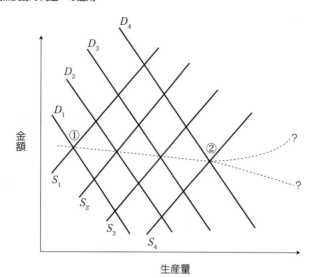

図14-2 農業における長期的な需要と供給の変化

ろうか．二つの方向性が考えられる．一つは右下がりの傾向が継続し，その傾向は弱まるかもしれないものの反転することはないというものである．もう一つは，近年の歴史的な需要と供給の傾向とは反対に，技術革新の速度が落ちることで，一人あたりの農業生産量が減少し，農産物の価格が上昇するというものである．どちらの道筋がより現実にあり得るだろうか．これまでの章でも述べてきた問題，将来的な技術革新と人口増加について楽観的であるのが妥当なのか，あるいは悲観的であるのが妥当なのかという問題を振り返ってみたい．マルサスは200年以上前にこの議論の方向性について述べている．彼が述べたことは，人口成長は必然的に生産性の成長を追い越し，幅広い大規模な食糧不足を引き起こすというものであった[1]．これは現在のところ起きてはいないが，そう遠くない将来に起きるかもしれない．しかし，人口成長が何らかの形で緩やかになるかもしれないし，人々の創意工夫が農業の生産性をさらに高めるかもしれない．様々な対応で悲劇的な予測結果を未然に防ぐことができ，将来に渡ってそれを続けることができるかもしれない．**コラム14-1**の対照的な意見に示されるように意見は依然として分かれている．

コラム14-1　将来の農業生産量と食料供給に関する対照的な意見

弱気な見解

　食料の安定供給の重要指標は近年減少傾向を示している．

　1996年，世界の穀物生産量は18.4億トンという1992年の記録を大きく更新した．1997年の世界の穀物生産量は横ばいであり，一方で消費が増大したこともあり，在庫は57日分から55日分とわずかに減少した．

　世界の穀物価格が上昇していることは，世界が環境的に持続可能でない経路を歩んでいることを告げる最初の指標なのかもしれない．この半世紀の大部分では，穀物生産の効率性を向上させる技術革新のおかげで世界の穀物価格は下落してきた．

　しかし1993年以降，この傾向は反転している．世界の小麦価格は1993年のブッシェルあたり3.97ドルという低価格から，1996年には5.54ドルへ39％の上昇となっている．同じ時期，米の価格は30％，トウモロコシの価格は58％も増加している．1993年のそれぞれの穀物価格は，これまでで最低かそれに近い価格であり，それ以降は三つすべての穀物価格が上昇している．もちろん三年間で新しい傾向は見いだせないが，この上昇で想定されることは需要の継続的で力強い上昇と穏やかな生産量の上昇である[訳注2]．

出所）Lester R. Brown, *State of the World: 1998*, World Resources Institute, Washington, DC, 1999, pp. 16-17.

強気な見解

　次の四半世紀，世界の食料供給の増加率の方がどちらかと言えば食料需要の増加率よりも高そうである．このことは食料価格の下落をもたらすことになる．そのため，穀物価格で評価した食料価格の傾向はゆっくりとした下落という今世紀の傾向を踏襲しそうである*．世界の食糧事情を議論する際，今世紀に入って国際的な穀物価格が大きく下落している事実はほとんど注目されておらず，食糧供給に関する悲観主義者の間では特にそうである．

訳注2）小麦を例とすると，先に示された1996年時点の価格上昇は1997年には下落に転じ，2000年前後の価格は1993年の価格よりも安くなっている．しかしその後，価格は上昇に転じ，2008年には2000年前後の価格の3倍近い価格にまで上昇している．さらにその後，価格は急速に下落し，また上昇するなど，不安定な値動きを見せている．全体として上昇傾向に転じているようにも見えるが，値動きが荒いため実際にそうなっているのかは判断できない．

私は大多数の発展途上国において一人あたりの実質所得は上昇し続け，それが食料の安全保障の改善につながると確信している．最終的に主要先進国における農業政策の変更を伴いながら，農産物の世界貿易，特に穀物は将来的にさらに自由化されると考えている．加えて，より多くの発展途上国が貿易障壁を減らすことで，これらの国々は世界の食料にアクセスしやすくなると考えられる．つまり，様々な分野の様々な潮流は，食料の安全保障の改善と，短期的あるいは長期的に食料に十分アクセスできない人々の減少に向かっている．

出所：D. Gale Johnson, "Food Security and World Trade Prospects," *American Journal of Agricultural Economics*, 80(5), 1998, p. 941.

＊穀物や食料の実質価格が下落している点については，すべての人が同意しているわけではない．近年の二つの研究は実質価格は上昇していると結論付けている．その研究は，OECDのThe Agricultural Outlook 2007-2016とルーサー・ツィーテンのrecent study of global food supply and demand balanceである．OECDの研究では，少なくとも名目価格では，穀物と食肉にはかなりの上昇が見られるであろうと予想している．ツィーテンは食料価格に対して強い上昇傾向にあるという見解を持っており，次の20年の食料価格の上昇率は年1.2%を超えると推定している．

　この章の直接的な目的は，食料需要とその需要を満たすための能力について掘り下げることではない．ゴールはむしろ，農業が自然資源の質や量にどのような影響を与えるのかについて見ていくことである．焦点を当てるのは，ある自然資源の利用に関する意志決定に直面した農業従事者である．自然資源が彼らの意志決定にどのような影響を与えているのか，彼らは置かれている技術的，組織的あるいは制度的な状況から，どのような影響を受けているのかについて考えていきたい．

農業の所得支援政策

　先進国の農業はすでに高い生産性を達成している．同じように先進国の農業は，政治的にも高い注目と関心を集めてきている．先に簡単に議論したように，農業事業者の所得が圧迫されていることは容易に想像ができる．急速な技術革新は価格を下落させ，そのことで農業事業者の競争が増し，多くの農業事業者が農業生産から撤退している．農業の急速な縮小は政治的な介入を求めることにつながっている．そのためここ40～50年の間に，ほとんどの先進国においては農業従事者を支援する政策や規制が実施されてきた．これらの支援策の究極的な目的は農業従事者の所得向上である．

　表14-1は政策担当者が農業所得を向上させるために用いてきた主な対策を示し

第14章 農業の経済学

表14-1 農業従事者の利益になることを想定して適用された所得支援策

- 価格支持：
 技術革新は農産物価格を低下させる傾向があるため，ある最低価格を保証するための事業が導入されてきた．この事業は，農業従事者に対する融資や直接支払い，農産物の公的購入などの形で行われる．
- 供給規制：
 価格を上昇させるため，農業従事者からの供給を低下させる試みも行われてきた．規制は総生産量や原材料の利用に対して設けられる．米国におけるこの種の規制は作付の制限であった．
- 直接所得補償：
 所得上昇を目的として，農業従事者が財務当局から直接的な支払いを受けるものである．支払い額は特定の要因に基づく場合もあれば（たとえば，農場の規模），所得を一定額だけ押し上げるように設計されているものもある．
- 原材料に対する補助金：
 農業関連の特定の原材料費に対して補助するものである．一例は市場価格よりも安く灌漑用水を提供することである．
- 構造調整に対する支払い：
 農業従事者は経営方針を変更することで財政的支援を受けることができる．たとえば，環境保全のために農地を取っておいたり，新しい作目に変更したり，あるいは環境活動に参加したりすることなどである．

ている．多くの場合，これらは組み合わせて使われてきた．長年，農業従事者に対する公的補助の水準引き下げが試みられているが，ほとんどの国々ではうまくいっていない[2]．ただ傾向は存在しており，供給規制や価格支持，原材料に対する補助金は敬遠され，直接所得補償政策が採用されるようになってきている[3]．その一つの理由には，初期に導入された支援策が生み出す**経済的な歪み**に対し理解が深まったことが挙げられる．農業従事者が支援策に便乗することを目的に経営方針を変化させると，非効率的であったり，費用対効果が悪かったりといった歪みが生じることになる．そしてこれらの歪みの多くが，基盤となる自然資源に生じる農業の悪影響を左右してきたのである．

作付の制限と増強

1950年代，米国では連邦議会がトウモロコシや小麦，綿花など特定の農作物に対する最低価格を設定することで，農業従事者を支援する試みが行われた．この結果は予想のつくもので，これらの価格支持に便乗するため，農業従事者は大幅に生産量を増大させた．しかしこれは，支持する価格水準では売り切ることのできない**余剰作物**をもたらすこととなった．このことは，今度は作付面積の制限をもたらした．農務省は農業従事者それぞれに対する一定の作付面積を決めて，それを**作付割当**と

呼んだ．この作付割当の下で生産された作物に対しては最低保証価格が適用された．作付割当の下で生産されていない作物は支援を受けられないので，ある条件下においては実質的なペナルティとなっていた．作付割当による規制も分かり切った影響を与えることになった．

作物を生産する農業従事者の総生産量は以下のように分解することができる．

$$総生産量 = 総作付面積 \times 単位面積あたりの生産量$$

作付割当は総作付面積を規制することで総生産量を制限することを目指している．こうなると農業従事者は，単位面積あたりの生産量を増やすことで対応することになる．このような**生産増強**は，肥料や農薬の使用増大，農業機械の使用，収量の多い品種の採用，灌漑用水の使用拡大など様々な形態で行われる．このようにして農業従事者は，小面積で高収量の農業システムに移行するモチベーションを持ってしまったのである．

1950年代のこのような比較的単純な作付の制限は，数十年の間に次第に複雑なものとなってきた．今日，もしすべての所得支援策が実行されていなかったら，あるいはそれらが経済的な歪みを最小限にするよう非常にシンプルに実行されてきたならば，現代農業がどのようになっていたのかを想像することもできないほどである[訳注3]．しかし近年，自然資源や環境に対する関心の高まりを受けて，現代農業が生み出してきたこの歪んだやり方に対して関心が高まっている．そのため，より歪みの少ない所得補償制度への移行に重きが置かれるようになってきている．たとえば多くの先進国では，作付割当のような事業のかなりの部分は直接所得補償に移行している．このような移行は，理論的には現代農業の特徴である経済的な歪みを減少させることになる．

湿地の保全

分析視角として，農業と自然資源との関係性に目を向けることには意味があるだろう．そのような問題の一つに，湿地の耕作地への転換がある．ほんの最近まで，

訳注3）日本でも様々な支援策が行われている．農林水産省から発行されている「農業経営支援策活用ガイド（2014年5月29日版）」では，農業経営に役立つ支援策が農業従事者向けに整理されている．そこには39項目の支援策が紹介されているが，そのうち32項目には補助事業又は交付金による支援が関係している．たとえば，1,000万円のトラクターを購入する際，600万円の融資を受け，自己負担分が400万円の場合，取得額（1,000万円）の10分の3となる300万円の範囲内で助成が行われる．これは経営体育成支援事業と呼ばれる事業によって行われるものである．

湿地において農業目的のため排水や盛土を行うことは，極端な場合を除いて否定的なものとはみなされていなかった．多くは，価値の低い財産（湿地）を，より高い価値を持つ財産（生産性の高い農地）に転換しようという考えの下に行われてきた．今日，これが正しくないのは周知の事実である．我々は湿地がもともと考えられていたものよりも，様々な理由からより価値が高いものであることを理解している．たとえば，湿地は水循環における重要な役割を果たしているし，野生生物の生息地としての価値などを有している．しかし，農業支援を図るための法律を変え，農業従事者の湿地を農地に転換するインセンティブを減らすまでには時間を要した．

　1954年から1974年にかけての，米国における湿地の農地への年平均転換面積は593,000エーカーであった．しかし，次の20年の年平均転換面積は446,000エーカーに減少している[4],[訳注4]．原因の一つは1977年の水質汚染防止法の施行，特に湿地の排水と盛土に対する規制であると考えられる．**図14-3**を見てみたい．横軸は転換された年間の湿地面積を示している．湿地を転換するインセンティブは，転換した土地で生産される農産物の価値である．V_1と示された曲線は，開始時点（たとえば，1974年以前）における農地転換に対する限界支払意志額を示している．この限界支払意志額は土地を転換すればするほど減少する．MC_1と示された曲線は湿地を転換するための限界費用を示しており，これは右上がりの形状をしている．当初の時点で利益を最大にする変換面積は V_1 と MC_1 との交点で与えられる．これが上記で示された1954年から1974年にかけての年間の変換面積の値と一致している．1977年の水質汚染防止法により，従わなければならない手続きが導入され，湿地を農地に転換することがより困難となった．これが転換費用のMC_2への上昇として表現されている．このようにして水質汚染防止法が導入された後は，農地への転換は年間235,000エーカーに減少した（MC_2とV_1との交点）．さらに連邦議会は，農業支援策に内在する湿地の転換を促すインセンティブを削減することも試みた．農業支援策が農業経営によって得られる単位面積あたりの収益を増加させる限り，農業従事者に農地面積を拡大させるインセンティブを生み出し続けるからである．これに対する回答が，1985年の農業法に加えられた**湿地罰則**（スワンプバスター条項）である．これによって転換された湿地で育った作物は，作物に対する支援策全般につい

訳注4）日本でも湿地あるいは湿原が農地に転換されてきた．たとえば，日本最大の湿原である釧路湿原周辺でも，湿原が農地に転換されてきた．しかし，釧路湿原は1980年には日本で初めてラムサール条約の登録湿地として指定され，1987年には国立公園に指定されたこともあり，湿原に対する人々の見方は大きく変化している．このような背景もあり，釧路湿原では自然再生事業が始まっている．事業地の一つである広里地区では，かつて農地開発によって多くの湿原が消失したが，そこに湿原を取り戻す取り組みが行われている．

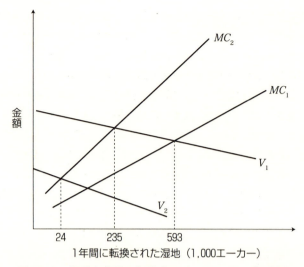

図14-3 湿地を農地に転換するインセンティブの削減

て受給資格を失うことになった．これにより，転換された湿地から農業従事者が得られる所得は低下し，限界支払意志額を示す曲線を V_1 から V_2 に引き下げられた．こうして現在の交点は V_2 と MC_2 との交点となり，これは農地への年平均転換面積を1982年から1992年までの実質的な割合で24,000エーカーにまで減少させている．

　少なくとも概念的にはこの分析は明快に見えるが，このような分析を現実に適用するのは実際にはかなり難しい．それは示されている時期に，湿地を対象とした条項の他にも多くの変化が並行して生じていたからである．一般的な農産物価格の上昇や下降は限界支払意志額を示す図14-3の V をシフトさせるものであり，この農産物価格の上昇や下降は他部門の農業政策や規制が変更になった場合にも起こり得るものである．たとえば，農業従事者に対する所得税法の変更はこのあたりの関係を変化させることになる．1990年代初頭には，政治的な利害関係者によって湿地の転換に適用される規制の一部を緩める試みも行われた（たとえば，湿地の定義の変更[5])．このように，過去の政策変化が湿地の転換率の減少に寄与しているのか，あるいはその他の要因が寄与しているのかを明らかにすることは，それ自体重要な政策課題となっている．これは農業政策の複雑な世界と，それが自然資源に与えている影響とを理解することが困難なものであることを示している．

薬剤抵抗性に関する経済学

現代農業の特徴は大量の化学物質（特に肥料と農薬）を使用していることである．近年は発展途上国における農業も同様の傾向にある．1940年，米国の農業従事者は農薬の費用に4,400万ドルしかかけていなかったが，この数値は1996年には83億ドルにまで膨れ上がっている[訳注5]．累積の農薬使用率（1エーカーあたりの使用量）は1981～82年あたりまで増加し，その後緩やかに減少している．この減少の大きな理由の一つは農薬の品質（効き目，毒性，持続性）が向上しており，それによって使用量が減っていることが挙げられる．このような中，公的な規制がどのような影響をもたらしているのかについては様々な意見が存在している[6]．具体的には農薬使用と農業従事者の経済的便益との関係や環境に対する影響などが議論となっている．

農薬使用は環境問題，特に生態系への悪影響と人間の健康への影響として捉えられることが多い．しかし，農業生産にも重大な影響をもたらすものである．その一つが，農薬の過剰利用に起因する薬剤抵抗性の問題である．生物は環境条件に適応する方向に進化する．高い農薬使用水準は，薬剤抵抗性の高い生物進化を促す条件を作り出していることと同じである．長期間にわたる農薬利用はより高い薬剤抵抗性を生み出し，そのことが更なる農薬使用の動機となり，更なる薬剤抵抗性に拍車をかけるといった具合である．合理的な農業従事者であれば，高い農薬の使用水準が高い薬剤抵抗性を生み出していることを理解できるはずである．どうしてそのような可能性を下げるよう農薬使用を減らさないのであろうか．ここでは個人行動と社会の厚生とを調和させるため，どのようなインセンティブを形成すればよいのかという興味深くかつ重要な問題について考えたい．

この問題を考えるために簡単な例を考えてみたい．ある比較的小さな地理的地域，たとえばある流域があり，そこでは数十の農業従事者がトウモロコシのような同じ作物を育てているとする．トウモロコシがある害虫に食害され，生産量を減らし，地域の農業従事者の所得も減少させるとする．農業従事者はある農薬を害虫駆除に用いている．この農薬は極めて効果的であるが問題も抱えている．高い農薬使用水

訳注5）2013年に公表された食料・農業・農村白書によれば，単位面積あたりの農薬出荷量は減少傾向にある．10aあたりの需要量で見ると，1990年は9.5kgであったのに対して，2011年には5.6kgとなっている．有機農業への取り組みも進んでおり，国内全体の耕地面積が減少する中，有機JASの認定を受けたほ場面積は増加傾向で推移している．一方で，諸外国と比較すると日本の農薬使用量は多い（ただし，定義の問題もあり単純には比較できない）．これには，気候が温暖多雨であり，病害虫や雑草の発生が多いことが関係している．

準では，害虫が農薬の効きめを低下させるように薬剤抵抗性を持ってしまうことである．このことが生産量と利益を低下させることになる．もしすべての農業従事者が農薬を低い使用水準で用いれば害虫が薬剤抵抗性を持つことはない．ここで問題となるのは，この地域における薬剤抵抗性の水準はこの地域において使用される**農薬の累積使用量**によって決まる一方，個別の農業従事者は各自が使用する農薬量にしかコントロールが及ばないということである．

ここでは，このような状況が個別の農業従事者が直面する**インセンティブ**をどのように形成しているのか数値例で示したい．この数値は異なる対応を取った場合に得られる相対的な利益水準である．さらに単純化するため，この農業従事者は農薬を少量使用するか，大量使用するかという二つの選択に直面しているとする．二つの対応からそれぞれ得られる所得は以下に示されるようなものである．

		その他の農業従事者	
		少量使用	大量使用
農業従事者A	少量使用	10ドル	5ドル
	大量使用	15ドル	7ドル

注目したいことは，農業従事者Aの利益が他の農業従事者の農薬使用水準に依存していることである．これは薬剤抵抗性を持つという進化が，一人の農薬使用量ではなく，農薬の総使用量に関連した流域全体の現象として生じるからである．

もしこのAが農薬を少量使用することを選択したとする．もし他の農業従事者も同じく少量使用したとすれば，Aは10ドルの支払いを受けることになる．一方で，他の農業従事者が大量使用したとすれば，その利益は5ドルにしかならない．もしすべての人が少量使用に留まるならば，薬剤抵抗性は低く，害虫の発生も少なく，所得は相対的に大きくなる．しかし，他のすべての農業従事者が大量使用するならば，薬剤抵抗性は高く，Aは農薬の大量使用を控えた唯一の農業従事者として損害を被ることになる．つまり，彼は高い薬剤抵抗性の下で農薬を少量使用することになるのである．

今度はAがこの農薬を大量使用することを選択したとする．もし他のすべての農業従事者が農薬を大量使用したとすれば，Aの所得は7ドルになる．農薬の大量使用は高い薬剤抵抗性と低い収量を意味し，それゆえに，Aを含めて全員が農薬を少量使用した場合と比較して低い利益をもたらすことになる．一方，もしA以外の全員が農薬を少量使用した場合，農薬の大量使用によってAは高い所得（15ドル）を得ることができる．害虫は低い薬剤抵抗性しか持たず，農薬の大量使用によってそ

第14章 農業の経済学

れらをすべて追い払うことができるからである.

この状況がAにどのようなインセンティブを与えているのか注意深く見て行きたい．他の農業従事者がどのような対応を取るかにかかわらず，Aは農薬を大量使用した方がより望ましい状況となる．他の農業従事者が農薬の少量使用を選択したならば最大の利益を得ることになる．他の農業従事者が大量使用を選択した場合でもこの選択は最良の選択である．つまり，どちらの状況においても，農薬の大量使用は個人的には最良の選択である．この状況はAの直面しているインセンティブであるが，他の農場従事者それぞれが直面しているインセンティブでもある．個々の農業従事者は，期待される利益を最大化する戦略を選ぶという点では合理的にふるまっているが，全体としての結果は全員がより低い所得を得る結果となっている．何らかの方法で全員が少量使用をしたならば，それぞれ10ドルの利益を得ることができるにもかかわらず，利己的な選択を行う状況では7ドルの利益しか得ることができないからである.

オープン・アクセスの資源はこの種の問題を引き起こすものである．利用量を自身で意志決定できる自然資源では，全体の合計量が自然資源の過剰利用を引き起こすことになる．農薬のケースでも過剰利用を引き起こすオープン・アクセスの問題が生じているのである．この場合の自然資源は害虫の農薬に対する**感受性**である．この感受性は，もし農薬の全体使用量が多ければ大きく低下あるいは喪失する価値のある自然資源である．そして，このケースにおける**オープン・アクセスの外部効果**は，もし各々の農業従事者が大量使用を選んだならば，その悪影響が薬剤抵抗性の獲得という形でこの流域全体の農業従事者にもたらされるものである[7].

この問題は公共財の概念を用いてもう一つの視点から見ることもできる．**公共財**はある人が利用できるようになると，自動的に他の人も利用できるようになる財やサービスである．他人を財やサービスから便益を享受できないようにさせる方法は存在していない．仮に，各々の農業従事者が農薬を大量使用しているとする．なぜ各々の農業従事者は農薬の使用を自発的に減少させないのであろうか．それはこの種の個人の削減量の影響が公共財だからである．個人の削減量が引き起こす薬剤抵抗性のわずかな減少は，削減を行った個人だけに留まらず，この流域のすべての農業従事者に公平に生じることになる．これまでも見てきたように，公共財はこのような個人行動に基づくと過少供給になる傾向がある．このように，個人の農薬使用の削減は過少供給となるが，このことは，農薬の使用水準が社会的に効率的な水準よりも高くなることと同じことを言っている.

農薬使用の合計量を社会的に効率的な水準とするには，すべての農業従事者（あるいは，彼らの大部分）が農薬を少量使用するとともに，この状況に付け入ること

がないように（ひそかに農薬を大量使用することがないように）対策を講じることである．このためにはいくつかの方法が考えられる．一つは農業従事者間で，農薬の少量使用に関する協定を結ぶことである．この方法によって十分に幅広い参加者を集めることができるならば，**自主協定**という形になるかもしれない．もし自主協定が農業従事者の90％に拡大するならば，農薬の使用総量は害虫の農薬に対する感受性を十分に高い水準で維持できるかもしれない．協定に参加する農業従事者が農業生産に関わるどこかのプロセスに規制を加えることで，協定への参加を拒否する人に制裁を加えることも考えられる（協定に参加していない農業従事者からの農作物は町の穀物倉庫には受け入れないなど）．

もちろん**直接規制**も一つの選択肢である．農薬の少量使用を求める規制は，適切な権限を持った政治当局（地域や地方，州）によって施行され，その後，農業事業者の自己申告や監視，農薬の購入記録に対する検査を通じて実施されることになる．この種の規制（および自主協定）の一つの問題は，農業従事者個人にとっては農薬をひそかに大量使用する強いインセンティブが依然として残されていることである．このような事態がどれだけ頻繁に起きるのかは自主協定や規制の執行力に大きく依存している．

個人の農薬量使用をコントロールするもう一つの方法は**農薬使用に対する税金**などインセンティブに関わる対策を講じることである．この税金では，農薬の大量使用によって得られる利益が農薬の少量使用時の利益を下回るように，税額を設定しなければならない．農薬の使用量あたり（ポンドやガロン）に税金を課すことはおそらく現実的ではないので，ここでの税金はおそらく農薬の購入量に対して課されることになる．農薬の価格が十分に高ければ農業従事者は農薬の少量使用を自動的に選択するようになる．

単一栽培に関する経済学

多くの場合，現代農業は**単一栽培**で行われる．このことはいくつかの意味合いを持っている．まず極めて多くの人々の食料供給が，限られた数種類の作物に依存しているということである．特に人間によって消費される総カロリーの大部分は，トウモロコシや小麦，米，ジャガイモによって直接的に，あるいはそれらが支える家畜によって（特にトウモロコシによって）間接的に成り立っている．単一栽培はさらに特定の作物の中における**遺伝的多様性**を損なうという点でも問題である．作物の遺伝的構成は，潜在収量や成長速度，病害虫に対する抵抗性の度合いなど，作物の特徴を決定している．ほとんどの現代農業では，伝統的な成長制御や選抜だけで

なく，近年では**バイオテクノロジー**を含む植物育種の技術によって開発された限られた数の作物品種に依存している．

　遺伝的多様性を維持することには，(1)望ましい遺伝子型を持った新しい品種の開発，(2)農業従事者が異なる品種を組み合わせて育てることの二つの意味合いがある．ここでは後者に焦点を当てていきたい．植物育種はこれまでの品種よりも実質的に高い生産性を持った新しい品種の開発に貢献してきた．ただ懸念されるのが，この育種と選抜の仕組みによって**遺伝的多様性**が失われることである．新しく開発された細分化された品種は，作物内においては遺伝的に均一である．これらの細分化された品種への転換が広く行われることで，大部分の作物が特定の病害虫の影響を受けやすくなり，結果として不作をもたらす可能性がある．このリスクは遺伝的に異なる品種を育てることによって削減することができる．特に重要な病害虫に対する抵抗性を持った品種を育てることによってである．そのため農業従事者は，一種類あるいは二種類といった限られた品種ではなく，ある程度幅広い異なる品種の組み合わせを採用し，育てる必要が出てくる．幅広い異なる品種を育てれば，どれかの品種が病気になることで生じた損失を，同じ病気に強い他の品種にシフトさせることで簡単に埋め合わせることができる．

　この際，個別の農業従事者が選択した作物の組み合わせがもたらす，私的な便益と公的な便益とを考える必要がある．農業従事者にとって選ぶべき品種が数多く存在すると仮定する．これらの品種には生産量（病気が発生しない場合の生産量）と，特定の病気に対する抵抗性の点で違いが存在する．個別の農業従事者に選択を任せておけば，彼らは期待される純便益を最大化させる作物の組み合わせを選択することになる[8]．しかし彼らは，最も高い収量を持つ単一品種を選ぶことはおそらくしないであろう．このことで，許容できない水準のリスクにさらされることになるからである．収量はより少なくても損失のリスクの少ない品種を数種作付けることで，長期的に期待される純便益を増加させることができる．

　しかし，異なる品種の多様な組み合わせを選ぶことで，更なる**外部**便益が生じることになる．組み合わせが多様であれば，個別の農業従事者のリスクを下げるだけに留まらず，近隣の農業従事者のリスクも下げることになる．病気は最初に発生した畑から伝播していくからである．そのため，ある農業従事者が自分のリスクを低下させるならば，近隣の農業従事者のリスクもまた低下させることになる．このことは，多様な品種の組み合わせによって生じる社会的便益の一部は，外部便益として生じていることを意味している．本書を通じて何度も述べていることであるが，ある行動が外部便益を生み出している場合，私的な意思決定者は社会的便益を最大化させる水準と比較して財やサービスを過少供給する傾向がある．そのためこの状

況における農業従事者は，社会的な効率性という基準から求められる多様性よりも，多様性の低い品種の組み合わせを選択する傾向となる．

インセンティブという視点から見ると，多様な品種を選ぶことで生み出す外部便益が農業従事者の便益を直接増加させないことが問題である．対応する私的市場も存在しないため，農業従事者の栽培する品種数と関係する何らかの公的な補助金が，現実的な対応策となるのかもしれない．それを実行する一つの方法は，農業従事者が通常では購入しないような品種の購入価格に割引価格を設定することである．

土壌生産性に関する経済学

農業従事者が直面する大きな問題の一つに**土壌生産性**をどのように管理するのかという問題もある．土壌生産性とは簡単に言えば作物を生産する力である．それは土壌自身の物理的，化学的な特徴だけでなく，その土地が置かれた水環境や気象にも関係している．土壌生産性の喪失は，過去も現在も世界的な関心事である．先進国では，現代農業が土壌生産性に与える長期的な影響について関心が寄せられる傾向にある．一方，発展途上国では，土壌生産性を引き出すための，農業従事者のインセンティブとその潜在能力により関心が集まっている．これは，最低生活水準に近い農業従事者にとっては，短期的な利益を獲得することが重要となっているからである．

土壌生産性の問題は**持続可能性**という枠組みの中で頻繁に議論されてきた．農業は持続可能な営みであるという見解に従うならば，農業活動は長期的な視点から土壌生産性の低下を引き起こさないことがその条件になる．この視点は，土壌生産性を不可逆的に損なう農業活動には，注意が必要であることを啓発する意味では役立つかもしれない．ただ，実際に自分の農地の土壌生産性を管理する際に，その意志決定を説明するための概念としては不十分なものである．この場合の意志決定は**投資判断**である．つまり，現在の所得を減らす行動の見返りとして，将来のより高い所得を期待する判断である．持続可能性という観点からは，土壌生産性の低下に対しては常に現状を維持すべきという答えしか返ってこない．しかし，投資判断という観点からは，どのような行動を積み重ねることで，**効率的な土壌生産性の水準**に到達できるのかという問いを考えることができる．さらに，土壌生産性を**再生可能資源**と捉えることも有効である．これにより，**定常的な利用パターン**という考え方，つまり土壌生産性の水準が経時的に一定レベルに保たれるという考え方が意味を持つことになる．生産性が**一定に保たれる**ことは，おそらく持続可能性という基準も満たすことになる．さらにこの一定レベルの生産性が効率性という観点からも適正

な場合には，効率性という基準も満たすことになる．

効率的な定常状態

第2章に戻ってみよう．そこでは以下の式で様々な自然資源の基本的性質を議論してきた．

$$S_1 = S_0 - Q + \Delta S$$

ここで S_0 と S_1 は土壌生産性を示しており，前者は年当初の土壌生産性，後者はすべての農作業が完了した後の年末の土壌生産性である．定常状態あるいは持続可能な状況とは，$S_0 = S_1$ で定義されるもので，これは明らかに $Q = \Delta S$ を意味している．Q は生産期間に土壌から失われる土壌生産性の量を示しており，ΔS は加えられる土壌生産性の量を示している．農業生産においては Q は作物の選択や耕作技術などによって決定される．たとえば，ある作物は他の作物よりも土壌の栄養を要求したり，あるいはある作物はある種の土壌の質を補充したりする．

ΔS は成長期間に土壌に戻った生産性を示すものである．これは様々な形で生じるものである．生産性は地質学的あるいは水文学的な過程を通じて自然に補充されることもある．氾濫原上の土地は春の出水期に補充を受けることになる．風化作用や植生が腐植することで表土の厚みが増し，それによって土壌生産性も増すことになる．生産性は人間活動によっても直接的に高めることができる．階段耕作によって土壌生産性は自然の状態よりも恒常的に高めておくことができるし，等高線耕作は土壌流出を防ぐことができる．肥料や被覆植物は栄養素を補充してくれる．そのため $Q = \Delta S$ が意味するところは，失われた生産性に対して同じだけの生産性を土壌に戻すステップであると言える．

しかしこの $Q = \Delta S$ という条件は，土壌生産性が定常状態であることの条件に過ぎない．これ自体は，**どの定常状態が最も効率的なのか**については教えてくれない．あらゆる外部効果が存在しないのであれば，最も効率的な生産性の水準は農業従事者の純利益が最大となる水準である．土壌生産性の維持と農業従事者の純利益との間には**図14-4**のような関係を想定することができる．生産性が低い状況では農業生産量もまた低い．この水準では生産性の維持に費用は掛けていないが，農業従事者の所得も低い．高い土壌生産性においては農業生産量の総額は大きいのであるが，失われる土壌生産性を補充する費用もまた高いため，結局，農業従事者の所得は低くなる．s^* で示された中間の水準に土壌生産性を保つことが農業従事者の所得を最大化させることになる．

ただいくつか注意が必要である．まず実際には土壌生産性には最大値が存在しな

第V部　自然資源の問題への適用

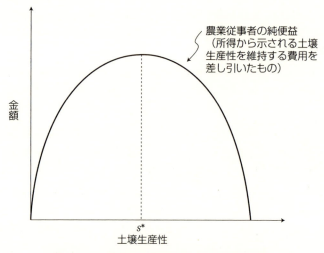

図14-4　効率的な定常状態での土壌生産性

いということである（土壌生産性を最大に保つことはどのみち効率的ではないのだが）．適切な農作業を実施すれば，初期状態の生産性がどれだけ高かったとしても，生産性は常に上昇し得るものである．望ましい方法は最大の生産性を維持することではなく，効率的な生産性の水準を維持することである．この効率的な土壌生産性について生産性の**初期水準**がどうであるかは関係がないことも述べておきたい．もし初期水準が s^* の左側にあるならば，定常的な生産性を増強できることを意味している．それは階段耕作や灌漑，土壌改良などの方法によって行うことができる．このようにして土地がもともと持っていた生産性を上回ることができる．一方，初期水準が s^* の右側にあるならば，土壌生産性について何らかの**削減**が必要とされていることになる．

要約

現代農業はこれまでになく高い人口水準を養っている．その能力については幅広い関心が寄せられているが，幅広い合意が得られている訳では決してない．問題は国によって傾向が異なり，特に先進国，発展途上国，市場経済移行国によって違いがあることであった．最も大きな関心は現代農業が依存している自然資源の量と質に対する影響である．先進国における農業は一般的に**政治的な理由**から多額の**補助金**が支払われていた．これらの公共政策はたいてい極めて複雑であり，農業生産に

第 14 章　農業の経済学

おける多くの経済的な**歪み**をもたらしていた．たとえば，1950年代と1960年代の作付制限は，間違いなく**集約農業**を発展させ，単位面積あたりの生産量の増強のために多大な努力をもたらした．ただ，これらの支援策が停止されたとしたら現代農業がどうなるかについては事実上知る由がない．それよりも，農業に関する意志決定や現実的問題に焦点を当てた方が有益かもしれない．それらに与える影響や農業従事者が変化にどう対応するのかを理解することに資するからである．この章では，**湿地保全の問題**，害虫の**農薬耐性**が生じ得る状況での**農薬使用**，**土壌生産性**の管理，そして**単一耕作**に対する意志決定について見てきた．

注

1) T. R. Malthus, *An Essay on Population*, London, 1798.
2) EU の予算の約半分は加盟国の農業従事者を支援するために使われている．しかし，これらの支援の大部分については削減することが不可能であると考えられている．
3) Organization for Economic Cooperation and Development, Environmental Effects of Reforming Agricultural Policies, OECD, Paris, 1998.
4) Roger Claasen et al., "Estimating the Effects of Relaxing Agricultural Land Use Restrictions : Wetland Delineation in the Swampbuster Program," *Review of Agricultural Economics*, 20(2), Fall/Winter 1998, p. 391.
5) これがどのように試みられたのかについては明らかにされている．土地は乾燥している部分から湿潤な部分まで連続的に存在している．湿地を把握するためには，どこかで湿地を線引きする何らかの非連続的な基準を選択しなければならない．最初の湿地罰則では，湿地とは生育期において連続15日間，おおむね土地が水に浸かっている（池のようになっている，あるいは冠水している）土地と定義されていた．提案はこの15日を21日に変更するものであった．この修正によって，15日ルールの下では湿地と定義されていたかなりの土地が，21日ルールの下では湿地として区分けされないことを意味している．
6) これらのいくつかは，Jorge Fernandez-Cornejo, Sharon Jans, and Mark Smith, "Issues in the Economics of Pesticide Use in Agriculture : A Review of the Empirical Evidence," *Review of Agricultural Economics*, 20(2), Fall/Winter 1998, pp. 462-488. で整理されている．
7) 細菌の抗生物質に対する耐性獲得はまさにこれと同じように生じている．そのためここでの説明は，なぜ問題があるにもかかわらず抗生物質が過剰に使用され続けているのかの説明にもなっている．
8) **期待価値**の概念については第 8 章での整理を参照されたい．

第15章

野外レクリエーションの経済学

　この章では野外レクリエーションの経済学に関する問題について見ていきたい．「野外レクリエーション」には，裏庭で行うバードウォッチングから原生自然地域で行う冬のバックパッキング[訳注1]まで，幅広く捉えればあらゆる種類の活動が含まれている．野外レクリエーションでまず考えられる活動は，森林や草原，湖沼，河川を利用した**資源利用型**の活動である．資源利用型の活動とそうでない活動とを明確に区分する線引きは存在しない．ただ，国立公園や州立公園でのピクニックのように，利用者が触れ合う自然資源の質が深く関係する活動は典型的な資源利用型の活動と言える．一方で，ゴルフやジョギングのように自然資源を直接的に利用しない活動もある．もちろん，ゴルフコースの土地やジョギングのための道路など，ある程度は自然資源を利用しなければならない．

　多くの先進国において，野外レクリエーションは20世紀後半から急速な成長を遂げてきた．**表15-1**は，1982/83年，1994/95年，そして2000年の米国における様々な野外レクリエーションへの参加人数と，1982/83年から2000年の間のその変化率を示したものである．米国の人口はこの期間に22％増加しているが，多くの野外レクリエーションの参加人数はそれ以上に増加している．参加人口の増加が比較的大きなものとしてバードウォッチングやハイキング，バックパッキング，キャンプなどがある．一方，参加人口が相対的に減少しているものには釣りやハンティングがある．伝統的に行われてきた消費的な資源利用よりも，非消費的な資源利用により重きを置く傾向には，環境保護運動の影響がある程度反映されているものと考えられる．

訳注1) バックパッキングとはバックパック（リュックサック）を背負い，主に自然環境の中を歩く旅行のことである．類する言葉にトレッキングがある．トレッキングは山頂に到達することにかかわらず山岳地域を歩くことである．海外の山岳地域の中には，ザイルなどの装備とそれらを扱うことのできる技術がなければ到達できない場所も多いので，そのような場所で主に山頂を目指す活動（Mountaineering）と区別されている．

第Ⅴ部 自然資源の問題への適用

表15-1 野外レクリエーション活動への参加者数（1982/83年・1994/95年・2000年）

	参加者数（百万人）			変化率（%増）
	1982/83年	1994/95年	2000年	(1982/83年から2000年)
ウォーキング	93.6	133.6	173.7	86
バードウォッチング	21.2	54.1	69.0	225
ハイキング	24.7	47.7	69.2	180
水泳（プール以外）	56.5	78.1	90.8	61
観光	81.3	113.4	111.5	37
ピクニック	84.8	98.4	114.4	35
ボート	49.5	60.1	76.1	54
自転車	56.5	57.4	80.8	43
キャンプ（整備された場所）	30.0	41.5	52.7	76
モーターボート	33.6	46.9	50.6	51
キャンプ（原生的な場所）	17.7	28.0	31.9	80
バックパッキング	8.8	15.2	22.4	155
釣り	60.1	58.3	70.9	18
スキー	10.6	16.8	17.2	62
乗馬	15.9	14.2	20.3	28
スノーモービル	5.3	7.0	9.5	79
野外でのチームスポーツ	42.4	49.5	45.4	7
クロスカントリースキー	5.3	6.6	8.1	53
ハンティング	21.2	18.8	22.8	8
水上スキー	15.9	17.8	17.0	7
ヨット	10.6	9.6	10.6	0

注：16歳以上の参加者の数を示している．また，1982/83年から2000年までの間に増加した参加人数が多い順に示している．
出所：USDA Forest Service, National Survey on Recreation and the Environment, 1982-1983, 1994-1995 and 2000 (www.srs.fs.usda.gov/trends/nsrr/nsre.html) (accessed December3, 2007).

　野外レクリエーションの経済学は異なる分野で進展を遂げてきた．その背景には，多くの野外レクリエーションは伝統的に公的機能として供給されてきたものの，国立公園や州立公園，森林を通じて供給されるものと，連邦政府が建設した大規模ダムが提供する水資源を通じて供給されるものとがあるためである．またここ数十年においては，スキーリゾートやホエール・ウォッチングあるいはスキューバダイビングを楽しめるリゾート，**私有地で行われる**ハンティングや釣りなど，民間で提供される野外レクリエーション市場も発展してきている．そのため，今日における野外レクリエーションの経済学の課題には，公的な保護地域の管理だけでなく，行政と民間との間の適切な役割分担や私有地における管理上の問題点なども挙げられる

ことになる.

野外レクリエーションの需要

　野外レクリエーションの需要を把握する上でいくつか重要な観点がある．一つは，ある母集団の中で特定の野外レクリエーション活動に対する需要がどれだけあるのかである．たとえば，我々がカリフォルニア州でキャンプ用品を扱う企業を経営しているとしよう．当然我々は，カリフォルニア州の人々（あるいは，WEBサイトを通じた販売を行っているならば国内の人々）のバックパッキングに対する需要が，今後10年間にどう成長するのかに関心を持つことになる．人口の増加や所得の増大，あるいは活動への参加者数に関係する様々な要因がもたらす影響を予測し，販売商品の需要増加にどう関係するか明らかにしたいからである．この観点は，バックパッキングを提供する公園あるいはレクリエーション・エリアを運営する行政機関や民間企業の興味のあるところでもある．

　もう一つの観点は**施設管理**の視点と呼ぶべきものである．今度は，我々が現在提供されている（あるいは計画されている）ある公園の責任者であり，そこに一つの施設があるとしよう．我々はその需要曲線について理解する必要がある．そこには人口や所得，交通機関，競合する（あるいは補完する）他の公園の存在などが影響を与えている．この場合の需要曲線は**図15-1**に示されるようなものである．横軸は終日利用の単位で計測した訪問日数である利用者日を示している（たとえば，2回の半日利用は1利用者日と計算される）．ただし，これはかなりの単純化であることに注意が必要である．多くの公園は多数のレクリエーション・サービスを提供している．日帰り利用や宿泊利用，長期利用，あるいは活動的なレクリエーション利用から観光利用まで，幅広く提供している．ただ，分析を扱いやすくするためこれらを要約して単一の変数としており，そのために利用者日という単位を用いている．縦軸は貨幣価値の軸であり，その公園を訪問するための金額を計測するためのものである．多くの公園では入場料金は徴収されていないが，それでも公園を訪問するための費用，つまりそこに行くまでの旅行費用が発生している．その意味では他の財やサービスと何ら変わりはない．ただ，利用者が出発する地点から公園まではたいていの場合かなりの距離があるので，旅行費用は公園を訪問することにおいて思った以上に大きな障壁となっている．どちらにしても，縦軸の貨幣価値に関する軸は公園を訪問するために利用者が払わなければならない金額であるとしたい．

　図15-1はそれぞれが異なる時期の需要曲線を示している．これらは公園への利用者個人の需要曲線を集計することで得られる**集計された需要曲線**である．D_1を

第Ⅴ部　自然資源の問題への適用

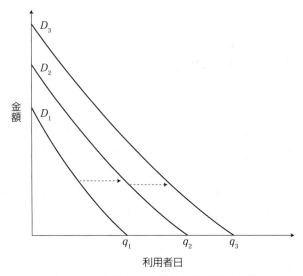

図15-1　想像上の公園における需要曲線

何年か前（たとえば10年前）の需要曲線とすれば，D_2は現在の需要曲線，D_3は**将来における需要曲線**（たとえば10年後）ということになる．この需要曲線のシフトの背景にはどのような要因があるだろうか．大きな要因の一つ目は**人口の増加**，二つ目は**所得の増大**である．三つ目は，実際には複合的要因であるが旅行費用である．交通アクセスの**改善**（たとえば，新しいアクセス道路の開通やアクセス道路の高速道路への接続など）あるいは**ガソリン価格**の下落は，需要曲線を右側にシフトさせる影響を持っている．また**嗜好や選好**の変化も忘れてはならない．人々は時間とともに野外レクリエーションに対する理解を深めており，また都市的な環境が増加する中，野外レクリエーションを精神的な便益を得るための源として重要視するようになってきている．

　このような需要曲線の存在を仮定することは簡単であるが，実際にそれを推定することは困難である．特に経時的に需要曲線がどのようにシフトするのかを計測するのは特に困難である．また，公園におけるオープン・アクセスのレクリエーション活動に対しては，その需要を詳しく研究することがあまり重要視されてこなかった．ただ利用者数が増加するにつれて，あるいは野外レクリエーション施設へのアクセスや利用を管理することに注意が払われるようになるにつれて，この傾向は変わりつつある．ここには第9章で述べたトラベルコスト法のように，経済学者によってレクリエーション需要曲線を推定するための手法が開発されたことも影響して

いる.

効率的な利用水準

本書を通じて用いられている考え方を踏まえると，**社会的に効率的な利用水準**とは社会の純便益を最大化させる利用水準である．もしあるレクリエーション・エリアが民間で運営されているとするならば，純便益を最大化する利用水準で運営することが前提となる．それが社会的な意味において効率的であるためには，その運営に起因した環境に関係する外部効果（あるいはその他何らかの外部効果）が存在しない必要がある．

ここでは民間ではなく公的に提供されている野外レクリエーション施設に焦点を当てたい．歴史的に見ても，野外レクリエーション活動の提供において，公共施設が圧倒的な位置を占めてきたからである．加えて，ほとんどの公共施設では歴史的に実質的な入場料金を徴収してこなかった．もし入場料金が0であれば，現実のあるいは予想される利用者日は図15-1に示される q_1 や q_2, q_3 の値になる．最初の値は10年前の利用者日，2番目の値は今年の利用者日，3番目の値は10年後の予想される利用者日である．これらが社会的に効率的な利用水準でない理由はいくつか考えることができる．まず，公園の運営や維持費用が入場料金によって賄われておらず，おそらく当該選挙区の一般市民から集められた税金によって賄われているということである．この状況では，この公園を利用する人々と費用を負担する人々との間に関係性が存在しないので，追加的な利用者一人あたりの支払意志額は，その追加的な利用者を引き受けるための限界費用とは一致していない．第5章で見てきたように，これは効率性の必要条件である．

もし入園料金が徴収されないならば，回収することができない費用がもう一つある．それは利用による資源劣化の費用である．エコツーリズムを提供するレクリエーション・エリアのように，利用が多い地域ではこれらの費用は相当なものである．

q_1 や q_2, q_3 で示される値が社会的に効率的でないもう一つの理由は，**混雑による外部効果**の存在である．もし入場料金が徴収されていないならば，野外レクリエーション施設は本質的には**オープン・アクセス**の状態にある．第6章で議論したように，一般的にオープン・アクセスは社会的に効率的な水準を上回る利用水準となる．混雑による外部効果がどのように生じるのかを示すため，オープン・アクセスのビーチの例を思い出してみたい．この例はオープン・アクセスの公園が直面する状況を忠実に反映した例であった．もちろん後に述べるように，混雑による外部効果は，バックパッキングのように利用水準が極めて低い状況で行われる活動ではより一層重大な問題である[1]．

図15-1で示されるq_1やq_2, q_3の値は，公園におけるオープン・アクセスの利用水準が増加する状況を示している．混雑による外部効果は需要曲線が外側にシフトするにつれて増加する傾向があり，最終的に利用者数が極めて多くなった時点で，人口増加などの要因にもかかわらず，更なる利用者数の増加が生じなくなる．いくつかの国立公園で実際に起こっているように，夏季の利用水準が物理的な容量に達するほど高い状況はおそらくこの水準に到達している[訳注2]．ただ，物理的に受け入れ可能な利用者数よりも実際の利用者数が少ないほとんどの公園では，最適な利用者数とはどのようなものか，またそれをどのように達成すべきなのかが問題となる．

この問題をもう少し詳しく見るため**図15-2**に示すモデルを考えてみたい．Dと示されている曲線は，公園を訪れることに対する市場の一般的な需要曲線である．この曲線が横軸とぶつかる点q_0がオープン・アクセスの利用水準を示す値である．利用料金が徴収されていなかった場合に該当する値である．ここで，この公園を運営するための限界費用がMCで一定であるとする．もしこのMCの値と同じ価格の利用料金を課すならば，利用水準は年間q_1利用者日となる．曲線Dは混雑の影響を考慮していないため，この値は必ずしも効率的な利用水準とはならない．

公園において利用水準が上昇している場合，新しい利用者は混雑を引き起こす．それは彼らだけでなく，すでにそこにいる他の利用者の訪問体験の価値も低下させている．混雑によって生じる費用の特性は場所によって異なっている．原生自然地域において，混雑は登山道で他の人々に出会うことと関係している．スキー場における混雑とは，斜面で他のスキーヤーをよけなければならないこと，またピクニックエリアにおける混雑とは，場所がよいサイトがすべて利用されていること，また近くにいるグループが視界に入ることや彼らが出す騒音に耐えなければならないことである．一般的な需要曲線は，**新規に参加する利用者**の支払意志額に基づいており，これらの混雑の影響は考慮されていない．必要としているのは**混雑の影響**を考慮した需要曲線，つまり参入する利用者の限界支払意志額から，既存の利用者に生じる混雑の費用を差し引いたものである．混雑の費用とは，本質的には他の利用者が参入してくることによって引き起こされる訪問価値の減少である．混雑による影響を調整した需要曲線は図15-2においてAで示されるものである．Dの高さは参入する利用者の限界支払意志額を示しており，Aの高さはこの限界支払意志額から，

訳注2）日本の中部山岳国立公園にある上高地には毎年多くの登山者や観光客が訪れるため，慢性的な交通渋滞が発生していた．そのため，1975年から上高地へのマイカー乗り入れ規制を実施している．しかし，通行が許可されていた観光バスやマイクロバスによっても交通渋滞が発生するようになり，ピークシーズンには観光バスやマイクロバスの乗り入れも規制されるようになった．これはアクセスの側面で物理的な容量に達した例と言える．

第15章　野外レクリエーションの経済学

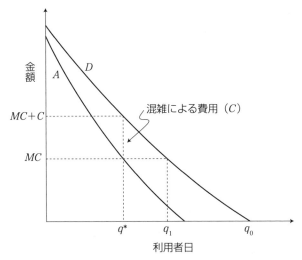

図15-2　社会的に効率的な利用水準

参入する利用者がすでに存在する利用者に生じさせる混雑の費用を差し引いたものを示している．

　これが社会的に効率的な利用水準であるq^*を特定する方法である．ただ，曲線Dは利用料金の徴収額の変化に伴って訪問がどのように変化するのかを示す曲線でもあった．そのため，もし利用水準をq^*に導く利用料金を導入したいのであれば，その利用料金は一般的な限界費用MCに混雑の費用Cを加算したものと一致していなければならない．この値は図において$MC+C$で示されるものである．

利用制限

　オープン・アクセスは多くの公園やレクリエーション・エリアにおいて過剰利用や混雑を引き起こし，また多くの場合，それらの地域における自然資源の質的劣化も引き起こしてきた．オープン・アクセスは図15-2において，事実上q_0のような利用水準をもたらしている．当然ながら，社会的な効率性と合致する利用水準とするため，管理者はどのように利用制限をするかを考えることになる[訳注3]．利用制限とはオープン・アクセスの状態であれば訪れていたであろう利用者の一部を，何らかの方法で排除することである．強調したいことは，利用制限は効率性という基準の下でのみ意味を持つことである．もし公園の目的が体験の質にかかわらずできる限り多くの利用者を獲得することであったり，また収入を得ることが必要でなかっ

たりするのであれば（あるいは収入を得るべきではなかったりするのであれば），利用制限をしないことが最適ということになる[訳注4]．しかしながら，現実世界における流れはこのような状態を避ける傾向にある．

　管理する行政機関が利用を制限するために用いることができる方法には下記のようなものがある．

1　事前に設定した特定条件を持つ人々以外の入場を制限する：たとえば，多くの市町村では公有のビーチへの入場を住民にのみ許可している[訳注5]．
2　早い者勝ち：達成したい利用水準を決定し，早く来た人から入場を許可する．望ましい利用水準に達した場合は入場を制限する．
3　利用水準がq^*となるような十分に高い入場料金を徴収する．

　最初の二つは**価格によらない利用制限**の方法である．これらは組み合わせて使われたりもする（住民のみによる利用に加えて，利用水準に上限が設定されるような場合）．価格によらない方法はたいてい，「すべての住民は公平にアクセスできる」「国立公園はすべての人々にとって開かれている」といった**公平性の実現**の名の下に実施されている．価格によらない利用制限では利益配分が問題となる．公園の管理費用が利用者によって賄われていないならば，費用はその他の手段，たとえば税金によって賄わなければならない．このことは，公園管理に対して費用負担しているにもかかわらず，そのサービスを享受していない人々がいることを意味している．ただ，公園やレクリエーション・エリアによって提供される非利用価値あるいは受動的価値が，幅広い人々に十分に提供されているとすれば，問題の一部は正当化さ

訳注3）米国の国立公園は営造物公園と呼ばれるものであり，国立公園局が土地を所有し，また管理も同時に担っている．一方，日本の国立公園は地域制公園と呼ばれるものであり，既存の土地所有の上に，保護地域の網をかぶせたような形となっている．そのため，日本の国立公園の中には私有地もかなり含まれており，たとえば，伊勢志摩国立公園の指定地の90％以上は私有地である．そのような場所では特に，国立公園という目的は数ある土地利用目的の一つにすぎない．そのため利用制限を日本で行うことは，米国と異なりハードルが極めて高い．

訳注4）日本の国立公園ではすべての人々にとって開かれていることがことさら重視され，過剰利用や混雑，自然資源の質的劣化が起きても，それを制限するのではなく，施設整備で許容量を上げることにより対処してきた．一方，米国では利用体験の多様性が重視されており，都市的な施設整備から「施設整備を行わないという整備」までを多様に組み合わせることで，日本とは違った観点で，すべての人々にとって開かれた国立公園を実現しようとしている．日本でも近年はこのような利用体験の質に対して目が向けられており，利用調整地区制度のような制度も登場している．

訳注5）ビーチに限らず，公的に管理されている日本のレクリエーション・エリアのほとんどは広く一般市民に開放されている．もちろん国立公園の利用調整地区制度のような，オープン・アクセスではないレクリエーション・エリアも存在する．

第15章 野外レクリエーションの経済学

れるかもしれない．

価格による利用制限

　歴史的に見ると，入場料金による利用制限は，スキー場のような自然資源を利用した民間事業のようなものを除き，一般的には適用されてこなかった．公園や保護地域の提供は市民生活や文化的アイデンティティの重要な一部分，あるいは市場の外で行われるべき活動と見なされてきた．しかしながら，このような見方は様々な影響の下で変化しつつある．一つには，入場料金が公園の維持管理を行う予算を獲得するためのより適切で効果的な方法になり得るということである．もう一つには，このような公共サービスの運営資金を探している市町村と同じように，発展途上国にとって**エコツーリズム**が将来性のある収入源として登場したことである．さらに三つ目の要因として，民間の提供する野外レクリエーションが急成長しており，そのシステムにおいて入場料金は切っても切れない存在だからである．

　多くのレクリエーション・エリアが依然として無料ではあるが，連邦政府レベルにおいては，利用料金を徴収する明確な傾向が存在している．州立のレクリエーション・エリアについても入場料金が幅広く徴収されている．導入する行政機関の視点から見ると，入場料金を正当化する一番の理由は，レクリエーション・サイトの開発や維持管理のための収入を得ることができることである．ただこれまで見てきたように，社会的な効率性の観点から見ると，もし混雑が生じているのであれば利用料金は低すぎるかもしれないし，また過剰利用から生態系を保護するためにも低すぎるかもしれない．利用料金は実際に毎年の収入を生み出すものであるが，そもそもその正当性において最も重要なことは希少な自然資源の利用の割り当てである．つまり，誰に対しても公園を提供するのではなく，公園での体験を高く評価する人々の利用を保障することである．

価格設定と総収入

　ただ現実問題として，利用料金を導入する主な理由は収入を増やすことである．そのため価格の変化と収入の変化の間にある関係性を明らかにすることは有益である．ある価格に対しては，需要曲線で与えられた対応する需要量が存在する．価格の上昇は需要量の減少をもたらし，逆もまたそうである．総収入は単に価格と需要量とのかけ算であるため，ある一定額の価格上昇が，どれだけ需要量を変化させるかに応じて，総収入は増加も減少もし得ることになる．想像上の公園の需要曲線を示した**図15-3**について考えてみたい．一日あたり12ドルの価格において利用者は平均180利用者日であり，ゆえに $b+c$ で示される総収入は2,160ドルである．14ド

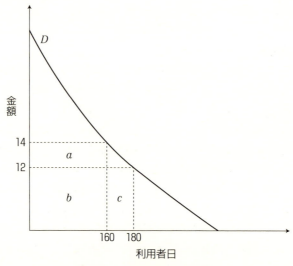

図15-3 価格設定と総収入

ルの価格において利用者数は160利用者日に減少するが，($a+b$で示される）総収入は2,240ドルに上昇する．高い価格に反応して需要量がより多く減少すれば，総収入も減少するかもしれない．たとえば，利用者数が140利用者日まで減少するより緩勾配の需要曲線だとすれば，新しい総収入は1,960ドルへと減少することになる．

価格変化が生じた際に，総収入が増えるか減るか（あるいはどれだけ増えるか減るか）を示す需要曲線の重要なパラメータが需要の**価格弾力性** E_p である．価格弾力性は以下のように定義される．

E_p = 需要量のパーセンテージ変化 / 価格のパーセンテージ変化

また，以下のような言葉の使い方をする．

もし $E_p = -1$ であれば，単位弾力的である

もし $E_p < -1$ であれば，相対的に**弾力的**な需要曲線である

もし $-1 < E_p < 0$ であれば，相対的に**非弾力的**な需要曲線である

留意すべきことは，$E_p = -1$ である場合，需要量のパーセンテージ変化と価格のパーセンテージ変化は一致していることである．総収入が価格×需要量であるため，この場合は価格変化が生じても総収入に変化が生じないことになる．一方で，もし需要曲線が非弾力的であると，（パーセンテージで示した）需要量の変化は価格変化よりも小さいので，総収入は価格が上昇すれば上昇し，減少すれば減少すること

第15章 野外レクリエーションの経済学

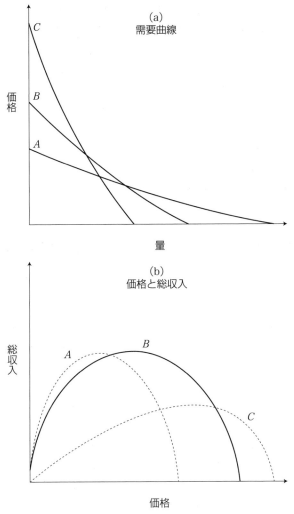

図15-4 三つの需要曲線における価格と総収入の関係性

になる．E_p が弾力的である場合，これとは全く逆のことになる．つまり，価格が減少するにつれて総収入は上昇し，価格が上昇するにつれて総収入は減少する．そのため図15-3にあるように，需要曲線は12ドルと14ドルの間においては相対的に非弾力的であり，価格を上昇させた場合，総収入は増加することになる．

図15-4の(a)は高さと傾きの異なる三つの需要曲線を示している．これらの形状は関連する自然資源の特性と，関連する母集団の経済状態と人口動態に関係して

297

いる．図15-4の(b)は，それぞれの需要曲線における価格と総収入との関係性を示している．それぞれのケースにおいて，三つの需要曲線は低価格帯においては非弾力的であり，価格を上昇させることで総収入は増加することになる．またそれぞれのケースにおいて，それぞれ異なった点（異なった価格）ではあるが，同じように価格弾力性が単位弾力的になる点に到達する．これらの点はグラフにおける総収入曲線が最大の水準に達した点を示している．価格がこの点よりも高くなると需要曲線は弾力的になり，価格を増加させると総収入が減少することになる．**コラム15-1**はコスタリカにある三つの国立公園の訪問需要に関する研究結果と，異なる利用料金の設定について議論したものである．研究グループが公園の収入を最大化させる利用料金水準を推定していることに注目したい．

コラム15-1　コスタリカにおける国立公園の利用料金

　コスタリカでは大規模な国立公園の開発を行っており，毎年多くの旅行者が訪れている．近年はエコツーリズムからの収入が，単一費目では国にとっての最大の外貨獲得源となっている．旅行者は国内の国立公園に均等に訪れているわけではない．近年は下記で示す三つの国立公園で，外国人旅行者のおよそ3分の2を受け入れている．1993年以前，これらの国立公園では控えめな利用料金を徴収してきた．しかし1994年1月からは，外国人旅行者に対しては利用料金を200コロン（1.25ドル）から1,100％増の2,400コロン（15ドル）に増額した．住民に対する利用料金は200コロンに据え置いている．この突然の増額により，地域住民および観光事業者と金額を設定した監督官庁との間で論争が起こり，どの程度の料金が適切なのかということが問題となった．研究グループが調査を引き受け，特に最も利用者が多い三つの国立公園を訪れるエコツーリストの需要曲線について重要な特性を明らかにした．明らかになった結果の一部は下記の通りである．

	国立公園名		
	イラス火山	ポアス火山	マヌエル・アントニオ
実際の負担額	12.28ドル	9.85ドル	9.56ドル
平均滞在日数	1.00	1.00	1.45
訪問に対する支払意志額	21.75	21.6	24.9

利用者が適切と考える金額	6.48	6.77	7.37
需要の価格弾力性	−1.05	−2.87	−0.96
1994−1995年の実際の収入	427,307	669,940	431,371
収入を最大化させる利用料金	7.06	9.28	13.59
上記の金額が適用された場合の収入	1,372,844	675,447	518,187

　これらの結果にはいくつか興味深い点がある．注目すべきことは，この三つの国立公園の間で価格弾力性が大きく異なっていたことである．二つの国立公園の価格弾力性はほぼ単位弾力的であり，残りの国立公園は極めて弾力的であった．加えて注目すべきことは，一つの国立公園における入場料金の価格は収入を最大化させる金額設定と極めて近いものであり，一方，他の一つの国立公園の価格は収入を最大化させる金額設定よりもかなり高いものであった．実際の収入と想定された金額が適用された場合の収入を比較することで，追加収入が得られるのかを検討することができる．ただ，気をつけておかなければならないことは，収入の最大化が必ずしも公園管理者が追求すべき最も望ましいゴールとは限らないということである．

出所：Lisa C. Chase, David R. Lee, William D. Schulze, and Deborah J. Anderson, "Ecotourism Demand and Differential Pricing of National Park Access in Costa Rica," *Land Economics*, 74(4), November 1998, pp. 466-482.

　強調しておきたいことは，総収入を最大化させることが，国立公園や国有林，その他保護地域において必ずしも適切な戦略として推奨されるものではないことである．社会的な効率性は純便益の最大化を要求するが，純便益を最大化させる費用負担が総収入を最大化させるとは限らない．このような乖離の大きな原因の一つは，社会的な効率性を決定する際には環境費用が含まれていることである．もし，利用者の支払意志額がこれらの地域の環境の質と強く相関している，つまり環境への悪影響が個人の需要曲線に影響を与えているのであれば，その悪影響は収入の減少に十分反映することになる．ただ，利用者がすべての生態学的な攪乱に敏感であるとは限らないので，支払意志額がその公園や保護地域の生態学的な状況を正確には反映していないかもしれない．

　費用負担のもう一つの重要な要因は，公園や保護地域は一般的にシステムとして存在していることである．連邦政府が複数の国立公園や国有林，国定記念物（国定史跡）を統一された方法で管理したいと思うように，州においても複数の公園を同

じように統一された方法で管理したいと考えている．このような場合，それぞれのレクリエーション・エリアが独立してその総収入を最大化させる試みは適切であるとは言えないだろう．様々な保護地域における利用料金の価格付けは，それらの間にある需要の相互関係を考慮した上で，統一された方法で設定されるべきである[訳注6]．

多段階の価格設定

現実社会は上記で示してきたような簡単なモデルよりも複雑である．支払意志額に影響を与える項目が利用者の間で共通である必要性はない．そのため，効率性あるいは公平性という文脈において，異なる利用者に異なる価格付けを行うことがどのような場合に正当化されるのかという問題が生じる．具体的には以下のようなことが考えられる．

- 一般的な時間制約や一定の週労働時間を前提とするならば，特に遠隔地においては，週末の訪問に対する支払意志額は平日よりも高いことが多い．週末と平日に異なる価格を徴収することは効率的で公平なことなのだろうか．
- 同じ公園あるいは森林において，異なった活動に参加する利用者を受け入れることは一般的なことである．ある人々はバックパッキングで孤独感を楽しむことに興味がある．一方，ある人々は手軽なアクセスを望んでおり，純粋な原生自然体験はそれほど望んでいないかもしれない．これらの二つのグループに異なった費用を課すことは効率的で公平なことなのだろうか．
- すべての面で同じような二つの公園があるとする．しかし，一つは比較的都市近郊に位置しており，もう一つは都市から離れた場所に位置している．これらの二つの公園において，異なった入場料金を課すことは効率的で公平なことなのだろうか．

これらの質問は極めて複雑な問題である．そこでこれらの問題を考える際に役立つ，いくつかの原則を見出してみたい．図15-5は二つのタイプの利用者が存在している状況を示している．一つのグループはD_1という需要曲線を持っており，もう一つのグループはD_2という需要曲線を持っている．注目したいことは，後者は前者よりも曲線の傾きが急傾斜である点である．後者はロッククライミングを行う

訳注6）前述のように，日本ではすべての人々にとって開かれていることがことさら重視され，費用負担はほとんど実現してこなかった．しかしながら財政状況の悪化から，現場での管理費用は恒常的に不足しており，個別エリアでの任意の協力金（あるいは募金）の導入は様々な場所で始まっている．しかし，それらの多くは個別の現場の事情から生じたものであり，自然保護地域全体の制度として確立されているわけではない．

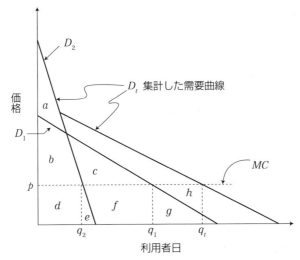

図15-5 二つのタイプの利用者が存在しているときの効率的な価格設定

ような，その場所において相対的に非弾力的な需要を持つ利用者である．一方より弾力的な D_1 は，日帰りのピクニックを行うような利用者の需要曲線である．**集計した需要曲線** D_t は D_1 と D_2 を水平方向に合計したものである．

　MC は限界費用曲線で，すべての人々に対するサービスのための費用はすべてのグループの利用者に対して同一であると仮定して水平に描かれている．ここでは混雑の問題はないとして話を進めたい．社会全体としての効率性は集計された限界支払意志額が限界費用と一致することである．このことはどちらのグループの利用者においても，価格を限界費用に一致させること（$p = MC$）で達成することができる．合計の利用者日は q_t であり，それぞれのグループの利用者日は q_1 と q_2 である．注目すべき点は，総収入がちょうど総費用（$d+e+f+g+h$）と同じだということである．この総費用のうち $d+e+f$ はグループ1によって支払われ，d はグループ2によって支払われている．グループ1に生じる純便益は $b+c$ であり，グループ2のそれは $a+b$ となる．それぞれのグループの利用者に同じ価格を課すことで純便益の合計は最大となる（つまり，社会的効率性が達成される）．

　たとえばタイプ1の利用者に10ドル，タイプ2の利用者に5ドルの費用を課したとしたらどうであろうか？　このことは，一人あたりのタイプ1の利用者が訪問を10ドルと価値付けているのに対して，タイプ2の利用者は5ドルと価値付けていることを意味している．前者を入場させ，後者を入場させないのは社会的に効率的で

はない.そのため,サービスに対する限界費用が同じである限り,異なった利用料金を課すことを効率性の観点から正当化することはできない[2]．

しかし,この反対もまた正しいことになる.もし二つのグループでサービスに対する限界費用が異なるならば,効率性を達成するために異なった価格を徴収する必要がある.特により高い限界費用が生じるグループの価格はより高くしなければならない.それぞれのグループの利用者について$p=MC$と設定するとこの結果を得ることができる.一例として,ロッククライマーはピクニックをする人々よりもより徹底的した管理,救助隊の待機,医薬品の準備などのため,より高い費用が生じている状況が想定できる.

費用の違いが生じる一例としては,時間によって混雑の費用が異なる場合がある.多くの公園では,キャンプサイトの数などのハード面,あるいは混雑による外部効果が生じ始める利用レベルのような点で,受け入れ人数に限りがある.最も単純なケースとして,**図15-6**においてq_0で示された一定数のピクニックサイトがあるキャンプ場を考えたい.このサイトを提供するための限界費用は極めて低く,図中のMCで表されると想定する.二つの需要曲線D_1とD_2が存在し,D_1は平日の利用者のもの,D_2は週末の利用者のものである.後者の需要曲線は前者より外側に位置している.このケースにおいて効率性を達成するには二つの価格が必要となる.平日期間中は$p=MC$と設定される.この場合,平日の訪問はq_1である.一方,この価格は週末には適用されない.週末にこの価格で需要される数量は公園の容量をはるかに上回るからである(つまり,$q_2 > q_0$).

仮に政治的圧力によって平日に取っている負担額を週末にも適用することになったとしよう.そのような状況では,キャンプサイトの見つからない人々がサイトを探すためあふれかえり,渋滞も発生するかもしれない.そうならないようにするには,利用制限などの価格によらない割当方法も導入する必要がある.つまり,価格p_1(=MC)を週末に設定したとしても,キャンプサイトで楽しい週末を過ごせる保証はなくなるのである.楽しく過ごせるのは,単にラッキーだった人か朝一番に来て並んだ人である.こうならないためには,$p_1=MC$を平日に適用し,p_2を週末に適用することが必要である.

このモデルにはもう一つの要素がある.週末,総費用は$c+d+e$に等しい一方,入場料からの総収入は$a+b+c+d+e$に等しい.つまり,管理側は$a+b$の利益を得ることができる.ただ,このことは再び問題を引き起こすことになる.仮に公園管理者が**非営利**で運営するように政治的に指示を受けていたとする.その場合,利益$a+b$が生じることを避けるため何らかの方法を講じなければならなくなる.それには二つの方法がある.一つは週末にもp_1を適用して,価格によらない配分方

第15章 野外レクリエーションの経済学

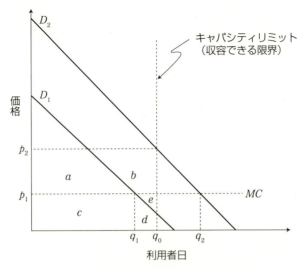

図15-6 公園における需要に応じた価格設定

法を併用すること，つまり，先ほどの方法を再び登場させることである．もう一つは利益に見合うまで費用を増大させることである．ただこの方法は，実際には必要とされていない水準で公園を維持するために，本来必要のない費用を使って管理していることになる．

固定的な運営費用を賄うための費用負担

最後にもう一つの費用負担の課題について見ていきたい．前節の例ではある水準の限界費用曲線はすべて同じであった．このことは，利用者数の増加に伴って総費用は線形で増加すること，つまり新しい利用者それぞれが同じ額の費用を発生させていることを意味している．ただ，この仮定は現実的ではない．公園の運営費用は実際にはある程度固定的であることが普通である．そもそも公園を運営するには一定のスタッフとその他の費用が必要であり，これらは必ずしも訪問する利用者数の数に応じてスムーズに変化しているわけではない．違う言い方をすれば，一度公園がオープンし，通常のスタッフと固定費用で運営され始めると，追加的な利用者を受け入れるための**限界費用**は非常に低いものであり，場合によっては0となるかもしれない．これは少なくとも混雑が生じるような状況まで当てはまるものである．

限界費用が0であるケースをまず考えてみたい．効率性の観点からは価格は限界費用に設定することが望ましいため，ここでは入場料金は0円と設定されることに

なる．しかしこのケースでは収入も同時に0円となってしまい，公園側はその費用を賄うことができなくなってしまう．どうすればいいのであろうか．このような状況では**二段階の価格設定**に移行するのが有効である．このシステムでは利用料金全体は二つの部分に分解される．一つは**現在の限界訪問費用**（この例では0円）に基づく部分で，もう一つは利用者が希望する時期にいつでも希望する回数だけアクセスできる権利を利用者に与える**1回のシーズン払い**の部分である．このような年間パスの価格は，固定的な公園の運営費用を賄うように設定される．もちろん，年間を通じて一度きりしかその公園を訪れない利用者にとっては，二つの価格は一回の支払いの中に含まれており，複数回訪問する場合にのみ，この二つの価格が区別されることになる．

エコツーリズム

　現代社会において旅行者は至る所を訪問している．**エコツーリスト**は自然あるいは環境資源に何らかの形で関わりを持つ旅行者であり，本質的には，これまで議論してきた古典的な言葉を使えば野外レクリエーションと同じ活動をしている（旅行し，観察し，参加している）．エコツーリズムは国内旅行も想定されているが，海外旅行，特に先進国から発展途上国にある固有の自然資源を訪れる旅行との関係性の方が強い．実際，エコツーリズムは地域によっては，経済開発を刺激する要素であると認識されている．インセンティブという文脈においては，エコツーリズムは自然資源の価値（市場外の価値）を向上させ，それによって人々がより保全に重きを置くよう誘導するものである．もしエコツーリズムを通じて保全すべき自然資源の市場価値を増加させることができれば，森林を伐採したり，牧草地や畑地に転換したりするなど，何らかの形で森林でない形にするインセンティブを減らすことができる．

需要の推定と管理

　これまでに本章で述べてきた多くの概念（需要の推定や収入の確保，費用負担の問題）は直接的にエコツーリズムに適用できるものである．もし，公園の入場料金や野生動物ツアーの利用料金などが収入を増加させたり，過剰利用から影響を受けやすい自然資源を保護することに使われたりするのであれば，需要曲線に対する知見は有用かつ重要である．エコツーリズムの関連産業にいる民間企業はこの課題に当初から直面しているし，仕事を続けていく条件として，これらの必要知識を前提として身に付けている必要がある．問題は公共部門においては，この問題が比較的

新しい課題であるということである．アクセス権に関する問題は伝統的に政治的な対象として取り扱われてきており，少なくとも初期段階では価格付けに関する意志決定はそこで行われることになる[訳注7]．さらに公的機関は，自然資源の種類，目的そして利用者の点で多くの異なったタイプの保全を行っているため，置かれている状況が複雑である．

生物学的インパクト

自然資源を旅行者のインパクトにさらすことには強い法的関心も寄せられている．生態学的に影響を受けやすい自然資源で，質と量の両面において長期的に減少傾向にあるものに対しては特にそうである．収入を得たいという要求に応じて，長期的に持続可能な利用水準と比較して，高すぎる利用水準が設定されている可能性もある．あるいは道路などのインフラに対する投資が，以前は遠くにあることで保護されてきた自然資源を旅行者に開放することにつながった可能性もある．これまで**持続可能なエコツーリズム**の概念の下，実施に当たっての行動規範が提案されてきた[3]．そこでは将来にわたり，自然資源が旅行者から悪影響を受けることがないことが確認されており，それはそれで望ましいことである．しかし現実問題として，ほとんどのエコツーリズムによる活動は自然資源と関連を持っており，本書でも繰り返し述べてきているように，エコツーリズムのために自然資源を使用する場合，どれだけ使用するのが効率的なのかが問題となる．

実際どのようなツーリズムであっても，自然資源の量や質に影響を与えることは確実である．エコツーリズムに提供される適切な自然資源の量や質は，そうでないツーリズムに提供されるそれらとは明らかに異なるものとなる．違いはツーリズムによって毀損される自然資源の価値と生じる経済的な価値とのトレードオフ次第である．さらに，多くのエコツーリズム関連事業は，成功した暁には，より自然資源に依存しないシステムに移行するという前提の下，経済発展の刺激策として実施されている．そこでは，エコツーリズムのために使用される自然資源の量や質は，少なくとも現時点においては定常状態の値ではない可能性がある．つまり，経済的な価値により重きが置かれている可能性が高い．その場合，短期的にはより大きな利用を呼び込むかもしれないが，長期的には自然資源の量や質の劣化を招き，結果として利用は落ち込むことになるかもしれない．

訳注7）日本でも富士山において，2014年から富士山保全協力金（一人1,000円，支払いは任意）の導入が始まっている．その導入過程はどちらかと言えば政治的であり，本章で述べられているような整理はほとんど行われていない．

制度上の問題

エコツーリズムの管理については多くの制度的問題も存在している．最も重要な課題は公共部門と民間部門のバランスをどのようにとるのかということである．たとえば，国立公園や野生生物保護区へのアクセス管理などの点で，多くの国々では連邦政府あるいは地方政府が直接的に関与している．一方，民間企業が市場を形成してエコツーリズム事業を行っているケースもある（たとえば，アフリカの野生動物）．他のケースでは，地方政府が地域のエコツーリズムを管理する民間企業のような機能を果たしている場合もある[4]．

どのような制度的な組み合わせが最も望ましいかはおそらくその状況によって様々である．つまりどのような自然資源があり，その国が政治的あるいは経済的にどのような状態にあるかに関係している．ただ，いくつかの一般原則は存在している．まずエコツーリズムは市場の原則に従っており，供給は需要（この場合，エコツーリストの需要）に向けられていなければならない．生物学的意味において何らかの価値のある自然資源すべてが，市場において価値のある自然資源であるという訳ではない．このため意志決定が民間部門で行われる場合，つまり民間のエコツーリズム事業体によって行われる場合には，**外部費用**に関わる問題を発生させるかもしれない．逆に意志決定が公共部門で行われる場合，権力者の狭い政治的関心に基づいて判断が行われる可能性がある．その結果，幅広い社会的文脈において重きを置くべき価値を排除する結果になるかもしれない．

資源レントの配分も制度上の重要な課題の一つである．エコツーリズムによって得られた資源レントを誰が手に入れるかによって結果に大きな違いが生じることになる．前述のように，エコツーリズム事業の動機の一つは自然資源を保全するインセンティブを提供することである．こうなるためには，その資源レントを自然資源を保全することに実際に貢献する人々に帰属させる必要がある．たとえば，エコツーリズムに提供される保全地域において，地域住民による密猟や森林伐採をやめさせる最も効果的な方法は，これらの人々にその資源レントを振り分けることである．

要約

この章では**野外レクリエーション**における経済学的な重要課題に焦点を当てた．これらの課題を考える上で，野外レクリエーション全般あるいは特定のレクリエーション・サイトに対する**需要曲線**を理解することが重要である．本章ではまず，公園における**効率的な利用水準**に関する全般的問題について触れ，混雑による外部効果の問題点について考えた．本章の多くの部分では，人口と所得が増加するにつれ

てより大きな課題となりつつある中で，公園においてどうやって利用を**制限**するのかという問題を扱った．ここでは**価格によらない利用制限**の方法と訪問を制限するための**利用料金**の適用について検討した．さらに**価格**と**総収入**との関係に触れ，その関係は需要の**価格弾力性**次第であることを見た．また，訪問の限界費用が極めて低い状況において，年間の固定費用も賄わなければならない場合に適用される二段階の利用料金システムの導入についても検討した．最後に**エコツーリズム**について，**価格政策，生物学的インパクト**やエコツーリズム事業の**資源レント**の配分などの課題について議論した．

注

1) バックパッキングにおける体験に対する支払意志額を評価した仮想評価法による研究では，その体験中に他人に会う可能性が回答者の表明した評価に強く影響を与えていることが示されている．一例としては，Charles J. Cicchetti and V. Kerry Smith, "Congestion, Quality Deterioration and Optimal Use: Wilderness Recreation in the Spanish Peaks Primitive Area," *Social Science Research*, Vol. 2, 1973, pp. 15-30. がある．また第9章の仮想評価法に対する記述も参照されたい．
2) 逆にもし公園当局が収入を最大化させたいならば，おそらく差別化した価格を希望することになる．非弾力的な需要を持つ利用者グループに高い価格を課すことで収入を増やすことができる．弾力的な需要を持つ利用者グループに低い価格を課すことでも同様に収入を増やすことができる．これは実際には航空会社が実施していることに他ならない．ビジネス利用をする旅行者はグループ2であり，観光利用をする旅行者はグループ1である．これは**価格差別**と呼ばれているものである．
3) たとえば，Erlet Cater and Gwen Lowman (eds.), *Ecotourism: A Sustainable Option?* Wiley, New York, 1994. を参照されたい．
4) よく知られたアフリカのキャンプファイヤー・プログラム（CAMPFIRE; Communal Areas Management Program for Indigenous Resources）では，地域社会が組織化し，狩猟を取り扱う旅行事業者に対し，地域の野生動物資源へのアクセス権を販売することで利益を得ている．

第16章

野生生物管理の経済学

　近年，人間が野生生物に与える様々な影響が大きな問題となっている．また，そのような問題はより頻繁に生じるようになってきている．人口増加と経済成長によって人間が活動あるいは居住する地域が拡大し，そこで直接的な野生動植物との軋轢が生じているからである．同時に野生動植物の自然資源としての価値も高まってもいる．野生生物は生態系の一体性を保持し，人間社会にとって新しいサービスを提供し，そして増加しつつある都市住民の直接的な楽しみとなっているからである．

　最も一般的な意味において，野生生物とは人間に飼いならされていない（栽培化されていない）人間以外の生物である．人間に飼いならされているか，されていないかという境界線は時に曖昧であるが，本章の目的にとってそれを厳密に定義する必要はないだろう．本書では他の章，特に海洋や森林，生物多様性の章において，野生生物に関係した重要項目を取り扱っている[1]．この章では，野生生物に関する問題を少し違った観点，特に野生生物の価値が単なる収穫物の関数ではなく，むしろ野生生物に関連した，人間が行う様々な活動において果たす役割にあるという視点から取り扱いたい．たとえば，スポーツハンティング[訳注1]や野生生物の観察などがこれに含まれている．野生生物に関係するもう一つの重要なトピックは**外来種**のコントロールの問題である．外来種は在来ではない動植物種で，意図的にあるいは意図せずに他地域からその地域に持ち込まれたものである．従来の生態系あるいはそれらに依存する農業のような活動は，外来種によって破壊されたり悪影響を受けたりする．これらの野生生物に関する問題には広い意味では**存在価値**に関係する状況も含まれる．つまり，ある野生生物が生息していることを（大抵の場合，あるエリアに十分な生息数がいることを），人間が知っていることで生じる価値も関係し

訳注1）スポーツハンティングとはレクリエーション目的で行われるハンティングであり，レクリエーション・ハンティングとも呼ばれるものである．この言葉と対比されるのが，食料や売買商品（たとえば，毛皮）の確保のためのいわゆる本来のハンティングである．スポーツハンティングとハンティングとの関係は，ある意味釣りと漁業との関係になぞらえることができる．

ている．

　この章では，はじめに野生生物の生態学に関するいくつかの基本的な論点について議論していきたい．その後で，野生生物に関わる重要な課題である，ハンティング[訳注2]，野生生物の観察，捕食者の管理，野生生物市場のコントロールについて扱っていきたい．絶滅危惧種の保護に関しては生物多様性の経済学の章で扱っている．

野生生物の生態学と人間社会

　漁業経済学あるいは漁業政策では，基本的に魚類個体群に関する生態学と人間の経済的なインセンティブとが同時に考慮されることを見てきた（第13章を参照されたい）．野生生物に関する経済学も同じアプローチを用いることになる．ただしこのケースでは，野生生物とその生態学的地位（生息する環境において果たしている生態的な役割）には様々な形があるので，生態学と人間社会の相互関係はより複雑かもしれない．

個体数の成長曲線

　ハンティングやエコツーリズム，捕食者の管理といった野生生物管理の目的にかかわらず，最も重要となるのは野生生物個体群の成長動態である．個体群は食物の入手可能性や性比，繁殖率と死亡率，捕食圧力などの様々な要因によって，増えたり減ったり，あるいは一定を保ったりしている．1942年，アーサー・アイナーセンは，コウライキジの生息がこれまで確認されて来なかった島においてそれを導入し，その後，その個体数がどのように増加するのかについて研究を行った[2]．彼が発見したことは図16-1の(a)に示されている．最初の数年，個体数の増加は穏やかであったが，その後，個体数の増加は急激になった．1941年に増加数は最大に到達し，

訳注2）日本における野生生物に関する重要な問題は自然資源の減少だけではなく，野生動物の個体数の増加による鳥獣被害の拡大もある．農林水産省が公表した2013年の「全国の野生鳥獣による農作物被害状況」によると，鳥類による被害額は35.5億円，獣類による被害額は163.6億円であった．このうち一番大きな被害をもたらしているのがニホンジカであり75.6億円の被害を出している．このうち52.7億円の被害が北海道のエゾシカ（ニホンジカの亜種）によるものであった．このエゾシカも明治期の大雪と乱獲により，一時は絶滅寸前にまで減少した野生動物であった．北海道のエゾシカ対策課の資料によると，明治期以降は保護政策などもあり生息数は増え続け，2011年の推定個体数は63万頭にまで増加している．ただ，2011年からは個体数を削減するための緊急対策が講じられており，2014年の推定個体数は48万頭となっている．このような対策は規制緩和によって狩猟圧力を高めることを柱としているが，狩猟者数自体は一貫して減少しており，狩猟免許を取得（更新）する人の年齢も高齢化している．

第 16 章　野生生物管理の経済学

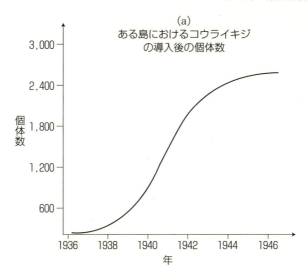

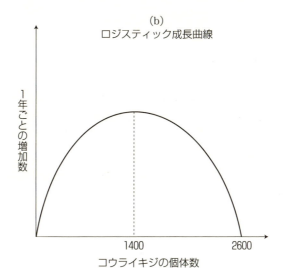

出所：Arthur S. Einarsen, "Specific Results from Ring-Necked Pheasant Studies in the Pacific Northwest," Transactions, Seventh N.A. Wildlife Conference, 1942, pp. 130-138.

図16-1　コウライキジの個体数の増加

　その次の年には増加数は減少した．この傾向が継続すると仮定すれば，ある地点（おそらく1946年頃）でコウライキジの個体数は最大，つまり生息地の収容力に到

311

達することになる．その後，この曲線は平坦となり，さらなる個体数の増加は生じないことになる．

この曲線から観察できたことは，まさに第13章で見てきた**ロジスティック成長曲線**に従った現象であった．ロジスティック成長曲線は個体数の成長量が個体群サイズとどう関係しているのかを示す逆U字型の曲線である．ロジスティック成長曲線は図16-1の(b)に示されるような図である．個体群サイズが小さい場合，年間の成長量は比較的小さいが，個体群サイズが1,400羽となる点で最大を迎え，その後は2,600羽での成長量の値である0に向かって低下していく．すべての野生生物がこのような簡単なロジスティックモデルに従うように振る舞うわけではないが，その単純さにもかかわらず，このモデルは多くの野生生物の基本的な個体群動態を要約することができる．このケースでの収容力は2,600羽である一方，1,400羽は**最大持続生産量**と定義される個体数サイズであり，**持続性**を考慮した上で，収穫できる当該野生生物の最大量ということになる．

重要な点をいくつか見ていきたい．まず1,400匹という個体数レベルは最大持続生産量を示す値であるが，この生物学的な評価基準は必ずしも社会的に最適な資源量を示すものではないことである．漁業のケースにおいては問題の商業的な側面，つまり魚類の市場価値と操業費用が，生物学的な最大持続生産量とは異なった経済学的な最適値を導き出すことを見てきた．そして，もし野生生物をより広く捉えるならば，たとえば，**レクリエーション・ハンティングやエコツーリズム**（野生生物の観察），**生物多様性**，あるいは純粋な**存在価値**といった商業的な価値以外の他の価値の源があることも認めざるを得ない．どのケースであっても，これらの価値は社会的に最適な野生生物の資源量の特定をより難しくしている．

これまでも見てきたように，我々は不確実性も考慮しなければならない．成長曲線に関する明確な知見を欠いている場合は特にそうである．理論的に考えれば，あらゆる動植物の個体群の成長曲線が明確にされているならば，それを最適な収穫を行うための政策に適用すればよい．ただ問題は，現実社会においてはそこにあまりにも多くの要因が作用しており，懸命な研究によっても資源量のサイズと資源量の増加量との関係性を簡単に特定することが困難なことである．**コラム16-1**は野生のシチメンチョウの場合について紹介したものである．結論として，ほとんどではないにしても多くの野生生物の個体群管理は，成長動態に関する数多くの不確実性と向き合いながら進めていかなければならない．

人間社会と価値

野生生物の管理と保全に関する別側面として，人間社会の仕組みや価値が野生生

コラム16-1　野生生物の成長関係を把握することの難しさ：野生のシチメンチョウの場合

　米国の多くの地域ではシチメンチョウの個体数の回復に成功している．その後，慎重な規制の下でハンティングが再開されている．ウィーバーとモスビー（1979）は，バージニア州の二つの地域のシチメンチョウ群集の個体数を比較して，ハンティング期間の変更や捕獲頭数の規制の影響を分析した．中央山地における事例地では，シチメンチョウの個体数は1963年に19,600羽であったが，1976年には50％増大し，29,400羽と推定された．一方，ピードモント台地東部における事例地では，シチメンチョウの個体数は1963年に20,700羽であったが，1976年には13％減少し，18,100羽と推定された．捕獲数は中央山地の個体群で全般的に増加しており，1959-62年の間は年平均して1,126羽が捕獲されていたのに対して，1964-68年の間は年平均1,794羽，1969-76年の間は年平均2,271羽が捕獲されていた．逆にピードモント台地東部の事例地での捕獲数は全般的に減少しており，1951-62年には年平均1,075羽だったのが，1971-76年には年平均379羽に減少している．この結果が示すことは，ピードモント台地東部では捕獲水準を秋の個体数の2～3％に減らしても，シチメンチョウの減少を止めることができなかったということである．逆に中央山地では8～10％の捕獲水準でも，個体数の増加の妨げにならなかったということである．つまり，ハンティングはシチメンチョウの個体数の増加を妨げたり，あるいは減少させたりする要因ではなかったということである．

　適した生息地におけるシチメンチョウの個体数は，大きな個体数の減少に対して回復力を持っているのかもしれない．ラッシュ（1973）はシチメンチョウを生け捕りにして，他の地域に放鳥する影響について述べている．10年間にわたって秋季の個体数の38～43％に当たる350～400羽を捕獲しても，検出可能な減少は生息個体数に見いだすことができなかった．ミシガン州におけるシチメンチョウの個体数も，オスのシチメンチョウの捕獲数が増大しているにもかかわらず継続して増加している．

　もしシチメンチョウが強いハンティング圧力に耐えうるならば，どうして50年前にそれほど希少な鳥になってしまったのだろうかと考える人もいるだろう．明らかにハンティング以外の要因，特に生息地環境，病気，気候がシチメンチョウの個体数に大きな影響を及ぼしていた．そのため，野生のシチメンチョウの管理においては，捕獲水準の調整とは別に様々な生態学的条件の保全に取り組まなくてはならない．

出所：Eric G. Bolen and William L Robinson, *Wildlife Ecology and Management*, Prentice-Hall, Englewood Cliffs, NJ, 1995, pp. 177-178. データは，J. K. Weaver and H. S. Mosby, "Influence of Hunting Regulations on Virginia Wild Turkey Populations," *Journal of Wildlife Management*, Vol. 43, 1979, pp. 128-135, および G. Rush, "The Hen-Brood Release as a Restoration Technique," in G. S. Sanderson and H. C. Schultz (eds.), *Wild Turkey Management: Current Problems and Programs*, University of Missouri Press, Columbia, 1973.

物に関する法律と管理活動の歴史的変化を形作ってきたことがある．人間社会の仕組みの中で最も重要なものは所有権制度である．陸生の野生生物は地表面あるいはその近くに存在しており，まさにそれが該当するものである．そのため土地所有権は人間と野生生物の個体群との関係性に重大な影響をもたらしている．

米国における主な土地所有形態は私有である．土地所有者は自分たちの土地を合法的な目的であれば，いかなる形であっても自分たちの望むように用いることができる．また不法侵入者，つまり許可なく入ってくる人々を排除できる法的な権利も持っている．しかし，野生生物資源を統括する法律自体は異なる方向に進化してきた．管理に関する権利と責任を持っているという意味での野生生物の所有権は，政治的組織，特に州政府，より近年では連邦政府に対して付与されてきた．その理由は**図16-2**に示すような簡単な概略図で描くことができる．図の灰色で示した部分が特定の野生生物の生息域を示している．それはある動物種かもしれないし，何らかの植物種かもしれない．点線はたくさんの民間所有者の土地の間に形作られてきた所有権の境界を示している．当然，これらの境界は便宜上のものであり，現実社会においてはこれらの境界と生息域は多様で複雑な形を取っている．ただ，単純化することで概念を明快に理解することができる．

図(a)はこの個体群の生息域が所有権を持つ異なった人々によって分割所有されている状況を示している．逆に言えば，それぞれの財産の中には比較的小さな生息域しか含まれていない．図(b)は二つの意味で異なっている．まず所有権を持つ人々の数が少ないことであり，このケースでは4名である．また南東部の一角を持つ土地所有者が，生息域の大部分を持っていることである．図(a)は初期の米国の状況の典型例を示しており，野生生物の生息地の地理的な広がりに対して土地所有は小さかった．このような状況では，効率的な野生生物の保全や管理活動について，個別の土地所有者の自発的な実施を期待することは困難である．それぞれの所有生息地は全体に比較すると余りにも小さいため，調整の図られていない努力は無駄に終わることになる．このような状況において，効果的な野生生物管理を行うには以下のような代替案が必要となる．

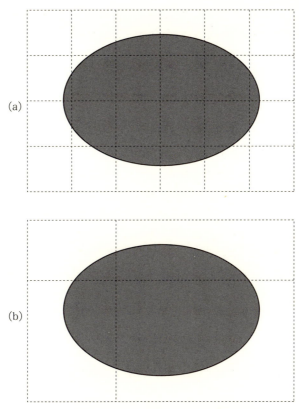

図16-2　野生生物の生息域と所有権の境界の概念図

1　土地所有者間で調整を行い，関係者間で合意を得ること
2　野生生物に関係する規制を制定し，それを適用できる権限を持つより高次の政治主体が行動を起こすこと

　これらのうち最初の代替案は状況によっては適用が困難かもしれない．土地所有者の間で合意を取り付け，効力を発揮させるためにかかる費用は**取引費用**と呼ばれている．このようなケースにおいて取引費用を増大させる要因には，相対的な土地所有者数の多さ，**フリーライダー**が生じる可能性，そしてすべての土地所有者が該当する野生生物の価値と役割に対して，同じ見解を持っているとは限らないことがある[3]．

　米国ではこのような状況が歴史的に二つの結果をもたらすことになった．一つは野生生物が**オープン・アクセスの資源**として取り扱われるようになったことである．土地所有者個人は野生生物を保全することに特に強いインセンティブを持たなかっ

たので，ハンター（あるいは採取者）は実質的に制限なく自由に野生生物を捕獲していた．その結果，増え続けたスポーツハンティングと，人口が急増しつつあった都市住民に獲物を供給する商業的なハンティングによって，過剰捕獲がもたらされることとなったのである．19世紀の米国の食料市場において野生生物の食肉はありふれたものであった．

　この事態が二つ目の代替案，つまり，野生生物資源を衰退させる民間の活動を州政府が規制するという主張につながることになる．この規制には，ハンティングと収穫した獲物の州間での移動，売買の禁止に関するルールが含まれていた．このようにして現在，州の野生生物管理機関が野生生物資源に対して主要な管轄権を持つに至っているのである．個々の土地所有者は自分たちの土地からハンターや採取者を締め出す措置を講じることはできるが，ハンティングや採取に対する独自のルールを行使できないという意味において，彼らは野生生物に対して直接的な管轄権を持っていないということになる．

　イングランドにおける野生生物に関する歴史的な状況は，法律自体は米国のものにかなりの部分を負っていたが，どちらかと言うと図16-2に近いものであった．そこでは，野生生物の生息地に対して個人の不動産は一般的にかなり大きなものであった．そのため，個人の野生生物管理に関係する取引費用は比較的小さく，イギリスにおける野生生物管理に関する法律は個人の所有権に基づいたものとなっている．つまり，個別の土地所有者にはそこに生息する野生生物に対する所有権も付与されているのである．

公的な土地所有と管理

　土地所有制度の取り扱いに関する次の動きは，公的所有の維持あるいはそれへの転換を行い，その後，野生生物資源を管理するための公的機関を設置するというものである．表16-1は野生生物管理に深く関わる行政機関について示している[訳注3]．州の行政機関も州有地における野生生物資源に関して監視を行っている．

訳注3）米国の野生生物管理のシステムも複雑であるが日本におけるそれも複雑である．第15章の訳注でも示したように，国立公園をはじめとする野生生物に関係する日本の自然保護地域は基本的に地域制であり，既存の土地利用に保護地域の網をかぶせたような形となっている．制度も複雑で，野生動物管理については鳥獣保護法に基づき都道府県が主要な役割を果たしているが，種の保存法で定められた国内希少野生動植物種に対しては環境省が主要な役割を果たしている．加えて，これらの事業が必要とされる土地は都道府県のものでも環境省のものでもないことがほとんどである．多くの場合，野生生物は行政界も跨いで生息しており，複数の市町村や都道府県が関係者となっている．

表16-1 野生生物管理に責任を持つ連邦政府機関（一部）

省庁レベル	局レベル	野生生物に対する活動および責任
内務省	魚類・野生生物管理局	渡り鳥の保全，特定の哺乳類，釣りに関して主要な役割を果たす政府機関；保護区と孵化場の管理；絶滅危惧種に対する事業の調整；連邦から州への支援，国際協定の交渉；主に地域事務所で業務を行う
	国立公園局	国立公園もしくは国定史跡における野生生物の調査と管理；原生・景観河川システムに関する調整
	土地管理局	主に西部州における公有地の管理に関して主要な役割を果たす政府機関；野生生物や放牧，採鉱，レクリエーション，木材伐採，流域管理などの多目的利用の監督；約55％の連邦有地は土地管理局の管轄下
	先住民問題局	放牧，木材伐採，水資源など，野生生物を含む自然資源管理の委託
	土地改良局	西部州における水資源開発に関して主要な役割を果たす；土地改良事業に関わる野生生物管理やレクリエーション管理
農務省	森林局	国有林および国有林上の草地や野生生物の管理；すべての森林資源の研究と管理；山火事防止と木材伐採に主な関心；地域にある実験ステーションが活動の中心
	土壌保全局	地質調査の実施；土壌と水資源管理に関するデータ提供と技術指導；研究活動は行わない；小流域管理に対する資金提供および私有地における生息域拡大の援助；主に区域ごとで業務を実施
商務省	海洋漁業局	海洋生物資源に対する管理，研究，その他のサービスを提供する；魚類だけでなく，哺乳類や無脊椎動物についても取り扱う；米国海洋大気庁の一部として，海洋開発も管轄する
国防総省	陸軍工兵隊	可航河川や沿岸湿地における浚渫や流路の固定化などの開発について主要な役割を果たす；水質浄化法に基づいて浚渫と埋め立て許可を行う

出所：National Wildlife Federation (1987) as reported in Eric G. Bolen and William L. Robinson, *Wildlife Ecology and Management*, 3rd ed., Prentice-Hall, Englewood Cliffs, NJ, 1995, p. 477.

ごく一般的に分類すると，野生生物に関する課題が重要とされる公有地には主に二つのタイプがある．国立公園や地域の公園，森林，原生自然地域といった様々な公有地は，多様な目的のために設置されており，野生生物はその目的のうちの一つである．一方，野生生物保護区などの公有地は，野生生物資源の保護を目的として

特別に取り置かれている場所である．後者に関する国家レベルのものでは国立野生生物保護区システムがあり，1924年の発足以来，その陸地および水面は9,200万エーカーにまでなっている．

野生生物保護区の主要な目的は，野生生物種の健全さと繁殖力を育む条件を保全することにあるが，保護区の管理は他の公的な自然保護地域と同様の課題に直面している．つまり，野生生物保護区内で野生生物保全とともにその他の目的は追求すべきなのか，あるいはどの程度追求すべきなのかという問題である．たとえば，魚類・野生生物管理局によって管理されている多くの保護区では，許可の下で家畜の放牧が認められている．多くの保護区ではハンティングも認められており，森林伐採あるいは鉱物採取が認められているところもある．このようなケースでは，保護区において野生生物に関係のない活動がどの程度まで認められるのかという根本的な問題が存在している．

この問題の関連法では，基本的には保護区はそれを設立した主要な目的と両立する限りにおいて，他の目的に使用できるとしている[4]．ただ，何が両立し，何が両立しないのかという対立は，今後明らかに増えていくことになるであろう．その原因としては，人々が野生生物の保護をゴールとすることにより高い価値を置きつつあること，人口増加や経済成長によって保護区の自然資源に生じる影響が増大していること，保護区の維持管理のための費用が資金不足に陥っていることを挙げることができる．

スポーツハンティングの経済学

植民地時代の米国において，陸生の野生動物の捕獲は重要な食料および原材料源（たとえば，鹿皮やビーバーの毛皮）であった．海洋においてこれは今でも同じである．植民者たちは，野生動物をオープン・アクセスの状態にしておけば，商業的な野生動物の捕獲が急速に野生動物資源の減少を招くことを早い段階で見出していた．彼らの最初の対応は禁猟時期などの規制を設定することであった．最終的には，州政府はほとんどの野生動物の商業的販売を禁止する法案を可決するに至った．しかし商業的ハンティングが減少しても，スポーツあるいはレクリエーション・ハンティングは人気のある余暇活動として成長することとなった．

2001年現在，米国では合計で3,780万人がハンティングや釣りを楽しんでいる（表16-2）．最も人気のある活動は淡水での釣りであり，それに続くのが大型野生動物のハンティングである．2011年のハンティングに対する消費支出はおよそ700億ドルと推定されている．野生生物の観察に参加した総人数は年間6,000万人と推

第16章　野生生物管理の経済学

表16-2　野生生物関係の活動への参加者と支出（2001年）

	参加者数（百万人）	支出（10億ドル）
釣り		
淡水	28.4	
海水	9.0	
スポーツハンティング		
大型の獲物	10.9	
小型の獲物	5.4	
渡り鳥	2.9	
その他	1.0	
釣りとハンティングの合計*	37.8	70.0
野生生物の観察		
地域住民によるもの	62.9	
地域住民以外によるもの	21.8	
野生生物の観察の合計	66.1	38.4

*複数の活動に参加している人もいるため，合計数は各構成要素の単純な合計とはならない

出所：U.S. Fish and Wildlife Service, 2001 National Survey of Fishing, Hunting and Wildlife Associated Recreation, FHW/01-NAT, Washington, DC, 2002.

定されており，380億ドルの関連消費支出があるとされている．地域住民の野生生物の観察への参加者数は非地域住民の参加者数の3倍にものぼっている[5]．

　第13章での海洋資源の経済学では，実際には商業的漁業について取り扱ってきた．そこで使われてきたモデルは，たとえば，毛皮を採取するための動物のわな猟といった，陸域の商業的ハンティングの分析に引継ぐことができる．この場合における獲物の価値は市場によって評価されており，市場における魚の価格と同じようなものである．レクリエーション・ハンティングでは付加的な要因，つまり捕獲された野生動物だけでなく，ハンティングという活動に参加すること自体から得られる満足感にも価値が存在している．実際多くのケースでは，ハンティングの価値の大きな部分は，どれだけの野生動物を捕獲したかよりも，その活動自体に参加したことに起因していると言ってもよい．

　ともあれ，概念的には同じような方法でアプローチしていきたい．**図16-3**の図(a)はハンティングの対象となる野生動物の**成長曲線**を示したものである．資源量と年間の成長増加量との間には典型的な逆U字型の関係があり，もし動物が捕獲されないならばs_0の資源水準となることが示されている．もし対応する努力水準を正確に維持していくならば，s_0よりもより少ない資源水準であればどの資源水準で

第V部 自然資源の問題への適用

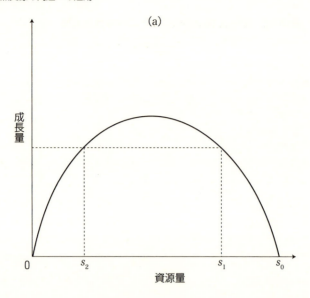

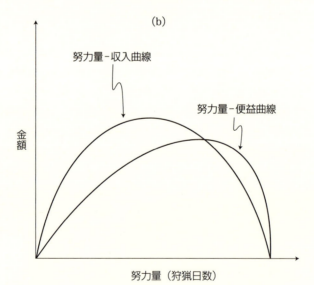

図16-3 レクリエーション・ハンティングに対する
努力量-収入曲線と努力量-便益曲線

あっても継続的に維持していくことができる.

レクリエーション・ハンティングに対する**努力量-便益曲線**は図16-3の図(b)

に示されるものである．この図には人々が単にどれだけの獲物を取ったかだけに留まらず，ハンティングの活動自体からも便益を得ている事実が反映されている．対照として，便益が得られた獲物の分量と比例している場合の努力量－収入曲線についても示している．その場合，（第13章の）商業的漁業のケースのように，生物学的な成長曲線を直接的に反映した曲線が得られる．注意すべき点は，努力量－便益曲線と努力量－収入曲線の端点は一致することである．すなわち，もしハンティングの収穫が常に0であれば長期的にはハンターは便益を得ることができない．しかし，収穫と活動の両者から便益が生じるため，努力量－便益関数は幾分右に傾いている．

図16－4は努力量－便益曲線にハンティングの費用曲線も組み合わせたものである（前者はEB，後者はTCと示されている）．TCで示された曲線は，ハンティングを行ったそれぞれの日においてかかる費用は同じという仮定の下で描かれている．オープン・アクセスでのハンティングの水準はe_1であり，これは収穫が0となる水準e_0と極めて近くに位置している．努力水準e_0は資源量を絶滅あるいは絶滅近くに追いやる水準である．オープン・アクセスがこのように絶滅水準に近くなるのは，繰り返しになるが，ハンターが獲物からだけでなく，活動自体からも便益を得ているからである．努力水準が過大であることによって，努力水準e_1における野生動物の個体数から生じる純便益はなくなってしまっている．一方で，純便益を最大化させる努力水準はe^*である．これは限界費用曲線の傾きと限界便益曲線EBの傾きが等しくなる水準である．注意すべきことは，効率的な水準はオープン・アクセスによる努力水準よりも努力水準は低いものであるが，便益はより大きいことである．

オープン・アクセスに起因する高い努力水準が示すことは，捕獲努力あるいは捕獲率を何らかの方法で制御しなければならないことである．歴史的に，当局はこれをコマンド＆コントロールによって規制することを試みてきた．**禁猟時期**の設定はその一つである．ハンティングシーズンの期間を制限することの背後には，ハンティング日数は規制によって減少するはずだという期待がある．しかしながら，単に短い期間にハンティング日数を集中させるだけで，この目的が禁猟時期の設定で達成されるかどうかは疑問である．そのため多くの地域においては，くじを使ったハンティングの努力量の制限を導入している．メイン州ではムースのハンティングの許可証をくじによって配分しており，ワイオミング州ではエルクのハンティングにそれを用いている．マサチューセッツ州では一定の州有地において，シカのハンティングの許可証をくじに基づいて発行している．

オープン・アクセスによる影響を減らす試みとしてよく用いられるもう一つの方法が**捕獲頭数の規制**である．一回のハンティングあるいは年間のハンティングにお

第Ⅴ部　自然資源の問題への適用

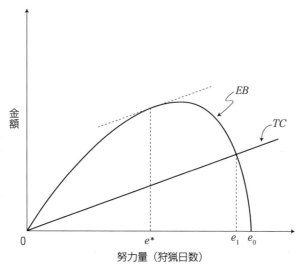

図16-4　効率的なハンティングの水準とオープンアクセスでのハンティングの水準

いて捕獲する野生動物の数を規制するものである．これをモデル化する方法は努力量−便益曲線を下方向にシフトさせることである．捕獲頭数の規制を導入することで，当局はハンティングの実施で得られる便益を減らすことを試みているのである．**図16-5** では外側の努力量−便益曲線を内側にシフトさせている状況（EB_1 を EB_2 に）が示されている．オープン・アクセスの努力水準は e_1 から e_2 に移動する．努力水準がどれだけ変化するかは，努力量−便益曲線が捕獲規制にどれだけ反応して変化するかにかかっている．もし便益の大部分が捕獲された獲物ではなく活動自体から生じているとすれば関係性はあまり変化しない．捕獲規制は与えられたハンティング日数で得られる収穫量を減らすものである．そのため努力水準がほんのわずかしか減らなかったとしても，均衡する資源量は回復することになる．ただ経済学的な視点から見れば，捕獲規制が導入されたとしてもオープン・アクセスの状況は存在し続けており，努力水準は依然として高く，純便益も0だということである．オープン・アクセスの状況に変わりはないが，理論的には，e^* となるまで厳しい捕獲規制を課すことも可能である．ただそれでも純便益は0である．

個人所有

公的な野生生物管理機関が努力水準を e^* にシフトさせる高い料金を徴収しないのはなぜであろうか．州の機関は一般的にライセンスや許可証を販売しているが，

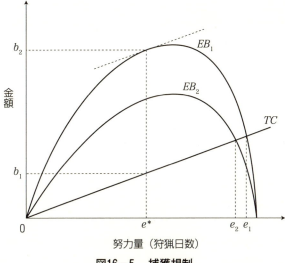

図16-5 捕獲規制

その価格は通常極めて低い価格に抑えられている．これは政治的な理由からである．そのためハンティングに対する規制は，捕獲規制や装備の制限，禁漁時期の設定などのコマンド＆コントロールによって行われている．

　一方，民間の土地所有者は彼らの財産に他人がアクセスすることを制限する権利を持っている．民間の土地所有者がハンターに対し，そこに住んでいる野生生物にアクセスするための費用負担を求めることはできないだろうか．土地所有者が彼らの純収益を最大化させるという動機を持つとするならば（実際には，最大化された純収益は野生生物資源の貸出価格に一致する），彼らは努力量を e^* に減らすための価格を正確に徴収することになる．経済学的に効率的な努力水準 e^* は所有者の純収益を最大化する努力水準と同じである．所有者が獲得できる純収益は $b_2 - b_1$ である．

　ここ数十年の人口と所得の変化，またオープン・アクセスの問題に起因した多くの野生動物の個体数減少に伴い，米国やその他の地域において，私有地（民間）で提供されるハンティングが人気となっている．民間で提供されるハンティングは南西部だけでなく，南部の商業的林業地帯でも広く行われている[6]．大型哺乳類のハンティング市場も米国西部の多くの州，あるいは西部のネイティブアメリカンの居留地で発展している．ヨーロッパでは，ずいぶんの間ハンティングや釣りの機会が民間で提供されてきたが，その意味において米国はヨーロッパに追いつきつつある．

　これらの市場における重要な要素の一つは，上記で述べてきたように，ハンティ

ングの対象となる当該動物の生息域の位置と比較して所有権のパターンがどのようになっているかである．図16-2のパネル(a)に似たようなパターンであるとしよう．ここでは数多くの土地所有者によって，生息地の大部分が分割して所有されており，それぞれの面積は全体面積の一部分である．民間のハンティングではすべての土地所有者が共同し，目標や手続き，そして特に収入をどのように分け合うのかについて合意を得なければならない．特に事業によって得られる収入が高額でない場合には，調整を行うための取引費用は収入と比較して高すぎることになるかもしれない．ただ，それほど土地所有者が多くなければ取引費用はそれほど問題ではないかもしれない．世界のいくつかの場所では，民間のハンティング・エリアの経営を専門とする新しいビジネスが登場している．そのビジネスは，大きなハンティング・エリアを作るため十分な数の隣接した土地所有者と契約を交わし，その後，そのエリアをハンティング・エリアとして提供するものである．

　民間によって提供されるハンティング・エリアの中には，野生動物を囲われた土地の中で維持する**獲物の放牧**とでも呼べる試みも行われている．ここでは，野生動物資源の価値を高めるための積極的な対策が講じられている．補助的な餌付けや間引き，捕食者のコントロールなどである．もちろんこれらが効率的に行われるには，管理を行う企業や行政機関が対象となる野生生物の生息域のほとんどをコントロールできる必要がある．

　これらの新しい動きは，州のハンティング規制（捕獲規制など）を民間によって提供されているハンティング・エリアにも適用するのかという避けられない問題を提起することになる．民間のハンティング・エリアはおそらくオープン・アクセスの問題に取り組むために行われているものであり，それはハンティング規制の存在理由そのものだからである．州レベルでの規制や規制組織は強固に確立されてはいるが，この民営化の方向に対しては急速な進展はありそうにない．

　上記で用いたモデルは極めてシンプルであり，様々な意味で非現実的である．レクリエーション・ハンティングの基本的な側面のいくつかを概観するために単に用いているに過ぎない．現実社会において共通してみられる要因でここで見逃されているものとしては，ハンティングされる種にはたいていの場合，相互関係を持つ他の動植物種が存在していることである．それらの種もハンティングの対象とされているかもしれないし，たとえば，野生動物の観察のように，他の意味で価値があるかもしれない．この場合，関連する努力量-便益曲線はより複雑になる．この種をハンティングの対象とすることで生じるすべての社会的便益を把握するには，これら他のすべての影響も考慮する必要があるためである．このことは，公的あるいは民間で提供されるハンティングを考える上で問題となり得る要因である．

郊外での野生生物

　世界の多くの地域では都市地域が人口動態的にもあるいは面積的にも拡大している．その拡大の一端は都市の**郊外化**のプロセス，つまり拡大する都市地域の端から成長が生じるプロセスによって進行している．ゆえに共通しているのは，人々が以前は居住していなかった場所や農地として利用していた場所で，低密度の住宅開発がゆっくりあるいは急速に行われることである．このことの影響の一つは，郊外の周辺に住んでいる野生生物と人間が接触するようになったということである．これに加えて生じていることは，米国北東部などの一部の地域においては郊外の景観が変化しており（たとえば，農地の放棄），それが以前は追いやられていた動植物種が再び生息し始めることを可能としているという事実である．このことも，都市開発が拡大するにつれて，人間と動植物との接触可能性を高めている．

　この現象には二つの側面，(1)問題となっている動物種の生物学や生態学，個体群動態，(2)人口動態と社会的費用（あるいは便益）を決定づける人々の考え方が存在する．極めて簡単に言えば，これら二つの側面は図16-6に示すことができる．図(a)は一般的な個体数の成長モデルである．これは基本的に問題となっている動物に対する管理が行われていない状況におけるものを示しており，個体数はk_0の近辺となる．この値よりも低い値が実現しうる個体数であるが，何らかの形で捕獲数の削減が必要である．たとえば，個体数の水準をk^*に保つには，毎年Δk^*の個体を捕獲することが必要となる．

　個体数水準としてk^*を選択した理由は図(b)を見ることで理解することができる．この概念図は当該野生動物の異なる資源水準に対する，郊外居住者の限界便益（限界支払意志額）と限界費用を示している．限界支払意志額曲線（$MWTP$と示されている）は人々の野生動物に対する考え方を要約している．人々はこの動物に対して個体数が少ない段階では高い価値を置いているが，追加的な動物個体に対する価値は個体数が増加するにつれて減少している．この価値は，**存在価値やハンティングのための価値，あるいは観察するための価値**などに基づいている．その関係性（高さと形状）は明らかに動物に依存するものであり（たとえば，シカなのかスカンクなのか），人口の特性や大きさにも依存している[7]．

　限界費用曲線（MCと示されている）は野生生物資源によって生じる社会的費用を示している．費用は様々な要因によって生じる．たとえば，ビーバーのダムによる地表水の変化など，動物は人々にコストを発生させるような生態系の変化をもたらし得る．ダニを運ぶシカやウサギによってライム病の脅威が生じるように，健康コストが生じる場合もある．地域によっては動物と自動車による交通事故が大きな

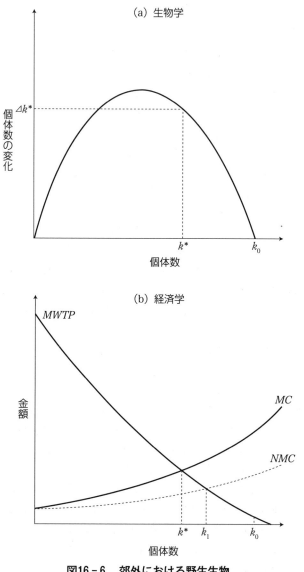

図16-6　郊外における野生生物

影響もたらしている．ペットや子供に対する物理的な脅威も問題かもしれないし，農作物への被害も影響を与えているかもしれない．その費用の原因が何であれ，MCの曲線は発生している問題による費用を包括したものである．限界支払意志額曲線と限界費用曲線に基づいて示されることは，効率的な野生生物の個体数のサイ

ズは k^* であるということである．これは何も干渉を行わない水準 k_0 よりもかなり低いものであるが，もちろん異なった動物種に対する異なった状況においては二つの個体数水準の関係は大きく違ったものとなる．

ただこの時点において，分析では野生生物資源を管理する実際の費用，言い換えれば，個体群の一部を駆除するための費用については触れていない．実はこのこと自体が議論を呼ぶ問題となっている．それは多くの人々や団体が人間の動物に対する扱いについて（駆除に特定の方法を用いないなどについて），それぞれがこだわりを持っているためである．このことをモデルに組み込む方法は，示されている MC 曲線から駆除費用を差し引くことである．差し引かれたものが**純限界費用曲線**（NMC と示される）として，図において MC 曲線の下の点線として示されるものである．新しい点線の限界費用曲線は $MWTP$ 曲線と，k^* よりも右側に位置した k_1' で交わるため，管理費用を考慮すると，効率的な動物の個体数サイズはそれらを考慮しなかった場合よりも幾分大きくなる．もちろんこれらの駆除費用がいくらかであるかは不明である．また，この費用には個体数を削減するための機会費用も含まれている．

個体群の再生と捕食者のコントロールに関わる配分問題

前節の分析では，ある郊外に住む住民は便益の受益者であり，同時に野生生物を管理することで生じる費用の負担者でもあった．しかしながら，多くの野生生物に対する管理計画においては，あるグループは主に便益の受益者であり，またあるグループは費用の負担者であるというように利害関係者のグループに大きな違いが存在している．

ミネソタ州ではハイイロオオカミの再導入が大きな成功をおさめ，1998年までに2,000匹をゆうに超える個体が州内に生息するようになっている．絶滅危惧種リストからの除外が検討されるほどの個体数である．この計画は概念的に他の多くの野生生物の再生計画と極めて類似している．この計画は存在価値による便益を州内外の幅広い人々にもたらしている一方，かなりの費用を家畜が襲われる被害を受ける牧場主や農業従事者など比較的小さなグループにもたらしている．絶滅危惧種を含む多くのケースでは，便益は拡散し，費用は集中するというこのタイプのパターンが当てはまることになる．

この問題の基本構造は**図16-7**に示される．横軸はある地域におけるある野生動物の生息個体数を示しており，一方で縦軸は金銭スケールを示している．この野生動物資源から便益を受ける人々は，地域の人々とそれ以外の二つに分けることがで

第Ⅴ部　自然資源の問題への適用

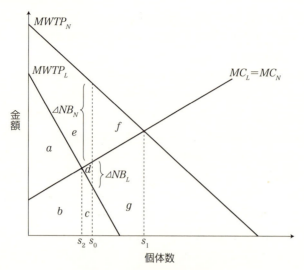

図16-7　野生生物の再導入

きる．地域の人々はこの野生動物の個体群が生息する場所の周辺に住んでいる人々であり，彼らが受ける便益は $MWTP_L$ として示されている．この便益には市場経由の便益（たとえば，野生動物を観察する仕事の収益に起因するもの）と非市場的な便益が想定される．たとえばフロリダの牧場主は所有している家畜がフロリダパンサーに捕食される危険にさらされているものの，同時に自分たちの土地がパンサーの生息域にあるという知識からいくらかの満足感も得ている[8]．

$MWTP_N$ は地域住民でない人々のこの野生動物に対する評価を示している．$MWTP_N$ の一部にはその地域を訪れた人々が観察することから得る価値も含まれるが，主に存在価値によるものだと想定できる．どちらの $MWTP$ も典型的な形，つまり右下がりである．

$MC_L = MC_N$ というラベルがついていることは，地域住民の限界費用曲線と地域住民以外の限界費用曲線とが同じであることを意味している．これらは二つのグループそれぞれについての集計された限界費用曲線であることを思い出してほしい．一人あたりの損害は間違いなく地域住民の方が大きいが人数はより少ない．一方，一人あたりの費用（たとえば，ハンティングの価値の喪失に関して）は間違いなく地域住民以外の方が小さいものの，人数は地域住民よりもずっと多い．それでも，ここではグラフをすっきりとさせるため二つの限界費用曲線を同じものとして描いている．

このモデルが示していることは，地域住民の視点から見た効率的な個体数水準と

地域住民以外の視点から見たそれとはかなり異なっているということである．それぞれ s_2 と s_1 が効率的な水準である．社会的に見た全体的な効率性は s_1 と s_2 との間にある．もし現在の個体数水準が s_2 の左側，s_1 の右側にあったとすれば，前者の場合では再生計画によって個体数を増やすため，地域住民と地域住民以外で合意をすることになるし，後者の場合では個体数を減らすことに合意することになる．

しかし s_1 と s_2 との間のどの水準においても対立が生じることになる．仮に実際の個体数の水準が s_0 であるとする．地域住民にとっては個体数の水準が左に移動すれば改善が図られ（つまり，純便益が増加する），逆に地域住民以外は右に移動すれば改善が図られる．このグラフからはその利益と損失を決めることができる．個体数が s_0 からわずかに増加することに対して，地域住民以外は ΔNB_N で示される $MWTP_N$ と MC_N の距離の差分（地域住民以外の純便益の変化）だけ利益を得ることができる．地域住民は純便益を ΔNB_L だけ減らすことになる．$\Delta NB_N > \Delta NB_L$ であるため，社会的な全体の効率性は個体数サイズを上昇させることを要求することになる．個体数サイズが増加するにつれて，ΔNB_N は減少，ΔNB_L は増加し，ある個体数サイズにおいて均衡が取れることになる．これが社会的に効率的な野生動物の個体数サイズである．

個体数水準 s_0 が s_1 とどれだけ異なるのか，どれだけ資源量の調整が必要であるのか，異なる二つのグループの間の純便益にどれだけの差があるのか．少なくとも概念的にではあるが，これらは異なる二つの曲線の形と傾きに依存している．正確にはそれらの形状を把握している訳ではないが，それでも野生動物管理の問題点を考える上では役立つものである．アラスカ州では，州当局がエルクの群れが襲われるのを減らすためにオオカミをコントロールする計画を立案した．実際には，アラスカ州におけるオオカミの存在に対する，アラスカ州以外の人々の価値を示すかなり右寄りな $MWTP_N$ が存在することに気付かずに，図16-7 に示したような $MWTP_L$ と MC_L に基づいて計画を立てたのである．しかし，住民以外のグループによる大幅な政治的巻き返しのすえ，アラスカ州政府はどうしてもその計画を白紙撤回し，新しい計画を立案せざるを得なくなったのである．

この図16-7 が示すもう一つのアイディアは補償の可能性である．初期の個体数が s_0 であるとする．個体数がわずかに増加すること，つまり $\Delta NB_N > \Delta NB_L$ であることは，地域住民以外から地域住民に対して，その純便益の損失分を補填しても地域住民以外には正の純便益が残ることを意味する．これは補償が支払われ得ることを意味している．実際，補償は地域住民がその計画に反対するという政治的な対立を減らすために使うことができる．たとえばミネソタ州の再生計画では，オオカミによって家畜を殺された牧場主に対して補償が行われている．

しかしながら，アンケート調査やその他の経済学的な分析によって実際の補償額について示されるようになるまでは，これらは抽象的な考え方に過ぎなかった．**表16-3**に示しているのは，イエローストーン国立公園におけるオオカミの再導入の純便益を評価するために行われた全国調査の結果である[9]．研究者は335人の地域住民（ワイオミング州，モンタナ州，アイダホ州の三州に住む人々）と313人の地域外住民に，イエローストーン国立公園でのオオカミの再導入に対する支払意志額を聴取した．調査対象者の平均的な回答額に地域および国の人口をかけて，地域あるいは国レベルの集計額を算出している．

回答者は再導入支持者と不支持者に分割されている．支持者の支払意志額は便益を示し，不支持者[10]の支払意志額は費用を示していると想定できる[11]．次に**図16-7**を使って，これらの数値について解釈を加えて行きたい．地域住民に対する便益（図の $a+b$）は160,553ドルであり，費用 b は68,718ドルである．純便益が91,835ドル存在している．地域外住民に対する便益（$a+b+c+d+e+f+g$）は8,956,130ドルであり，費用（$b+c+d+g$）は784,322ドルである．純便益が8,171,808ドル存在している．もう一度注目したいのは，地域住民の純便益の合計と比較して地域外住民のそれが桁違いに大きいということである．実際，地域外住民の数が地域住民の数を圧倒しているため，地域外住民の純便益が全体の純便益の最も重要な決定要因となっているのである[訳注4]．

公共政策と野生生物の市場

野生生物の捕獲は，たいてい市場で起きていることに規定されている．これは商業的捕獲では間違いなく当てはまることであり，非市場的な活動でも当てはまることが多い．民間の土地における商業的ハンティングや釣りは，エコツーリズムと同様，成長しつつあるレクリエーション活動である．一方，保全のための規制がうまく機能していない場所においても，非合法的な市場がしばしば成長を遂げている．このことは，保全を進める力を理解するため，合法的な市場とともに非合法的な市

訳注4）イエローストーン国立公園におけるオオカミと似たような例として，北海道のヒグマを挙げることができる．北海道に生息するヒグマは北海道の自然環境のシンボル的存在である．地域外住民にとってヒグマは基本的には保全すべき対象と考えられているであろう．しかし，地域住民にとっては複雑である．2014年に公表されている「北海道ヒグマ保護管理計画」によると，記録が残る1955年以降，2014年2月末までの間，132名が人身事故を受けており，うち50名が亡くなっている（1年当たり0.85人）．農業被害も2014年は1.3億円にのぼっている．地域外住民にとっては基本的に便益しか生まないヒグマも，地域住民には便益とともに費用も発生させている．

表16-3 イエローストーン国立公園におけるオオカミの再導入による地域住民と地域外住民の費用と便益

	地域住民	地域外住民	合計
支持者の平均支払意志額	20.05 ドル	8.92 ドル	
不支持者の平均支払意志額	10.08 ドル	1.52 ドル	
支持者の推定人数	391,204	50,152,416	50,543,620
不支持者の推定人数	340,522	25,774,290	26,114,802
支持者の合計支払意志額*	160,553 ドル	8,956,130 ドル	9,116,683 ドル
不支持者の合計支払意志額*	68,718 ドル	784,322 ドル	853,040 ドル
純便益	91,835 ドル	8,171,808 ドル	8,263,643 ドル

*この値は将来に渡って発生する支払意志額を7％の割引率で調整し、回答者が一度に支払う支払意志額として現在価値化したものである。さらにこの値は、**表明された支払意志額**が**実際の支払意志額**の28.6％であるという先行研究も踏まえて調整されている。

出所：John W. Duffield and Chris J. Neher, "Economics of Wolf Recovery in Yellowstone National Park, "Transactions of the Sixty-First North American Wildlife and Natural Resource Conference, 1996, pp. 285-292.

場の活動にも目を向ける必要があることを意味している。これらの市場に対する理解は、野生生物資源をどのように保全するのが効率性あるいは公平性の点から最善なのかについて価値のある視点を提供してくれるものである。

このことを見ていくため、ここではアフリカの野生動物であるアフリカゾウとクロサイについて見ていきたい[12]。数十年前、これらの動物は世界的な市場において高い価値を持つ象牙とサイの角のために広く捕獲されていた。しかし、個体数減少に伴い、長期的に見た生存確率の低下が大きな懸念となってきた。世界自然保護基金や国際自然保護連合などの保護団体の働きかけにより、1977年にはサイの角が、その後1989年には象牙の取引が禁止となった。これらの取引禁止はワシントン条約に基づいて実施された。

市場での取引禁止はハンターが角や象牙のためにこれらの動物を殺すインセンティブをなくすために導入された。実際に象牙に対する取引禁止は大きな成功を収めてきており、アフリカゾウの個体数はかなり増加し、長期的に見た生存確率に対する懸念は大きく減退した[13]。しかしながら、サイの角に対する取引禁止は大きな失敗となった。違法なサイのハンティング（つまり、密猟）が継続し、よりひどく行われさえもした。取引禁止を遵守させることも十分にできず、個体数の急激な減少が改善されることはなかった。

問題はなぜ違いが生じるのかということである。なぜある動物では取引規制が機能し、ある動物では機能しないのであろうか。それは象牙が需要と供給に対して与える影響と、サイの角が与える影響とには大きな違いがあるからである。それらの

違いは**図16-8**に見ることができる．パネル(a)は象牙市場，パネル(b)はサイの角市場の状況を示している．それぞれのモデルには二つの供給（限界費用）曲線と二つの需要（限界支払意志額）曲線が示されている．どちらのケースにおいても，D_1が取引禁止以前，D_2が禁止後の需要曲線である．取引禁止は言い換えれば世界貿易における製品に対する需要の減少を意味している．取引禁止に伴い，法律によって当該動物たちのハンティングも禁止となった．このことで，ハンティングのための限界費用曲線はどちらのケースにおいても，S（取引禁止前）からS（密猟）に上昇することになった．このことは言い換えると，ハンティングに対する規制でその活動をやめさせることはできず，単にハンティングすることの費用を高額にさせただけである．費用が高額になるのは，逮捕され罰せられる潜在的な費用が生じるので，それらが供給曲線を上に押し上げるからである．

二つの市場の間の主な違いは需要曲線の傾きにある．象牙市場では需要曲線は比較的緩やかであり，一方でサイの角市場では極めて急である．この理由は，象牙には比較的適当な代替財が存在したのに対して，サイの角にはそれがなかったからである．象牙は主に旅行者向けの彫刻品やピアノの鍵盤などの特定の製品に使われていた．これらには比較的適当な代替財が存在し，実際に自然保護団体は象牙製のピアノ鍵盤に代わり，プラスチック製の代替財の導入を後押しした．代替財の存在により，結果として象牙の需要曲線は比較的平坦となった．小さな価格上昇でも多くの需要者が代替的な原材料にシフトしたからである．そのため，象牙の取引規制が導入された時点で，需要は下方に，供給は上方にシフトしたが，市場価格の上昇は穏やかであり，しかし売買の数量は大きく減少した．言い換えると，取引禁止は比較的小さな価格変化によって大きな数量変化を引き起こした．

サイの角市場では状況は異なっている．サイの角の需要は主に医薬品としての価値から来ている．いくつかのアジアの国々ではサイの角を不可欠な原材料とする処方薬が数多く存在し，実際には対応する代替財は存在していない．このことはサイの角市場の需要曲線を極めて急なものとしている．価格の上昇は大きな需要量の減少に結びついていない．そのため，サイの角の取引禁止は象牙に対して生じたものとは極めて異なる影響を持っていた．取引禁止によりサイの角の需要曲線は下方にシフトし，供給曲線は密猟による供給で上方にシフトした．サイの角の価格は上昇し，売買数量の減少は相対的に小さなものとなった．そのため，取引禁止はサイの角の売買数量の減少にほとんど寄与せず，サイは依然として高いハンティング圧力の下，危険な状況に置かれているのである[訳注5]．

この議論における大きな教訓は，市場の動き方に干渉したり，変化を与えたりする規制当局の取り組みは，市場における需要と供給の構造によって極めて異なる結

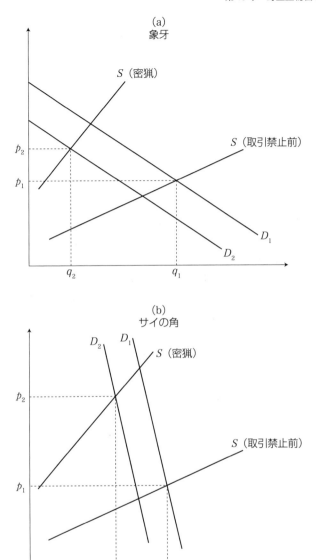

図16-8　象牙とサイの角の市場

果をもたらすということである．このことは，ともかく成功を得るためには，市場に影響を与えるパラメータに関する良質な情報を集めなければならないという市場介入に対する注意点を示していると言える．それは介入を行う対象の市場に留まら

ず，密接に関連する財やサービスの市場の情報についてもである．

要約

　野生生物管理の問題は近年極めて重要となってきている．人口成長はより多くの人間と野生生物との間の接触をもたらしていた．また，野生生物から便益を得る人々の価値観の変化に伴い，公共政策において野生生物管理にはより高い優先順位が与えられていた．野生生物の管理を効率的かつ効果的に行うためには生物学者からの情報が必要であり，加えて経済学やその他の社会的観点を組み合わせる必要がある．**野生生物に関する法律**は社会的変化の様々な側面と調和する形で発展してきた．米国では野生生物は実質的に**オープン・アクセスの資源**とみなされていた．つまり，そこで捕獲する誰にでも提供されるものとしてみなされてきた．オープン・アクセスとそれに伴う生息地の喪失は，多くの野生生物種のかなりの減少をもたらしていた．このことは**野生生物保護区システム**を様々な場所で拡大させる要因となった．さらにハンティングや観察のために野生生物を利用する**民間**によるサービスの提供も成長していた．**都市近郊**における野生生物の管理も大きな問題となっていた．野生生物の回復や捕食者のコントロールも分配に関する課題を持つ重要な問題であった（たいていの場合，幅広い人々に行き渡る便益と少数の人々に発生する費用が問題となる）．最後にアフリカの野生動物の**再生計画**について見ていくことで，管理しようと考えている市場の知見を有することがどれだけ重要であるかにも目を向けた．

注

1）海洋と森林，生物多様性のそれぞれの分野について，野生の部分と栽培化された部分が存在している．養殖漁業は漁業の栽培化された一部であり，商業的な人工林経営も林業の栽培化された一部である．また伝統的な植物育種は生物多様性の栽培化された一部と言えるかもしれない．
2）Arthur S. Einarsen, "Specific Results from Ring-Necked Pheasant Studies in the Pacific Northwest," Transactions, Seventh N.A. Wildlife Conference, 1942, pp.130-138.
3）フリーライダーの概念は第6章に整理されている．

訳注5）近年は象牙を狙ったアフリカゾウの密猟が再び大きな問題となっている．加えて，サイの密猟もより一層深刻化している．中国やベトナムなど，急速に経済発展を遂げた国々の富裕層からの需要が高まり，それが価格を押し上げているからである．所得の増大は需要曲線を上方にシフトさせている．本節の冒頭に，野生動物の捕獲はたいてい市場で起きていることに規定されていると述べているが，この動きはまさにそのことを示している．

第16章　野生生物管理の経済学

4）主には1966年修正の国立野生生物保護区システム管理法である．
5）地域住民の野生生物ウオッチングは自宅から1マイル圏内で行われる活動と定義されている．
6）Robert K. Davis, "A New Paradigm in Wildlife Conservation: Using Markets to Produce Big Game Hunting," in Terry L. Anderson and Peter J. Hill (eds.), *Wildlife in the Marketplace*, Rowman and Littlefield Publishers, 1995, pp. 109-125.
7）どんな種にも何らかの間接的な価値が存在する．人間にとってそれ自体が価値のない動物（あるは植物）であっても，高い価値のある他の種を支えていたり，あるいは減少させていたりしている．ネズミはそれ自体特に望ましいものではないかもしれないが，キツネやタカのような他の動物を支えているという理由から高い価値があるということもできる．そのようなケースでは，社会的価値に内在する限界支払意志額は**派生価値**にもとづいていることになる．種の社会的価値はその種を支える種の社会的価値から求めることができる．それらは本質的に，ある生態系の中で結びついた生物学的な関係性を通じて伝達されるものである．
8）David S. Maehr, *The Florida Panther: Life and Death of a Vanishing Carnivore*, Island Press, Washington, DC, 1997.
9）John W. Duffield and Chris J. Neher, "Economics of Wolf Recovery in Yellowstone National Park, "Transactions of the Sixty-First North American Wildlife and Natural Resource Conference, 1996, pp. 285-292. を参照されたい．
10）不支持者の支払意志額は再導入を中断する，あるいはやめることに対する支払意志額である．
11）このことは，基本的に便益も費用もどちらも生じさせるような回答者がいないことを想定している．
12）この事例の着想は，ガードナー・ブラウンとデビッド・レイトンによる "Saving Rhinos," paper given at the meetings of the Association of Environmental and Resource Economists, Annapolis, MD, June 1997. から得ている．
13）これは国際社会の視点からの判断である．アフリカ社会からの判断は，アフリカゾウは経済的な利益を生むものという違った見方であるかもしれない．

335

第17章

生物多様性の保護の経済学

　20年前，**生物多様性**という言葉は存在もしていなかった．今日，それは日常的に耳にする言葉であり，生物学や生態学における主要な研究対象となっている[1]．生物多様性は生物学的な有機体のあらゆるレベルに存在している**多様性**（変異）を指した言葉である．そこには種における個体間の多様性，群集における種の多様性，生態系における群集の多様性，そして生態系それ自体の多様性が含まれている．この多様性は生命の存続に決定的に重要であり，それは生物の世界を構成している無数の生命体に留まらず，この世界の最上位捕食者である人間にとっても同じである．

　一般的に生物学的な存在は，種が進化し，数百万年の間存在した後，絶滅するという極めて長いリズムを持っている．生物は地球上に何十億年以上も存在しているので，かつて存在したほとんどすべての生物はすでに絶滅していることになる．しかし，進化は絶え間なく続いている．そのため，現代にはかつてよりも多くの生物が地球上に生息している．ではなぜ多様性の変化の中でも，とりわけ種の消失が重大な問題として取り上げられ，今日の課題となっているのであろうか．それは人間が新たな，そして大量の種の絶滅を加速させていることが明白だからである．有史以前，生物多様性が大きく失われた時代は何度か存在した．古生物学者は種の絶滅が大規模かつ急速に生じた時期が過去に5回あったことを明らかにしている．最後の時期は約6,500万年前であり，恐竜を始めとする多くの生物が死滅した．今日の種の減少は小惑星の衝突のような何らかの自然現象の結果とは異なっており，人間の大規模な人口増加とそれによって生じた経済活動の拡大が招いた結果である[訳注1]．

訳注1）現在は第6の大量絶滅時代とも言われている．「生物多様性国家戦略2012-2020」によると，生物多様性には4つの危機（開発など人間活動による危機，自然に対する働きかけの縮小による危機，外来種など人間により持ち込まれたものによる危機，地球温暖化や海洋酸性化など地球環境の変化による危機）があり，5つの課題（生物多様性に関する理解と行動，担い手と連携の確保，生態系サービスでつながる「自然共生圏」の認識，人口減少等を踏まえた国土の保全管理，科学的知見の充実）があると整理されている．

経済学は生物多様性の保護に何が言えるのであろうか．多くの人々は何も言うことができないし，経済学がその話題について多くを述べるべきではないと考えている．1973年に米国連邦議会が最初の絶滅危惧種法を制定した際，議会は特定の種を保護することに対して，意志決定に経済的な配慮を行うことを決して認めなかった．また多くの生物学者も，**トレードオフ**の研究に焦点を当てる経済学者を，生物多様性に関する問題を研究したり，意志決定を行ったりするための枠組みに含めるのはふさわしくないと信じていた[2]．

この章では経済学の分析手法を用いて生物多様性の保護について考えていく．たいていこのような分析を行う際には，概念と原則から始め，その後，近年の公共政策における取り組みについて考えていくことになる．ただこのケースでは，この順番を逆にするのが良いかもしれない．そこで，まず米国の絶滅危惧種法に関する話から始めることにしたい．絶滅危惧種法に対する考察からは，効果的な生物多様性の保護を阻害するいくつかの難題が喚起されることになる．そしてそれが，政策の場面において実現可能な原則を見出すための道を開くことにつながる．

絶滅危惧種法

米国国内において，生物多様性を保護するための試みとして最も知られているのが，**1973年の絶滅危惧種法（ESA; Endanger Species Act）**である[訳注2]．もちろん，先行するいくつかの連邦規定にも種の保存は記載されていた[3]．特に絶滅危惧種法の先駆けとなる法律では，連邦政府に絶滅危惧種の保護のために土地を購入する権限を与え，これらの生息域を「実行可能な限りにおいて」保護していた．この言い回しから分かるように，関連する公的機関は種の保存による**期待費用**と**期待便益**とを実際には秤にかけることが可能であった．

ESA は1970年代初頭に制定された．この時期は連邦レベルで激しい環境保護運動が行われていた時期で，他にも多くの主要な環境関連法が可決された時期であった．当時，政治に参加する多くの人々の考え方は，費用にかかわらず大規模で新しい環境保護策が必要とされているというものであった．そうした中でESA は法案化された．基本的には保護活動の実現可能性に関して疑問があろうがなかろうが，

訳注2）日本において生物多様性を保護するための法律としては，1993年に施行された「絶滅のおそれのある野生動植物の種の保存に関する法律（種の保存法）」がある．その他にも「鳥獣の保護及び管理並びに狩猟の適正化に関する法律（鳥獣保護管理法）」や「特定外来生物による生態系等に係る被害の防止に関する法律（外来生物法）」，「遺伝子組換え生物等の使用等の規制による生物の多様性の確保に関する法律（カルタヘナ法）」も大きく関係している．

連邦政府は絶滅危惧種あるいは危急種をいかなる対価を支払っても保護しなければならない．またその法律では，ある種が絶滅危惧種あるいは危急種であるかどうかの決定は，厳密に生物学的な文脈によってなされるものとされている．

保護の対象となるには，その種が絶滅危惧種もしくは絶滅危急種として**リストに掲載**されなければならない．ある種をリストに取り上げるための提案は，個人や行政機関，あるいはその他の主体でも行うことができる．データ収集や公聴会，意見聴取の複雑なプロセスを経て，内務長官は候補となっている種を絶滅危惧種もしくは危急種に登録することになる[4]．その種がリストに掲載されれば，その生息のために必須となる生息地を指定することが必要不可欠となる．また，管轄行政機関である魚類・野生生物管理局もしくは海洋漁業局は，種の回復を図るために必要とされる対応策の詳細を示した**回復計画**も立案しなければならない．掲載される種は国内あるいは国外の陸域あるいは水域に生息する種が該当する．

ESAは誕生以来議論を呼ぶものであったし，恐らくそれは続くことになるであろう．ESAが法律となる少し前，小型魚種**スネール・ダーター**がリトル・テネシー川において建設されている大型ダムの下流域で発見された．ダムの建設は裁判所の命令によって中止されたが，裁判官が述べたのは，ダムがどれだけ大きく，どれだけ経済的な重要性を持っていたとしても，あるいはスネール・ダーターがいかに小さく，一見取るに足らない存在であったとしても，ESAの明確な言い回しに従えば，どのような種であっても，どんなことがあっても保護することが必要であるということであった．この問題を引き継いだ米国連邦議会と連邦最高裁判所における論争が，1978年のESAの修正条項につながることになった．修正条項は事業が以下の条件であった場合，ESAの適用除外条項を与えることができる閣僚レベルの委員会（ニックネームは**ゴッド・スクワッド**[訳注3]）の設置を可能とするものであった．

1　地域あるいは国家にとって重要である
2　納得できるあるいは良識的な代替案がない
3　他の代替案よりも明らかに優れたものである

委員会はもともとスネール・ダーターに対する適用除外に反対していたが，連邦議会は適用除外を承認し，ダム建設事業は続行することになった．

ESAに関する論争や対立には，多くの場合，絶対的な話や極端な話が含まれている．生態系の破壊を避けるため，一方は何としてでもリストに掲載すべく，その必要性を強調するのに対して，もう一方はもし法律が施行されたならば，どれだけ

訳注3）「神の一団」といった意味合いの言葉である．種の運命を決定付ける，つまり自然界における重要な決定を下すことができることからこのようなニックネームが付けられている．

の経済的な打撃が生じるかについて述べている．もともとの法律では，実際のリストへの掲載決定には経済的な配慮が排除されていたが，それを回復計画の段階でこっそり持ち出す方法があった．それによって内務長官は，絶滅危惧種もしくは絶滅危急種の重要な生息地を指定する際に，経済的な要因を考慮することができた．たとえば，特定の地域を生息地として指定することで生じる費用が便益よりもより大きい場合，重要な生息地の指定から外すこともできた．ただ，これだけではESAに対する批判を和らげるには十分ではなかった．次第に明らかになってきたことであるが，重要な問題は絶滅危惧種を保全することの社会的費用ではなく，これらの費用をどのように分配するかということであった．この法律の生み出す便益は幅広く社会にもたらされるが，その費用は積極的に意見を述べる少数派に集中しているのである．この点については下記でもう一度触れることにしたい．

またこの一連の過程で，種ごとに問題解決に当たることが，法律の背景にある意図を達成する最も望ましいやり方ではないことも明らかになった．むしろ焦点は重要な生態系全体を保護することである．このことと上記で述べた費用分配の問題が，クリントン政権において積極的に行われた**生息地保全計画**と呼ばれた考え方につながることになった．これは絶滅危惧種の80％以上が生息する私有地において実施される計画で，民間の土地所有者と行政機関との間で，自発的ではあるものの拘束力のある契約を取り交わすものである．まず，土地所有者は自らの土地において何らかの保全努力を引き受ける．たとえば，開発されていない大規模な土地を開発せずそのままにしておいたり，特に影響を受けやすい土地に手を付けなかったりなどである．その見返りとして，行政機関は土地所有者に土地の一部利用を認めることになる．たとえそのことが**偶発的**に絶滅危惧種あるいは危急種を生み出す可能性があったとしてもである．さらに政府は，たとえ新しい生物学的な情報が事後的に得られ，種の保存を行うには更なる対応が必要であると示唆されたとしても，その計画の期間（おそらく数十年の期間）を通じて，土地に対する新しい規制の行使は行わないことにも同意することになる．

言うまでもなく生息地保全計画は議論を巻き起こすものであった．環境保全に関係する人々の多くは，これが十分に種の保存につながるものではないと感じていたし，土地所有者の多くは，極めて政治的なふるまいをする行政機関と永続的な合意を行うという考え方には依然として慎重であった．また多くの生態学者は，制度には柔軟性が必要であることが認識されていないことも懸念していた．それはより多くの生物学的情報が利用可能になり，同時によくあることであるが，自然は予期せぬ方向に応答するからである．

ESAは効果的だったのだろうか．**表17-1**に示されるように，2007年までに合

表17-1 2007年12月時点で絶滅危惧種あるいは危急種として登録されている種

グループ	米国			米国外			登録種合計	回復計画のある登録種*
	絶滅危惧種	絶滅危急種	合計登録種	絶滅危惧種	絶滅危急種	合計登録種		
哺乳類	69	12	81	256	20	276	357	84
鳥類	75	14	89	176	6	182	271	81
爬虫類	13	24	37	66	16	82	119	35
両生類	13	10	23	8	1	9	32	17
魚類	74	65	139	11	1	12	151	99
巻貝	62	8	70	2	0	2	72	69
二枚貝	64	11	75	1	0	1	76	68
昆虫	47	10	57	4	0	4	61	34
クモ類	12	0	12	0	0	0	12	6
甲殻類	19	3	22	0	0	0	22	18
サンゴ	0	2	2	0	0	0	2	0
動物小計	448	159	607	524	44	568	1,175	481
種子植物	570	143	713	1	0	1	741	608
裸子植物	2	1	3	0	2	2	5	3
シダ植物	24	2	26	0	0	0	26	26
地衣類	2	0	2	0	0	0	2	2
植物小計	598	146	744	1	2	3	747	639
合計	1,046	305	1,351	525	46	571	1,922	1,120

* いくつかの回復計画には複数の種が含まれている。

出典) U.S. Fish and Wildlife Service, "Summary of Listed Species," http://ecos.fws.gov/tess_public/Boxscore.do.

計1,922種がリストに掲載され，そのうち1,351種は国内の種，その国内種のうち1,046種は絶滅危惧種，305種は絶滅危惧種であった[訳注4]．1,046種の絶滅危惧種のうち，598種は植物，448種は動物であった．関係する連邦政府機関は，新しくリストへの掲載を検討する絶滅危惧種の関連部局を持っているが，予算的な制約からリストへの掲載を実施するペースには制限をかけている．もう一つ注目すべきことは，絶滅危惧種あるいは絶滅危急種として指定された1,922種のうち，回復計画を持っているのは半分より少し多い程度（1,120種）だということである．

このリストへの掲載は，数という観点からだけでなく，どの種がリストに掲載され，どの種が掲載されていないのかという観点から道理にかなったものとなっているのであろうか．魚類・野生生物管理局は，リストへの掲載に関する意志決定があまりにも政治的になされている点で批判を受けてきたが，この意志決定に影響を与える価値や費用，その他の要因に関する確実な情報が不足していることを考えると，そうならざるを得ない部分もある．これまでの研究に基づくと，他の条件が同じであれば，哺乳類もしくは鳥類は，爬虫類や両生類と比較してリストに掲載される機会は多いようである[5]．この偏りは「**カリスマ的大型動物**」という名で表現できるものである．カリスマ的大型動物であるオオカミやハクトウワシ，アメリカシロヅルは，大型で何らかの理由から人々の注目や好意を集める魅力的な種である．

このような偏りにもかかわらず，ESAは効果的であったと言えるだろうか．当然その見解は，その人が政治的な問題のどちら側にいるかによって大きく異なっている．この法律とその適用について研究してきた二人の経済学者は以下のような表現をしている[6]．

> この法律の効果を計測するためには，誰かがどこかでその勝利を決定して宣言する必要がある．それはリストに掲載された種がリストから外れる時であろうか．あるいは減少傾向が反転する時であろうか．絶滅の度合いが低下した時であろうか．重要な生息地が保護された時であろうか．これらの質問への回答は明確ではない．その意味で，ESAに高い評価を与えるのは，ESAに大きな

訳注4）日本における絶滅のおそれのある野生生物の種のリストを示した環境省レッドリスト2015には，絶滅の恐れのある種（絶滅危惧種Ⅰ類：絶滅の危機に瀕している種，および絶滅危惧種Ⅱ類：絶滅の危険が増大している種）として，哺乳類（34種），鳥類（97種），爬虫類（36種），両生類（22種），汽水・淡水魚類（167種），昆虫類（358種），貝類（563種），その他無脊椎動物（61種），維管束植物（1,779種），維管束植物以外（480種）が掲載されている．2012年に結果が公表されたリストの見直しでは，ゲンゴロウ（準絶滅危惧→絶滅危惧Ⅱ類）やハマグリ（掲載なし→絶滅危惧Ⅱ類）といった，これまで身近にいると思われていた種もリストに掲載された．

期待を抱いていない人だけかもしれない．もちろん，ハクトウワシのようなお気に入りの種の個体数が維持されることはうれしいことではある．

　1973年の法律施行以来，1,000以上ある種のうち回復，あるいはリストから除外されたのは，米国西部のカッショクペリカンやカリフォルニア州のコククジラなどを含む11種である．絶滅危惧種から危急種に変更になった種としては，シジュウカラガンやグリーンバック・カットスロート・トラウト，そしてハクトウワシが挙げられる．環境防衛基金によれば，回復傾向を示している種はリストに掲載された種の10%に満たず，その4倍の種の個体数は減少傾向にある．たとえば，1967年にリストに掲載されたアトウォーター・プレイリー・チキンは，1975年の2,254個体から1996年には42個体に減少している．

　絶滅危惧種に対する魚類・野生生物管理局の事業予算は，掲載される種の増加に伴って増額するには至っておらず，結果として一種あたりの実予算は1976年の60%となっている．絶滅危惧種担当部局は掲載された種の3分の1の現状について分析するための十分な予算すら持ち合わせていないのである．

　ESAの将来の盛衰は，連邦あるいは州政府における政治な盛衰にかかっていると言える．ただ我々は，政治的論争からは身を引いて，この問題を社会選択の問題として捉える必要がある．絶滅危惧種の保護を行うという意志決定が社会的な厚生を全体としてどれだけ押し上げるのか，あるいは押し上げないのか．またその変化には何が影響しているのであろうか．このような考え方は，この問題に対するアプローチとして，人間主体の考え方が過ぎると見なす人も多い．確かに，「すべての種には存在する権利がある」といった譲れない一線を示すことは表向きは正しいかもしれない．しかしそれは現実に人々が生活している世界におけるやり方ではない．人間は意識して代替案を眺め，その中から最適な一つを選ぶことのできる地球上で唯一の存在である．このケースにおいて我々は何を選ぶのであろうか．

ノアの方舟問題

　この課題に取り掛かる有効な方法は**ノアの方舟問題**を考えることである[7]．ノアの方舟は寓話であり，ここでは生物多様性の保護という問題の核心に焦点をあてるため，さらに意志決定を行う際に考慮すべき要因について考えるために用いている．ノアは来たるべき洪水の襲来を説き，彼とその子供たちは巨大ではあるが限られた定員の方舟を建造した[8]．彼らはこの方舟に運び込む動植物種を選択することになる．しかし，どう考えてもすべての種を方舟に乗せるには種が多すぎるのである．

第V部　自然資源の問題への適用

　問題はハッチを閉める前に，ノアはどの種を積み荷として方舟に載せるのかということである．ノアは単に早い者勝ちで乗せることもできるし，見かけが魅力的でかわいいものを選ぶこともできる（もちろん魚類・野生生物管理局には非難されるが）．あるいは，意志決定を行うためにより複雑な**決定ルール**を使うこともできる．どちらにしても現存するすべての種について，ノアがどの種の乗船を認め，どの種の乗船を認めないのかを決定する方法が必要である．ここで，もしノアが何らかの意味で社会的厚生を最大化するよう種を選ぼうとしているならば，どのような基準を選択に用いればよいのであろうか．当然，ノアの選択問題は種の保存計画の選択という社会問題と類似している．ここでは，ある種を方舟に乗せることの便益と費用に影響を与える要因について考えてみたい．便益サイドには二つの要因がある．

　1　方舟に乗せる種の生存確率
　2　その種の社会的価値（何らかの基準に基づいて計測されている）

費用サイドには，

　3　その種を乗せることで生じる社会的な機会費用

以下ではこれらの要因について考えてみたい．

生存確率への影響

　まず必要とされる重要な情報は，方舟に乗っている間あるいは方舟を降りた後の**生存確率**である．ノアのケースにおいて，方舟に含まれる種はどれも必ず生き残ると想定することもできるが，一方で方舟を降りた種がすべて消えてしまうことも想定できる．これらの場合の想定される生存確率は，言い方を変えるとそれぞれ1か0ということになる．ただこれは，少なくとも今日においては現実を正確に反映したものではない．現実社会の種の保存計画において，生存確率がこのような極端な値を取ることはめったになく，むしろその中間にある．ある対策によってその生存確率がどれだけ増加するのか，あるいはある生息地を破壊することによってどれだけ生存確率が低下するのかが問題となる．

　この観点は実は重要である．種の保存計画を設計する場合には，保護計画の**有無に応じた生存確率**（あるいは絶滅確率）を考慮すべきである．仮に二つの種AとBがいたとする．もし何ら保護努力を行わないとしたら，種Aが100年後に生存している確率は30%であるとし（つまり70%の確率で一世紀後には絶滅している），一方，種Bの生存確率は10%であるとする．仮にどちらか一つの保護計画だけに100万ドルを費やすことができるとする（つまり，ノアがどちらか一つの種にだけ方舟に乗せるスペースを用意しているとする）．どちらの種にお金を費やすべきであろうか．最も絶滅に瀕しているという理由で，種Bの方が選択されるべきと考えるこ

ともできる．しかし，以下の場合はどうであろうか．二つのケースにおいて，最も生存確率を高めるように計画を設計し，それぞれの生存確率をAについては90％に，Bについては20％に増加させることができるとする．Bについては生存確率を倍にすることができるが，Aについては3倍にすることができる．もし一つの計画にだけお金をかけられるとするならばどちらにすべきであろうか．

　様々な保護計画の有無とそれに対応した生存確率を明らかにする仕事は，生物学者や生態学者の専門領域である．生物多様性と種の個体群動態は急速に理解が進みつつある．ただ，世界中の種の大部分に対して生存確率が遅からず入手できると予想するのは，明らかに過剰な期待と言える．実際，高い精度を持ってどれだけの種が地球上に存在しているのかを知っている人すらいないのである．そのため，たとえばアメリカシロヅルやマダラフクロウのように，多くの政治的あるいは科学的な興味を引きつける特定の種を除き，生存確率を入手することはおそらく困難である．

　そうは言っても，ある地域における個別の種の生存確率，あるいは複数の種から構成されたグループの生存確率に対する**何らかの一般的な考え方が必要となる**ことは間違いない．また，それらが様々なタイプの人間活動によってどのような影響を受けるのかも，合理的な意思決定には重要である．ノアはAとBとの間の選択をコインを投げて決めることもできるし，二つの種の生存確率を反映し，方舟に乗せた場合（あるいは乗せなかった場合）にそれぞれの種が生存できるかどうかを踏まえて決めることもできる．

生存することの便益：個別の種について

　ある種が持つ社会的価値とは何であろうか．これは議論の余地がある問題である．この問題を避けることも可能かもしれない．たとえば，上記で述べてきたような種の生存確率などを見ることで，ノアは種の価値以外の何かに基づいて決定を下すこともできる．ノアは方舟に乗せることで，生存確率が最も高まる種を選ぶことになる．二つの似たような種がいた場合，この判断は納得できるものかもしれない．しかし，種Bがたとえば馬のように労働力の源として飼育された動物で，一方，種Aは天然痘ウィルスのような好まれざる存在であったとする．これらを価値の観点から平等に扱うのは納得できないだろう．この問題は現実問題というよりも，厳密には科学的な思考訓練のようなものである．ノアが生態学者であるとし，彼の判断として何らかの形で生態系に最も貢献している種の乗船を許可するとする．しかし，結果としてこのやり方は，問題解決に人間の価値をもぐりこませることになる．ノアは彼にとって望ましい世界の将来像に基づいた意思決定を行うからである．このように考えると，理にかなった生物多様性の保護の論理を構成するには，種の価値

第V部　自然資源の問題への適用

を考慮すること，つまり種の保存から得られる便益を明らかにすることが求められている．

種の価値は大きく二つの部分に分けることができる．
1　種の価値それ自体
　(a) 商業的価値あるいは市場価値
　(b) 非市場価値
2　その他の種との関係性に伴う種の価値

最初の二つは，現実には評価することが極めて難しいが，少なくとも概念的には比較的容易に考えることができる．特定の野生生物種に関してはある種の明確な価値が存在する．魚類の場合，漁獲すれば商業的価値を持つ種もある．クジラの場合は**エコツーリズム**との関連を考えると，ホエール・ウォッチングのような商業的価値を持っている．レクリエーション利用も消費的あるいは非消費的な価値を持っている．前者としてはハンティングが当てはまり，後者についてはバードウォッチングが該当する．様々な植物の中でも特定の野生種は価値を持っている．それは有用な遺伝子を持っており，その遺伝子が商業的作物に受け継がれたとしたならば，耐病性や高い成長率のような特徴を有するようになるからである．商業的価値の源として特に強調されるのが医薬品の基礎原料としての価値である．たとえば，貴重なニチニチソウは白血病の有効な治療薬の原料であり，タイヘイヨウイチイは卵巣がんの治療薬の原料である．1996年におけるこのがん治療薬に対する市場は推定10億ドルである[9]．商業化された種の経済価値を評価することは比較的容易である．それは，人々が食料や医薬品，野外レクリエーションに対して形成している市場において支払意志額を顕示しているからである．

種を評価する上でもう一つ考慮しなければならない要因は**非利用価値**，特に**存在価値**である．人々は種が保護されることを知っていることに価値を見出している．種に市場価値が存在しなかったとしても，人々は保護計画に対してお金を支払いたいと考えている．人々はおそらく特定の種を人一倍高く評価もしているし，また種の間に区別をつけずにすべての種の存在価値も評価している．

最終的に，もしそれぞれの種について合計価値（あるいは限界価値）の計測を行う方法を見つけることができれば，ノアの一連の行動方針は明確となる．これらの推定値を知っていることで，彼はそれぞれの種を積み込む方舟の単位当たりの価値を計算することができ（注意すべき点は，それぞれの種に対して異なるスペースが必要であることを認めていることである），方舟がいっぱいになるまで，最も高い価値を持つ積み荷をから運び込めばよいことになる．同じように行政機関も与えられた予算制約の下で，種の保存の社会的価値が最大化するように振る舞えばよいこ

とになる.

生存することの便益：多様性について

　個別の種を保護することで得られる便益の存在は否定できないものであり，さらにその便益が種によって異なることもまた事実である．もちろん，この事実はさらなる議論を呼ぶことになる．種の多様性は本質的には**種の集まり**であって個別の種ではない．そのため**多様性の便益**とは，種の集まりの多様性に対して，ある一つの種が何らかの形で行う貢献に起因している．このことは二つの疑問を生じさせることになる．(1)多様性の便益とは何であるのか．たとえば，多様な種から構成される群集は，多様性が低い群集よりも何が望ましいのであろうか．(2)ある一つの種はメンバーである群集の多様性に対してどのような貢献を行っているのか．はじめに前者の疑問から考えてみたい．

　仮にあなたが救急用品を蓄えているとする．現時点ではばんそうこうと頭痛薬という二つの備品が入っているとする．今年の予算であなたはもう一つ備品を追加できるとする．どうすべきであろうか．もしその年に直面するけがや病気が指の切り傷だけであり，またそれが極めて確実ならば，あなたは小さなばんそうこうをもっと買い足すかもしれない．しかし実際には，直面しうる問題は様々であり，確実性を持ってどれが起きるは分からない．そのような状況の下においては，多様性，つまり救急用品としてすでに蓄えてあるものとは異なる何かを加えること，たとえば，切り傷や擦り傷につける消毒薬に高い価値を置くことになる．

　種の保存においても同じような原則が当てはまる．種の間の違いを保持すること，あるいは多様性を保持することには価値が存在する．ノアはすでに種Aを乗せて，今度は種Bと種Cを同行させようとしている．種BはAと極めて似た種であり，一方，種CはAとは大きく異なった種である．ノアは方舟がより多様であるようにとの理由で種Cを乗せたいと思うかもしれない．ここで話していることは実は**保険**の話と同じである．もし将来が不確実ならば（常にそうであるが），将来が現実となった場合に，どの多様性が最も高い価値を持つのかもまた不確実である．つまり，多様な種あるいは多様な生物の組み合わせを保護することの価値についてもまた不確実である．そのため多様性それ自体が価値の源となっているのである．

生物多様性の保護の費用対効果

　生物多様性に価値が存在することは誰しもが認識しているが，その社会的価値について信頼できる推定値を示すことは極めて難しい．このことは，費用対便益では

なく**費用対効果**の観点に立ち戻って考えた方が望ましいことを示唆している．費用効果分析は多様性の物理的な大きさを計測し，その後，与えられた予算あるいは費用の下で，達成できる最大限の物理量を明らかにしようとするものである．あるいは同じことであるが，費用効果分析は，我々の決めた物理量で計測したある多様性について，その値を達成するための最少費用を明らかにするものである．ノアの問題もこのような形で投げかけられている．この場合での予算とは方舟のサイズであり，その条件の下，ゴールは乗船させる生物の間の多様性の値を最大化させることである．

　この問題を具体的な話とするため生息地保護の問題を扱うことにしたい．生息地保護は種を保護することの唯一の方法ではない．合法あるいは非合法のハンティングの規制，捕食者のコントロール，繁殖と放獣もまた有効な方法である．しかし，生息地保護はほとんどのケースにおいて明らかに主要な戦略となるものである．費用効果分析で問題となるのは，生息地保護に投じられる資源に限りがあった場合，あるいは多くの保護地候補が存在した場合，どの保護地域を選択すべきなのかというものである．これは**最適な保護地域の選択問題**として知られている．もし100の候補地があり，その中から10だけしか保護することができないとする．合計100の候補地から異なる10サイトを選ぶ組み合わせは実に17.3兆個も存在する．多様性の保護に貢献するという観点から，最適な10サイトを決める何らかの方法を見出すことが求められることになる．

ホットスポット

　多様性は単に集団の中に存在する**種数**と同等に扱われ，より多くの種数が含まれる方がより多様性が高い状況にあるとされることもある[10]．この基準に基づけば，ノアは単に方舟に乗せる合計の種数を最大化させるように種を集めればよい．ただこのやり方は疑問のある結果を招くことになる．占有する面積が少ない種の方が望まれ，大型の動物や植物は価値が低いことになるからである．そのため，ノアは乗せる生物のほとんどを微生物とすることで種数を最大化させることになる．

　種のホットスポットの考え方は主として種数に基づくものである．ホットスポットは小さなエリアに比較的多くの種数が含まれている地域と認識されている．たとえばメイヤーズは，地球上にある18のホットスポットをリストアップしており，それらをまとめても地球表面の0.5%しか占めていないが，現存しているすべての種の約20%がそこに含まれると推定している[11]．種数を多様性の指標として用いることの最も大きな利点はそれがシンプルなことである．このことは一つの種は他のどの種とも同等であることを意味しており，多様性を保護したければ，できる限りの

表17-2　ホットスポットアプローチの問題点

	保護予定地			
	A	B	C	D
存在する種	1	1	1	3
	2	2	2	4
	3	3	5	6
	4	4		

種を保護するという非常に素直な対応策を意味することになる．しかし，このような単純なルールは最良の結果を生むとは限らない．**表17-2**を考えてみたい[12]．この表は四つの保護予定地A，B，C，Dに存在する種を示している．全体で6種存在している．予定地AとBは種1, 2, 3, 4を含んでいる．予定地Cは種1, 2, 5を，予定地Dは種3, 4, 6を含んでいる．予定地の保護費用はすべて同一であると仮定する．もし単純なホットスポットアプローチに従うならば，予定地AとBとを保護することになる．しかしながら，最適な予定地の組み合わせはCとDからなるものである．予定地AとBはより多くの種を含んでいるが，両サイトは同じ種を含んでいるのに対して，後者には含まれる種数は少ないが，より固有な種を含んでいる．そのため，単純なホットスポットのルールに代わり，種の数だけでなく，その固有性にも基づいて予定地を追加するというルールの方がより望ましいかもしれない．

修正したホットスポットアプローチも考えることができる．一つの例は貪欲法と呼ばれるものである[13]．まず始めに最も種数の多い予定地を選択する．その後，引き続いて既に選択されたこれらの種に，種数が最も大きく追加されるように予定地を選択する．この手続きは多くの場合かなりよく機能するが，選択された予定地全体で最大の種数を保護するとは限らない．たとえば表17-2では，このアルゴリズムはAかBのどちらかと，CかDのどちらかの組み合わせを選ぶことになる．

保護する予定地には種の相対的な豊かさの観点においても違いが存在する可能性がある．その場合，この点も考慮に入れる必要があるかもしれない．仮に一つの予定地に5種がいたとして，それぞれの種はその地域にいる全体の個体数の20%をそれぞれ占めているとする．一方，もう一つの予定地でも5種がいるものの，1種がほとんどすべての個体数を占めており，他の種についてはそれぞれ1個体しかいないとする．このような状況に対して，生態学者は**種の豊かさ**という考え方を開発している．これは種がいる，いないだけが示されるのではなく，その相対的な豊かさによっても示されるものである[14]．具体的には，その地域における全個体数の中で，

特定の種がどれだけの割合を占めているのかによって表現される．これらの豊かさの割合に基づいた多様性の指標の一つは以下のようなものである．

$$D = \frac{1}{\sum p_i^2}$$

D は指標

p_i は調査地域において i 番目の種が占める割合

　もし五つの種が存在し，それぞれが等しい生息数であるとすると（つまり，それぞれの種がサンプル中の総個体数の20％を占める），この指標は単に種数の合計である5という値になる．しかし，分布がゆがんでいるとこの数値は低下することになる．たとえば，一つの種がサンプルにおける個体数において，均等が取れないほどの大きな割合を占めている場合である．このような指標は有用であるものの，個別のケースでは間違った結果を導くことになるかもしれない．もし種の豊かさの値が極めて低いある種が絶滅したとしても，この値はほとんど低下しないかもしれない．さらに，もし絶滅に引き続いて残された種による種の豊かさを再計算すると，数値は実際には上昇してしまうことになる．このことは多くの人が考える多様性の考えと逆行するものであるし，特定の種の絶滅にも密接に関係するものである．

　科学者は上記で述べた D のような指標の先にある，種の組み合わせの多様性をより的確に表現する指標も開発している．つまり，一つあるいは複数の種が絶滅した際には，多様性の損失となるような指標である．より望ましい指標にまず求められていることは，多様な種がある地域に存在していることの**相対的な重要性**という考えに基づいていることである．たとえば，ある一種の絶滅はその地域の他の多くの種の生存確率に影響を与えることになり，他の多くの種はそうではないとする．その場合，その一種が絶滅することは，他の多くの種のうち一つが絶滅することよりもより重大であると見なされることになる．

　加えて求められる重要な側面はその**遺伝的特殊性**である．たとえば，ある地域においてある属に含まれる甲虫が5種いるとする．さらにそれぞれの種の遺伝的構成を調査し，他の種が持っていない遺伝子を持っているという意味において，それぞれがどれだけ固有であるかを決定したとする．5種が持っている遺伝子が補完し合うという意味において，種がお互いにどれだけ近いのかを計測することができれば，多様性の指標をこれらの関係から構築できるかもしれない．このような指標は，もし遺伝的に近い同類がいないある種が絶滅すると，大きな多様性の低下を示すことになる．しかし，遺伝的に近い同類が絶滅しても，ほんのわずかしか多様性の低下を示さないことになる．仮にどの特定の遺伝的性質が将来的に価値あるものなのか

分からないとする．たとえば，より先進的な医薬品のための原料の提供のような場合である．そのような場合，できる限り幅広い遺伝的資源の集合を保護しようという戦略を採用することを考えることになる．そのため，多くの種が共通して持つ遺伝子を持った種の消失よりも，より固有の遺伝子を持った種の消失はより大きな多様性の損失と計算することになる．**コラム17－1**は野生のツルに焦点を当てたこの種の研究に関するものである．

コラム17－1　生物多様性の保護の費用対効果

　世界には15種類の野生のツルが生息している．たとえば，米国においてツルの保全のための資金があったとしたら，どの種を保全対象とするべきであろうか．マサチューセッツ工科大学のマーティン・ワイツマンは多様性の保護に対する理論的アプローチを考案し，この問題に適用した．まず必要とされる情報は絶滅確率である．これは，今後50年の間に何ら保全に対する努力が払われなかった場合にその種が絶滅する確率である．表に示されたその確率はいくつかの要因に基づいて推定されており，特に重要なのが生息地と渡りの飛来コースに対する開発圧力である．

　ツルはハンターやバードウォッチャーにとっては直接利用価値を提供している．たとえば，北米に生息するアメリカシロヅルは実際に観光事業の基礎を形作っている．しかし，多様性のことも考慮したいとしよう．ツルの遺伝的な多様性を保護することに寄与するよう，保全のための資金を振り分けたいとする．ツルは生物学者によってよく研究されており，ワイツマンは15種のツルに関するDNAのデータを入手することが可能であった．特に彼はDNAの特定の相違点に基づいて種間の遺伝的距離を計算することができた．そのため，この場合の多様性の保護は，最も類似していないDNAを持った種を保全することになる．DNAに基づいて，彼はそれぞれの生存確率が改善した場合に，ツル全体の多様性に与える影響を推定した．これらの値も表に示されている．注意したいのは，たとえば，ソデグロヅルはアメリカシロヅルと同じような絶滅確率を持っているが，前者を保全する方が後者を保全するよりもツルの多様性により大きな影響をもたらし得るということである．

　この種の分析の次のステップは，様々な種のツルを保全することの費用を導入するというものである．ツルは様々な場所に生息し，様々な地域に渡っているため，このことは間違いなく違った結果をもたらすことになる．ただ，現時

点においてはこの種のデータを入手することはほとんど不可能である（この研究の著者も，環境研究においてはこの種の費用データを集めることに重きを置くべきだと結論付けている）．

ただ費用データがなくても，いくつかの興味深い結論が導かれている．ソデグロヅルはそれ自体が一つの分類を形成している．そのため，高い絶滅確率に加えて，他のツルの種と似たような遺伝的関係性も持っていないのである．一方で，カナダヅルは極めて安定している（絶滅確率が極めて低い）．それにも拘らず，他の種に対して保全を行うよりもカナダヅルの生存をより安定的にする保全を行うことには大きな意味が存在する．これはカナダヅルには遺伝的に近い種が存在しないからである．アメリカシロヅルには遺伝的に近い種が何種か存在している．

ツルの情報

一般名	学名	生息地域	絶滅確率	多様性への影響
カンムリヅル	Balearica pavonina	アフリカ中央部	0.19	8.7
ホオジロカンムリヅル	Balearica regulorum	アフリカ南東部	0.06	14.1
アネハヅル	Anthropoides virgo	アジア中央部	0.02	7.0
ハゴロモヅル	Anthropoides paradisea	アフリカ南部	0.10	4.8
ホオカザリヅル	Bugeranus carunculatus	アフリカ南東部	0.23	7.8
ソデグロヅル	Grus leucogeranus	アジア	0.35	10.3
カナダヅル	Grus canadensis	北アメリカ	0.01	11.1
オオヅル	Grus antigone	東南アジア	0.05	4.7
オーストラリアヅル	Grus rubicunda	オーストラリア	0.04	6.5
マナヅル	Grus vipio	東アジア	0.21	9.2
クロヅル	Grus grus	ヨーロッパ・アジア	0.02	1.3
ナベヅル	Grus monacha	東アジア	0.17	1.4
アメリカシロヅル	Grus americana	北アメリカ	0.35	4.5
オグロヅル	Grus nigricollis	ヒマラヤ山脈周辺	0.16	5.8
タンチョウ	Grus japonensis	東アジア	0.29	2.9

出所：Martin L. Weitzman, "What to Preserve? An Application of Diversity Theory to Crane Conservation," *Quarterly Journal of Economics*, Vol. 108, February 1993, p. 161.

第17章 生物多様性の保護の経済学

　保護地域の選択に関する分析と情報不足の問題に対しては科学者の協力が引き続き必要である．ただ，現在問題に直面しているグループあるいは行政機関が現実的なステップを踏み出すこともまた必要である．ザ・ネイチャー・コンザーバンシーは，影響を受けやすい自然資源を持った地域を購入し，保全するために資金を集めている全米組織である．この組織では，購入する予定地に関する意志決定を行うためのランキングシステムを構築している．その予定地に存在する生物多様性と，その予定地が保護された場合の生物多様性が守られる確率の二つの情報が主に使用されている．そのため予定地が多くの種を含んでいる場合，あるいは予定地を保護したならば種の生存確率が大幅に改善される場合，その予定地は高いランクに位置することになる（購入における高い優先順位が与えられる）．当然，両基準を同時に満たすサイトは購入と保護に対するより高い優先順位が与えられることになる．米国の魚類・野生生物管理局は，生息地保護計画により科学的な裏付けを与えるためにギャップ分析と呼ばれるシステムを構築している．ギャップ分析は，様々な技術（衛星によるマッピングや現地での評価）を利用し，生物多様性の保護のための場所を定めることに利用されている．多様性の高い自然資源を含んでいるが，現在の保護計画でカバーされていないことが判明した地域には，保護のために高い優先順位が与えられることになる．

生物多様性の保護の費用

　これまでも触れてきたように，合理的な生物多様性の保護を行うためには保護費用も考慮に入れる必要がある．特にそう考えない人（たとえばESAを可決させた政治家のような人）が多くいるので，このことをもう少し詳しく触れることには意味がある．費用を考慮する理由は極めて単純である．仮に保護される可能性のある三つの予定地があり，それぞれの地域がどのような多様性の指標を用いたとしても同じ価値を持っているとする．ただし，保護することに関してはそれぞれ異なる費用が存在している．具体的には，それぞれ三つの予定地に対して100ドル，60ドル，40ドルの費用がかかるとする．もし我々が全体で100ドルの予算を持っているとすれば，最初の予定地を保護することだけにすべての予算を投入するよりも，残りの二つの予定地を保護することでさらに多くの多様性を保護することができる．費用について考えると，他の条件が一緒であれば，必然的に保護することを安価で行える予定地を選ぶことが望ましいということになる．

　保護に関する社会的費用は主に，(1)指定された生息地の利用を制限した場合に失われる**社会的価値**と，(2)制限が導入された生息地を管理するための**直接費用**か

らなっている。社会的価値の喪失のほとんどは、保護によって生産が認められなくなった財やサービスに生じる損失である。たとえば木材生産や農業生産、あるいは保護とは相容れない形でのレクリエーション価値に関する損失などがこれに該当する。もし現時点で土地が私有であって、さかんに土地取引がなされているならば、規制が導入された前後の土地価格の変化を見ることで、これらの機会費用をかなりうまく推定できるかもしれない。

経済的なインセンティブと生息地保護

生息地の保護は間違いなく生物多様性の保護のカギとなるものである。公有地でカギを握るのは行政機関である。関連行政機関が持つ目的や歴史、政治的プロセスがどのようなものであれ、生物多様性の保護は配慮しなければならない項目である。しかしながら、多くの絶滅危惧種の問題、またその延長線上にある生物多様性の危機は私有地で生じている。私有地における効率的な生物多様性の保護を達成するため、どのような規制や制度が適切なのだろうか。

図17-1を考えてみたい。これはある農業従事者の費用と収入の状況を示したものである。図17-1の横軸は農業従事者が生産物を価格 p で販売した場合の農産物の生産量を示している。農業従事者の限界費用曲線が MC_p と表示されている。限界費用曲線と価格を示した線とが交差した点が q_1 であるので、この生産者は生産水準 q_1 において純便益を最大化させている。

この状況の下、生物学者がある絶滅危惧種あるいは危急種を農業従事者の敷地内に発見したとする。さらに農業活動がどれだけ生息地の破壊を引き起こすのかを評価することが可能であり、またそれが農業生産量にどのような影響をもたらすのか関連付けることも可能であるとする。これは現実的な想定ではないが、このことで問題の概念的な側面を把握しやすくなる。上記の前提に基づくと、MC_p とともに生息地への悪影響も含んだ MC_s として示される新しい限界費用曲線が示されることとなる。

生産水準 q_1 は社会的に効率的な生産量 q^* を上回っている。これより少ない生産水準に減少させるためのいくつかの方法について考えてみたい。もし一般的なESAの伝統に従って考えれば、最初に思いつくのは、単純に生産量を q^* まで減少させる法律を可決することである。これは一般的な規制機関によって施行される伝統的なコマンド&コントロールによるアプローチである。このアプローチは伝統に沿ったものではあるが、この状況における農業従事者のインセンティブには対処していない。生産水準 q^* においては、その水準における限界費用曲線よりも生産物の価格がかなり高いため、農業従事者は生産量を増強する強いインセンティブを持

第17章 生物多様性の保護の経済学

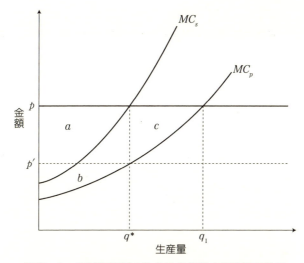

図17-1　絶滅危惧種の生息地を保護する政策の分析

っている．規制導入前，農業従事者の純便益は $a+b+c$ であったが，規制後（完全に規制に従うという想定の下）では q_1 で得られたはずの収入よりも c だけ少ない $a+b$ となる．このことは法律に反した動きをするインセンティブがあることを示している．もし絶滅危惧種が農場に見つからなかったとしたら，規制は適用されず農業従事者の所得は $a+b+c$ となる．絶滅危惧種から農業従事者自身が便益を得ていないとすれば，このことは実質的に，農業従事者が絶滅危惧種を取り除くことの価値が c だけあることになる．これは絶滅危惧種が公に発見される前に，農業従事者がそれらを除去してしまうには十分な動機付けとなる可能性がある[15]．

ESAに対して指摘されてきたことは，ESAによる便益は社会全体に広く行き渡っているかもしれないが，その費用は図17-1に描かれたような状況を持つ農業従事者のように，不幸にも絶滅危惧種の生息地を所有している民間の関係者に集中しているということである．そのため問題となっていることは，必ずしも便益の合計が費用の合計を上回っているかどうかではなく，費用と便益がどのように配分されているかということである．全体としては純便益が正となる計画であっても，もし不釣り合いな費用を数名の人々や特定のグループが負担することになってしまうならば，彼らに激しく反対される可能性がある．

図17-1に描かれたような農業従事者に対しては，規制によって失った所得のすべてまたは一部について**補償**を行うことが示唆される[16]．このタイプの補償支払い事業はいくつかの国々ではごく一般的に行われている（**コラム17-2**）．一般的に

355

コラム17-2　多様性の保護を目的とした土地所有者の活動に対する補償事業の例

スウェーデン

「自然保護と農業景観基金」と「景観保護基金」の目的は保護地域の外部にある耕作地の削減を進めることである．最終的な目的は500,000haの農地を別用途に使えるようにすることである．現在，全農業従事者の15%がこれらの基金に登録している．全般的な自然保護を目的に据えてはいるものの，生物多様性の保護は次第に中心的な目的となってきている．これらの基金は国レベルで存在するもので，地域の農業団体や関係団体と緊密な連携を取りながら，郡の行政委員会が補償事業を実施している．一般的には5年単位で農業従事者との合意に基づいて年間の支払いが行われている．どちらの基金も効果的な働きをしていると考えられている．基金の配分は郡の行政委員会によって作成された保全計画に基づいて優先順位が付けられている．支払金額は景観タイプによって区別されており，農業従事者の機会費用というよりも景観や野生生物に対する推定された社会的価値の改善に応じて設定されている．

オーストリア

1993年に設立された「北東オーストリア景観基金」は生物多様性よりも景観を対象としている．しかし，保護地域外の保全や破壊された生態系の回復，希少種あるいは絶滅危惧種の保護，農地や林地における環境にやさしい活動への支援なども行っている．対象とするのは農業従事者や林業従事者であり，事業は地域のNGOやその事業をサポートするために組織された民間団体を通じて実施される．この方法によって，行政機関で生じる追加的な事務作業を最小化させている．基金は景観保全策に対する補償を個人契約の下で行うか，新しいビオトープや生態系を創出するための助成金として使われている．支払い条件の一つは新しいビオトープの存在が20年維持されるといったものである．

スイス

「生態学的補償事業」は1993年に導入され，国内の耕地の12%を環境保護のための地域に転換することを目的としている．この事業では，農業従事者に対して様々な種類の自然景観を創出し，維持することに対して支払いを行っている．目的の一つは国内で種の絶滅を防ぐことである．財政的支援には段階があり，土地の種類とその土地の管理条件によって設定されている．これまで，農業団体と環境保護団体，政府機関の間で大規模な協議が行われてきている．事業は政府レベルで行われるが，実施とモニタリングは州に委譲されている．イ

> ンセンティブが効果的かどうか判断するのは尚早であるが，その反応は著しく，1993年までに47,000haがその恩恵を被っている（農地の約4％）．報告されている事業の問題点としては，生態学的な基準の定義や適格となる土地を評価するための手法の正確性が挙げられている．
>
> 出所：Organization for Economic Cooperation and Development, *Saving Biological Diversity: Economic Incentives*, OECD, Paris, 1996, p. 94.

　これらの事業は土地所有者と公的機関との間の契約に基づく合意の形を取っている．つまり，支払いの見返りとして特定の活動を行わないようにしたり，作業手順を別の手順に変更したりする合意を行うことになる．契約の詳しい条件（その分量や影響を与える活動）はケースバイケースで決めることになる．この種のアプローチでは実際の裏付けが必要である．同時にこれらの事業が効率的なものとなるために解決しなければならない問題点もある．たとえば，(1)土地所有者が自発的に行っていると思われる行動に対しても支払いを行う必要があること，(2)支払額に関して合意が必要となること，(3)土地所有者が実際に合意にしたがっているかを認識するためにモニタリングをしなければならないことである．

　この問題に対処するもう一つのやり方は，土地所有者などが行う保全活動が経済的根拠を持つよう，つまり，土地所有者に対する補償が**市場**での収入を通じて得られるよう，絶滅危惧種が提供するサービスを取り扱う市場を構築することである．絶滅危惧種の中には，その種の写真を撮る機会のために土地所有者に対してお金を支払っても構わないという意味で**エコツーリズム**の価値を持つものもいるかもしれない．あるいは製薬会社が保全活動に対してお金を払っても構わないという意味で，医薬品としての価値を持つ植物があるかもしれない．これらの種の価値が直接的に農業生産量に関係していると想定しよう．農作物の価格はpであるが，この農作物の生産量一単位がある一定の絶滅危惧種の市場価値の減少を引き起こすため，新しく適用される生産価格はpから種の価値を差し引いたp'となる（言い換えれば，$p-p'$は農業生産量の関数で表現した絶滅危惧種の価値である）．このケースにおいて，土地所有者にとって利益を最大化させるインセンティブは，農業生産量を社会的に効率的な水準まで減少させること，つまり社会的に効率的な種の保存計画を引き受けることとなる．

　このような市場を創出することはどれだけ現実的なのだろうか．エコツーリズム市場は最もあり得るものと思われる．エコツーリズムの問題点は，動物の世界においてはしばしば大きく人気のある動物に注目が集まることである．一方で，人間にとって有害な小動物の多くに対しては，支払意志額は実際には間違った方向に評価

される可能性がある．さらに昆虫のような無数の小動物，さらにはバクテリアといった微生物などは，まれな例を除いて，どのような規模の旅行会社が扱うにしても十分な魅力は持ち合わせていないと言えるだろう．

要約

生物多様性とはすべてのレベルにおける生物学的な有機体（個体，種，そして生態系）の多様性を示す言葉である．生物学的な多様性を理解し，保護する努力は，自然資源の研究や政策における大きな焦点となってきた．米国においてはその焦点の多くは**絶滅危惧種法（ESA）**に対して向けられてきた．絶滅危惧種法は政治的に論争があるものの，保護という意味ではある程度は成功を収めていた．概念的な話として，スペースが限られている場合にどの種を方舟に乗せるのかという**ノアの問題**についても考えた．その答えは，個別の種の価値，多様性に貢献するという文脈における当該種と他の種との関係性，そして多様性それ自体の**価値**に依存するというものであった．最後の要因は極めて計測することが難しいため，その努力は生物多様性の保護の費用便益分析に代わり，**費用効果分析**，つまり所与の支出に対して生物多様性の保護を最大化することに向けられてきた．ここでは**絶滅確率**と**保護費用**も重要であるが，生物多様性を表現するため使われてきた定義も極めて重要であった．現実的には生物多様性の保護は**生息地の保護**を意味している．このことは，最適な保護地域の選択問題と，私有地において保護を促進するため**インセンティブ**の活用が重要になることを意味していた．

注

1）エドワード・オズボーン・ウィルソンの業績により，多様性の喪失とその帰結に対して関心が広まることとなった．彼らの受賞作である *The Diversity of Life*（Harvard University Press）を参照されたい．
2）たとえば *Biodiversity*（E. O. Wilson 編・National Academy Press）の中にある多くの論文を参照されたい．
3）特に1916年の国立公園局法，1966年の絶滅危惧種保護法，1969年の危惧種保全法がそれらに該当する．
4）内務長官が登録に際して用いることが想定される実際の基準は，(1)生息地が現時点で破壊されているか，破壊される危機が迫っていること，(2)当該種の過剰利用，(3)疾病もしくは捕食，(4)現行法制が整っていないこと，(5)その他の自然あるいは人為的な要因である．
5）Andrew Metrick and Martin L. Weitzman, "Conflicts and Choices in Biodiversity Preservation," *Journal of Economic Perspectives*, 12(3), Summer 1998, pp. 21-34. を参照さ

れたい．

6）Gardner M. Brown, Jr., and Jason F. Shogren, "Economics of the Endangered Species Act," *Journal of Economic Perspectives*, 17(3), Summer 1998, p. 10.

7）生物学者であるデビッド・エーレンフェルトが提示した**ノアの原則**とは異なることに注意されたい．この原則ではノアはすべてのために十分な場所を確保している．この原則が述べているのは，人間にとっての価値は考慮せずに，すべての種を例外なく，何としてでも保護すべきであるということである．D. W. Ehrenfeld, "The Conservation of Non Resources," *American Scientists*, Vol. 64, 1976, pp. 648-656. を参照されたい．

8）聖書によれば，それは300×50×30＝450,000立方キュビット（キュビットとは肘から中指の先までの長さ，約18インチ）である．つまり方舟は1.5百万立方フィートということになり，現代の駆逐艦のサイズとほぼ同じになる．

9）R. Norton, "Owls, Trees and Ovarian Cancer," *Fortune*, February 5, 1995, p. 49.

10）ここでは種の多様性について議論しているが，この原則は他のレベルの話（ある地理的地域内の生態系において，ある特定種に関してどれだけ異なる個体がいるかなど）にも適用できる可能性がある．

11）Norman Myers, "The Biodiversity Challenge-Expanded Hot Spot Analysis," *Environmentalist*, 10(4), 1990, pp. 243-256.

12）この例は，ステファン・ポラスキーとアンドリュー・ソローの "Conserving Biological Diversity with Scarce Resources," Marine Policy Center Woods Hole Oceanographic Institution, April 1997. によるものである．

13）アルゴリズムとは，たとえばレシピのようなもので，ある数的問題を解くために従うべき数学的な手続きのことである．

14）たとえばRobert E. Ricklefs, *The Economy of Nature*, 4th ed., W. H. Freeman, New York, 1997, p. 516. を参照されたい．

15）たとえばCharles C. Mann and Mark L. Plummer, *Noah's Choice: The Future of Endangered Species*, Knopf, New York, 1995. で議論されているケースを参照されたい．

16）これは新しい提案ではない．アルド・レオポルドの指示の下，専門家委員会によってまとめられた公式声明である1930年の米国狩猟対象動物政策では，「土地所有者への誘因」という章が含まれている．そこでは地域の土地所有者に対して，野生動物の生息地とハンティングのためのアクセスを提供することに対する補助金の支出が提言されている．Wildlife Management Institute, *The North American Wildlife Policy* 1973, WMI, Washington, DC, 1978, p. 39. を参照されたい．

あとがき

　本書はバリー・C・フィールド著『入門　自然資源経済学』（第2版）（Barry C. Field, *Natural Resource Economics: An Introduction*, 2nd edition, Waveland Press, 2008）を日本語に訳出したものである．訳者らがなぜ本書を翻訳したのか，言い換えると，他にはない本書の特徴がどこにあるのか，以下のように整理することができる．

- 自然資源や自然環境に対する関心が高まっているが，これらと経済との関係を直接取り上げた初心者向けの日本語テキストが存在していない
- 環境経済学のテキストは数多く存在しているが，環境汚染などに関する記述が中心で，自然資源や自然環境に関する記述が少ない
- 経済学のテキストは抽象的で興味を持ちにくいが，本書では身近な自然資源や自然環境を例に経済学を学ぶことができる

　これらの点を踏まえると，本書のタイトルは『入門　自然資源経済学』ではあるものの，想定される読者は経済学を専攻する方々に限られないことが分かる．我々はむしろ，農林水産業やエネルギー・鉱物資源開発，自然公園や都市公園の管理，野生生物管理，生物多様性の保護といった，自然資源や自然環境に興味あるいは関わりのある幅広い分野の方々に本書を読んでもらいたいと考えている．本書はそれらの読者が読んでも退屈しないよう巧妙に作られている．本書がなぜ幅広い読者に対応しているのか，私（庄子）が原著を教科書として使用するまでの経緯からお話したい．

　そもそも私は経済学部の出身ではない．出身も現在の所属も農学部森林科学科である．森林科学科では森林をキーワードに，まさにミクロからマクロまで様々なテーマを取り扱っている．当然，森林を経済学的な視点から理解する学習内容もカリキュラムに含まれている．学生の興味は様々で，フィールドに出て研究したいという学生もいれば，実験室での研究を希望する学生もいる．しかし，基本的には理系の学生であり，経済学を勉強したいという学生はほとんどいない．私の役割はこのような学生にいかに経済学のエッセンスを伝えるかである．卒業後，森林や林業をはじめとした自然資源に関わる企業，林野庁や環境省，都道府県の森林あるいは環境部局に就職する学生も多い．経済学的な視点から自然資源を理解することは，学生時代にはほとんど役に立たないことかもしれないが，就職した後に大きな意味を

持つことになる.

　このような中,私は「森林資源経済学」という授業を行っていた.この授業での一番の問題点は教科書が存在しないことであった.本書の第12章の内容を取り扱っていたのであるが,一般向けの教科書は存在しておらず,様々な書籍や文献からつまみ食いをして講義内容を構成していた.同時に,学生の中には野外レクリエーションや野生生物管理,生物多様性の保護などを卒業論文のテーマにする学生もいたことから,「森林資源経済学」という枠組みが狭すぎることも問題として感じていた.そこで講義名を「環境資源経済学」に改め,内容もより全般的なものに改めたのである.

　ただ,教科書がない問題は続いていた.まず,自然資源経済学に関する教科書が森林科学科の学生には依然として難しいのである.様々な教科書を試したのであるが,その原因は基礎となるミクロ経済学を学んだ上での自然資源経済学という構成になっていたからである.しかし,ミクロ経済学の内容を講義で扱う時間はないし,経済学部でミクロ経済学を事前に履修してもらったり,自習してもらったりすることも現実的ではない.

　そのような中で辿り着いたのが本書である.本書は自然資源経済学の基礎となるミクロ経済学を,前半部分に「基本的考え方」という形で練り込んでしまっている.それも,後半部分の具体的な自然資源や自然環境に関するトピックスに添う形で整理されている.ミクロ経済学の説明でよく登場するビールや焼き鳥の例ではなく,森林や野生生物,生物多様性の保護といった,森林科学科の学生が,現実に取り扱うものを例として説明しているのである.1年間使用してみて,これは森林科学科に限らず幅広い分野の方々に受け入れられるという確信を得て,翻訳に至ったのである.ただ,よくよく考えてみれば,姉妹本としてすでに刊行されている『環境経済学入門』(Barry C. Field, *Environmental Economics: An Introduction*, 2nd edition, McGraw-Hill, 1997)もそのような構成になっていたので,最初から気づくべきだったのかもしれない.『環境経済学入門』のまえがきでは,『環境経済学入門』が幅広い分野の方々を意図して執筆していることが強調されている.

　本書がなぜ幅広い読者に対応しているのかもう少し話を続けたい.今日,学問は急速に学際化している.たとえば,自然資源や自然環境に関わる研究テーマに携わっている自然科学者も,自然のメカニズムを明らかにするだけでなく,その知見を現実社会の問題解決につなげることまで求められるようになっている.現場では人間が自然資源や自然環境に対して様々な問題を引き起こしているので(たとえば,本書で繰り返し述べられているオープン・アクセスの問題),問題解決を図るための政策立案や制度設計を検討するには,本書でも述べられているような人々のイン

あとがき

センティブに関する理解が不可欠である．このような背景から，近年は自然科学者の方々から共同研究のお誘いを受けることも多い．森林や野生生物，生物多様性の保護を研究テーマとしている学生から相談を受けることもある．そのため私が実施したり，お手伝いしたりした研究テーマは，下記のように本書のほとんどの章に関わるまでになった．

- 森林認証制度の導入に関する研究（第12章）
- 河川工作物のスリット化とサクラマス資源の保全に関する研究（第13章）
- 国立公園などの自然保護地域における費用負担に関する研究（第15章）
- 自然保護地域周辺の地域住民のヒグマに対する認識に関する研究（第16章）
- 自然再生事業やグリーンインフラの導入に関する研究（第17章）

この事実を踏まえると，自然資源経済学という学問の枠組みは知らなくても，そこで取り扱っている事柄に対して，幅広い分野の方々が知りたがっていることは容易に想像できる．本書はそのような方々に基本知識を提供する役割を担うことができるはずである．たとえば，自然環境の保全を行うにも保護地域の拡大はタダではなく，実行可能性を担保しなければ有効には機能しないこと，そして人々のインセンティブを適切に理解しなければ，問題はさらに悪化することを基礎知識として皆が共有していれば，より深く具体的な提案に早くたどり着けるはずである．

さて，経済学を専攻する方々に対しても，本書の位置づけと利用方法を紹介しておきたい．これまでも述べてきたように，本書には基礎となるミクロ経済学が練りこまれているので，初学者も本書だけで自然資源経済学の全体を概観することができる．ミクロ経済学をすでに学習している読者，あるいは数式を使ったより詳しい説明を求める読者にとっては物足りない内容になっているかもしれないが，事例が豊富に紹介されているため，自然資源経済学に対する興味を広げるという意味では期待に応えることができるはずである．

より詳しい内容を求める読者は，まずはミクロ経済学に関する基礎知識が必要になるであろう．その上で，日本語の書籍では以下のものがより詳しい内容を取り扱っている．

- J. M. コンラッド（2002）『資源経済学』（岡敏弘・中田実訳）岩波書店．
- N. ハンレー・J. ショグレン・B. ホワイト（2005）『環境経済学：理論と実践』（政策科学研究所環境経済学研究会 訳）勁草書房．

『環境経済学：理論と実践』にあるように，自然資源経済学の内容が，環境経済学という枠組みに含まれている場合もある．書籍を選ぶ際には，タイトルだけでなく内容にも注意して見て頂きたい（ただ，以下に紹介する書籍のように，多くの場合，環境経済学と自然資源経済学は並列扱いの場合が多い）．これらの書籍はどち

らも非常に優れたものであるが，実際にはかなり高度な内容を扱っている．本書とこれらの書籍の間をつなぐ和書は存在していないため，以下のような洋書に当たる必要があるかもしれない．

- Tietenberg, T. H. and Lewis, L. (2016) *Environmental and Natural Resource Economics* (10th edition), Routledge.
- Perman, R., Ma, Y., Common, M., Maddison, D. and McGilvray, J. (2012) *Natural Resource and Environmental Economics* (4th edition), Pearson Education.
- Grafton, Q., Adamowicz, W., Dupont, D., Nelson, H., Hill, R. J. and Renzetti, S. (2004) *The Economics of the Environment and Natural Resources*, Blackwell.

これらはどれも英語圏において教科書として幅広く利用されているものである．これよりさらに高度な内容については，エネルギーや森林，農業といった各分野の教科書あるいは専門書で学習することになる．

　最後に本書の翻訳に関して何点か書き加えておきたい．翻訳作業は訳者3人がそれぞれの担当部分を翻訳し（庄子が第7章後半，第8章，第9章，第11章以降，柘植が第3章から第7章前半，栗山が第1章と第2章，第10章），その後，全員で通読して内容確認を行っている．

　原著は6部21章構成となっているが，本書では半期（15回）での教科書使用を想定し，第6部（発展途上国における自然資源）については割愛している．また土地経済学（Land Economics）の章と水資源（Water Resources）の章についても割愛している．この2章の内容は，日本とはかなり異なる状況を取り扱っているため（米国では土地は広大であり，また水は希少である），日本の読者が問題を想像しづらいと考えて割愛することとした．コラムについては，著作権の問題がないものについてはできる限り掲載するようにしたが，日本の読者に関係が薄いものなどについては一部掲載していない．当然のことであるが，これらの内容は，重要でないために省略した訳ではなく，分量や米国と日本との関心の違いを考慮してのことである．

　また上記でも触れているが，本書には姉妹本の『環境経済学入門』（秋田次郎・猪瀬秀博・藤井秀昭訳，日本評論社，2002年，原書第2版の翻訳）が存在している．こちらはすでに定番の教科書となっている．本来であればこちらとの用語統一なども必要なのかもしれないが，今回はあえて行っていない．本書と『環境経済学入門』との間には共通する記述も数多くあるのだが，それらについては逆に別々の翻訳をしていた方が，理解が進むと判断したためである．教科書ではよくあることで

あとがき

あるが，理解できない内容も，違う教科書の違う説明によって理解できるようになることが少なからずあるためである．この機会に『環境経済学入門』もあわせて読んで頂きたい．

最後に本書の刊行にあたっては，多くの方々にお世話になった．特に日本評論社の斎藤博氏には，企画から最終的な刊行に至るまで親身にお付き合い頂いた．なかなか進まない翻訳作業に対しても温かい言葉で励ましを頂いた．また，最終原稿については京都大学の嶌田栄樹君，中塚耀介君，矢野圭祐君，北海道大学の宮城愛さん，高瀬康平君，明石瑞恵さん，岡本昇太君にチェックをして頂いている．また，私の妻の尚子にも通読してもらっている．そのおかげで幅広い分野の方々にも読みやすく修正することができた．この場を借りてお礼をしたい．

2016年8月

訳者を代表して 庄子 康

※本書の翻訳中に，原著には第3版が刊行されている．残念ながら，編集の最終段階でこの情報を入手したため，本書は第2版の翻訳になっているが，第3版の基本構造は第2版と大きくは変わっていない．

索　引

あ　行

R＆D（研究開発）　214
アクセス制限　257
ありせば・なかりせばの原則　140
イエローストーン国立公園　330, 331
育林作業　228
遺産価値　23, 153
異時点間の効率性　96, 178
遺伝的特殊性　350
制度上の問題　306
インセンティブ　115, 278
　　経済的な——　354
　　政府が支援する——政策　106, 107, 115
　　——に基づいた政策　106
運転資本　33
エコツーリズム　295, 304, 306, 346, 357
　　持続可能な——　305
エコロジー経済学　14
エタノール　207
エネルギー　200, 201
　　——価格　7, 213
　　——効率性　206, 211-213, 223
　　——自給の経済学　208
　　——に対する補助金　204
　　——の自給率　207
　　——の豊富さ　205
エネルギー需要　
　　交通のための——　43
エネルギー市場　202
　　——の政治経済学　202
エネルギー消費量（米国の）　7
獲物の放牧　324
オオカミの再導入　331
オープン・アクセス　93, 95, 255, 291
　　——の資源　93, 94, 315
　　——の外部効果　95, 279
　　——の問題　255
　　——の利用水準　291
オープン・アクセス・システム　11
汚染源　199

オプション価値　23, 152
温室効果ガス　206

か　行

皆伐　239
　　最適な——方法　239
回復計画　339
外部効果　234
　　混雑による——　291, 292
外部費用　89, 90, 165, 306
外部便益　91, 281
外来種　309
価格効果　168
価格差別　307
価格設定　
　　——と総収入　295
　　効率的な——　301
　　多段階の——　300
　　二段階の——　304
価格弾力性　296
　　需要の——　299
価格非弾力的　197
価格変化　
　　長期の——　6
過剰な資本化　246
化石燃料　203, 205, 206
仮想評価法　17, 159, 160, 163, 307
ガソリン価格　202
価値　37
価値の評価　
　　保護という選択がもたらす——　14
価値判断　30
CAFE　→　企業平均燃費
カリスマ的大型動物　342
カルテル　190
環境影響評価　129
環境経済学　20
環境正義　145
環境費用　56
感度分析　140, 147
機会費用　36, 55, 165

367

企業平均燃費（CAFE: Corporate Average Fuel Economy） 206, 215-217
気候変動に関する政府間パネル（IPCC） 238
技術革新 6, 256
技術的要因 20
規制 168
規制緩和 217, 218
　——の効果 169
期待価値 285
期待費用 148, 338
期待便益 148, 339
北大西洋漁業委員会 258
規範経済学（価値） 30, 65
規模の経済 224
逆インセンティブ 122, 216
逆進的 146
ギャップ分析 353
供給 205
供給関数 63
供給曲線
　弾力的な—— 223
競争 89, 219
漁獲可能量 259
漁獲割当 8, 260, 261
漁獲水準 261
漁獲制限 259
漁獲努力 252
漁獲量推移 245
漁業活動の制限 258
漁業管理協議会 248
漁業管理計画 248
漁業管理へのアプローチ 256
漁業規制の効果 259
漁場 249, 255, 256, 259
　米国の——管理制度 247
均衡 87, 99, 250
金属 173
禁猟時期 321
区画漁業権 257
クリーンエネルギー 206
グローバル経済 19
経済影響分析 131
経済（的）効率性 31, 102
経済分析 29
計算価格 156
決定ルール 344
限界価値 73

限界支払意志額（MWTP） 40, 41, 70, 154
　——逓減 86
　集計——曲線 44
限界社会的費用 66
限界社会的便益 66
限界生産力アプローチ 144
限界費用 56, 58, 59, 154
　——曲線 58
　埋蔵量拡大の—— 184
限界レント 73
減価償却 197
現在価値 50, 97
減債基金 197
現在世代 75
原子力発電産業 204
現地価格 71
公益事業委員会 218, 222
郊外化 325
郊外の
　——住宅市場 157
　——野生生物 325
工業鉱物 173
公共財 43, 91, 279
公共政策 9, 101, 330
　自然資源に対する—— 101
　——の種類 106
鉱床 178
鉱石 173
構造調整に対する支払い 273
公的規制 166
鉱物 176
　——の採掘 175, 178
　——の品位 175
鉱物価格 182
公平性 31, 103, 294
　垂直的な—— 145, 146
　水平的な—— 145
公的な土地所有 316
効率性 77
効率的な
　——漁獲水準 254
　——定常状態 283
効率的な利用水準 291
　社会的に—— 291
枯渇性エネルギー 6
枯渇性資源 26, 78, 173, 176, 191
　——と持続可能性 186

索引

国内総生産（GDP）　12, 29
国有林からの木材伐採　242
国立野生生物保護区システム　318
個人所有　322
コマンド&コントロール　354
　　──政策　106
　　──アプローチ　117
　　直接的な──　107

さ　行

採掘　176
　　──の経済学　176
採掘技術　184
採掘コスト　180
採掘費用　174
採取的資源　23
採取と保護の論争　14
再生可能エネルギー　6
再生可能資源　27, 78
最大持続生産量　228, 253, 312
最適な保護地域の選択問題　348
サイの角　332
再配分　122
作付の制限と増強　273
産業革命　4
CO_2排出量　206
時間選好アプローチ　144
事業費と維持管理費　166
資源　35
　　──の開発　22
　　──の希少性　6
　　──の保護　22
資源経済学　3
資源発見曲線　184
資源評価　14
資源レント　71, 180, 188, 256
　　最大の──　96
　　年間の──　255
　　──の消失　95
自主協定　280
市場　97, 357
　　──の失敗　120, 122
　　──の数量と価格　87
　　非合法な──　330
　　野生生物の──　330
市場あるいは所有権に対する政策　106

市場機構　19
市場経済　9, 85
自然資源　35
　　──の枯渇　13
　　──の代替　6
　　──の評価　151
　　──の分析　127
　　──の分類　24
　　──の量または質のいずれかにおける可逆性　28
　　──を利用したレクリエーション　23
　　採取された──　14
　　社会的に最適な──の利用水準　7, 8
　　受動的な──の価値　152
　　能動的な──の価値　152
自然資源勘定　12, 13
自然資源経済学　3, 15, 20
自然資源サービスのモデル化　25
自然資源資本　13
自然資源商品　23
自然資源レント　255, 262
自然資本　20
持続可能性　8, 31, 77-79, 104
持続可能な発展　14
持続性　312
持続的漁獲量　250
実現可能性
　　社会的──　134
　　商業的──　134
実施可能性　105
実証経済学（事実）　30, 65
湿地の保全　274
私的財　44
私的財産　114
私的所有権　11, 109
私的な財産管理団体　110
支払意志額　37, 38
　　──曲線　40
　　──逓減　38
支払能力　38, 48, 104
資本化　157
資本価値　180
資本金　166
資本財　13
資本的資産　180
資本投資　80
社会的価値　353

369

社会的効率性　8, 88
　　静学的な——　87
社会的純便益　66
社会的に効率的な生産量　66
社会的に最適な水準　22
社会的費用　61
社会的便益　49
シャドウプライス　156
自由化　222
集権化と分権化　123
種
　　——の保存　344
　　——の豊かさ　349
需要　40
　　——の価格弾力性　197
　　——の推定　304
　　公共財に対する——　44, 46
　　私的財に対する——　44
需要曲線　41-43, 47, 48, 86, 214, 289
　　集計された——　213, 289, 301
　　将来における——　290
需要と供給　268
　　市場における——　85
　　——の基本モデル　86
純便益　8
　　——の最大化　102
省エネルギー　7
商業的な利用権　241
消失　256, 262
譲渡性個別割当方式（ITQs）　11, 261
譲渡可能性　114
消費の価値と非消費的価値　152
乗用車　215
将来価値　50
　　——の予想　147
将来性のある収入源　295
将来世代　75, 77-78
将来費用　97, 98
初期水準　284
所得支援政策　272, 273
所得の増大　290
所有権　112-114
　　——制度　10
　　——に対する政策　107
人工資本　79
人口成長　270
人口動態に関する要因　20

人的資本　33, 79, 189
森林認証　227
森林の経済学　225
森林伐採の意志決定　226
スポーツハンティング　318, 319
静学的効率性　65-67, 71, 176
税金　115, 179
生産資本　80
生産費用　55
生息地保護　354
生息地保全計画　340
生存確率　344
　　保護計画の有無に応じた——　344
生態学的補償事業　356
生態系の維持　23
成長曲線
　　個体数の——　310
　　ロジスティック——　312
『成長の限界』　4
政府機関　19
生物学的インパクト　305
生物学的な成長曲線　249
生物経済学的な働き　29
生物経済学的モデル　249
生物多様性　20, 23
生物多様性の保護　337
　　——サービス　114
　　——の費用対効果　347
政府の失敗　120, 122
石炭産業　203
石油　205, 209
　　——の精製と流通　203
石油輸出国機構　189
世代間公平性　77
世代間のバランス　104
絶滅危惧種　358
絶滅危惧種法　338
1970年国家環境政策法　129
1996年持続的漁業法　249
1973年絶滅危惧種法（ESA）　15, 338
　　1978年の修正条項　339
1978年公益事業規制政策法　219
1977年水質汚染防止法　275
1985年農業法に加えられた湿地罰則（スワンプバスター条項）　275
1946年国際漁業協定　258
戦略的石油備蓄　210

索引

象牙　331
総支払意志額　40
純収益　254
総生産費用　58
送電線網　218
贈与価値　153
総レント　73
存在価値　153, 309, 312, 325

た 行

ただ乗り　92
立木価格　73
単一栽培　280
探査　173
探査と開発　184
　　鉱物資源の――　184
炭素固定　236, 238
地域漁業管理協議会　247
地球温暖化　7, 205, 206
地質学的要因　174
知的資本　79
中間財　190
直接規制　106, 117, 118, 280
直接所得補償　273
電気　204, 218
点推定値　147
天然ガス　203, 217
天然骨材　173
電力価格　202
電力市場における構造　220
電力自由化　217
動学的効率性（異時点間の効率性）　65, 68, 71, 73
同化能力　21
統合化
　　垂直的な――　203
　　水平方向への――　203
投資に対する限界生産力　144
投資判断　282
投入物と生産物　134
投入量と産出量　137
独立電力管理機構　220
土壌生産性　282, 284
土地所有者　323, 340, 356
土地の保有条件　98
トラベルコスト法　158

取引費用　315
努力量－漁獲量曲線　252
貪欲法　349

な 行

二酸化炭素の排出量削減　236
2006年マグナソン・スティーブンス漁業保存管理再授権法　249
入場料金　294
ネイチャー・コンザーバンシー　161, 353
熱帯林伐採の減少　238
燃料用鉱物　173
　　非――　173
ノアの方舟問題　343
農薬に対する感受性　279
農業の経済学　267
農地の配分　267
農薬使用に対する税金　280

は 行

ハイイロオオカミ　327
バイオテクノロジー　281
バイオ燃料　205, 206
バイオマス　237, 250
　　――サイズと成長量　250
排出権取引　237
排出源　206
排除　112
配電網　218
配分問題　327
派生価値　335
バックストップ資源　187
バックストップ・テクノロジー　187
伐採費用　233, 239
伐採利用権（コンセッション）　98
バッファー・ストック　210
ハンティング　321
非採取的資源　23
費用　55
　　――と技術変化　62
　　――と供給　63
　　――の現在価値　62
　　――の分析　165
　　価格変化による――　165
費用回収　222

371

費用曲線　56, 58
費用効果分析　133
費用対便益比　138
費用調査　167
費用負担
　　固定的な運営費用を賄うための——　303
費用便益分析　15, 134, 136, 137
非利用価値　22
不確実性　147
　　漁業管理における——　264
　　経済的な——　148
　　生物学的な——　147
複利計算　50
部門別石油消費量　216
フリーライダー　100, 315
分散投資　232
　　資産の——　233
ヘドニック価格法　170
便益　46
　　支払意志額と——　46
　　消費的な——　139
　　能動的（利用）——　153
　　——の種類　152
　　——の評価　152
　　非消費的な——　139
　　非利用（受動的）——　161
法律と管理活動　314
ポートフォリオ　180
捕獲規制　323
捕獲頭数の規制　321
保護　234
　　——と開発　103
　　——に関する社会的費用　353
保護団体　331
　　国際自然保護連合　331
　　世界自然保護基金　331
補償事業　355, 356
補助金　116, 215, 239
　　原材料に対する——　273
　　連邦政府のエネルギーに対する——　11
捕食者のコントロール　327
ホットスポット　349
　　種の——　348
ホリコン国立野生生物保護区の経済的影響　132

ま 行

マクロ経済学　29
マクロ経済レベル　77
マダラフクロウ　16
　　——の生息地　234
マルサス，トマス　4, 17, 270
ミクロ経済学　29, 45, 55
密猟　331
無機肥料　173
木材製品内の炭素　238

や 行

野外レクリエーション　287, 295
　　資源利用型の——　287
　　——の需要　289
薬剤抵抗性　277
野生生物
　　——の再生計画　327, 329
　　——の再導入　328
　　——の生息地　234
　　——の生態学　310
野生生物管理　314, 317, 322
　　——の経済学　309
野生生物資源　316
野生のシチメンチョウ　313
野生のツル　351
ユーザーコスト　70, 80, 97, 113, 180
　　私的な将来の——　99
輸入依存率　209
余剰作物　273

ら 行

リサイクル　191
　　——可能資源　27
利子率　144, 149, 234
利用価値　22
利用制限　293
　　価格によらない——　294
　　価格による——　295
林業活動　241
林業の所有形態　240
輪伐期（木材の収穫ローテーション）　230
レクリエーション・ハンティング　312, 320

索　引

レント
　　――の消失　96
　　自然資源の――　71
連邦政府機関　317
ロジスティックモデル
　　個体数成長の――　250

わ　行

ワシントン条約　331

割引　50, 69, 73, 75, 77, 141, 142
　　――と将来世代　143
割引率　97, 144
　　――の選択　143
　　実質の――　144
　　低い――　76
　　名目上の――　144

373

訳者紹介

庄子 康（しょうじ・やすし）　博士（農学）

1973年	宮城県生まれ
1997年	北海道大学農学部 森林科学科卒業
1999年	北海道大学大学院農学研究科 林学専攻 修士課程修了
2000年	日本学術振興会 特別研究員 DC2
2002年	北海道大学大学院農学研究科 環境資源学専攻 博士後期課程修了
2003年	日本学術振興会 特別研究員 PD
2005年	北海道大学大学院農学研究科 森林政策学分野 助手
2007年	北海道大学大学院農学研究院 森林政策学研究室 助教 を経て
現　在	北海道大学大学院農学研究院 森林政策学研究室 准教授

柘植隆宏（つげ・たかひろ）　博士（経済学）

1976年	奈良県生まれ
1998年	同志社大学経済学部 卒業
2000年	神戸大学大学院経済学研究科 博士課程前期課程修了
2003年	神戸大学大学院経済学研究科 博士課程後期課程修了
	高崎経済大学地域政策学部 講師
2007年	甲南大学経済学部 准教授 を経て
現　在	甲南大学経済学部 教授

栗山浩一（くりやま・こういち）　博士（農学）

1967年	大阪府生まれ
1992年	京都大学農学部 農林経済学科 卒業
1994年	京都大学大学院農学研究科 農林経済学専攻 修士課程修了
	北海道大学農学部 森林科学科 助手
1999年	早稲田大学政治経済学部 専任講師
2001年	早稲田大学政治経済学部 助教授
2004年	早稲田大学政治経済学術院 助教授
2006年	早稲田大学政治経済学術院 教授 を経て
現　在	京都大学農学研究科生物資源経済学専攻 教授

筆者らはこれまでにも共同で以下のような書籍を執筆している。

栗山浩一・柘植隆宏・庄子康（2013）『初心者のための環境評価入門』勁草書房．

柘植隆宏・栗山浩一・三谷羊平【編著】（2011）『環境評価の最新テクニック：表明選好法・顕示選好法・実験経済学』勁草書房．

栗山浩一・庄子康【編著】(2005)『環境と観光の経済評価：国立公園の維持と管理』勁草書房.

●著者
バリー・C・フィールド（Barry C. Field）
マサチューセッツ大学アマースト校（The University of Massachusetts in Amherst）教授
（資源経済学担当）教授

●訳者
庄子康（しょうじ・やすし）
1973年宮城県生まれ．北海道大学大学院農学研究院森林政策学研究室准教授．博士（農学）

柘植隆宏（つげ・たかひろ）
1976年奈良県生まれ．甲南大学経済学部教授．博士（経済学）

栗山浩一（くりやま・こういち）
1967年大阪府生まれ．京都大学農学研究科生物資源経済学専攻教授．博士（農学）

入門　自然資源経済学

2016年9月20日　第1版第1刷発行

著　者——バリー・C・フィールド
訳　者——庄子康・柘植隆宏・栗山浩一
発行者——串崎浩
発行所——株式会社日本評論社
　　　　〒170-8474　東京都豊島区南大塚3-12-4　電話 03-3987-8621（販売），8595（編集）
　　　　振替　00100-3-16
印　刷——精文堂印刷株式会社
製　本——井上製本所
装　幀——林健造

検印省略Ⓒ Y. SHOJI, T. TSUGE, K. KURIYAMA, 2016
Printed in Japan
ISBN978-4-535-55798-7

|JCOPY|　〈(社)出版者著作権管理機構　委託出版物〉
本書の無断複写は著作権法上での例外を除き禁じられています．複写される場合は，そのつど事前に，(社)出版者著作権管理機構（電話03-3513-6969，FAX03-3513-6979，e-mail：info＠jcopy.or.jp）の許諾を得てください．また，本書を代行業者等の第三者に依頼してスキャニング等の行為によりデジタル化することは，個人の家庭内の利用であっても，一切認められておりません．